第十一卷

1924.9—1925.3

孫中山全集

广东省社会科学院历史研究室
中国社会科学院近代史研究所中华民国史研究室　合编
中山大学历史系孙中山研究室

中华书局

为广州商团事件对外宣言

（一九二四年九月一日）

自广州汇丰银行买办[①]开始公然叛抗我政府后，我即怀疑他的叛国行动是得到英国帝国主义支持的。但我看到工党在英国登台执政，因而迟疑不能深信这一点，该党在其会议上和政纲中，曾屡次表示对被压迫民族的同情。工党政府既已政权在手，我仍希望他们至少会以抛弃从前使中国饱受祸害和屈辱的老一套炮舰政策之举，来证实其表白。也希望他们在中国开创一个国际公正的时代。国际公正一般被认为是英国工党政治理想的原则。

八月二十九日，英国总领事向我政府发来紧急公文[②]，声称沙面领事团“抗议对一个无防御城市开火的野蛮行动”，公文最后几行的威胁语气无异于宣战：

> “现接英国（驻粤）海军长官通知，云他已奉香港海军司令之令，如果中国当局向城内开火，则所有可动用的英国海军部队将立即采取行动来对付他们。”

我政府坚决驳斥关于它可能犯有“对一个无防御城市开火的

① 广州汇丰银行买办：指陈廉伯。

② 该公文由英国驻广州总领事贾尔斯（B.Giles）送致陆海军大元帅大本营外交部广东特派交涉员傅秉常。

野蛮行动”之说，因为我政府不得已而采取行动者，仅为广州之一部分，即西关郊区，该处乃陈廉伯武装叛乱之基地。上述无耻之说，与星加坡之屠杀事件及阿姆利则[①]、埃及、爱尔兰等地的残杀行为出自同一帮人，这是帝国主义伪君子的典型。在我国，情形亦如是，我仅须指出英国最近在万县的暴行。这个无防御的城市，是在我国两位同胞牺牲之后，才得仅免英国海军炮击之祸的。为满足帝国主义者的凶残，这两位同胞未经审讯而立即被处决。

如今在广州河面，英国海军又发出要炮轰另一中国城市当局的威胁，莫非以为对一个孱弱、不统一的国家，可以如此逞凶肆虐而不受惩罚！我看出在英国帝国主义的这项挑战中，还有更深远、更险恶的用意。从十二年多的时间里，帝国主义列强一贯给予反革命以外交、精神上的支持并给以数以百万计的善后及其他名目的借款可以明白，对帝国主义的行动，除了是摧毁以我为首的国民党政府的蓄谋而外，不可能有别的看法。因为此间就有一场反对我政府的公开叛乱，其首领是英帝国主义在华最有势力的机构的一名受到信任的代理人，而一个所谓的英国工党政府则威胁要打倒广州的中国当局，如果它采取唯一有效的行动方式来对付意图推翻它的叛乱行动的话。

帝国主义企图加以摧毁的这个国民党政府是什么呢？它是我国唯一的力求保持革命精神使之不致完全灭绝的执政团体，是抗击反革命的唯一中心。所以英国的大炮对准着它。

曾有一个时期，其时要办的是推翻满洲征服者；而扫除完成革命历史任务的主要障碍——帝国主义对中国的干涉，以此为其议

① 阿姆利则(Amritsar)：印度旁遮普省一城市。

事日程的时期已经到来。

孙逸仙

一九二四年九月一日于广州

据香港《孖剌西报》(*The Hong Hong Daily Press*)一九二四年九月五日《孙逸仙与"英帝国主义":"时候已经到来"》(Sun Yat-sen and "ImpesialistEngland""TheTime is Come")英文影印件译出(陈斯骏译,金应熙、吴开斌校)

致麦克唐纳电*

(一九二四年九月一日)

伦敦拉姆齐·麦克唐纳阁下:

汇丰银行广州支行买办近来在组织一个所谓中国法西斯蒂的团体,其倾覆我政府之目的现已被揭露,待叛党得以用"哈佛"轮载运的、由欧洲输入的军械装备他们后,拟即着手实现其目的。

该"哈佛"轮已于八月十日抵达广州,当即被我政府扣押。此后,由于叛党及其他反革命以发动罢工为幌子,叛乱状态已在广州出现。

正当我决定采取必要措施以平定叛乱时,英国总领事致函我政府,其中包含如下内容:

> "现接英国(驻粤)海军长官通知云,他已奉香港海军司令之令,如果中国当局向城内开火,则所有可动用的英国海军部队将立即采取行动来对付他们。"

鉴于英国历届政府一贯在外交和财政上支持中国的反革命,以及我政府事实上是现在抗击反革命的唯一中心,我只能断定,这

---

* 麦克唐纳(R.Mac Donald)时任英国首相。底本未录发电时间,今据孙中山九月二十四日致莫达电云"我在九月一日致麦克唐纳先生的抗议电"确定。

份最后通牒的真义是要倾覆我政府。对于帝国主义干涉中国内政的这一最新行动，我不得不提出最强烈的抗议。

孙逸仙

据香港《孖剌西报》一九二四年九月五日《孙逸仙与"英帝国主义"：致英国首相电》(Sun Yat-sen and "Imperialist England"：A'Cable to British Prime Minister)英文影印件译出（陈斯骏译，金应熙、吴开斌校）

委派李卓峰等职务令

（一九二四年九月一日）

大元帅令

派李卓峰、伍大光、谢适群、徐希元、林子峰、陆敬科、薛锦标、徐绍棪为铜鼓开埠筹备委员。此令。

（中华民国陆海军大元帅之印）

中华民国十三年九月一日

据大本营秘书处编《陆海军大元帅大本营公报》（以下简称《大本营公报》）第廿五号（广州一九二四年九月十日版）《命令》

给鲁涤平的指令

（一九二四年九月一日）

大元帅指令第九七九号

令禁烟督办鲁涤平

呈再陈下情，恳准辞职由。

呈悉。该督办一再呈请辞职，情词恳切，未便强留，已明令照准，并另派谢国光接办矣。仰即遵照。此令。

（中华民国陆海军大元帅之印）

中华民国十三年九月一日

据《大本营公报》第廿五号《指令》

给徐绍桢的指令

（一九二四年九月一日）

大元帅指令第九八〇号

令大本营内政部长徐绍桢

呈请褒扬新会县耆绅李曜蓉由。

呈悉。准予题颁“硕德纯行”四字，并给予银质褒章，仰即转给承领可也。此令。

（中华民国陆海军大元帅之印）

中华民国十三年九月一日

据《大本营公报》第廿五号《指令》

给徐绍桢的指令

（一九二四年九月一日）

大元帅指令第九八二号

令大本营内政部长徐绍桢

呈请褒扬文昌县节妇陈符氏由。

呈悉。准予题颁“懿德贞型”四字，并给予银质褒章，仰即转给承领可也。此令。

（中华民国陆海军大元帅之印）

中华民国十三年九月一日

据《大本营公报》第廿五号《指令》

给邹鲁的指令

（一九二四年九月一日）

大元帅指令第九八三号

令国立广东大学校长邹鲁

呈报拟订《国立广东大国〔学〕规程》及特别会计规程暨预科各科组课程，缮具清册，请鉴核令遵由。

呈、册均悉。所订国立广东大学各规程及本、预科各课程均尚妥协，立予照准，仰即知照。册存。此令。

（中华民国陆海军大元帅之印）

中华民国十三年九月一日

据《大本营公报》第廿五号《指令》

特派谢国光职务状*

（一九二四年九月二日）

特派谢国光为禁烟督办。此状。

据《广州民国日报》一九二四年九月五日《谢国光就职通电》

* 此件所标时间为谢国光就职日期。

给许崇智的训令

（一九二四年九月二日）

大元帅训令第四五三号

令粤军总司令许崇智

为令行事：据虎门要塞司令陈肇英呈称："窃查虎门要塞所属产业，自民国以来，历任司令屡将变卖，民人亦复侵占不少，几至荡然无存。不亟清查，殊非所以保存公产之道。惟接受移交，关于各种案件类付缺如。现为尊重公产及图整顿起见，除切实分别查察各炮台炮械、弹药、器具暨点验官长士兵外，对于要塞产业，如房屋、田亩、荒山、空地等项，拟即彻底清查。其经历任司令变卖，手续不合，及为人民侵占者，拟行一律追还，绘图立说呈请备案，以资永久保存。是否有当，理合备文呈请察核"等情。据此，合行令仰该总司令查核饬遵。此令。

（中华民国陆海军大元帅之印）

中华民国十三年九月二日

据《大本营公报》第廿五号《训令》

给程潜的指令

（一九二四年九月二日）

大元帅指令第九八五号

令大本营军政那〔部〕长程潜

呈复拟请准予追赠湘军参谋蒋楚卿陆军上校，照《陆军战时恤赏章程》积劳病故例，给予中校恤金由。

呈悉。准如所拟办理。此令。

（中华民国陆海军大元帅之印）

中华民国十三年九月二日

据《大本营公报》第廿五号《指令》

给林森等的指令

（一九二四年九月二日）

大元帅指令第九八六号

令大本营建设部长林森等[①]

会呈请派铜鼓开埠筹备委员由。

呈悉。照准。已明令简派员。此令。

（中华民国陆海军大元帅之印）

中华民国十三年九月二日

据《大本营公报》第廿五号《指令》

给谭延闿的指令

（一九二四年九月三日）

大元帅指令第九八八号

令湘军总司令谭延闿

呈请从优赠恤积劳病故之少将黄辉祖由。

① 林森等：林森、徐绍桢、伍朝枢、廖仲恺。

呈悉。候令饬军政部从优议恤可也。此令。

（中华民国陆海军大元帅之印）

中华民国十三年九月三日

据《大本营公报》第廿五号《指令》

给程潜的训令

（一九二四年九月三日）

大元帅训令第四五五号

令大本营军政部长程潜

据湘军总司令谭延闿呈称："为呈请事：案据职部湘军第一军军长宋鹤庚呈称：'窃查已故少将黄辉祖因积劳致疾，于七月十四日在马头行营病故各情，业经呈报并呈请发给埋葬运柩等费在案。查该故少将由前湖南兵目学校毕业，秉性刚果，奉职公忠，骁勇善战，兼娴韬略。民国初元追随职部，及今有十余年。驱汤、拒傅、逐张[①]、援鄂各役，无不亲临阵地，身先士卒。去岁湘局骤变，该故少将首率所部，进规长沙，嗣复追随钧座，转战于洣亭、渌口间，积劳婴疾，日咯血数升，而未尝言病。奉调援粤，旬日间败北虏数万众于南、始[②]。今春复随职东征，河源、新丰两役，力疾前驱，厥功尤伟。入夏军中疠疫盛行，死亡相继，故该少将忧患益深，病以加重，医药罔效，竟致不起。身后甚属萧条，妻室子女嗷嗷待哺，情形尤为凄恻。用是序述前状，敬呈钧座转呈帅座，笃念前劳，厚赐恤金，并照阵亡例，追赠中将，以慰忠魂而励后死，不胜哀切恳祷之至等情。据此，查该

① 驱汤、拒傅、逐张：即汤芗铭、傅良佐、张敬尧。

② 南、始：即广东省北部之南雄、始兴县。

故少将黄辉祖忠勇性成，改革以还，历著战功。值此敌焰方张之时，正资倚畀，竟于此次于役东江，积劳殒命，良用痛悼。理合据该军长录叙事略，备文转呈睿座鉴核，饬部从优议叙恤金，并照阵亡例，追赠中将，以慰忠魂而励来哲。所有请给故少将黄辉祖恤金暨追赠中将各缘由，是否有当，敬候指令祇遵”等情。据此，除指令“呈悉。候令饬军政部从优议恤可也。此令”外，仰该部长即便遵照。此令。

（中华民国陆海军大元帅之印）

中华民国十三年九月三日

据《大本营公报》第廿五号《训令》

批郑洪年转叶恭绰电*

（一九二四年九月三日）

着秘书长留意比对各电。雨亭、子嘉、玉虎①三处，应详告此间议决各事。

据中国国民党中央委员会党史委员会编订《国父全集》（台北一九七三年版）第四册（转录史委会藏原件）

在北伐第五次军事会议的谈话**

（一九二四年九月四日）

两星期内，所有滇、桂、湘、豫、赣、山、陕各军一律出师北伐，以

* 此件所标时间系据《国父全集》。

① 雨亭、子嘉、玉虎：即张作霖、卢永祥、叶恭绰。

** 会议时间不详。按上海《民国日报》载：自张作霖、卢永祥急电要求孙中山出师北伐后，大元帅府从八月三十一日起，每日都召开一次决策北伐会议。据此推算，北伐第五次军事会议应在九月四日举行。

为浙卢[①]声助。本省治安及东江方面统由中央直辖粤军(许崇智军)布防留守。至粮饷问题自有筹措方法。届时各军须一致先行出发,决不容缓。

本大元帅决定五日内先统兵出发韶关,设立大本营于是处,以便居中策应。

(一)组织北伐筹备处,特任粤、桂、滇、湘、豫及中央直辖各军长为筹备委员。关于筹备出师北伐之作战计划,由各委员筹备起草,限五日内成立。

(二)大本营移设韶关。

(三)省垣设立留守府。

据上海《民国日报》一九二四年九月十一日《孙大元帅筹备出师讨贼》

致蒋中正函

(一九二四年九月四日)

介石兄鉴:

前日命李麖将军设备钢甲车四驾,北江两架,东江一架,佛山一架,为保护车路兼载宣传队为沿途宣传之用。佛山车已备妥,次日开始宣〈传〉。而兄处派人忽将手机枪并短枪收回,致不能照计画举行。李麖将军固大为失望,吾亦同此心。此事关于党务、军事之进行,甚为要着。且我拟一二日后亲往韶关,更需此二甲车随行。务望照前命令发足手机枪十八支、驳壳枪二百五十支,切勿延误为要。此致,即候

毅安

① 浙卢:指浙江卢永祥。

孙文 中华民国十三年九月四日

据谭延闿编《总理遗墨》第二辑(出版时间不详,广东省社会科学院藏)影印原函

准龙廷杰等辞职令

(一九二四年九月四日)

大元帅令

禁烟督办鲁涤平呈,督察处第一科科长龙廷杰、秘书朱剑凡、鲁岱恳请辞职。均照准。此令。

(中华民国陆海军大元帅之印)

中华民国十三年九月四日

据《大本营公报》第廿五号《命令》

准雷飙缪笠仁辞职令

(一九二四年九月四日)

大元帅令

禁烟督办鲁涤平呈,总务厅厅长雷飙、督察处处长缪笠仁恳请辞职。雷飙、缪笠仁均准免本职。此令。

(中华民国陆海军大元帅之印)

中华民国十三年九月四日

据《大本营公报》第廿五号《命令》

给鲁涤平的指令

（一九二四年九月四日）

大元帅指令第九九一号

令禁烟督办鲁涤平

呈为据情转呈该署总务厅长雷飙等呈请辞职，乞照准由。

呈悉。已另有明令分别照准矣。此令。

（中华民国陆海军大元帅之印）

中华民国十三年九月四日

据《大本营公报》第廿五号《指令》

给古应芬的指令*

（一九二四年九月四日）

呈及章程细则均悉。所请将登录局改为沙田登记局，事属可行，应准照办。惟查阅章程多采法律用语，事关行政范围，诚恐一般人民未尽事〔了〕解，转滋窒碍，且嫌含混。至登记簿一节，则应列入施行细则内，不必列入章程。仰该督办即便遵照。另行斟酌损益，妥拟简明赅括而又使人民易于事〔了〕解之章则，呈候核夺，是为至要。原章程及细则发还。此令。

据《广州民国日报》一九二四年九月五日《帅令准设沙田登记局》

---

* 此件所标时间系据九月五日《广州民国日报》云“昨特拟沙田登记章程，旋奉大元帅指令云”推定。

给谢国光的指令

（一九二四年九月四日）

大元帅指令第九九二号

令禁烟督办谢国光

呈报就职日期由。

呈悉。此令。

（中华民国陆海军大元帅之印）

中华民国十三年九月四日

据《大本营公报》第廿五号《指令》

复卢永祥电*

（一九二四年九月五日）

杭州卢督办鉴：△密。闻捷甚喜。此间日内有精练而熟于战斗之飞机师四人由欧到粤。如尊处需此项人才，可先派来应用，信其必能收大效果。如何？候复。孙文。微。

据谭延闿编《总理遗墨》第三辑（出版时间不详，广东省社会科学院藏）影印原稿

---

* 一九二四年九月三日，浙江都军务善后督办卢永祥率部与苏皖赣巡阅使齐燮元接战。四日，卢电孙中山告该部已发兵，孙接电后即复此电。原电未署年月，电文“闻捷甚喜”，系指江浙战争爆发，时间是一九二四年九月。

讨伐曹锟吴佩孚令

（一九二四年九月五日）

大元帅令

去岁曹琨〔锟〕骫法行贿，渎乱选举，僭窃名器，自知倒行逆施，为大义所不容，乃与吴佩孚同恶相济，以卖国所得为穷兵黩武之用，藉以摧残正类，消除异己，流毒川闽，四海同愤。近复嗾其鹰犬隳突浙江，东南富庶，横罹锋镝。似此穷凶极戾，诚邦家之大憝，国民之公仇。比年以来，分崩离析之祸烈矣。探其乱本，皆由此等狐鼠凭藉城社，遂使神州鼎沸，生民邱墟。本大元帅夙以讨贼戡乱为职志，十年之秋视师桂林，十一年之夏出师江右，所欲为国民翦此蟊贼。不图宵小窃发，师行顿挫，遂不得不从事于扫除内孽，绥辑乱余。今者烽燧虽未靖于东江，而大战之机已发于东南，渐及东北，不能不权其缓急轻重。古人有言："豺狼当道，安问狐狸。"故遂克日移师北指，与天下共讨曹、吴诸贼。此战酝酿于去岁之秋，而爆发于今日，各方并举，无所谓南北之分，只有顺逆之辨。凡卖国殃民，多行不义者，悉不期而附于曹、吴诸贼；反之，抱持主义，以澄清天下自任者，亦必不期而趋集于义师旗帜之下。民国存亡决于此战。其间绝无中立之地，亦绝无可以旁观之人。凡我各省将帅，平时薄物细故，悉当弃置，集其精力从事破贼。露布一到，即当克期会师。凡我全国人民，应破除为〔苟〕安姑息之见，激厉〔励〕勇气，为国牺牲。军民同心，以当大敌，务使曹、吴诸贼次第伏法，尽摧军阀，实现民治。十三年来丧乱之局于兹敉平，百年治安大计从此开始，永奠和平，力致富强，有厚望焉。布告天下，咸使闻知。

（中华民国陆海军大元帅之印）

中华民国十三年九月五日

据《大本营公报》第廿五号《命令》

给黄昌谷的命令*

（一九二四年九月五日）

北伐在即，所有各项薪俸一律停支。此令。

据《广州民国日报》一九二四年九月六日《大元帅实行督师讨伐》

告广东民众书

（一九二四年九月五日）

大元帅令

本大元帅于去岁之春重莅广州，北望中原，国本未宁，危机四布。而肘腋之地，伏莽[湓]纵横，乘隙思逞。始欲动之以大义，结之以忠信。故倡和平统一之议，以期消弭战祸，扶植民本。不图北方跋扈武人曹琨〔锟〕、吴佩孚等方欲穷兵黩武，摧锄异己，以遂其僭窃之谋，乃勾结我叛兵，调唆我新附，资以饷械，嗾其变乱，遂使百粤悉罹兵燹。北江群寇，蜂拥而至；东江叛兵，乘时蠢动；西江、南路，亦跳梁并进。当此之时，以一隅之地，撑四面之敌，赖将士之

* 此件所标时间系据九月六日《广州民国日报》云“昨五日上午〈帅〉令大本营会计司长黄昌谷云”确定。

勠力，人民之同心，兵锋所指，群贼崩溃，广州根本之地，危而复安。在将士劳于征战，喘息不遑；在人民疲于负担，筋力易敝。然革命军不屈不挠之精神，已渐为海内所认识矣。曹、吴之贼既不获逞于粤，日暮途远，姑窃名器以自娱。于是有骫法行贿、渎乱选举之事，反对之声，遍于全国。正义公理，本足以褫奸宄之魄。然天讨未申，元凶稽戮，转足以坚其盗憎主人之念。湖南讨贼军入定湘中，四川讨贼军规复重庆，形势甫展，而大功未就。曹、吴诸贼，乃益无忌惮，既吮血于福建，遂磨牙于浙江，因以有东南之战事。逆料此战事，且将由东南渐及于东北。去岁贿选时代所酝酿之大战，至此已一发而不可遏。以全国言，一切变乱之原动力在于曹、吴，其他小丑不过依附以求生存。苟能锄去曹、吴，则乱源自息。以广东言，浙江、上海实为广东之藩篱。假使曹、吴得逞志于浙江、上海，则广东将有噬脐之祸。故救浙江、上海，亦即以存粤。职此之故，本大元帅已明令诸将一致北向讨贼，并克日移大本营于韶州，以资统率，当与诸军会师长江，饮马黄河，以定中原。此后方留守之事，责诸有司。去岁以来，百粤人民供亿军费，负担綦重。用兵之际，吏治财政动受牵掣，所以苦吾父老兄弟者甚至。然存正统于将绝，树革命之模型，吾父老子弟所有造于国者亦甚大。当此全国鼎沸之日，吾父老子弟尤当蹈厉奋发，为民前驱，扫除军阀，实现民治，在此一举，其各勉旃毋忽。

（中华民国陆海军大元帅之印）

中华民国十三年九月五日

据《大本营公报》第廿五号《命令》

减轻朱道孙等刑期令

（一九二四年九月五日）

大元帅令

广东高等检察厅检察长林云陔呈“监犯朱道孙等六十七名均属情节可原，悛悔有据，拟请减刑”等语。本大元师〔帅〕特宣告：将朱道孙减为四等有期徒刑一年十月，李荫堃减为四等有期徒刑一年十月，曾有减为四等有期徒刑一年三月，梁满减为监禁一年一月，梁荣减为五等为〔有〕期徒刑十月，陶一民减为徒刑一年三月，李达初减为五等有期徒刑八月，冯德减为五等有期徒刑七月，梁永减为五等有期徒刑九月，曹春光减为五等有期徒刑十一个月，毕扬减为五等有期徒刑十一个月，黄荣减为五等有期徒刑九月，王全减为五等有期徒刑十月，张遵甫减为五等有期徒刑十月，李棣减为五等有期徒刑七月，林洪干减为五等有期徒刑五月，江振昌减为五等有期徒刑七月，张光耀减为五等有期徒刑七月，徐然减为徒刑二月，何彬减为徒刑二月，梁炗减为徒刑七月，罗义减为徒刑三月，毛拂扬减为徒刑三月，罗合和减为徒刑三月，锺标减为徒刑三月，李焕坤减为徒刑九月，刘才减为徒刑二月，周平减为徒刑三月，张耀忠减为徒刑四月，刘桂昌减为徒刑四月，邓逢减为徒刑四月，许有减为徒刑八月，冯少泉减为徒刑二月，刘照减为徒刑四月，赖业兴减为徒刑三月，李福来减为徒刑三月，曾水英减为徒刑四月，许德减为徒刑二月，区林减为徒刑二月，顾锦初减为徒刑一月，高檀减为徒刑二月，方少劳减为徒刑一月，魏登减为徒刑三月，关牡丹减为三等有期徒刑三年，陆黎氏减为三等有期徒刑三年一个月，冯卢氏减为四等有期徒刑二年四月，葛杨氏减为徒刑一年一月，戴劳氏减为徒刑一年，梁张氏减为五等有期徒刑九月，冯朱氏减为五等有期徒刑九月，陈黄氏减为五等有期徒刑十月，蔡蓝氏减为五等有期徒刑十月，陈任氏减为五等有期徒刑九月，禤六妹减为五等有期徒刑九月，张吴氏减为五等有期徒刑九月，欧聂氏减为五等有期徒刑八月，黄林氏减为五等有期徒刑七月，张唐氏减为五等有期徒刑八月，李陈氏减为五等有期徒刑八月，黄李氏减为五等有期徒刑七月，卢氏减为五等有期徒刑六月，刘陈氏减为五等有期徒刑六月，邓李氏减为五等有期徒刑六月，陆赵氏减为徒刑三月，余潘氏减为徒刑七月，胡冯氏减为徒刑三月，陈亚贞减为徒刑六月，以昭矜劝。此令。

（中华民国陆海军大元帅之印）

中华民国十三年九月五日

据《大本营公报》第廿五号《命令》

委派吴煦泉职务令

（一九二四年九月五日）

大元帅令

派吴煦泉为大本营出勤委员。此令。

（中华民国陆海军大元帅之印）

中华民国十三年九月五日

据《大本营公报》第廿五号《命令》

任命马素职务令

（一九二四年九月五日）

大元帅令

任命马素为秘书，专理对外宣传事宜（每月薪俸五百元）。此令。

孙 文

中华民国十三年九月五日

据谭编《总理遗墨》第三辑影印原令

给陈融的训令

（一九二四年九月五日）

大元帅训令第四五七号

令广东高等审判厅厅长陈融

为令行事：据高雷绥靖处处长林树巍呈称：“现准广州地方审判厅咨开：‘准贵处向敝厅挪借款项，经于十二年四月二十一日、六月九日、同月十一日先后挪交毫银一千元，取回印收在案。查敝厅向无公款余存，所储均系各案当事缴案暂存之款，讼案一经终结，即须将款给领。当时以贵处所需系军费，刻不容缓，故权宜暂行挪借。现在敝厅收受新案甚少，各旧案已陆续清结，亟须将款分别发给，相应咨请贵处查照。希即将去年由敝厅挪借之毫银一千元如数归还，以清手续，至纫公谊’等由。准此，查职处部队去岁驻防高雷，适当申、邓两逆迭次入蔻〔寇〕，尔时军事紧急，粮饷断绝，政府既无款可领，就地又无款可筹，曾奉帅座谕‘暂向私人挪借，渡此难关，当由政府设法清还’等示。经于去岁向广州地方审判厅先后挪借过公款一千元，兹准咨催，自应照办。但职处伙食现尚不敷，实无余款可以归还，理合备文呈请帅座察核，俯准令饬广州地方审判厅将该款报销，俾清手续，实为公便”等情。据此，除指令照准外，合行令仰该厅长即便转饬广州地方审判厅查照可他〔也〕。此令。

（中华民国陆海军大元帅之印）

中华民国十三年九月五日

据《大本营公报》第廿五号《训令》

给程潜的指令

（一九二四年九月五日）

大元帅指令第九九三号

令大本营军政部长程潜

呈复请抚恤湘军已故军医正邓宇清由。

呈悉。准如所请办理。此令。

（中华民国陆海军大元帅之印）

中华民国十三年九月五日

据《大本营公报》第廿五号《指令》

给林树巍的指令

（一九二四年九月五日）

大元帅指令第九九四号

令高雷绥靖处处长林树巍

呈请准令广州地方审判厅将借给该处款项报销由。

呈悉。应照准。候令饬该厅查照可也。此令。

（中华民国陆海军大元帅之印）

中华民国十三年九月五日

据《大本营公报》第廿五号《指令》

给廖仲恺的指令*

（一九二四年九月五日或六日）

大元帅指令第九九五号

令广东省长廖仲恺

呈缴修订监理兵工厂购械清款委员李芝畦等拟具《各团各界请领枪弹暂行简章》，请察核示遵由。

呈、折均悉。所修正《各团各界请领枪枝枪弹暂行简章》各节，均属妥协，应准予施行。仰即分饬兵工厂清款委员会遵照可也。清折存。此令。

（中华民国陆海军大元帅之印）

据《大本营公报》第廿五号《指令》

致胡汉民廖仲恺函

（一九二四年九月六日）

汉民、仲恺两兄鉴：

商人有愿筹北伐费而讨回枪械者，此事现交精[①]交涉。如得

---

* 原令未署日期。按大元帅指令第九九四号、第九九六号，发令日期分别为一九二四年九月五日及六日，今据此酌定日期。

① 精：即汪精卫（下函同）。

完满结果，当要给回一大部与服从政府之商团，故欲沽其一部分为练兵费一节不可施行。此帮械如何发落，当俟精卫交涉后而定也。

孙文（印）

中华民国十三年九月六日

据广东省社会科学院历史研究所藏原函影印件

致蒋中正函

（一九二四年九月六日）

介石兄鉴：

商人有愿筹北伐费而讨回枪械者，此事现交精交涉。如得完满结果，当要给回一大部与服从政府之商团，故欲沽其一部分为练兵费一节不可施行。此帮械如何发落，当俟精卫交涉后而定也。

孙文　中华民国十三年九月六日

据谭编《总理遗墨》第二辑影印原函

免冯伟职务令

（一九二四年九月六日）

大元帅令

广东无线电报总局局长冯伟另有任用，庶〔应〕免本职。此令。

（中华民国陆海军大元帅之印）

中华民国十三年九月六日

据《大本营公报》第廿五号《命令》

裁撤广东无线电报总局令

（一九二四年九月六日）

大元帅令

广东无线电报总局应即裁撤，所有该局事宜着由广东电政监督管理。此令。

（中华民国陆海军大元帅之印）

中华民国十三年九月六日

据《大本营公报》第廿五号《命令》

委派陈宜禧职务令

（一九二四年九月六日）

大元帅令

派陈宜禧为筹办铜鼓商埠委员。此令。

孙 文

中华民国十三年九月六日

据谭编《总理遗墨》第三辑影印原稿

给廖仲恺及财政委员会的训令

（一九二四年九月六日）

大元帅训令第四五八号

令广东省长廖仲恺、财政委员会

广东频年用兵，糈饷浩繁。前以军事紧急，度支匮乏，正供之外,议及税捐。互〔在〕商民为国输将,热诚可尚。惟一念及人民负担之重,辄用不安。着财政委员会将从前所有征收各项税捐及附加军费,逐案核议。其涉于苛细者,均一律蠲免,由广东省长转饬各主管征收机关宝〔实〕力举行,以示体恤而慰民望,并布告晓谕,咸使周知。切切。此令。

(中华民国陆海军大元帅之印)

中华民国十三年九月六日

据《大本营公报》第廿五号《训令》

给程潜的指令

(一九二四年九月六日)

大元帅指令第九九六号

令大本营军政部长程潜

呈请赠恤西路阵亡连长余湘兰由。

呈悉。准如所请办、理。此令。

(中华民国陆海军大元帅之印)

中华民国十三年九月六日

据《大本营公报》第廿五号《指令》

给林云陔的指令

(一九二四年九月六日)

大元帅指令第九九七号

令广东高等检察厅检察长林云陔

呈为监犯朱道孙等六十七名均属情节可原，悛悔有据，拟请分别减刑，附呈减刑名表，乞示遵由。

呈、表均悉。已有明令分别准予减刑矣。仰即知照。表存。此令。

（中华民国陆海军大元帅之印）

中华民国十三年九月六日

据《大本营公报》第廿五号《指令》

给廖仲恺的指令

（一九二四年九月六日）

大元帅指令第九九八号

令广东省长廖仲恺

呈报粤路伕力应准集贤总工会承办，请撤销前发许前总理备案指令由。

呈悉。既据陈明和济公司种种办理不善，应准由集贤总工会承办，尚属实情。准予撤销前发许前总理[①]备案指令。仰仍转行知照可也。此令。

（中华民国陆海军大元帅之印）

中华民国十三年九月六日

据《大本营公报》第廿五号《指令》

---

① 许前总理：粤汉铁路公司总理许崇灏。

给各军的训令*

（一九二四年九月七日）

为令遵事：现在举行北伐，所有应行出发各部分军队业经令知准备定期开拔。其非奉命北伐各军，着仍就各原日防地驻扎，妥为布防，不得擅行移动及懈弛防守，是为至要。切切。此令。

据《广州民国日报》（临时特刊）一九二四年九月十一日《帅令各军准备出发》

致蒋中正函

（一九二四年九月八日）

介石兄鉴：

前李麐将军要取手机枪十八枝为配甲车之用，务要照发，不可令学生带来，借用一时而又带回去。此殊失李将军之望。李君专长甲车战术，一切须由其配备，乃能灵捷。且敌人已来窥翁源、河头，欲断我省韶铁路之交通。我日内往韶关，则此铁路之防备更为急要。务望将手机枪同驳壳枪一齐交与卢振柳带回，俾李将军得以配备后方防卫。至要，切勿延误。此致。

孙文　中华民国十三年九月八日

据谭编《总理遗墨》第二辑影印原函

---

* 此件所标时间系据九月十一日《广州民国日报》云“七日大元帅复颁布命令”确定。

致蒋中正函

（一九二四年九月八日）

介石兄鉴：

请先发朱培德部步枪一千枝，子弹配足，其余前令发给各部一概从缓，以待精卫与商人交涉妥后另议。此致，并候

近安

孙文 中华民国十三年九月八日

据谭编《总理遗墨》第二辑影印原函

裁撤法制委员会及经界局令

（一九二四年九月八日）

大元帅令

法制委员会、经界局均着即裁撤。此令。

（中华民国陆海军大元帅之印）

中华民国十三年九月八日

据《大本营公报》第廿五号《命令》

任命江天柱职务令

（一九二四年九月八日）

大元帅令

任命江天柱为北伐讨贼军第四军参谋长。此令。

（中华民国陆海军大元帅之印）

中华民国十三年九月八日

据《大本营公报》第廿五号《命令》

免李伯恺职务令

（一九二四年九月八日）

大元帅令

大本营秘书李伯恺另有任用，应免本职。此令。

（中华民国陆海军大元帅之印）

中华民国十三年九月八日

据《大本营公报》第廿六号（广州一九二四年九月二十日版）《命令》

委派李伯恺职务令

（一九二四年九月八日）

大元帅令

派李伯恺为大本营宣传委员。此令。

（中华民国陆海军大元帅之印）

中华民国十三年九月八日

据《大本营公报》第廿六号《命令》

裁撤盐务署令

（一九二四年九月八日）

大元帅令

盐务署着即裁撤，所有该署应办事宜着归并财政部办理。此令。

（中华民国陆海军大元帅之印）

中华民国十三年九月八日

据《大本营公报》第廿六号《命令》

给蒋中正的命令

（一九二四年九月八日）

大元帅令

密。着蒋介石先发给朱培德部步枪一千枝。此令。

孙文（不用印）

中华民国十三年九月八日

据谭编《总理遗墨》第二辑影印原稿

给陈兴汉的指令

（一九二四年九月八日）

大元帅指令第九九九号

令管理粤汉铁路事务陈兴汉

呈请赓续办理该路临时附加军费，乞鉴核由。

呈悉。准如所请办理。此令。

（中华民国陆海军大元帅之印）

中华民国十三年九月八日

据《大本营公报》第廿六号《指令》

给陈兴汉的指令

（一九二四年九月八日）

大元帅指令第一〇〇〇号

令管理粤汉铁路事务陈兴汉

呈报就职视事日期由。

呈悉。此令。

（中华民国陆海军大元帅之印）

中华民国十三年九月八日

据《大本营公报》第廿六号《指令》

给古应芬的指令

（一九二四年九月八日）

大元帅指令第一〇〇一号

令经界局督办兼办广东沙田清理事宜古应芬

呈请撤销沙田自卫，另由该督办组织党军、改编团勇，以扶助劳农等情由。

呈悉。所请事属可行，惟应如何切实进行，统筹兼顾，方不至违背农民自治之精神，而政府收入亦不至有所妨碍。仰即拟具办法，呈候核夺可也。此令。

（中华民国陆海军大元帅之印）

中华民国十三年九月八日

据《大本营公报》第廿五号《指令》

复蒋中正函*

（一九二四年九月九日）

介石兄鉴：

长函悉。从根本办法，以练一党军而负革命之责任，此志正与兄同。惟广东一地，现陷于可致吾人于死之因有三：其一，即英国之压迫。此次罢市风潮，倘再多延一日，必有冲突之事发生，而英舰所注意者，必大本营、“永丰”、黄埔三处，数十分钟便可粉碎，吾人对彼绝无抵抗之力。此次虽幸免，而此后随时可以再行发生，此不得不避死就生一也。其二，即东江敌人之反攻，现在已跃跃欲动。如再有石牌之事发生，则鹿死谁手，殊难逆料。其三，则客军贪横，造出种种罪孽，亦必死之因。有此三死因，则此地不能一刻再居，所以宜速舍去一切，另谋生路。

现在之生路，即以北伐为最善。况现在奉军入关，浙可支持，人心悉欲倒曹、吴，武汉附近我有响应之师，乘此决心奋斗，长驱直进，以战场为学校，必有好果也。吾党之士，切勿游豫，大局幸甚。余面详。此致。

孙 文

据毛思诚编《民国十五年以前之蒋介石先生》（香港龙门书店一九三六年十月初版）第七册

---

* 此函所标日期系据《民国十五年以前之蒋介石先生》第七册。

委派谢国光陈兴汉职务令

（一九二四年九月九日）

大元帅令

派谢国光、陈兴汉为财政委员会委员。此令。

（中华民国陆海军大元帅之印）

中华民国十三年九月九日

据《大本营公报》第廿六号《命令》

给吕志伊的训令

（一九二四年九月九日）

大元帅训令第四六〇号

令大理院长兼管司法行政事务吕志伊

为令饬事：现值出师北伐，军用浩繁，所有各项政费，亟应大加裁节，移缓济急。为此，令仰该院长兼管司法行政事务即便遵照，厉行裁员减俸，以每月支出适合收入为度。限令到三日内，将遵办情形暨减定经费数目列表具报查核，勿稍违延。至被裁各员，准予发给本年九月份全薪，用示体恤，合并饬知。此令。

（中华民国陆海军大元帅之印）

中华民国十三年九月九日

据《大本营公报》第廿六号《训令》

给徐绍桢等的训令

（一九二四年九月九日）

大元帅训令第四六一号

令大本营内政部长徐绍桢、大本营军政部长程潜、大本营财政部长叶恭绰、大本营建设部长林森

为令饬事：现值出师北伐，军用浩繁，所有各项政费，亟应大加裁节，移缓济急。除分令外，为此令仰该部长即便遵照，厉行裁员减俸，以每部每月支出不超过四千员〔元〕为度。限令到三日内，将遵办情形暨减定经费数目列表报查，勿得稍有违延。至此次被裁各员，本年九月份俸给仍准照全数支发，用示体恤，合并饬知。此令。

（中华民国陆海军大元帅之印）

中华民国十三年九月九日

据《大本营公报》第廿六号《训令》

给谢国光的训令

（一九二四年九月九日）

大元帅训令第四六三号

令禁烟督办谢国光

为令饬事：现值出师北伐，军用浩繁，所有各项政费，亟应大加裁节，移缓济急。为此，令仰该督办即便遵照，厉行裁员减俸。限

令到三日内,将遵办情形暨减定经费数目列表报查。此令。

（中华民国陆海军大元帅之印）

中华民国十三年九月九日

据《大本营公报》第廿六号《训令》

告广东民众书

（一九二四年九月十日）

最近数十年来,中国受列强帝国主义之侵略,渐沦于次殖民地。而满洲政府仍牢守其民族之特权阶级,与君主之专制政治。中国人民虽欲自救,其道无由。文乃率导同志,致力革命,以肇建中华民国,尔来十有三年矣。原革命之目的,在实现民有、民治、民享之国家,以独立自由于大地之上。此与帝国主义,如水火之不相容。故帝国主义遂与军阀互相勾结,以为反动。军阀既有帝国主义为之后援,乃悍然蔑视国民,破坏民国,而无所忌惮。革命党人与之为殊死战,而大多数人民仍守其不问国事之习,坐视不为之所,于是革命党人往往势孤而至于蹉跌。十三年来革命所以未能成功,其端实系于此。

广东与革命关系最深,其革命担负亦最重。元年以来,国事未宁,广东人民亦不能得一日之安。九年之冬,粤军返旆,宜若得所藉手,以完革命之志事,而曾不须臾,典兵者已为北洋军阀所勾引,遂以有十一年六月之叛乱。至十二年正月,藉滇、桂诸军之力,仅得讨平;然余孽犹蜂聚于东江,新附复反侧于肘腋。曹琨〔锟〕、吴佩孚遂乘间抵隙,嗾赣军入寇北江一带,西江南路亦同时啸起,广州一隅几成坐困。文率诸军四围冲击,虽所向摧破,莫能为患,然转输供亿,苦我广东父老昆弟至矣。军事既殷,军需自繁,罗掘多方，犹不能给，于是病民之诸捐杂税，繁然并起，其结果人民生活受其牵制，物价日腾，生事日艰。夫革命为全国人民之责任，而广东人民所负担为独多，此已足致广东人民之不平矣。而间有骄兵悍将，不修军纪，为暴于民，贪官污吏，托名筹饷，因缘为利。驯致人民之生命、自由、财产无所保障，交通为之断绝，廛市为之凋败〔敝〕。此尤足令广东人民叹息痛恨，而革命政府所由徨徬夙夜，莫知所措者也。广东人民身受痛苦，对于革命政府渐形失望，而在商民为尤然。殊不知革命主义为一事，革命进行方法又为一事。革命主义，革命政府始终尽力以求贯彻；革命进行方法，则革命政府不惮因应环境以求适宜。广东今日此等现状，乃革命进行方法未善，有以使然，于革命主义无与。若以现状之未善，而谤及于主义之本身，以反对革命政府之存在，则革命政府为拥护其主义计，不得不谋压此等反对企图，而使之消灭。三十余年来，文与诸同志实行革命主义，不恤与举世为敌，微特满洲政府之淫威，不足撄吾怀抱；即举世之讪笑咒诅，以大逆无道等等恶名相加，亦夷然不以为意。此广东人民所尤稔知者也。故为广东人民计，为商民计，莫若拥护革命政府实行革命主义，同时与革命政府协商改善革命之进行方法。盖前此大病，在人民守其不问国事之习，不与革命政府合作；而革命政府为存在计，不得不以强力取资于人民，政府与人民之间遂生隔膜。今者革命政府不恤改弦更张，以求与人民合作，特郑重明白宣布如左：

（一）在最短时期内悉调各军实行北伐。

（二）以广东付之广东人民，实行自治，广州市政厅克日改组，市长付之民选，以为全省自治之先导。

（三）现在一切苛杂捐税悉数蠲除，由民选官吏另订税则。

以上三者，革命政府已决心实行。广东人民当知关于革命之进行方法，革命政府不难徇人民之意向，从事改组。惟我广东人民对于革命之主义，当以热诚扶助革命政府，使之早日实现，庶几政府人民同心同德，以当大敌。十三年来革命未就之绪于以告成，中华民国实嘉赖之。

据《中国国民党周刊》第三十九期《北伐进行中之煌煌帅令——实现民治》

复卢永祥电*

（一九二四年九月十日）

杭州卢督办鉴：支电奉悉。义正词严，邦人诵仰。曹、吴祸国，稔恶贯盈。除暴锄奸，咸同斯愿。文已宣布国人，一致声讨，躬率师旅，以为前驱，兴师偕作，用寻白马之盟，敌忾同仇，直抵黄龙之洞。伫闻奇捷，以集大勋。文，蒸。

据上海《民国日报》一九二四年九月十四日《大元帅与卢总司令讨贼往还电》

任命高冠吾职务令

（一九二四年九月十日）

大元帅令

任命高冠吾为大本营谘议。此令。

（中华民国陆海军大元帅之印）

---

* 原电未署年月，据电文“曹吴祸国”，“文已宣布国人一致声讨”等内容判断，系指一九二四年九月北伐事。

中华民国十三年九月十日

据《大本营公报》第廿六号《命令》

给叶恭绰的指令

（一九二四年九月十日）

大元帅指令第一〇〇四号

令财政部长兼盐务督办叶恭绰

呈报盐运使署暨稽核所遵令减薪情形由。

呈、表均悉。表存。此令。

（中华民国陆海军大元帅之印）

中华民国十三年九月十日

据《大本营公报》第廿六号《指令》

给鲁涤平的指令

（一九二四年九月十日）

大元帅指令第一〇〇六号

令卸禁烟督办鲁涤平

呈报交卸日期由。

呈悉。此令。

（中华民国陆海军大元帅之印）

中华民国十三年九月十日

据《大本营公报》第廿六号《指令》

给徐绍桢的指令

（一九二四年九月十日）

大元帅指令第一〇〇七号

令大本营内政部长徐绍桢

呈复遵令编造十三年度预算情形由。

呈悉。此令。

（中华民国陆海军大元帅之印）

中华民国十三年九月十日

据《大本营公报》第廿六号《指令》

着减张遵甫刑期令

（一九二四年九月十日）

大元帅令

大理院长兼管司法行政事务吕志伊呈“监犯张遵甫前充总统府卫士，著有劳绩，既经原管长官王吉壬出具证明书属实，所犯案情亦属轻微，请准予减刑”等语。张遵甫着减处徒刑一年，并回复其公权，以昭矜劝。此令。

（中华民国陆海军大元帅之印）

中华民国十三年九月十日

据《大本营公报》第廿六号《命令》

给吕志伊的指令

（一九二四年九月十日）

大元帅指令第一〇〇八号

令大理院长兼管司法行政事务吕志伊

呈请据高检厅请，监犯张遵甫前充卫士，著有劳绩，经原管长官出具证明书，请准予酌减处徒刑一年，并回复其公权，乞示遵由。

呈悉。监犯张遵甫已有明令准予减刑矣。仰即知照。此令。

（中华民国陆海军大元帅之印）

中华民国十三年九月十日

据《大本营公报》第廿六号《指令》

与外国记者的谈话*

（一九二四年九月上旬）

【孙中山认为，庚子议定书是世界帝国主义的一部大宪章。这份议定书使中国陷入比殖民地还要恶劣的处境。】庚子议定书让帝国主义把一大笔款额拿到手中。他们用这些钱，就象用一把铁钳紧紧控制着我国的政治和经济命脉。这样，就使我国人民争取统一和自治的任何努力都归于无效。在这种情况下，外交团则毋容置辩地证明，凡有涉及剥削中国的问题之处，帝国主义现存的内部

---

* 一九二四年九月上旬，孙中山在广州与外国记者谈及庚子议定及进行中国革命的意见。原文载于《广州日报》(*Кантон Газета*)。

矛盾立即就被忘却了,外交团最坚决地实施他们的共同利益。

议定书的真正目的是要奴役中国,而不是惩罚清代统治者。

帝国主义不仅是中国达到民族独立的主要障碍,同时又是反革命势力最强大的部分。

帝国主义列强必须放弃他们应得的那份庚子赔款,否则中国就要象苏联一样采取行动。因苏联已为中国做出了一个国家应怎样摆脱外国威胁和不公平待遇的榜样。

【孙中山在谈到中国能成功地解决民族问题的那些力量和因素时强调说】在这场运动中,产业工人阶级应当发挥领导作用。但是,帝国主义列强坚持低税率,只要他们掌握着中国海关,中国产业工人阶级就软弱无力。【孙中山还对农民和知识阶级寄予希望】

【关于靠帝国主义利润发财致富的外国商号的代理人,孙中山认为这些人是国家的痈疽,因为他们只想让中国继续停留在半殖民地状态。】

据苏联《真理报》一九二四年九月十七日《孙中山发表声明——中国要走苏联的路》译出(李玉贞译)

在广州欢宴但懋辛等的演说*

(一九二四年九月十一日)

诸君:

今晚这个宴会是我们欢迎新从四川、云南、贵州来粤的各位同

* 一九二四年九月十一日,孙中山在广州宴请四川第一军长但懋辛、边防军总司令石青阳。但等曾受熊克武委托,于一九二四年春开始联络统一西南,以一致对北。他们在与川、黔、滇诸将磋商后,来到广东。

志，尤其是欢迎革命老同志但怒刚①、石青阳两兄。这两位老兄向来在四川是很能够奋斗的同志，这回出来更担负一个很重大的责任。这个责任就是要联络西南各省，一同北伐。

我们的革命事业，虽然推翻了满清，成立民国至今有了十三年。但是共和基础还没有巩固，一般军阀常常从中捣乱。那般军阀之所以能够捣乱的理由，固然是由于他们作恶，但是我们革命同志的团体不坚固还是一个大原因。如果我们的团体向来是很坚固，在民国元、二年便可以大成功。因为一般同志在那个时候的眼光都是不远大，只能够看到局部的事情，不知道互相联络，所以便成四分五裂。至于作事，始终不离革命这条路的还只有西南几省。但是，这几省彼此都是不联络，所以至到今还是不成功。

现在，石、但二君想联络西南各省一致对北，这次到广东来恰恰遇到了一个好时机。这个时机就是江浙已经动兵，奉天的军队不久也要入关，一定要有大战争。这次战争是北方自己大分裂，予我们南方以极大的机会，可以收革命最后的大成功。

从前，北方的团体很坚固，总是一致来压迫南方。现在，北方自己已大分裂。浙江向来和我们很亲善，奉天近来也和我们有来往。这次战争是他们北方先动兵，军事的胜负一时不容易解决。照最近的观察，江浙的战事一定要延长，奉军正是预备入关，战事还没有开始。将来发生奉直战争，战争更是要延长。南方革命，在民国以来总没有好机会，北方向来总是一致压迫南方。现在西南如果能够联成一气，共同出兵北伐，很快就可以得武汉，得了武汉之后，便可以恢复民国元年的力量。我们革命已经有了十三年的经验和十三年的阅历。从前，革命没有一点经验和阅历还能够推

① 但怒刚：即但懋辛。

翻满清。现在,利用这样久的经验和阅历,将来所得的结果当然是更不可限量。现在,石、但二君负了这种任务,我们便应该赞成石、但二君主张,赶快一致北伐,取得武汉。我们得了武汉之后,如果奉军的力量不能取得北京,我们便要过黄河,直取北京,巩固共和。我们要造这种大事业,现在是一个极好的机会。石、但二君正在这个机会之中出来联络各方,已经得了各方的赞同,所预备的计划,不久便可以做成功。

今晚,公敬石、但二君一杯,庆祝将来大局成功!

据《广州民国日报》(临时特刊)一九二四年九月十二日《大元帅欢宴但懋辛石青阳演说词》(黄贻孙记)

致唐继尧电*

(一九二四年九月十一日)

云南唐省长鉴:民国俶扰,垂十三年。大盗恣横,乱国窃位。西南频起义师,皆以动止参差,大功不立。近者浙奉举兵讨贼,战端已开。吾辈揭橥大义,倡率天下,已非一朝,尤宜及时奋兴,戡定大难。但军长懋辛等来粤具述伟略,同心勠力,实慰夙怀。爰于本日招集政务、军事联合大会,佥谓:公勤劳国家,功勋丕著,宜有崇号,以董戎行。是〔用〕用〔是〕推公为副元帅,武〔式〕惟提挈之用,以成康济之勋。文聿求友声,欣兹多助,知乐推之有在,信吾道之不孤。群情喁喁,未可从让。望即宣布就职,以慰岐仰之诚。［将］大〔奖〕率三军,北伐中原,愿共驰驱,以建大业。专电奉达,伫望新

* 此电及下一电均未署年月,据电文中"但军长懋辛等来粤具述伟略"等内容判断,应在一九二四年九月。

猷。文。真。

据《广州民国日报》九二四年九月十七日《大元帅致唐继尧电》

致唐继尧电

（一九二四年九月十一日）

急。云南唐省长鉴：顷电以众志乐推，请早就职，计已达览。川、滇、黔三省军队久在指挥之下，宜正名号，以资统率。拟川滇黔联军总司令请公担任，一切出仰〔师〕计画均请就近主持。文既移驻韶关，誓师北伐，望早定大计，克日兴师。伟画所关，并望指示。孙文。真。

据上海《民国日报》一九二四年九月二十三日《西南各省讨贼之大团结》

给古应芬的指令

（一九二四年九月十一日）

大元帅指令第一〇一〇号

令经界局督办兼办广东沙田清理事宜古应芬

呈报遵办兼职人员减成支薪等情由。

呈、表均悉。表存。此令。

（中华民国陆海军大元帅之印）

中华民国十三年九月十一日

据《大本营公报》第廿六号《指令》

给胡汉民等的指令

（一九二四年九月十一日）

大元帅指令第一〇一三号

令审查哪威运载军火船委员胡汉民等[①]

呈复奉令审查“哈付”轮船运载军火来粤一案情形，请准将该轮放行，以示宽大由。

呈悉。既据审查该“哈付”轮船确无犯罪之意，应准予放行，以示宽大。候令行财政部、外交部分别转饬粤海关监督及广东交涉员遵照可也。此令。

（中华民国陆海军大元帅之印）

中华民国十三年九月十一日

据《大本营公报》第廿六号《指令》

给廖仲恺的指令

（一九二四年九月十一日）

大元帅指令第一〇一四号

令广东省长廖仲恺

呈为拟将《各团各界请领枪弹暂行简章》第三条再加修正，乞予核示由。

呈悉。准如所拟修正。仰即并同前案分饬遵照可也。折存。

---

① 胡汉民等：指胡汉民、伍朝枢、廖仲恺、卢兴原、傅秉常。

此令。

（中华民国陆海军大元帅之印）

中华民国十三年九月十一日

据《大本营公报》第廿六号《指令》

致加拉罕函

（一九二四年九月十二日）

亲爱的加拉罕同志：

明晨我将赴韶关，但走前还想致短函告知您，我完全同意您在七月十一日来信中对当今中国局势的极为英明的估价。

您从我本月一日发布的宣言[①]和作为《广州报》的附录于本月八日发表的我关于庚子议定书的谈话（我把这两个文件给您随信附上）可以看出，现在已经是在中国与世界帝国主义公开斗争的时候了。在这场斗争中，我愿得到贵国这个伟大国家的友谊与支援，俾可帮助中国摆脱帝国主义的强力控制，恢复我国在政治和经济上的独立。

近期内我将修书一封向您详述情况。暂时就此搁笔。请接受我兄弟般的问候和最良好的祝愿，望您身体健康。

您忠实的孙中山（签名）

一九二四年九月十二日

据《孙中山选集》（莫斯科一九六四年俄文版）译出（李玉贞译）

---

① 指《为广州商团事件对外宣言》。

致蒋中正函

（一九二四年九月十二日）

介石兄鉴：

据汝为兄言，如果将长短枪交回商团，当能得百万，以为出发费。果尔，当可取消今日各令，除益之[①]之枪外，可悉数还之，如何？请与汝为酌夺可也。

孙文　中华民国十三年九月十二日

据谭编《总理遗墨》第二辑影印原函

免廖仲恺职务令

（一九二四年九月十二日）

大元帅令

广东省长廖仲恺另有任用，应免本职。此令。

（中华民国陆海军大元帅之印）

中华民国十三年九月十二日

据《大本营公报》第廿六号《命令》

① 益之：朱培德字益之。

特任胡汉民兼职令

（一九二四年九月十二日）

大元帅令

特任胡汉民兼广东省长。此令。

（中华民国陆海军大元帅之印）

中华民国十三年九月十二日

据《大本营公报》第廿六号《命令》

免叶恭绰职务令

（一九二四年九月十二日）

大元帅令

大本营财政部长叶恭绰另有任用，应免本职。此令。

（中华民国陆海军大元帅之印）

中华民国十三年九月十二日

据《大本营公报》第廿六号《命令》

特任廖仲恺职务令

（一九二四年九月十二日）

大元帅令

特任廖仲恺为大本营财政部长。此令。

（中华民国陆海军大元帅之印）

中华民国十三年九月十二日

据《大本营公报》第廿六号《命令》

特任廖仲恺兼职令

（一九二四年九月十二日）

大元帅令

特任廖仲恺兼军需总监。此令。

（中华民国陆海军大元帅之印）

中华民国十三年九月十二日

据《大本营公报》第廿六号《命令》

准陈其瑗辞职令

（一九二四年九月十二日）

大元帅令

广东财政厅长陈其瑗呈请辞职。陈其瑗准免本职。此令。

（中华民国陆海军大元帅之印）

中华民国十三年九月十二日

据《大本营公报》第廿六号《命令》

着廖仲恺兼领财政厅长令

（一九二四年九月十二日）

大元帅令

广东财政厅长着廖仲恺兼领。此令。

（中华民国陆海军大元帅之印）

中华民国十三年九月十二日

据《大本营公报》第廿六号《命令》

免谢无量职务令

（一九二四年九月十二日）

大元帅令

大本营特务秘书谢无量另有任用，应免本职。此令。

（中华民国陆海军大元帅之印）

中华民国十三年九月十二日

据《大本营公报》第廿六号《命令》

任命谢无量职务令

（一九二四年九月十二日）

大元帅令

任命谢无量为大本营参议。此令。

（中华民国陆海军大元帅之印）

中华民国十三年九月十二日

据《大本营公报》第廿六号《命令》

准任黄裳等职务令

（一九二四年九月十二日）

大元帅令

禁烟督办谢国光呈请任命黄裳为第一科科长，张毂为第二科科长，吴家麟为第三科科长，王冕琳为第四科科长，锺忠为第五科科长。均照准。此令。

（中华民国陆海军大元帅之印）

中华民国十三年九月十二日

据《大本营公报》第廿六号《命令》

给蒋中正的命令*

（一九二四年九月十二日）

着分给军官学校长枪六百杆，教导团长枪一千杆，干部学校、讲武学校长枪各二百杆，滇军第二军长范石生长、短枪各五百杆，桂军总司令刘震寰、豫军总司令樊钟秀长枪各五百杆。此令。

据《民国十五年以前之蒋介石先生》第七册

给蒋中正的命令

（一九二四年九月十二日）

大元帅令

前令交范军长长枪一千支，今因商团已就范围，当先发还商团，故当取消前令。此令

长洲要塞司令蒋

孙文（大元帅章）

民国十三年九月十二日

据谭编《总理遗墨》第二辑影印原稿

* 此件所标时间系据《民国十五年以前之蒋介石先生》。

给吴铁城的命令*

（一九二四年九月十二日）

着吴铁城兼理大本营参军处事宜。

据《广州民国日报》一九二四年九月十九日《吴铁城兼任参军处》

给谢国光的训令

（一九二四年九月十二日）

大元帅训令第四六九号

令禁烟督办谢国光

为令行事：前据该前督办鲁涤平呈送十三年四月份收支计算书等件请予核销，经发交大本营审计处审核，兹据呈复，审核相符，尚无浮滥等情。据此，自应准予核销。除指令外，合行令仰该督办查照，并行转知可也。此令。

（中华民国陆海军大元帅之印）

中华民国十三年九月十二日

据《大本营公报》第廿六号《训令》

---

* 此件所标时间系据九月十九日《广州民国日报》云"吴铁城……九月十二奉大元帅令开"确定。

给程潜廖仲恺的训令

（一九二四年九月十二日）

大元帅训令第四七一号

令大本营军政部长程潜、广东省长廖仲恺

为令饬事：据筹办铜鼓商埠委员陈宜禧面称："刻已着手测量及兴工筑路，请饬该地军警切实保护，俾利进行"等情。据此，除分令外，合行令仰该部、省长即便遵照，转饬现住台山军队、香山县长督饬团警妥为保护可也。此令。

（中华民国陆海军大元帅之印）

中华民国十三年九月十二日

据《大本营公报》第廿六号《训令》

给林森的训令

（一九二四年九月十二日）

大元帅训令第四七二号

令大本营建设部长林森

为令饬事：据铜鼓开埠筹备委员李卓峰等呈称："为呈报筹备委员会成立并请颁发关防事：本年九月一日奉大元帅令开：'派李卓峰、伍大光、谢适群、徐希元、林子峰、陆敬科、薛锦标、徐绍棪为铜鼓开埠筹备委员。此令'等因。奉此，卓峰等遵于九月一日全体就职，暂假建设部为筹备会所。窃念开埠一举，头绪纷繁，对内对外关系綦重，拟请颁发关防一颗，俾资信守。所有呈报铜鼓开埠筹备委员会成立并请给关防各缘由，理合具文呈请察核施行”等情。据此，当经指令“呈悉。查该委员会系临时设立，事竣即须裁撤，可无庸刊发关防。如须与各机关行文，着即借用建设部印，俾昭信守可也。仍候行建设部知照。此令”等语，除指令印发外，合行令仰该部长即便知照。此令。

（中华民国陆海军大元帅之印）

中华民国十三年九月十二日

据《大本营公报》第廿六《训令》

给廖仲恺叶恭绰的训令

（一九二四年九月十二日）

大元帅训令第四七四号

令广东省长廖仲恺、大本营财政部长叶恭绰

为令行事：现在出师北伐，军费浩繁，馈饷转粮，亟须筹备巨款，以利师行。粤省财政情形已成弩末，开源节流，难收急效，惟有就现在财政收入机关实行统一，以提纲挈领之规，为集腋成裘之计，纪纲既立，效益自宏。着该省长、部长悉心规画，切实进行，以收饱腾之效，有厚望焉。此令。

（中华民国陆海军大元帅之印）

中华民国十三年九月十二日

据《大本营公报》第廿六号《训令》

给林翔的指令

（一九二四年九月十二日）

大元帅指令第一〇一六号

令大本营审计处处长林翔

呈复审查禁烟督办署十三年四月份收支计算书表等尚属相符，请准核销由。

呈悉。既据审查该督办署十三年四月份收支相符，尚无浮滥，应即准予核销。候令饬遵照可也。此令。

（中华民国陆海军大元帅之印）

中华民国十三年九月十二日

据《大本营公报》第廿六号《指令》

给林翔的指令

（一九二四年九月十二日）

大元帅指令第一〇一七号

令大本营审计处处长林翔

呈复审查前兵工厂厂长朱和中十二年四月至六月份收支计算书表等件，分别核销、核减情形，请察核示遵由。

呈悉。照准。候令行军政部转饬遵照。此令。

（中华民国陆海军大元帅之印）

中华民国十三年九月十二日

据《大本营公报》第廿六号《指令》

给程潜的训令

（一九二四年九月十二日）

大元帅训令第四七〇号

令大本营军政部长程潜

为令行事：据大本营审计处处长林翔呈复："案奉钧帅先后发交前广东兵工厂厂长朱和中呈送十二年四月份至六月份收支计算书暨附属表及证据粘存簿到处，饬令审计等因。奉此，窃查该厂长所送册列各数大致相符，惟查该册内列购买无烟药未有原铺单据，业经呈明帅座，旋奉指令准予核销，自应遵照办理。兹查四月份杂支栏内列绿茶盘茶杯等件，共该银十四员八毫九分，查核第五百五十号单据并无商店图章，且与第五百八十八号单据所列各件相同，似系重复，未便遽予核销。又查五月份修缮栏内列修建黑药厂上盖工料，该银一百八十元，查核第一千四百三十五号单据，实支银一百七十四员五毫五分，比对实浮支银五元七毫五分，应即核减，以重公帑。以上两项共核减毫银二十一元三毫四分，计该厂十二年四月份支出毫银二万九千三百零三元一毫四分，除核减十四元八毫九分外，实核销毫银二万九千二百八十八元二毫五分。又五月份支出毫银六万二千零四十八元五毫八分六厘，除核减五元七毫五分外，实核销毫银六万二千零四十二元八毫三分六厘。又六月份支出毫银八万七千三百七十四元八毫四分四厘，核与单据亦属相符。以上各数均属核实，拟请准予核销。其核减之二十一元三毫四分，应请饬令该厂长列入新收款项，以清手续"等情。据此，除指令照准外，合行令仰该部长转饬遵照可也。

此令。

（中华民国陆海军大元帅之印）

中华民国十三年九月十二日

据《大本营公报》第廿六号《训令》

给铜鼓埠筹备委员会的指令

（一九二四年九月十二日）

大元帅指令第一〇一九号

令铜鼓埠筹备委员会

呈报成立日期并请发给关防由。

呈悉。查该委员会系临时设立，事竣即须裁撤，可无庸刊发关防。如须与各机关行文，着即借用建设部印，俾昭信守可也。仍候行建设部知照。此令。

（中华民国陆海军大元帅之印）

中华民国十三年九月十二日

据《大本营公报》第廿六号《指令》

与东方通信社记者的谈话*

（一九二四年九月十三日）

天下苟有反对直隶派者，现今不起，更无再起之机会。现下形势是重大且为绝好之机会。予为顺应大局之趋势计，赴中原逐鹿，

* 九月十三日，孙中山乘火车赴韶关，这是他在火车上与记者的谈话。

纵一方放弃广东，亦在所不辞。

据北京《顺天时报》一九二四年九月十六日《广东北伐军已出发》

致卢永祥等电

（一九二四年九月十三日）

十万火急。浙江卢督办、奉天张总司令、天津段芝泉先生、云南唐省长[①]鉴：自浙江兴师，此间已积极筹备，务期克日入赣，以分贼势。文于元日申刻抵韶，并将大本营移韶，以便统率。经分令各将领迅即会师，共张挞伐。一俟集中完竣，即行分路出发。先以奉闻。孙文。元酉。自韶关发。

据《广州民国日报》一九二四年九月十七日《大元帅出发北征记》

着东江叛军悔悟自新通令

（一九二四年九月十三日）

大元帅令

曹琨〔锟〕、吴佩孚窃国弄权，残民以逞。数年以来，闽、粤、川、湘，生民涂炭，曹、吴二贼实为祸首。近复启衅浙奉，兵连祸结。本大元帅已明令诸将出师北伐，并亲驻韶关，以资节制。东江叛军抗命经年，此时若能深思顺逆之辨，幡然悔悟，相率来归，本大元帅当许其自新。否则，径率所部驰赴福建，以为浙江声援，亦必许其以功自赎。兹特命东江征讨诸军撤惠州之围，并停止各路进攻，以示网开三面之意。内靖乡土，外挞狂寇，时不再得，法不再宽，凛之毋

① 卢、张、段、唐：卢永祥、张作霖、段祺瑞、唐继尧。

忽。此令。

（中华民国陆海军大元帅之印）

中华民国十三年九月十三日

据《大本营公报》第廿六号《命令》

特派胡汉民代职令

（一九二四年九月十三日）

大元帅令

本大元帅现在出师北伐，特派大本营总参议胡汉民留守广东，代行大元帅职权。此令。

（中华民国陆海军大元帅之印）

中华民国十三年九月十三日

据《大本营公报》第廿六号《命令》

对吴铁城的口谕*

（一九二四年九月十三日）

调警卫军全部随同北伐。

据《广州民国日报》一九二四年九月十七日《公安局认拨警卫军饷额》

---

* 原谕未署日期。按孙中山九月十三日赴韶关督师北伐，此谕应在九月十三日之前，今暂作十三日。

给程潜等的训令

（一九二四年九月十三日）

大元帅训令第四七五号

令大本营军政部长程潜、大本营财政部长叶恭绰、大本营内政部长徐绍桢、大本营外交部长伍朝枢、大本营建设部长林森、大本营航空局长陈友仁、大本营审计处处长林翔、大本营秘书长谭延闿、大本营参谋长李烈钧、大本营参军长张开儒、大本营会计司长黄昌谷、统一财政委员会、财政委员会、经理大本营军需处事宜胡谦、郑洪年、广东省长廖仲恺、禁烟督办谢国光、大理院长兼管司法行政事务吕志伊、湘军总司令谭延闿、桂军总司令刘震寰、滇军总司令杨希闵、粤军总司令许崇智、豫军总司令樊钟秀、卫戍总司令杨希闵、中央直辖第一军军长朱培德、中央直辖第三军军长卢师谛、中央直辖第七军军长刘玉山、山陕讨贼军司令路孝忱、中央直辖赣军司令李明扬、北伐军第四军军长顾忠深、北伐军第二军军长柏文蔚、北伐军第三军军长胡谦

为令知事：本大元帅现在出师北伐，特派大本营总参议胡汉民留守广东，代行大元帅职权，并将中华民国海〔陆〕陆〔海〕军大元帅印携往前方应用，所有后方发布明令暨一切公文，已另刊印信一颗，文曰“大元帅印”，定于九月十三日启用，俾示区别而昭信守。除分令外，合行令仰该部长、局长、处长、秘书长、参谋长、参军长、司长、委员会、经理、省长、督办、院长、总司令、军长、司令，即便转饬所属一体知照。此令。

（中华民国陆海军大元帅之印）

中华民国十三年九月十三日

据《大本营公报》第廿六号《训令》

给程潜廖仲恺的训令

（一九二四年九月十三日）

大元帅训令第四七六号

令大本营军政部长程潜、广东省长廖仲恺

为令饬事：据广东财政厅长陈其瑗呈请撤销火柴捐等情前来。查火柴捐一项，原名火柴检验费，由财政部制定抽收章程，以部令公布施行，嗣移归广东财政厅办理，改易今名。既据呈称苛细病民，自应即予撤销。以后无论何项机关及军队，对于土造火柴，永远不得巧立名目，抽取捐款，以维国货而恤商艰。除令广东省长转饬所属一体遵照并布告商民周知外，军政部通令各军一体遵照外，合行令仰该省长转饬所属一体遵照并布告商民周知，部长即便通行各军一体遵照。切切。此令。

（中华民国陆海军大元帅之印）

中华民国十三年九月十三日

据《大本营公报》第廿六号《训令》

给陈其瑗的指令

（一九二四年九月十三日）

大元帅指令第一〇二〇号

令广东财政厅长陈其瑗

呈请明令撤销火柴捐由。

呈悉。火柴捐既属苛细病民,自应即予撤销。以后无论何项机关及军队,对于土制火柴,永远不得巧立名目,抽收捐款,以维国货而恤商艰。已令广东省长转饬所属遵照,并布告商民周知,并令军政部转行各军一体遵照矣。仰即谕知该行商等可也。此令。

(中华民国陆海军大元帅之印)

中华民国十三年九月十三日

据《大本营公报》第廿六号《指令》

给谢国光的指令

(一九二四年九月十三日)

大元帅指令第一〇二一号

令禁烟督办谢国光

呈报重行改组及荐任科长由。

呈及履历表均悉。所请荐任科长之处已另有明令准予任命矣。仰即知照。表存。此令。

(中华民国陆海军大元帅之印)

中华民国十三年九月十三日

据《大本营公报》第廿六号《指令》

给叶恭绰的指令

(一九二四年九月十三日)

大元帅指令第一〇二二号

令大本营财政部长叶恭绰

呈报在容奇择地，增设分口，以防偷漏，请鉴核备案由。

呈悉[①]。准予备案。此令。

（中华民国陆海军大元帅之印）

中华民国十三年九月十三日

据《大本营公报》第廿六号《指令》

给卢善矩的指令

（一九二四年九月十三日）

大元帅指令第一〇二三号

令"江固"舰舰长卢善矩

呈请仍归粤军总司令节制调遣由。

呈悉。照准。候令行粤军总司令知照可也。此令。

（中华民国陆海军大元帅之印）

中华民国十三年九月十三日

据《大本营公报》第廿六号《指令》

给许崇智的训令

（一九二四年九月十三日）

大元帅训令第四七七号

令粤军总司令许崇智

① 九月十一日，财政部代理次长杨子毅代叶恭绰呈：来往香港一容奇渡船，所经各地（除伶仃关外）因无关卡，均未销号。拟在容奇择地设卡，以便验销，防止偷漏，而利税收。

为令遵事：据“江固”舰长卢善矩呈称：“窃职舰前以饷糈无着，经蒙俯准下情，饬由粤军总司令部请领，蒙按照拨给在案。惟职舰所需饷项、煤斤既由总司令部给发，而节制调遣又直辖诸钧府，则将来请领饷煤，恐有窒碍之处，况职舰现须修理，所需修理经费，如无专属，谅难筹顾。舰长为此后给养、修船及事权起见，拟请仍划由总司令部节制调遣，俾有专属而一事权之处，是否有当，伏候钧座察核示遵”等情。据此，除指令“呈悉。照准。候令行粤军总司令知照可也。此令”印发外，合行令仰该总司令即便遵照办理。此令。

（中华民国陆海军大元帅之印）

中华民国十三年九月十三日

据《大本营公报》第廿六号《训令》

给陈其瑗的指令

（一九二四年九月十三日）

大元帅指令第一〇二四号

令广东财政厅长陈其瑗

呈因病恳请辞职并派员代拆代行由。

呈悉。已明令照准，并简员接替矣。仰即遵照。此令。

（中华民国陆海军大元帅之印）

中华民国十三年九月十三日

据《大本营公报》第廿六号《指令》

给叶恭绰的指令

（一九二四年九月十三日）

大元帅指令第一〇二五号

令大本营财政部长叶恭绰

呈报广东造币厂停铸日期由。

呈悉。此令。

（中华民国陆海军大元帅之印）

中华民国十三年九月十三日

据《大本营公报》第廿六号《指令》

给马超俊的指令

（一九二四年九月十三日）

大元帅指令第一〇二六号

令广东兵工厂厂长马超俊

呈称各部军官拟依照民团、商团领枪价格，缴价领枪，以充军实，请令遵由。

呈悉。准如所请办理。仰即知照。此令。

（中华民国陆海军大元帅之印）

中华民国十三年九月十三日

据《大本营公报》第廿六号《指令》

给程潜的指令

（一九二四年九月十三日）

大元帅指令第一〇二七号

令大本营军政部长程潜

呈请追赠何才杰陆军上将并照中将阵亡例给恤由。

呈悉。已有明令追赠给恤矣。仰即知照。此令。

（中华民国陆海军大元帅之印）

中华民国十三年九月十三日

据《大本营公报》第廿六号《指令》

致卢永祥电

（一九二四年九月十四日）

万急。浙江卢督办鉴：顷得捷报，欣悉贵军已克宜兴，常州指日可下，宁城之寇自不足平。从此乘胜北向，歼灭国贼，是在今日。谨电驰贺。孙文。寒。

据《广州民国日报》一九二四年九月十八日《大元帅出发北征记（二）》

挽彭素民联*

（一九二四年九月十四日）

吾党惜斯人，应有注海倾江泪；

---

* 此件所标时间系彭素民追悼大会日期。

廿年共患难，未遂乘风破浪心。

据《中国国民党周刊》第三十九期（广州一九二四年九月二十一日版）《故常务委员彭素民追悼大会纪》

追赠何才杰令

（一九二四年九月十五日）

大元帅令

大本营军政部长程潜呈："议复广西总司令所部故第一军第二师师长何才杰，久历戎行，此次率师回桂，尤著战绩。讵于柳州附近地方遇匪，督战阵亡。拟请追赠陆军上将，照中将阵亡例给予恤金"等语。何才杰着追赠陆军上将，并照中将阵亡例给恤，以彰忠烈。此令。

（中华民国陆海军大元帅之印）

中华民国十三年九月十五日

据《大本营公报》第廿六号《命令》

准陈树人辞职令

（一九二四年九月十五日）

大元帅令

广东省长廖仲恺呈广东政务厅厅长陈树人恳请辞职。陈树人准免本职。此令。

（中华民国陆海军大元帅之印）

中华民国十三年九月十五日

据《大本营公报》第廿六号《命令》

任命李文范职务令

（一九二四年九月十五日）

大元帅令

任命李文范为广东政务厅厅长。此令。

（中华民国陆海军大元帅之印）

中华民国十三年九月十五日

据《大本营公报》第廿六号《命令》

任命林云陔职务令

（一九二四年九月十五日）

大元帅令

任命林云陔为大本营秘书。此令。

（中华民国陆海军大元帅之印）

中华民国十三年九月十五日

据《大本营公报》第廿六号《命令》

任命祁耿寰陈民钟职务令

（一九二四年九月十六日）

大元帅令

任命祁耿寰、陈民钟为大本营参军。此令。

（中华民国陆海军大元帅之印）

中华民国十三年九月十六日

据《大本营公报》第廿六号《命令》

任命余维谦职务令

（一九二四年九月十六日）

大元帅令

任命余维谦为大本营参谋处军事参议。此令。

（中华民国陆海军大元帅之印）

中华民国十三年九月十六日

据《大本营公报》第廿六号《命令》

着余维谦兼职令

（一九二四年九月十六日）

大元帅令

蒋尊簋现在告假，大本营参谋处主任着以该处军事参议余维谦暂行兼代。此令。

（中华民国陆海军大元帅之印）

中华民国十三年九月十六日

据《大本营公报》第廿六号《命令》

准免戴恩赛职务令

（一九二四年九月十六日）

大元帅令

梧州关监督兼外交部特派广西交涉员戴恩赛准免本、兼各职。

此令。

（中华民国陆海军大元帅之印）

中华民国十三年九月十六日

据《大本营公报》第廿六号《命令》

任命林子峰职务令

（一九二四年九月十六日）

大元帅令

任命林子峰为梧州关监督兼外交部特派广西交涉员。此令。

（中华民国陆海军大元帅之印）

中华民国十三年九月十六日

据《大本营公报》第廿六号《命令》

给叶恭绰的指令

（一九二四年九月十六日）

大元帅指令第一〇二九号

令大本营财政部长叶恭绰

呈复裁员、减薪自应遵照办理，俟裁减定后另行列表呈报由。

呈悉。此令。

（中华民国陆海军大元帅之印）

中华民国十三年九月十六日

据《大本营公报》第廿六号《指令》

给叶恭绰的指令

（一九二四年九月十六日）

大元帅指令第一〇三一号

令大本营财政部长叶恭绰

呈报遵令将盐务署裁撤，归并财政部办理日期，呈请察核备案由。

呈悉。此令。

（中华民国陆海军大元帅之印）

中华民国十三年九月十六日

据《大本营公报》第廿六号《指令》

给林森的指令

（一九二四年九月十六日）

大元帅〈指〉令第一〇三二号

令大本营建设部长林森

呈复遵令裁员减俸情形请备案由。

呈悉。此令。

（中华民国陆海军大元帅之印）

中华民国十三年九月十六日

据《大本营公报》第廿六号《指令》

给邓泽如的指令

（一九二四年九月十六日）

大元帅指令第一〇三四号

令两广盐运使邓泽如

呈遴委北江盐务督运专员请加委由。

呈悉。北江盐务督运专员毋庸加委，着由该运使径行委用可也。此令。

（中华民国陆海军大元帅之印）

中华民国十三年九月十六日

据《大本营公报》第廿六号《指令》

准任徐天深等职务令

（一九二四年九月十七日）

大元帅令

兼理大本营参军处事宜吴铁城呈请任命徐天深为大本营参军处上校副官，王焕龙、林志华、吴良、吴雅觉为大本营参军处少校副官。均照准。此令。

（中华民国陆海军大元帅之印）

中华民国十三年九月十七日

据《大本营公报》第廿六号《命令》

给陈兴汉的指令

（一九二四年九月十七日）

大元帅指令第一〇三五号

令管理粤汉铁路事务陈兴汉

呈请迅令调防及开拔各军务须信守军运时间，勿再任意延搁，俾利交通而维路政由。

呈悉。所请事属可行。候令军政部通行各军遵照可也。此令。

（中华民国陆海军大元帅之印）

中华民国十三年九月十七日

据《大本营公报》第廿六号《指令》

给程潜的训令

（一九二四年九月十七日）

大元帅训令第四七九号

令大本营军政部长程潜

为令遵事：据管理粤汉铁路事务陈兴汉呈称："窃职路前以北伐军与各军队伍开拔次序亟须表列，当经呈请帅座准予分令遵照在案。乃日来各军调防及开拔，函由职路订期预备车辆，当以军用所关，迫将客、货列车停开，以便腾出。但各军队伍往往愆期，以致将车辆久搁，对于交通、车利两形窒碍，军费亦连带影响。且军运源源，甲军既延搁于前，乙军又挤拥于后，一经紊乱，调运更觉困难。理合再呈帅座鉴核，敬祈迅令各军务须信守军运时间，勿再任意延搁，俾利交通而维路序，实为公便”等情。据此，除指令“呈悉。所请事属可行，候令军政部通行各军遵照可也。此令”印发外，合行令仰该部长即便遵照办理为要。此令。

（中华民国陆海军大元帅之印）

中华民国十三年九月十七日

据《大本营公报》第廿六号《训令》

给邓泽如的指令

（一九二四年九月十七日）

大元帅指令第一〇三六号

令两广盐运使邓泽如

呈拟具《北江盐务督运办法》请鉴核备案，并令北路各军遵守，及饬军政部颁给布告由。

呈、折均悉。督运专员毋庸加委，余准如所拟备案。候令行军政部查照办理可也。折存。此令。

（中华民国陆海军大元帅之印）

中华民国十三年九月十七日

据《大本营公报》第廿六号《指令》

给程潜的训令

（一九二四年九月十七日）

大元帅训令第四七八号

令大本营军政部长程潜

为令行事：据两广盐运使邓泽如呈称："窃查北伐计划现已实行，省配之盐，素以北柜运销湘、赣两省为数最多，湘、赣商贩又皆向以货物运粤易盐，回籍济销。将来军行孔道正当北柜销区，倘因军旅戒途，商贩别无保障，必至裹足不前，税饷实受影响，而运使筹济饷糈，又比平时更为紧迫，自应预先设法补救，庶免临时贻误。现经悉心筹度，拟具督运办法六条，并已妥加遴选委定曾镛为督运专员，李孝章、易钦吾为督运助理员，饬令分别驻扎，认真办理。并规定专员一员月薪二百元、公费一百元，助理员二员月薪各八十元，预算每月薪水、公费共该大洋四百六十元，均在本署收入盐税项下作正开支。似此临时所费无多，收效实非浅鲜。除督运专员另文呈请加委外，理合将拟定督运办法六条，缮具清折具文呈请俯准备案，并行令北路各军一体遵守，及饬行军政部颁给详细布告，发由运使转给督运专员张贴周知，仍乞指令祇遵"等情。据此，除指令照准备案外，合行将原折抄发，仰该部长即便查照，通行北路各军一体遵守，并颁发布告，给该运使转给张贴可也。此令。

（中华民国陆海军大元帅之印）

中华民国十三年九月十七日

据《大本营公报》第廿六号《训令》

给吕志伊的指令

（一九二四年九月十七日）

大元帅指令第一〇三七号

令大理院长兼管司法行政事务吕志伊

呈复遵令裁员减俸情形列表，呈请鉴核由。

呈悉。表存。此令。

（中华民国陆海军大元帅之印）

中华民国十三年九月十七日

据《大本营公报》第廿六号《指令》

给叶恭绰的指令

（一九二四年九月十七日）

大元帅指令第一〇三八号

令大本营财政部长叶恭绰

呈报准财政委员会议决：征收税款，凡收大洋以毫银缴纳者，应加二五补水征收，已咨令各机关照办，请察核备案由。

呈悉。准予备案。此令。

（中华民国陆海军大元帅之印）

中华民国十三年九月十七日

据《大本营公报》第廿六号《指令》

中国国民党北伐宣言*

（一九二四年九月十八日）

国民革命之目的，在造成独立自由之国家，以拥护国家及民众之利益。辛亥之役，推倒君主专制政体暨满州征服阶级，本已得所藉手，以从事于目的之贯彻。假使吾党当时能根据于国家及民众之利益，以肃清反革命势力，则十三年来政治根本当已确定，国民经济、教育荦荦诸端当已积极进行。革命之目的纵未能完全达到，

---

* 九月十八日，孙中山以中国国民党的名义发表此宣言。

然不失正鹄，以日跻于光明，则有断然者。

原夫反革命之发生，实继承专制时代之思想，对内牺牲民众利益，对外牺牲国家利益，以保持其过去时代之地位。观于袁世凯之称帝，张勋之复辟，冯国璋、徐世昌之毁法，曹锟、吴佩孚之窃位盗国，十三年来连属不绝，可知其分子虽有新陈代谢，而其传统思想则始终如一。此等反革命之恶势力，以北京为巢窟，而流毒被于各省。间有号称为革命分子，而其根本思想初非根据于国家及民众之利益者，则往往志操不定，受其吸引，与之同腐，以酿成今日分崩离析之局。此其可为太息痛恨者矣！

反革命之恶势所以存在，实由帝国主义卵翼之使然。证之民国二年之际，袁世凯将欲摧残革命党以遂其帝制自为之欲，则有五国银行团大借款于此时成立，以二万万五千万元供其战费。自是厥后，历冯国璋、徐世昌诸人，凡一度用兵于国内以摧残异己，则必有一度之大借款以资其挥霍。及乎最近曹锟、吴佩孚加兵于东南，则久悬不决之金佛郎案即决定成立。由此种种，可知十三年来之战祸，直接受自军阀，间接受自帝国主义，明明白白，无可疑者。

今者，浙江友军为反抗曹锟、吴佩孚而战，奉天亦将出于同样之决心与行动，革命政府已下明令出师北向，与天下共讨曹锟、吴佩孚诸贼。于此有当郑重为国民告且为友军告者：此战之目的不在覆灭曹吴，尤在曹吴覆灭之后永无同样继起之人，以持续反对革命之恶势；换言之，此战之目的不仅在推倒军阀，尤在推倒军阀所赖以生存之帝国主义。盖必如是，然后反革命之根株乃得永绝，中国乃能脱离次殖民地之地位，以造成自由独立之国家也。

中国国民党之最终目的在于三民主义，本党之职任即为实行主义而奋斗。故敢谨告于国民及友军曰：吾人颠覆军阀之后，必将要求现时必需之各种具体条件之实现，以为实行最终目的三民主义之初步。此次爆发之国内战争,本党因反对军阀而参加之,其职任首在战胜之后,以革命政府之权力扫荡反革命之恶势力,使人民得解放而谋自治;尤在对外代表国家利益,要求从新审订一切不平等之条约,即取消此等条约中所定之一切特权,而重订双方平等互尊主权之条约,以消灭帝国主义在中国之势力。盖必先令中国出此不平等之国际地位,然后下列之具体目的方有实现之可能也。

(一)中国蹈于国际平等地位以后,国民经济及一切生产力方得充分发展。

(二)实业之发展,使农村经济得以改良,而劳动农民之生计有改善之可能。

(三)生产力之充分发展,使工人阶级之生活状况,得因其团结力之增长而有改善之机会。

(四)农工业之发达,使人民之购买力增加,商业始有繁盛之动机。

(五)文化及教育等问题,至此方不落于空谈。彼经济之发展使知识能力之需要日增,而国家富力之增殖,可使文化事业及教育之经费易于筹措;一切知识阶级之失学问题、失业问题,方有解决之端绪。

(六)中国之法律,更因不平等条约之废除,而能普及于全国领土,实行于一切租界,然后阴谋破坏之反革命势力无所凭藉。

凡此一切,当能造成巩固之经济基础,以统一全国,实现真正之民权制度,以谋平民群众之幸福。故国民处此战争之时,尤宜急起而反抗军阀,求此最少限度之政纲实现,以为实行三民主义之第一步。

十三年九月十八日

据《广州民国日报》一九二四年九月十九日《中国国民党宣布北伐目的》

与日本记者的谈话*

（一九二四年九月十八日）

日记者：大元帅之军队此后向何方进攻及何时可返广东？

孙中山：军队之进攻方向是军事秘密，不能明言。复返日期更完全未定，但若有必要之际，何时亦可返也。

记者：大元帅之北伐与江浙战事有直接关系否？

孙：固有直接之关系，且此后之进兵方向亦当与浙卢商议。故重要之军事行动不能发表也。

记者：与张、段①之联络如何？

孙：张、段、卢与余今已协议妥当，张、段两氏亦已定期出兵。

记者：江浙战事将来之结果如何？

孙：苏军②不出一个月定当溃灭，而直系之倒亦将从之。此时，中国统一之时机至矣。

据《广州民国日报》一九二四年九月十八日《大元帅对日记者之谈话》

致粕谷义三函**

（一九二四年九月十八日）

敬启者：睽隔光仪，每深企仰。遥承勋问，与日俱隆，以为

---

* 谈话地点在韶关。所标时间系《广州民国日报》发表日期。

① 张、段：奉系张作霖，皖系段祺瑞。

② 苏军：指江苏齐燮元指挥的部队。

** 孙中山致日本众议院议长粕谷义三函，由广州大本营参谋长李烈钧专程送呈。

颂慰。

世界潮流已为民气所激荡，有一日千里之势。吾人内觇国情，外察大局，惟本互助之主义，奋斗之精神，以顺应趋势，积极进行。迹其所至，岂惟两国人民蒙其幸福而已！

执事领袖名流，高掌远蹠，知有同情。吾国方从事于讨贼，文已率师北伐，以答国人望治之殷。特派李参谋部长代表东渡，奉候左右，兼致鄙怀，订谟所及，并望随时接洽，不胜驰情。顺颂

时祜　此致

粕谷义三先生阁下

孙文　中华民国十三年九月十八日

据广东省社会科学院历史研究所藏原函影印

咨唐继尧文

（一九二四年九月十八日）

大元帅咨第一号

为咨行事：窃以大盗恣横，尚稽显戮。中原俶扰，群起义师。期集大勋，端赖贤哲。爰于九月十一日召集政务、军事联合大会，佥谓执事勤劳国家，功绩迭著，宜有崇号，以董戎行。是〔用〕用〔是〕推公为副元帅，式惟提挈之用，以成康济之勋。相应咨行，希即宣布就职，俾慰喁望。此咨

副元帅唐

中华民国十三年九月十八日

据《大本营公报》第廿七号（广州一九二四年九月三十日版）《公文》

给航空局的命令*

（一九二四年九月十八日）

令饬航空局调拨军用飞机四架，克日派员驾驶赴韶听候调遣。

据《广州民国日报》一九二四年九月十九日《令拨运飞机赴韶》

给叶恭绰的指令**

（一九二四年九月十八日）

大元帅指令第一〇四〇号

令大本营财政部长叶恭绰

呈遵令饬查伍前运使汝康补恤程船一案情据呈转，请鉴核令遵由。

呈悉。既据查明伍前运使汝康办理赔偿程船损失一案，尚无舞弊确据，应从宽免予置议。仰即知照。此令。

（中华民国陆海军大元帅之印）

中华民国十三年九月十八日

据《大本营公报》第廿六号《指令》

---

* 此件所标时间系据九月十九日《广州民国日报》载，大元帅“昨特令饬”推定。

** 此件所标时间系据九月十九日《广州民国日报》载，大元帅“昨特令饬”推定。

给吴铁城的指令

（一九二四年九月十八日）

大元帅指令韶字第一号

令兼理大本营参军处事宜吴铁城

呈报视事日期由。

呈悉。此令。

（中华民国陆海军大元帅之印）

中华民国十三年九月十八日

据《大本营公报》第廿六号《指令》

给吴铁城的指令

（一九二四年九月十八日）

大元帅指令韶字第二号

令兼理大本营参军处事宜吴铁城

呈请任命徐天源等为该处副官由。

呈悉。已有明令分别任命矣。此令。

（中华民国陆海军大元帅之印）

中华民国十三年九月十八日

据《大本营公报》第廿六号《指令》

复段祺瑞电*

（一九二四年九月十九日）

上海何总司令①请转天津段芝泉先生鉴：顷诵佳电，本悲天悯人之怀，申伐罪吊民之义，仁言周浃，义闻昭宣。曹、吴祸国穷兵，残民以逞，甘为戎首，举国痛心。文已移驻韶关，宣告邦人，出师入赣，期与浙、奉义军一致讨贼。公志存匡国，谊切同仇。惟己饥己溺之仁，作同泽同胞之气，驱共和之障碍，建民国之新元。辱荷德音，弥殷企颂。文。皓。

据上海《民国日报》一九二四年九月二十三日《帅座电复段合肥》

准任蔡汉升职务令

（一九二四年九月十九日）

大元帅令

兼理大本营参军处事宜吴铁城呈请任命蔡汉升为大本营运输委员。应照准。此令。

（中华民国陆海军大元帅之印）

中华民国十三年九月十九日

据《大本营公报》第廿六号《命令》

---

* 原电未署年月。据电文“文已移驻韶关”、“出师入赣”等内容判断，时在一九二四年九月。

① 何总司令：浙沪联军第一军总司令何丰林。

与东方通信社记者的谈话*

（一九二四年九月二十日）

卢[①]之移沪，非基于浙军之不利，可信其为战略上之计画，故决不必因此而悲观反直派及浙军之将来。余已与西南各省有完全之联络，目下正与陈炯明谋谅解，此际不问其成否，当更巩固与友军之联结，在数星期内，必向直派与以空前之大打击。

日本向有附骥于英、美之嫌，但此次事变，日本政府所采之态度[②]，乃余所最欣快者。

据上海《民国日报》一九二四年九月二十四日《大元帅注意浙事变化》

致陈青云函

（一九二四年九月二十日）

青云旅长鉴：

刻此间人民报告，贵部拉有妇女十余人禁于船上，此种行为大犯人民之忌。倘此等消息流传于外，人民必与贵军生极大之恶感，而贵军名誉亦必受极大影响，于贵军实有极大之不利。仰即设法补救，将各人赶快放去。不然，则大本营在此不能不执行军法，则

---

* 原谈话未署日期。按上海《民国日报》载："广东二十日东方电，东方通信社记者访孙文于韶关临时大本营，叩其对于浙江最近形势及今后之对策。"今据此酌订时间。

① 卢：浙沪联军总司令卢永祥。

② 日本政府所采之态度：为绝对不干涉主义。

两有不便也。幸为留意。

孙　文

中华民国十三年九月廿日午前八点半

据中国革命博物馆藏原件

给范石生等的手令[*]

（一九二四年九月二十日）

前派范军长石生、李军长福林、廖师长行超办理还械事。现商团已进行第一条手续，惟仍须依照民国颁布《民团条例》改组。改组后即着范军长石生、李军长福林、廖师长行超按照政府手续办理，发还军械。

据《广州民国日报》一九二四年九月二十二日《发还扣械之近讯》

着撤销查办许崇灏令

（一九二四年九月二十日）

大元帅令

许崇灏着销去"查办"字样。此令。

（中华民国陆海军大元帅之印）

中华民国十三年九月廿日

据《大本营公报》第廿六号《命令》

---

* 此件所标时间系据九月二十二日《广州民国日报》云"大元帅二十日十二时三十分钟所发手令"确定。

饬工农团军赴韶令*

（一九二四年九月二十日）

令调工团军暨农人自卫军两部，限于三日内赴韶训练，以便随同北伐。

据《广州民国日报》一九二四年九月二十日《令工农团军赴韶训练》

给许崇智的训令

（一九二四年九月二十日）

大元帅训令第四八〇号

令粤军总司令许崇智

为令遵事：照得北伐出师，亟应增调劲旅，以厚兵力。合行令仰该总司令即便遵照，迅调黄明堂所部克日开赴韶关，候令出发。其原领伙食，仍由该总司令饬知五邑财政分处照旧发给，并将遵办情形迅报查考，毋延。切切。此令。

（中华民国陆海军大元帅之印）

中华民国十三年九月二十日

据《大本营公报》第廿六号《训令》

---

* 此件所标时间系《广州民国日报》发表日期。

给谭延闿的训令

（一九二四年九月二十日）

大元帅训令第四八一号

令湘军总司令谭延闿

为令遵事：据循军司令严德明呈称："窃职部于本月十三日随同联军各部由博罗开拔，于十四日下午四时抵石龙镇，暂在石龙棉花街驻扎。此后职部应调往何处及担负何种任务之处，敬乞明令祗遵"等情。据此，除指令该军应拨归湘军总司令节制调遣外，合行令仰该总司令即便遵照办理。切切。此令。

（中华民国陆海军大元帅之印）

中华民国十三年九月二十日

据《大本营公报》第廿六号《训令》

给叶恭绰伍朝枢的指令

（一九二四年九月二十日）

大元帅指令第一〇四一号

令大本营财政部长叶恭绰、外交部长伍朝枢

呈为会呈请准戴恩赛辞职并简任林子峰为梧州关监督兼外交部特派广西交涉员由。

呈悉。已明令准戴恩赛辞职并简任林子峰矣。仰即转令分别接替可也。履历存。此令。

（中华民国陆海军大元帅之印）

中华民国十三年九月二十日

据《大本营公报》第廿六号《指令》

给谢国光的指令

（一九二四年九月二十日）

大元帅指令第一〇四二号

令禁烟督办谢圀〔国〕光

呈为遵令裁员减薪先行呈复由。

呈悉。该署原日开支为数过多，仰即遵令切实裁减，赶将预算编定，呈候核夺。此令。

（中华民国陆海军大元帅之印）

中华民国十三年九月二十日

据《大本营公报》第廿六号《指令》

给吕志伊的指令

（一九二四年九月二十日）

大元帅指令第一〇四三号

令大理院长兼管司法行政事务吕志伊

呈送十三年度预算书请察核由。

呈及预算书均悉。预算书存。此令。

（中华民国陆海军大元帅之印）

中华民国十三年九月二十日

据《大本营公报》第廿六号《指令》

给严德明的指令

（一九二四年九月二十日）

大元帅指令第一〇四四号

令循军司令严德明

呈报随同联军已抵石龙，此后应调往何处及担负何种任务，乞令遵由。

呈悉。该军应拨归湘军总司令节制调遣。仰候令行谭总司令知照可也。此令。

（中华民国陆海军大元帅之印）

中华民国十三年九月二十日

据《大本营公报》第廿六号《指令》

给徐绍桢的指令

（一九二四年九月二十日）

大元帅指令第一〇四五号

令大本营内政部长徐绍桢

呈复遵令裁员减薪情形请察核示遵由。

呈悉。应仍遵前令切实核减，以每月支出不超过四千元为度。仰即遵照办理，仍将遵办情形呈报备查。此令。

（中华民国陆海军大元帅之印）

中华民国十三年九月二十日

据《大本营公报》第廿六号《指令》

给吴铁城的指令

（一九二四年九月二十日）

大元帅指令韶字第三号

令兼理大本营参军处事宜吴铁城

呈请任命蔡汉升为大本营运输委员由。

呈悉。已有明令照准矣。此令。

（中华民国陆海军大元帅之印）

中华民国十三年九月二十日

据《大本营公报》第廿六号《指令》

给李源水的奖凭

（一九二四年九月二十日）

大元帅为发给奖凭事：自逆贼叛国，挞伐用张，师行裹粮，需财孔亟，常赖海外侨胞踊跃输将，藉济财政之困，促成革命之功。凡兹义举，奖典应颁。兹据中央筹饷会汇报，查有李源水捐助军饷，合于奖章条例第八条规定，呈请给予三等银质奖章一枚。除准予发给三等银质奖章用示奖励外，合填给奖凭，以资证明。

右给李源水

（大元帅印）

中华民国十三年九月二十日

据黄警顽编《南洋霹雳华侨革命史迹》（上海文华美术图书公司一九三三年版）影印原件

给骆连焕的奖凭

（一九二四年九月二十日）

大元帅为发给奖凭事：自逆贼叛国，挞伐用张，师行裹粮，需财孔亟，常赖海外侨胞踊跃输将，藉济财政之困，促成革命之功。凡兹义举，奖典应颁。兹据中央筹饷会汇报，查有骆连焕捐助军饷，合于奖章条例第八条规定，呈请给予二等银质奖章一枚。除准予发给二等银质奖章用示奖励外，合填发给奖凭，以资证明。

右给骆连焕

中华民国十三年九月二十日

据《国父全集》第四册（转录史委会藏原件影印）

在韶关欢迎广州农工团军典礼的演说*

（一九二四年九月二十一日）

今日见你们这样热烈参加革命前线，极为欢喜。你们须知，革命战争是不仅靠军事的，最要紧的乃是心战，所以今日你们之来，最大之任务乃在于宣传。革命军之胜败是不能预料的，成功固不足以夸耀，失败则当以能保存实力，才可称为革命军队。但此非宣传之力不为功，本大元帅深希望诸位以后从心战努力。

据《广州民国日报》一九二四年九月二十四日《大元帅北征记》

---

* 九月二十一日，从省垣开赴前线作野外实习的广州农工团军抵达韶关，这是孙中山巡视该营的演说大意。

给广东省长的指令*

（一九二四年九月二十一日）

陈廉伯、陈恭受既经通电拥护政府，着即取消通缉，并发还财产。仰该省长即行遵照执行。此令。

据《广州民国日报》一九二四年九月二十二日《取消通缉两陈之省令》

与东方社等记者的谈话**

（一九二四年九月二十二日）

北伐计划，事关军事行动，未便宣布，惟北伐大军其前锋确已进抵赣边。至于浙卢之退返沪上，并非战败，乃系作战之一种计划。如不见信，会看日间当有捷报来粤也。

据《广州民国日报》一九二四年九月二十四日《大元帅北征记》

致黄明堂电***

（一九二四年九月二十二日）

将全部克日开赴韶关集中，听候调遣。

据《广州民国日报》一九二四年九月二十三日《黄明堂部准备出发》

---

* 此件所标时间系据九月二十二日《广州民国日报》云“昨廿一日广东省长公署咨令各机关云……案奉大元帅令开”确定。

** 九月二十二日，东方社记者及日文《广东日报》记者赴韶关，询问孙中山关于北伐及江浙战事。

*** 此件所标时间系据九月二十三日《广州民国日报》云“中央直辖第二军长黄明堂，昨奉大元帅电令”推定。

特任古应芬职务令

（一九二四年九月二十二日）

大元帅令

特任古应芬为财政部长兼广东财政厅长。此令。

孙　文

中华民国十三年九月廿二日

据谭编《总理遗墨》第三辑影印原稿

特任古应芬职务令

（一九二四年九月二十二日）

大元帅令

特任古应芬为中央军需总监。此令。

孙　文

中华民国十三年九月廿二日

据谭编《总理遗墨》第三辑影印原稿

给孙科的指令

（一九二四年九月二十二日）

大元帅指令第一〇四六号

令广州市市长孙科

呈请再令行广东省长转饬财厅将市产变价项下借出之军费仍

由省库设法分期摊还，并准由财政局在代办税验契项下扣抵由。

呈悉。所请是否可行，候令财政部会同广东省长妥议复夺。此令。

（中华民国陆海军大元帅之印）

中华民国十三年九月二十二日

据《大本营公报》第廿七号《指令》

给叶恭绰的训令

（一九二四年九月二十二日）

大元帅训令第四八二号

令大本营财政部长叶恭绰

为令饬事：据广州市市长孙科呈称："呈为呈请鉴核令遵事：窃查市产变价项下借出之军费五百三十万一千八百九十一元，作为省库借入市款列帐一案，经于本年四月十四日呈奉钧座第三四二号指令照准，并令行省长公署转饬财政厅遵照在案。嗣于本年六月七日，又奉省长公署第七四三号训令：转奉钧令，所有市产变价项下拨归军费，统由国库负担，俟大局统一，再由部筹还各等因。奉此，并于同年八月二十五日准广东财政厅咨开：查贵厅暨财政局与敝厅来往借款，截至本年八月十一日止，除先后在代办税验契等项扣抵拨还外，实长抵银三万一千九百六十二元六毫四仙。特开列清单，请饬局如数解还过厅，以凭饬库分别入收出支等因。当将全案转行财政局查拟，具复去后，现据复称：查财政厅所列清单内载钧厅暨职局与财政厅来往借款，截至本年八月十一日止，除先后扣抵拨还外，实长抵银三万一千九百六十二元六毫四仙。惟查职局帐簿所载，则财政厅借款达六百余万元，除抵还外，尚欠五百余万元。此五百余万元系由市产变价项下借出之军费，财政厅清单所未列入者。然此种借出之款，实缘军兴以来，饷糈紧急，万不获已，乃有投变市产之举。以广州市之财供临时军费之用，此非常之收入，全征诸市民者，而市民亦知此次负担虽重，将来可望还诸市库，以为改良市政建设之赀，其利仍留诸市民，故咸踊跃投资，藉供军用。苟令归还无着，将何以对市民而稗〔裨〕市政？兹既奉帅令核准作为省库借入市款，由财政厅设法分期摊还于前。又奉省署训令转奉帅令由国库负担，俟大局统一，再由部筹还于后，则是拨过之军费，不患无着。然若由部筹还，须俟大局统一，国库充裕，乃克有济，时期久暂，殊难臆定，仍不若由财政厅负担，则代办税契款项下，自可陆续扣抵归还。且税契款之代办，市民咸知以税契之收入，作抵还借款之用，于改良市政前途，亦可从容措施。虽所入非多，然藉此挹注，不无少补，庶不至借出之军费无着，而市库之收益有亏。一隅之见，未敢擅专，理合备文呈复察核，敬祈钧断施行，实为公便等情。据此，职厅复查此项由市产变价项下拨充之军费五百余万元，既完全属诸市政收入，为改良市区之必不可少之需，如必俟统一后由部筹还，转觉虚悬无着，实无以慰市民之望，拟请钧座俯照前案，再赐令行广东省长公署转饬广东财政厅，将此项市产变价项下借出之军费五百余万元，仍由省库设法分期摊还，并准由财政局在代办税验契项下陆续扣抵，以符原案而清款目。是否有当，仍候指令祇遵，实为公便”等情。据此，除指令外，合行令仰该部长即便咨会广东省长，将该市长所请各节是否可行，详加审议，具复核夺。此令。

（中华民国陆海军大元帅之印）

中华民国十三年九月二十二日

据《大本营公报》第廿七号《训令》

着给韶关前线速送军需令*

（一九二四年九月二十二日）

赶速将各种子弹、枪枝、用品解送韶城，以便分发各军领用。

据《广州民国日报》一九二四年九月二十三日《大元帅北伐记》

给叶恭绰的指令

（一九二四年九月二十二日）

大元帅指令第一〇四八号

令大本营财政部长叶恭绰

呈报编造总预算书情形并请通令各军民机关务须依限造送，不得仍前玩视由。

呈悉。候令行各军民机关一体遵照办理可也。仰即知照。此令。

（中华民国陆海军大元帅之印）

中华民国十三年九月二十二日

据《大本营公报》第廿七号《指令》

---

* 此令同时发给广东兵工厂及各军修枪制炮厂、军装用具厂等职掌长员。原令未署日期。按九月二十三日《广州民国日报》载："大元帅日前特电兵工厂……各厂、所长员奉令后，昨日已由粤汉专车解送一帮北上。"据此推算，发令日期应在九月二十二日之前，今暂作二十二日。

复刘显世函*

（一九二四年九月二十三日）

如渊先生麾下：

张代表（张瑞麟）来，携致手书，至钦伟抱。西南频起义师，牺牲至巨。大功未立，国步日艰。曹、吴窃国穷兵，又为国人共弃，近复甘为戎首，肆虐东南，讨贼兴师，实在今日。文已移驻韶关，誓师入赣，期与奉、浙联军一致声讨。滇、黔屹若长城，精锐所存，足当一面。愿奋远猷，共张挞伐，张西南之义帜，建民国之新元，偕作同仇，实资硕画。余属张代表面尽。

据《广州民国日报》一九二四年九月二十三日《大元帅复刘显潜〔世〕函》

致胡汉民廖仲恺电

（一九二四年九月二十三日）

沿路车站探交胡留守、廖省长同鉴：到省即往与汝为兄商一要事。孙文。（以上明电交车站打并译交）十三年九月廿三日。

据谭编《总理遗墨》第三辑影印原稿

* 江浙战事爆发后，滇黔边防督办兼贵州军事善后督办刘显世（如渊），特派代表赴粤谒见孙中山，相商机要。此函所标时间系《广州民国日报》发表日期。

致许崇智电*

（一九二四年九月二十三日）

急电。广州许总司令鉴：△密。宜速将陈贼电沪全文发表各报，并为严重质问商团，限即日有完满答复，并限陈廉伯三日内回省辩明。否则，取消令无效。款要即日交足，然后陆续还枪于改组之商团。如不能办，则六日内当尽缴商团已有之枪，并分别查办通陈之人。展堂今日回省，可与磋商，妥善办理。孙文。漾。

据谭编《总理遗墨》第三辑影印原稿

准杨志章辞职令

（一九二四年九月二十三日）

大元帅令

大本营财政部长叶恭绰呈秘书杨志章恳请辞职。应照准。此令。

（中华民国陆海军大元帅之印）

中华民国十三年九月廿三日

据《大本营公报》第廿七号《命令》

---

* 原电未署年月。据电内“并限陈廉伯三日内回省辩明”等内容判断，时间系在一九二四年九月。

准任黄乃镛职务令

（一九二四年九月二十三日）

大元帅令

大本营财政部长叶恭绰呈请任命黄乃镛为秘书。应照准。此令。

（中华民国陆海军大元帅之印）

中华民国十三年九月二十三日

据《大本营公报》第廿七号《命令》

准廖仲恺辞职令

（一九二四年九月二十三日）

大元帅令

大本营财政部长兼领广东财政厅厅长廖仲恺呈请辞职。廖仲恺准免本、兼各职。此令。

（中华民国陆海军大元帅之印）

中华民国十三年九月廿三日

据《大本营公报》第廿七号《命令》

准廖仲恺辞职令

（一九二四年九月二十三日）

大元帅令

军需总监廖仲恺呈请辞职。廖仲恺准免本职。此令。

（中华民国陆海军大元帅之印）

中华民国十三年九月廿三日

据《大本营公报》第廿七号《命令》

给程潜等的训令

（一九二四年九月二十三日）

大元帅训令第四八三号

令大本营军政部长程潜、大本营财政部长叶恭绰、大本营内政部长徐绍桢、大本营建设部长林森、大本营外交部长伍朝枢、大本营航空局长陈友仁、大本营审计处长林翔、大本营秘书长谭延闿、大本营参谋长李烈钧、大本营参军长张开儒、大本营会计司长黄昌谷、统一财政委员会、财政委员会、经理大本营军需处事宜胡谦、郑洪年、广东省长廖仲恺、禁烟督办谢国光、大理院长兼管司法行政事务吕志伊

为令遵事：据大本营财政部长叶恭绰呈称："案奉钧府训令第三八三号开：'据审计处长林翔呈称：为编造十三年总预算仰祈鉴核备案事，窃查年度终结，应编造下年度岁入岁出总预算，呈请核定，以便照案支付。现在十二年度业已终结，谨将职处十三年度岁出经常费编造全年度预算书缮呈钧座，伏乞俯准备案。再职处现编预算，遵照本年七月一日奉钧帅第六六八号指令核准呈减经费办理，比较十二年计减一千九百八十元。至临时费预算，十二年度虽经前局长刘纪文编呈有案，但目下尚无临时支出，应俟将来有此项支出时再行编列呈核，合并呈明。是否有当，仍乞指令祇遵等情。据此，除指令"呈悉。候将预算书发交一份与财政部汇编十三年总预算，呈候核定施行可也。其余一份存。此令"印发外，合行

令仰该部遵照。此令”等因。正遵办间，又奉训令第四三二号开：‘据大本营审计处长林翔呈称：“案查十二年度岁入岁出预算书，前经财政部厘定书式，分行各机关依照编造，送部汇呈钧座核定，交处备查在案。十三年度预算，自应于会计年度开始以前查照前案办理，兹查新会计年度业已开始，所有岁入岁出预算书，除兵工厂曾经造送钧座核发下处外，其余各机关均付阙如，殊非慎重公帑之道，拟请令行各机关克日查照前定书式编造，仍送财政部汇呈核定，交存职处，以重度支而便审计。所请是否有当之处，理合呈恳鉴核施行”等情。据此，应予照准。除指令并分令外，合行令仰该部长遵照，并转饬所属迅行依式编造十三年度预算书，送财政部汇呈候核。此令’等因，先后下部。遵查每年度开始，编造收支总预算本，属财政部应有之职责，上年六月间经职部制定预算书式，咨行各机关编造，以便汇编收支总预算，嗣因造报者寥寥，遂至无从着手。窃维总预算之能否完成，全视各机关之能否依限造送为准。若有一部分未经造送，即致全案因而延搁，此上年办理总预算所以未能集事者，此也。兹奉训令前因，拟将各机关收入、各机关经费及各项军费分别汇编，除由职部咨行各机关将十三年度收支预算书分别造送外，拟并请钧座俯赐通令各军民机关遵照，所有此次办理预算，务须一体依限造送，不得仍前玩视，致碍进行。是否有当，伏候鉴核施行，并祈训示祗遵”等情。据此，除指令“呈悉。候令行各军民机关一体遵照办理可也。仰即知照。此令”印发并分令外，合亟令仰该部长、局长、处长、秘书长、参谋长、参军长、司长、委员会、经理、省长、督办、院长即便遵照，并转行各军转饬所属一体遵照。对于此次办理预算，务须依限造送，毋稍延玩。切切。此令。

（中华民国陆海军大元帅之印）

中华民国十三年九月二十三日

据《大本营公报》第廿七号《训令》

给叶恭绰的指令

（一九二四年九月二十三日）

大元帅指令第一〇五〇号

令大本营财政部长叶恭绰

呈为该部秘书杨志章辞职，拟请以局员黄乃镛荐任由。

呈悉。已有明令分别准予任免矣。仰即知照。此令。

（中华民国陆海军大元帅之印）

中华民国十三年九月二十三日

据《大本营公报》第廿七号《指令》

制定《建国大纲》宣言

（一九二四年九月二十四日）

自辛亥革命以至于今日，所获得者仅中华民国之名，国家利益方面既未能使中国进于国际平等地位，国民利益方面则政治经济荦荦诸端无所进步，而分崩离析之祸且与日俱深。穷其至此之由与所以救济之道，诚今日当务之急也。夫革命之目的，在于实行三民主义。而三民主义之实行，必有其方法与步骤。三民主义能及影响于人民，俾人民蒙其幸福与否，端在其实行之方法与步骤如何。文有见于此，故于辛亥革命以前，一方面提倡三民主义，一方面规定实行主义之方法与步骤，分革命、建设为军政、训政、宪政三时期，期于循序渐进，以完成革命之工作。辛亥革命以前，每起一次革命，即以主义与建设程序宣布于天下，以期同志暨国民之相与了解。辛亥之役，数月以内即推倒四千余年之君主专制政体暨二百六十余年之满洲征服阶级，其破坏之力不可谓不巨。然至于今日，三民主义之实行犹茫乎未有端绪者，则以破坏之后，初未尝依豫定之程序以为建设也。盖不经军政时代，则反革命之势力无繇扫荡，而革命之主义亦无由宣传于群众，以得其同情与信仰。不经训政时代，则大多数之人民久经束缚，虽骤被解放，初不了知其活动之方式，非墨守其放弃责任之故习，即为人利用陷于反革命而不自知。前者之大病在革命之破坏不能了彻，后者之大病在革命之建设不能进行。辛亥之役，汲汲于制定临时约法，以为可以奠民国之基础，而不知乃适得其反。论者见《临时约法》施行之后，不能有益利民国，甚至并《临时约法》之本身效力亦已消失无余，则纷纷然议《临时约法》之未善，且斤斤然从事于宪法之制定，以为藉此可以救《临时约法》之穷。曾不知症结所在，非由于《临时约法》之未善，乃由于未经军政、训政两时期，而即入于宪政。试观元年《临时约法》颁布以后，反革命之势力不惟不因以消灭，反得凭藉之以肆其恶，终且取《临时约法》而毁之。而大多数人民对于《临时约法》，初未曾计及其于本身利害何若，闻有毁法者不加怒，闻有护法者亦不加喜。可知未经军政、训政两时期，《临时约法》决不能发生效力。夫元年以后，所恃以维持民国者，惟有《临时约法》。而《临时约法》之无效如此，则纲纪荡然，祸乱相寻，又何足怪！本政府有鉴于此，以为今后之革命，当赓续辛亥未完之绪，而力矫其失。即今后之革命，不但当用力于破坏，尤当用力于建设，且当规定其不可逾越之程序。爰本此意，制定《国民政府建国大纲》二十五条，以为今后革命之典型。建国大纲第一条至第四条，宣布革命之主义及其内容。第五条以下，则为实行之方法与步骤。其在第六、七两条，标明军政时期之宗旨，务扫除反革命之势力，宣传革命之主义。其在第八条至第十八条标明训政时期之宗旨，务指导人民从事于革命建设之进行。先以县为自治之单位，于一县之内，努力于除旧布新，以深植人民权力之基本，然后扩而充之，以及于省。如是则所谓自治，始为真正之人民自治，异于伪托自治之名，以行其割据之实者。而地方自治已成，则国家组织始臻完密，人民亦可本其地方上之政治训练以与闻国政矣。其在第十九条以下，则由训政递嬗于宪政所必备之条件与程序。综括言之，则建国大纲者，以扫除障碍为开始，以完成建设为依归。所谓本末先后，秩然不紊者也。夫革命为非常之破坏，故不可无非常之建设以继之。积十三年痛苦之经验，当知所谓人民权利与人民幸福，当务其实，不当徒袭其名。倘能依建国大纲以行，则军政时代已能肃清反侧，训政时代已能扶植民治。虽无宪政之名，而人民所得权利与幸福，已非〈借〉口宪法而行专政者所可同日而语。且由此以至宪政时期，所历者皆为坦途，无颠蹶之虑。为民国计，为国民计，莫善于此。本政府郑重宣布：今后革命势力所及之地，凡秉承本政府之号令者，即当以实行建国大纲为唯一之职任。

据《中国国民党周刊》第四十期（广州一九二四年九月二十八日版）

致莫达电*

（一九二四年九月二十四日）

鉴于拉姆齐·麦克唐纳先生在国际联盟大会近几次会议上有

* 莫达（Matta），时正在日内瓦举行的国际联盟第五届大会担任主席。此电发往日内瓦。

关格鲁吉亚独立、国际和平及正义等的言论，国际联盟可能有兴趣了解我在九月一日致麦克唐纳先生的抗议电。英国方面对我政府发出最后通牒，威胁要在我政府采取必要措施镇压帝国主义者和反动势力所煽动的广州叛乱时，对我采取敌对的海军行动。我就此提出抗议后，麦克唐纳先生迄未置答。

我理解他的沉默意味着英国对华政策仍然是坚持帝国主义的干涉行动，以及支持反革命活动以反对旨在建立一个强大、独立的中国的国民运动。

不足为奇的是，在援助了广州的叛乱和反动分子之后，麦克唐纳先生来到了日内瓦，装扮成一个追求高加索石油的“诚实的经纪人”，对格鲁吉亚共和国的反革命加以支持。

孙逸仙　九月二十四日于韶关

据香港《孖剌西报》一九二四年九月二十六日《孙逸仙与英国首相：致国际联盟电》(Sun Yat Sen and The British Premier：A Cable to League of Nations)英文影印件译出(陈斯骏译，金应熙、吴开斌校)

致卢永祥电*

(一九二四年九月二十四日)

上海卢总司令鉴：△密。养电悉。事变之后，尚有驱除敌众确有把握之言，足见成竹在胸，强毅超人一等，喜慰无极。此间先遣队已出发数日，拟以二旬突袭敌人要害，以为沪军之声援。现在有志北伐而向赣边集中之军队约二万枪，十日可以到达。刻正一面赶筹一月之粮食费。倘能如意，则旬日后便可进攻赣南。此外尚

* 原电未署年月。据电文“此间先遣队已出发数日”查考，系指九月二十日于韶关北伐誓师典礼后分路进攻湘、赣之先遣部队。由此判断，本电时间应是一九二四年九月。

有滇、粤、桂各军，本拟陆续出发，忽闻陈炯明有反攻羊城之举，遂被牵制，暂留后方，致不能同时大举，殊可恨也。孙文。敬。

据《国父全集》第三册（转录史委会藏原稿）

给邓泽如的训令

（一九二四年九月二十四日）

大元帅训令第四八五号

令两广盐运使邓泽如

为令遵事：据国立广东大学校长邹鲁呈称："窃职校自筹备以底于成立，所有经过情形，先已禀请钧听。其间经费出入，数月来牵补挹注，剜欠殊多。前者奉行指拨之开办费及经常费各基金，如省外筵席捐、业佃保证照金暨税契带征各款，均以地方多故，或为各征收机关所挪用，或为驻防军队所截留，甚或人民抗征不能开办。故月来经费之收入，除九、拱[①]两关厘费而外，余均畸零无几，殊不足以支持终日，无如校长摘要删繁，务求节俭。然职校为国家最高学府，若果太事简陋，则徒冒大学虚名，无以副钧座育才之本意，此校长所以旦夕遑遑而不能徒事司农仰屋之空叹。溯校长前在两广盐运使任内，韩江治河处艰于经费，曾奉准在潮桥盐税项下，每盐一百斤带收治河经费三毫。晚近嘉应大学开办，又于潮桥盐税项下带收大学经费每斤一文，均属畅行无碍。职校成立伊始，其设备之未周及扩张之待举，在在需有的款，方能维系，拟援案在省河盐税项下，每盐一包即二百斤，带收大洋四角，拨充职校经费，较之潮桥带收治河经费只及三分之二，较之潮桥带收治河、大学两

① 九、拱：指广东的九龙、拱北。

种经费只及其半数,潮桥二者,每盐一包共带收八毫,盐务毫无妨碍,省河每盐一包只带收四毫,决不至有所影响。似此公家正款既无丝毫损失,而职校一切措施,或不至受经济之奇穷而失其步骤。理合拟具省河盐税带收广东大学经费章程一纸,备文呈请鉴核,并恳转饬两广盐运使通令所属及分谕各盐商照办,仍请指令祇遵,实为公便"等情。据此,除指令"呈及章程均悉。所请着即照准。候令行两广盐运使遵照办理可也。章程存。此令"印发外,合将原章程抄发,仰该盐运使即便遵照办理。切切。此令。

计抄发原章程一件。

(中华民国陆海军大元帅之印)

中华民国十三年九月廿四日

据《大本营公报》第廿七号《训令》

给郑润琦的指令

(一九二四年九月二十四日)

大元帅指令第一〇五一号

令粤军第三师师长郑润琦

呈缴中央直辖广东讨贼军第三师师长印,请注销备案由。

呈悉。旧印存销。此令。

(中华民国陆海军大元帅之印)

中华民国十三年九月二十四日

据《大本营公报》第廿七号《指令》

给叶恭绰的指令

（一九二四年九月二十四日）

大元帅指令第一〇五三号

令大本营财政部长叶恭绰

呈报盐务署裁撤、归并应再行修正该部官制由。

呈悉。准如所请办理。此令。

（中华民国陆海军大元帅之印）

中华民国十三年九月二十四日

据《大本营公报》第廿七号《指令》

与日文《广东日报》记者的谈话*

（一九二四年九月二十五日）

卢永祥赴沪非战败之故，乃应有之事。盖卢氏非浙省人，今乘此机会以浙江政治还之浙人，又可缩少战线，以期集中兵力直冲南京，比之扩大战线于各地为愈也。

余之北伐计划，并不因此事有些少变化。现先锋队已达江西省境，准三十日以内可尽扫江西之直系，由此而长驱北上。近日广东城内多传余与陈炯明和议，此乃讹传而已，并非事实也。西南联合问题，已着着进行。奉张亦已陆续出兵。现我军准备入江西者

* 会谈地点在韶关，谈话最先以日文刊出。今所收录的为发表于《广州民国日报》之太平洋社译文。所标时间系《广州民国日报》发表日期。

有万余人。其中李明扬约一千五百人,樊钟秀约四千人,朱培德约四千人,吴铁城警卫军约一千五百人。

据《广州民国日报》一九二四年九月二十五日《日报对卢永祥赴沪之视察——大元帅对日记者之谈话》

给杨希闵的训令

(一九二四年九月二十五日)

大元帅训令第四八八号

令广州卫戍总司令杨希闵

为令饬事:查前据广东财政厅长陈其瑗呈称"火柴捐苛细病民,请予撤销"前来。当经核准并令军政部通行各军,以后对于土造火柴,永远不得巧立名目抽取捐款,以维国货在案。兹经查得火柴检验所所长及各职员均经该部加委,所有收入向系解缴该部,以充军费。为此,令仰该总司令即将火柴捐一项遵令停收、具报,勿违。此令。

(中华民国陆海军大元帅之印)

中华民国十三年九月廿五日

据《大本营公报》第廿七号《训令》

给邹鲁的指令

(一九二四年九月二十五日)

大元帅指令第一〇五四号

令国立广东大学校长邹鲁

呈拟援案在省河盐税项下,每盐一包带收大洋四角,拨充该校经费，并拟具章程，请饬盐运使通令所属及分谕盐商照办由。

呈及章程均悉。所请着即照准。候令行两广盐运使遵照办理可也。章程存。此令。

（中华民国陆海军大元帅之印）

中华民国十三年九月二十五日

据《大本营公报》第廿七号《指令》

给曾西盛的指令

（一九二四年九月二十五日）

大元帅指令第一〇五七号

令安抚委员曾西盛

呈请辞职由。

呈悉。准予辞职。此令。

（中华民国陆海军大元帅之印）

中华民国十三年九月二十五日

据《大本营公报》第廿七号《指令》

给林森的指令

（一九二四年九月二十五日）

大元帅指令第一〇五八号

令大本营建设部长林森

呈据广三铁路管理局局长陈兴汉呈报遵令减成发薪情形，乞鉴核由。

呈悉。此令。

（中华民国陆海军大元帅之印）

中华民国十三年九月二十五日

据《大本营公报》第廿七号《指令》

给胡思舜的指令

（一九二四年九月二十六日）

大元帅指令第一〇六一号

令中央直辖滇军第三军军长胡思舜

呈称周伯甘在广三铁路坐办任内经手收支各款未正式移交，请仍将该前坐办发回办理交代。一俟交代清楚，再送请发交军事裁判所审结由。

呈悉，候令该卸坐办迅将任内经手收支各款列册移交，如查有亏挪情弊，可即据实呈揭，以凭交饬军事裁判并案究追。所请发回办理交代之处，应毋庸议。此令。

（中华民国陆海军大元帅之印）

中华民国十三年九月廿六日

据《大本营公报》第廿七号《指令》

给周伯甘的训令

（一九二四年九月二十六日）

大元帅训令第四九一号

令卸广三铁路局坐办周伯甘

为令遵事：据中央直辖滇军第三军军长胡思舜呈称："窃职军前警卫团长周伯甘在兼广三铁路局坐办任内，经手事件未完，当经呈请总司令部转呈钧座，请将该前坐办发回办理交代在案。现转奉指令开：‘呈悉。查前滇军第三军警卫团长周伯甘违犯军纪，应静候发交军事裁判审结发落。既据呈该员尚有广三路局坐办任内经手未完事件，应即由该军长将该员经手各案卷检齐，呈候发军事裁判并案审理。所请将周伯甘饬交第三军先办交代之处，未便照准。仰即转令知照可也。此令’等因。奉此，正遵办间，又据现任广三铁路局坐办潘鸿图呈称：‘窃鸿图奉委广三铁路管理局坐办，于本年八月十二日到局视事，业经呈报在案。查前任坐办周伯甘于八月九日业已离局，其任内收支各款，未准正式列帐移交，只由会计课出纳股员廖鹏声将支存款项呈出，交由鸿图接管。按照新旧任交替手续，所有八月九日以前该前任欠发薪工及一切款目，鸿图原未便遽予补支，惟迭据各部分员司工役人等，以久未领薪，无以养赡，纷纷要求将旧任欠薪清发。时值罢市风潮正剧，工人方面团体素来固结，若不勉予维持，诚恐酿成联盟罢工等事，则车辆停行，收入乏绝，于商民交通与本军饷源固有妨碍。且虑牵涉大局，所关尤大。当经将情形面陈，祇奉钧谕许以从权办理。始将八月中下旬收入，先行挪支七月份全月及八月份上旬欠薪，俾资维系而安众情，业将收支各数列册呈报查核在案。现在罢市风潮已熄，大局粗定。仍恳迅赐檄饬周前坐办，将任内经手银钱帐目迅速分别清理，以完手续而免牵混，实为公便’等情前来。查该前坐办任内经手收支各款，既未正式列帐移交，则案卷帐目多所未符可想而知。非由该前坐办亲手办理交代无从检呈。仰请钧座仍将该前坐办发回办理交代。一俟交代清楚，再将该员送请钧座发交军事裁判所，审结违犯军纪之罪。所有呈请发回办理交代缘由，理合具文呈请鉴核”等情。据此，除指令“呈悉。候令该卸坐办迅将任内经手收支各款列册移交，如查有亏挪情弊，可据实呈揭，以凭交饬军事裁判并案究追。所请发回办理交代之处,应毋庸议。此令"印发外,合亟令仰该卸坐办即便遵照,迅将任内经手收支款项列册移交,勿稍延误。切切。此令。

(中华民国陆海军大元帅之印)

中华民国十三年九月廿六日

据《大本营公报》第廿七号《训令》

任命赖天球职务令

(一九二四年九月二十七日)

大元帅令

任命赖天球为大本营参谋处谍报局局长。此令。

(中华民国陆海军大元帅之印)

中华民国十三年九月廿七日

据《大本营公报》第廿七号《命令》

批谭延闿军事报告*

(一九二四年九月十三至二十七日间)

代答:如此[①],则敌必退入赣南,后患无已;出三南[②],乃可断敌之联合,希望截得一大批子弹,此所谓入虎穴得虎子也。此似险而

* 原批文未署日期。按批文"出三南,乃可断敌之联合"之作战部署与一九二四年九月二十八日孙中山复胡汉民电:"因初拟湘军由原防进攻三南,故未筹韶关住所"等内容相吻。此批似系在二十八日前发出。又按孙中山于九月十二日赴韶督师,二十八日电胡"促组安速来韶助理一切"等语判断,此批应在九月十三至二十七日间。

① 如此:指谭延闿提出湘军拟分三路,经河源向老隆前进的作战方案。

② 三南:指江西省南部邻接广东省的定南、龙南、虔南(今全南)三县。

实安，其他实加三倍之艰苦，而又恐被各个之击破，似安而实危也。如各将领入敌地而杀人，我当同往也。

据谭编《总理遗墨》第三辑影印原稿

复胡汉民电

（一九二四年九月二十八日）

急。广州胡留守鉴：感电悉。△密。团械既有办法，当准照行。只望火速从事，使军队立即出发。着组安[①]饬令湘军赶紧集中南始，不可再滞韶关。因初拟湘军由原防进攻三南，故未筹韶关住所，各处现已住满矣。并促组安速来韶助理一切。孙文。俭巳。（中华民国十三年九月廿八日）

据谭编《总理遗墨》第三辑影印原稿

准任张惠臣毛如璋职务令

（一九二四年九月二十八日）

大元帅令

兼理大本营参军处事宜吴铁城呈请任命张惠臣、毛如璋为大本营参军处三等军医正。均照准。此令。

（中华民国陆海军大元帅之印）

中华民国十三年九月廿八日

据《大本营公报》第廿七号《命令》

---

① 组安：即谭延闿。

给胡汉民的命令

（一九二四年九月二十八日）

大元帅令

前大本营参谋处、参军处着即取消，另行组织留守府副官处，缩小范围，节省经费。前之会计司、庶务科移并于韶关大本营。此令

留守胡汉民

孙文（大元帅章）

中华民国十三年九月廿八日

据谭编《总理遗墨》第三辑影印原稿

在韶关各界赞助北伐大会的演说*

（一九二四年九月二十九日）

各界诸君：

今日诸君在这里开赞助北伐大会。我们今日为甚么有北伐之举？大家要知道：革命党自十三年前打倒满清专制政体，改立民国。在辛亥革命未成功以前，革命党都到处宣传，由有智识学者到各处宣传革命，各界亦都起来帮助。革命未起以前，满清把中国利益送给外人，如南方接近之安南、缅甸被英、法占了；高丽、台湾被日本占了；香港、九龙被英国占了；广州湾被法国占了；上海被各国

* 九月二十九日，孙中山出席韶关各界赞助北伐大会，并发表演说。

占了;内地之汉口亦被各国占了。革命党怕中国陷于双重奴隶,故出来宣传革命。而人民人人都欢迎革命。满洲人宁愿以国土送给外国人,不愿送给汉人;革命党怕中国沦亡,便提倡革命。

当时大家提倡革命,赞成革命,希望享共和幸福。民国十三年来,人民究竟享了几多幸福呢?不过是四分五裂,盗贼兵灾吧。有些智识薄弱的人,以为这些痛苦是革命造成,十三年前虽做满清奴隶,还得安居乐业,现在还比不上。其实革命事业象拆去旧屋建筑新屋一样,这十三年便是旧屋已拆,新屋未成的时期。在此时期,倘遇狂风大雨,其景象当如何?有人以为旧屋虽然有倾倒之虞,尚可抵御风雨于一时,而以为不应当拆屋,这是何等错误。十三年来,大家过着大风大雨的生活,所以不能安居。但新屋建筑未成者,因为有满清遗下之官僚军阀为障碍。当此之时,人民有的不忍舍去一片旧瓦,有的不忍舍去一块旧砖,不能彻底廓清,让一级官僚武人存在。这便是不能够建设之原因。满清皇帝虽推倒,而数十个小皇帝代兴。故人民不能得安乐,反觉痛苦。尚有一个原因,国民自来做惯专制之奴隶生活,不问政治,故武人官僚敢这么放肆。

诸位应知道,民国成立而后,大家是主人,而主人不能自己努力建设国家,故大家这样招苦。大家以后应常〔当〕觉悟努力。革命党为国民之先觉,奔走呼号,而国民甚少应之者,故民国不能成功,国民实不能辞其责。诸位应知道,中国好象一个大公司,国民是股东,股东不维持,公司便危险。国家建设而后,人民都享福,便和公司赢利股东分息一样。

中国自通商后,工业失败,没有制造品出口,并且连自用之货都要用洋赁〔货〕,每年入口货多过出口货五万万。大家试想,我们每年要送五万万元过外国,我国焉得不危险?尚有外国在中国境内之工业、矿业、航业、陆运业、银行、租借地、割让地等等，每年约损失十几万万，再加以条约之损失，赔款及其利息之损失，实不止数十万万。大家都想自己发财，但极其量都不能挽回这么大的损失。国家既如大公司，则要大家都努力，将这每年数十万万的损失完全恢复，中国自然会家给人足了。诸君总要努力，即建筑一间小屋，都要三数个月才成；一个大国家，当然不是十三年便可完全成功的。但现在离成功不远了，大家应当齐起努力。这次革命政府提师北伐，便是要将西南军队联结奉、浙军队，扫除旧屋〈砖〉瓦渣滓垃圾之北洋军阀官僚，以建设新国家。这个责任是要全国国民负责，大家要有毅力来完成这第二层的建设工夫。

据《中国国民党周刊》第四十二期（广州一九二四年十月六日版）《各界赞助北伐大会纪详，大元帅训词》

致许崇智蒋中正电

（一九二四年九月二十九日）

急。广州许总司令、蒋参谋长鉴：△密。范小泉所购之驳壳枪一千枝并子弹可即发还。孙文。艳巳。（中华民国十三年九月廿九日）

据谭编《总理遗墨》第三辑影印原稿

致许崇智等电

（一九二四年九月二十九日）

急。广州许、杨、刘三总司令[①]鉴：勘电悉。△密。东江防务

① 许、杨、刘三总司令：即粤军总司令许崇智、滇军总司令杨希闵、桂军总司令刘震寰。

专责成滇、粤、桂三军担任。滇军除赵成梁、朱世贵已在北江外，其他属于滇、粤、桂之部队，暂时概不调动。务期三兄与部下将领协同一致，引敌就近一鼓而扑灭之，即必当乘胜前进，收复潮梅，以固根本，然后再议。现在北伐部队，除湘军全部参加外，其他在东江之零星部队有愿来者，当限一星期内集中韶关，迟则不要。仰为转知。孙文。艳巳。（中华民国十三年九月廿九日）

据谭编《总理遗墨》第三辑影印原稿

致范石生电

（一九二四年九月二十九日）

广州范军长鉴：△密。兄之械弹已发令照发矣。孙文。艳午。（中华民国十三年九月廿九日）

据谭编《总理遗墨》第三辑影印原稿

裁撤后方参谋处参军处令

（一九二四年九月二十九日）

大元帅令

本大元帅现在督师北伐，所有后方参谋处、参军处着即裁撤。此令。

（中华民国陆海军大元帅之印）

中华民国十三年九月廿九日

据《大本营公报》第廿七号《命令》

特任张开儒职务令

（一九二四年九月二十九日）

大元帅令

特任张开儒为大本营高等顾问。此令。

（中华民国陆海军大元帅之印）

中华民国十三年九月廿九日

据《大本营公报》第廿七号《命令》

给孙科的指令

（一九二四年九月二十九日）

大元帅指令第一〇七〇号

令广州市市长孙科

呈缴自十二年四月分起至十三年九月十五日止收支军费总表先行呈请鉴核由。

呈、表均悉。表存。此令。

（中华民国陆海军大元帅之印）

中华民国十三年九月二十九日

据《大本营公报》第廿七号《指令》

给林翔的指令

（一九二四年九月二十九日）

大元帅指令第一〇七二号

令大本营审计处处长林翔

呈复审查禁烟督办鲁涤平呈送十三年五月分收支计算书据等尚属相符，请准核销由。

呈悉。现据审查收支相符，应准核销。候令行禁烟督办查照转知可也。此令。

（中华民国陆海军大元帅之印）

中华民国十三年九月二十九日

据《大本营公报》第廿七号《指令》

给谢国光的训令

（一九二四年九月二十九日）

大元帅训令第四九五号

令禁烟督办谢国光

为令知事：据大本营审计处处长林翔呈称："奉发禁烟督办鲁涤平呈送十三年五月分收支清册及计算书表、单据簿等到处，饬令审查等因。奉此，窃查该督办所送册内各属承商按饷、借饷、牌照、药膏、罚款等项收入，共计毫洋一十四万三千九百七十九元九角零五厘。除支出该署本月分经常费二万三千一百一十二元七角三分六厘，及提偿四月分不敷三千五百二十二元五角一分四厘，暨拨交各军给养费、退还各处按饷等项一十一万六千二百六十七元二角八分，合共支出洋毫一十四万二千九百零二元五角三分。出入两抵，尚存毫洋一千零七十七元三角七分五厘。详核表册单据尚属相符，各项开支亦颇核实，拟请准预核销"等情。据此，除指令"呈悉。既据审查收支相符，应准核销。候令行禁烟督办查照转知。此令"印发外，合行令仰该督办查照并行转知可也。此令。

（中华民国陆海军大元帅之印）

中华民国十三年九月二十九日

据《大本营公报》第廿七号《训令》

给吴铁城的指令

（一九二四年九月二十九日）

大元帅指令韶字第四号

令兼理大本营参军处事宜吴铁城

呈请任命张惠臣等为该处三等军医正由。

呈悉。已有明令照准矣。此令。

（中华民国陆海军大元帅之印）

中华民国十三年九月二十九日

据《大本营公报》第廿七号《指令》

给林翔叶恭绰的训令*

（一九二四年九月二十九日或三十日）

大元帅训令第四九八号

令大本营审计处长林翔、大本营财政部长叶恭绰

为令饬事：据卸西江善后督办李济深呈称："窃据西江财政整理处长冯祝万呈报：'窃职处前奉钧署委任整理西江财政事宜，业于十二年八月二十五日组织成立。经将成立日期呈报钧署察核备

* 原令未署具体日期。按大元帅训令第四九五号，发令日期为九月二十九日。刊载此训令之《陆海军大元帅大本营公报》一九二四年第廿七号的出版日期为九月三十日。今据此酌标为二十九日或三十日。

案。现奉粤军总司令部训令开：西江财政整理处处长委江维华接理，仰该处长知照等因。奉此，遵于民国十三年五月二十七日将关防及处内一切案卷、文具、器物等项，移交新任接收清楚。所有职处任内收支数目，除经于民国十三年一月印刷清册分送各军查照在案外，现将职处自成立日起至交代日止分别开列清册，并钉存各种单据，理合备文呈缴均署察核备案，实为公便。仍候指令祗遵'等情。并缴清册及各军队领款单据到署。正在核办间，复据该处呈报：'窃职处经费所有长员薪俸、兵伕饷项，每月应支定额经先后呈请钧署核准照支在案。现奉粤军总司令部训令开：西江财政整理处处长委江维华接理，仰该处长知照等因。奉此，遵于十三年五月二十七日将关防、案卷、文具、器物等项移交新任接收清楚，至职处任内经费，计自成立日起至交代日止，共领毫银二万五千五百八十七元一角三仙一文。共支毫银二万五千一百七十九元一角九仙八文。除支结存毫银四百零七元九角三仙三文。又职处自交代后，办理结束事务留用科员二名、录事一名、勤务兵一名，共支薪饷、杂费等毫银二百六十六元零三仙。除支尚结存毫银一百四十一元九角零三文。该结存款内有镍币一百元，系民国十二年八月二十六日由高要县钱粮项下解缴来处，尚未支出，市上已不通用。兹将该结存款项收支清册按月分别开列并粘存单据，理合备文连同册据一并呈缴钧署察核，伏乞准予报销，实为公便，仍候指令祗遵'等情。并缴清册、单据及结存镍币一百元、毫银四十一元九角零三文前来。据此，复核数目，尚属符合。理合据情连同表册、单据及结存镍币一百元、毫银四十一元九角零三文，呈缴钧座察核，伏乞准予备案"等情。据此，当经指令"呈悉。既据核明数目相符，候将各项清册暨单据发交审计处存案备查，缴还余款，候令发财政部照数收入国库可也。此令"等语。除指令印发并分行外，合行令仰该处长即将发下清册暨单据存案备查可也。该部长即将发下余款镍币一百元、毫洋四十一元九角零三文收入国库可也。此令。

计发西江财政整理处自十二年八月至十三年五月收支清册十一本,各军队各机关领款单据共三千零八十五张。又自十二年八月至十三年六月经常临时费清册十一年〔本〕,单据粘存簿十一本。

计发镍币一百元、毫银四十一元九角零三文。

（中华民国陆海军大元帅之印）

中华民国十三年九月　日

据《大本营公报》第廿七号《训令》

致杨希闵等电

（一九二四年九月三十日）

杨、许、刘三总司令鉴:△密。东莞、宝安既撤防,但虎门必须固守,不可疏虞。否则,门户一失,恐牵动全局。且恐北舰直入省河,则广州危险也。孙文。中华民国十三年九月卅日。

据谭编《总理遗墨》第三辑影印原稿

任命方声涛职务令*

（一九二四年九月三十日）

简〈任〉建国军福建总司令方声涛代理参谋部长[①]。

据《广州民国日报》一九二四年九月三十日《方声涛代理参谋部长》

* 此件所标时间系《广州民国日报》发表日期。

① 参谋部长:指陆海军大元帅大本营参谋部长。

任命冯宝森练炳章职务令

（一九二四年九月三十日）

大元帅令

任命冯宝森为粤军第一军军司令部参谋长，练炳章为粤军第三军军司令部参谋长。此令。

（中华民国陆海军大元帅之印）

中华民国十三年九月三十日

据《大本营公报》第廿七号《命令》

给许崇智的指令

（一九二四年九月三十日）

大元帅指令第一〇七四号

令粤军总司令许崇智

呈粤军第一军、第三军改编，请任命该军部参谋长由。

呈悉。已有明令任命矣。此令。

（中华民国陆海军大元帅之印）

中华民国十三年九月三十日

据《大本营公报》第廿七号《指令》

致段祺瑞函*

（一九二四年九月）

芝泉[①]先生伟鉴：

自闻台驾出津，且喜且念。敬以鼎祺日懋、动静胜常为颂。国事未宁，共和障碍未去。霖雨苍生之望，公何以慰之？

最近奉直一场活剧，形势益变。文于本月六日至韶关，誓师讨贼，义无反顾。惟公大力，匡其不逮，兹特遣吴礼卿君忠信敬问起居，乞赐接见。顺候

荩安不一

孙　文

据《国父全集》第三册（转录史委会藏原件影印）

公布《工会条例》令

（一九二四年十月一日）

大元帅令

兹修正《工会条例》公布之。此令。

（中华民国陆海军大元帅之印）

中华民国十三年十月一日

---

* 原函未署日期。据函称“文于本月六日至韶关”判断，当在一九二四年九月。

① 芝泉：段祺瑞字芝泉。

工会条例

第一条 凡年龄在十六岁以上，同一职业或产业之脑力或体力之男女劳动者，家庭及公共机关之雇佣，学校教师职员，政府机关事务员，集合同一业务之人数在五十人以上者，得适用本法组织工会。

第二条 工会为法人工会。会员私人之对外行为，工会不负连带之责任。

第三条 工会与雇主团体立于对等之地位，于必要时得开联席会议，计画增进工人之地位，及改良工作状况，讨论及解决双方之纠纷或冲突事件。

第四条 工会在其范围以内，有言论、出版及办理教育事业之自由。

第五条 工会组织之区域范围，如有超过现行之行政区域者，须呈请高级行政官厅指令管辖机关。

第六条 工会以产业组织为主，但因特殊之情形，经多数会员之同意，亦得设职业组织。

已设立之同一性质之工会有两个或两个以上者，应组织工会联合会，以谋联合或改组。

工会或工会联合会，得与别省或外国同性质之团体联合或结合。

第七条 发起组织工会者，须由从事于同一之业务者五十人以上之连署，提出注册请求书，并附具章程及职员履历各二份，于地方官厅请求注册。

注册之管辖，为县公署或市政厅。

未经呈请注册之工人团体，不得享有本法所规定之权利及保障。

第八条　工会之章程内须载明下列各款：

一、名称及业务之性质；

二、目的及职务；

三、区域及所在地；

四、职员之名称、职权，及选任、解任之规定；

五、会议组织及投票之方法；

六、经费征收额及征收之方法；

七、会员之资格限制及其权利义务。

第九条　工会每六个月应将下列各项造具统计表册，报告于主管之地方行政官厅：

一、职员之姓名及履历；

二、会员之姓名、人数、加入年月、就业处所及其就业、失业、变更职务、移动、死亡、伤害之状况；

三、财产状况；

四、事业经营成绩；

五、有无罢工或别种冲突事件，及其事实之经过或结果。

第十条　工会之职务如左：

一、主张并拥护会员间之利益；

二、会员之职业介绍；

三、与雇主缔结团体契约；

四、为会员之便利或利益而组织之合作银行、储蓄机关及劳动保险；

五、为会员之娱乐而组织之各项娱乐事务、会员恳亲会及俱乐部；

六、为会员之便利或利益而组织之生产、消费、购买住宅等各种合作社；

七、为增进会员之智识技能而组织之各项职业教育、通俗教育、劳工教育、讲演班、研究所、图书馆、及其他定期不定期之出版物；

八、为救济会员而组织之医院或诊治所；

九、调解会员间之纷争；

十、关于工会或工会会员对雇主之争执及冲突事件，得对于当事者发表并征集意见，或联合会员作一致之行动，或与雇主之代表开联席会议，执行仲裁，或请求雇主方面共推第三者参加主持仲裁，或请求主管行政官厅派员调查及仲裁；

十一、对于有关工业或劳工法制之规定、修改、废止等事项，得陈述其意见于行政官厅、法院及议会，并答复行政官厅、法院及议会之咨询；

十二、调查并编制一切劳工经济状况，及同业间之就业、失业暨一般生计状况之统计及报告；

十三、其他种种之有关于增进会员之利益、改良工作状况、增进会员生活及智识之事业。

第十一条　工会职员由工会会员按照本工会选举法选出之职员充任之，对外代表本会，对会员负其责任。

第十二条　工会会员无等级之差别。但对于会费之收入，得按照会员之收入额而定征收之标准。

会员对工会负担之经常费，其额不得超过该会员收入百分之五。但特别基金及为会员利益之临时募集金或股份，不在此限。

第十三条　工会会员于必要时，得选派代表审核工会簿记，并调查财政状况。

第十四条　工会在必要时，得根据会员多数决议，宣告罢工。但不得妨害公共秩序之安宁，或加危害于他人之生命财产。

第十五条　工会对于会员工作时间之规定、工作状况、及工场卫生事务之增进及改良，得对雇主陈述其意见，或选出代表与雇主方面之代表组织联席会议，讨论及解决之。

第十六条　行政官厅对于管辖区域内之工会对雇主间发生争执或冲突时，得调查其冲突之原因，并执行仲裁，但不为强制执行。

关于公用事业之工人团体与雇主冲突状况扩大或延长时，行政官厅经过公平审慎之调查及仲裁手续以后，如双方仍相持不下者，得执行强制判决。

第十七条　工会中关于拥护会员利益之基金、劳动保险金、会员储金等之存贮于银行者，该银行破产时，此类存款得有要求优先赔偿之权利。

第十八条　工会及工会所管理之下列各项财产不得没收：

一、会所、学校、图书馆、俱乐部、医院、诊治所以及关于生产、消费、住宅、购买等之各项合作事业之动产及不动产；

二、关于拥护会员利益之基金、劳动保险金、会员储蓄金等。

第十九条　关于本条例第八条、第九条之事项，工会发起人及职员之呈报不实不尽、或不呈报者，该主管之行政官厅，得命令其据实呈报或补报；在未据实呈报或补报以前，该工会之行动不受本法之保障。

第二十条　凡刑律违警律中所限制之聚众集会等条文，不适用于本法。

第廿一条　本条例自公布日施行。

据《大本营公报》第廿八号(广州一九二四年十月十日版)《命令》

致叶恭绰电*

（一九二四年十月一日）

上海叶誉虎先生鉴：艳两电悉。□密。我军先遗〔遣〕队樊部[①]已于卅日完全入赣境，拟从间道潜至赣中，以扰敌人后方。此路消息难通，故发现之时地，敌人当较我先知。我之总攻击不日可以进行，并转科儿[②]。孙文。十月一日。

据《国父全集》第三册（转录史委会藏原稿）

给郑螺生的奖凭

（一九二四年十月一日）

大元帅为发给奖凭事：自逆贼叛国，挞伐用张，师行裹粮，需财孔亟。常赖海外侨胞踊跃输将，藉济财政之困，促成革命之功。凡兹义举，奖典应颁。兹据中央筹饷会汇报，查有郑螺生捐助军饷合于奖章条例第八条规定，呈请给予一等金质奖章一枚。除准予发给一等金质奖章用示奖励外，合填给奖凭，以资证明。

右给郑螺生

（中华民国陆海军大元帅之印）

---

* 原电未署年份。按北伐前锋樊钟秀部于一九二四年九月攻入江西，与此电"樊部已于卅日完全入赣境"等内容相吻，此电当发自一九二四年。

① 樊部：指豫军樊钟秀部。

② 科儿：指孙科。

中华民国十三年十月一日

据《南洋霹雳华侨革命史迹》影印原件

给许崇智的指令

（一九二四年十月二日）

大元帅指令第一〇八二号

令粤军总司令许崇智

呈于十月四日审理逆探罗检成，届期乞派员会审由。

呈悉。已有手令派刘民畏届期前赴该部会审矣。仰即知照。此令。

（中华民国陆海军大元帅之印）

中华民国十三年十月二日

据《大本营公报》第廿八号《指令》

致蒋中正函

（一九二四年十月三日）

介石兄鉴

闻仲恺说，械船到时，拟在金星门内起卸，以避耳目。我以为不必如此。若为避人耳目计，则金星门大大不相宜。因金星门之对面即伶仃关，该关有望楼，有缉艇，凡到金星门附近之船，无不一目了然，实在不能避，而反露我[门]欲窥避之心，示人以弱，恐反招英舰之干涉，因英舰已视此等海面为其范围。此一不可也。且金星门外年年淤浅，此时之水路，当较数年前海图必差数尺，恐致搁浅。此二不可也。又在该处盘运，实花费太多，又恐小艇有遇风雨、盗贼之危险。此三不可也。究不如直来黄埔，公然起卸为妙。而以此为一试验。若英国干涉，我至少可以得此批到手，而不必再望后日；如不干涉，则我安心以策将来。若往他起卸，恐此批亦不可得也。

孙文 中华民国十三年十月三日

据谭编《总理遗墨》第二辑影印原函

致胡汉民电

（一九二四年十月三日）

（韶州来电）广州胡省长鉴：密。北伐各军次第出发，费需尤急。希即通饬各机关：平日所担任之军队伙食，关于北伐之湘军、豫军、直辖第一军、赣军、广东警卫军、北伐第二军及何总指挥[①]等军队伙食，须尽先筹发，不得短少拖延。孙文。江。印。

据上海《民国日报》一九二四年十月十四日《北伐军攻克赣境要地》

追赠吴辉祖令

（一九二四年十月三日）

大元帅令

大本营军政部长程潜呈"议复已故少将黄辉祖，久经战役，卓著辛勤，积劳病故，殊堪悼惜，拟请追赠给恤"等语。黄辉祖着追赠陆军中将，仍照《陆军战时恤赏章程》第六章积劳病故例第四表给予少将恤金，以示优异而慰英灵。此令。

---

① 何总指挥：即何成濬。

（中华民国陆海军大元帅之印）

中华民国十三年十月三日

据《大本营公报》第廿八号《命令》

给李福林的指令

（一九二四年十月三日）

大元帅指令第一〇八三号

令广东全省民团督办李福林

呈报就职日期由。

呈悉。此令。

（中华民国陆海军大元帅之印）

中华民国十三年十月三日

据《大本营公报》第廿八号《指令》

给程潜的指令

（一九二四年十月三日）

大元帅指令第一〇八五号

令大本营军政部长程潜

呈复拟请追赠已故少将黄辉祖陆军中将及给予少将恤金由。

呈悉。黄辉祖已有明令追赠给恤矣。仰即遵照办理，并转令知照可也。此令。

（中华民国陆海军大元帅之印）

中华民国十三年十月三日

据《大本营公报》第廿八号《指令》

特任方声涛职务令

（一九二四年十月四日）

大元帅令

特任方声涛代理大本营参谋长。此令。

（中华民国陆海军大元帅之印）

中华民国十三年十月四日

据《大本营公报》第廿八号《命令》

复陈兴汉电*

（一九二四年十月五日）

广州粤汉铁路局陈兴汉兄鉴:定密。电悉。工人、车辆尽离韶关,甚合机宜。我军现注大力于东江,北江当暂取守势,续渐引敌人南下,或要引至琶江亦未定,然后反攻,一鼓尽擒之。故兄对于车辆亦要预备,作同等之计画可也。孙文。微。

据谭编《总理遗墨》第三辑影印原稿

特任谭延闿职务令

（一九二四年十月六日）

大元帅令

特任谭延闿兼建国军北伐总司令。此令。

---

* 此件所标年月份系据《国父全集》。

（中华民国陆海军大元帅之印）

中华民国十三年十月六日

据《大本营公报》第廿八号《命令》

特任程潜职务令

（一九二四年十月六日）

大元帅令

特任程潜为建国军攻鄂总司令。此令。

（中华民国陆海军大元帅之印）

中华民国十三年十月六日

据《大本营公报》第廿八号《命令》

任命孔绍尧职务令

（一九二四年十月六日）

大元帅令

任命孔绍尧为赣南善后委员会委员长。此令。

（中华民国陆海军大元帅之印）

中华民国十三年十月六日

据《大本营公报》第廿八号《命令》

给程潜等的训令

（一九二四年十月六日）

大元帅训令第五〇二号

令大本营军政部长程潜、大本营财政部长古应芬、大本营外交部长伍朝枢、大本营内政部长徐绍桢、大本营建设部长林森、广东省长胡汉民、滇军总司令杨希闵、湘军总司令谭延闿、粤军总司令许崇智、豫军总司令樊钟秀、西路讨贼军总司令刘震寰、中央直辖第一军军长朱培德、中央直辖第三军军长卢师谛、中央直辖第七军军长刘玉山、北伐军第二军军长柏文蔚、北伐军第三军军长胡谦、中央直辖赣军司令李明扬、财政委员会、经理大本营军需事宜胡谦、郑洪年

为令遵事：据国立广东大学校长邹鲁呈称："查粤省各县田赋附加地方警学等费，照章不得超过正额百分之三十，其或已附加未达百分之三十之额，均一律加至百分之三十为率。除将原有警学各费照额扣出外，其余款拨为国立广东大学经费，由本年下忙十月十日开始征收起，凡粮户缴纳十三年分新粮，均须附加大学经费。所有各县原有附加之警学各费，以民国十二〈年〉度县地方预算曾经列报财政厅有案者为限。其未列入十二年度预算者，永远尽数归入大学经费，由各县按月径解，业经函请广东省长令行财政厅转饬各县遵照在案。惟是本校每筹各项经费，均为军政暨民政各机关任意挪移截收，名为教育经费，实为军民各费。致使明令指定大学经费，私〔丝〕毫不能收受，我西南最高学府因是未能发展，诚非意料所及。长此以往，自非设法制止，将何以副大元帅兴学育材之至意也？为此恳请大元帅分令军政暨民政各机关遵照转饬所属，将此项田赋附加百分之三十，由本年十月十日开始征收起，除各县于十二年度预算列报财政厅有案原有附加警学各费扣出外，其余款悉数径解大学经费。无论军饷如何困难，各机关不得挪移截收，各县亦不得以抵纳券及一切债票抵解，以维教育。所有拟将各县田赋附加拨为国立广东大学经费及各军民机关不得挪移截收，亦不得将抵纳券、债票抵解各缘由，理合备文呈请大元帅察核，准予

分令军民各机关转饬所属遵照，仍候指令祇遵"等情。据此，应予照准。除分令外，合行令仰该部长、省长、总司令、军长、司令、委员会、经理即便转饬所属一体遵照。此令。

（中华民国陆海军大元帅之印）

中华民国十三年十月六日

据《大本营公报》第廿八号《训令》

给邹鲁的指令

（一九二四年十月六日）

大元帅指令第一〇八八号

令国立广东大学校长邹鲁

呈请将各田赋附加拨为国立广东大学经费并通令军民机关不得挪移、截收及抵解由。

呈悉。照准。已通令军政各长官遵照矣。此令。

（中华民国陆海军大元帅之印）

中华民国十三年十月六日

据《大本营公报》第廿八号《指令》

给廖仲恺的指令

（一九二四年十月六日）

大元帅指令第一〇八九号

令广东省长廖仲恺

呈复通缉黄伯耀案情形由。

呈悉。据称黄伯耀通缉原因系根据国会议员冯自由所缴调查附逆国会议员姓名单照案饬缉等语。现冯自由既函称黄伯耀并未列名伪选,请取消通缉,并由国会议员彭养光、张我华附函证明属实,应予取消通缉,以彰公道。仰即饬属遵照可也。此令。

（中华民国陆海军大元帅之印）

中华民国十三年十月六日

据《大本营公报》第廿八号《指令》

致蒋中正函*

（一九二四年十月七日）

介石兄鉴:

“货物”几种?各种几何?务期详细报告为荷。对于用货之计画,兄有成竹在胸否?鲍顾问①意见如何?若皆无一定之用途,便可将货运韶关,由我想法可也。

另有汉民一信,请兄发意见,俾我参考为荷。此候

毅安

孙文 十月七日

据谭编《总理遗墨》第二辑影印原函

给胡汉民等的训令

（一九二四年十月七日）

大元帅训令第五〇三号

令广东省长胡汉民、湘军总司令谭延闿、滇军总司令杨希闵、西路讨贼军总司令刘震寰

---

* 原函未署年份。按一九二四年九月孙中山已督师韶关,此函指示“将货运韶关”事与孙中山督师相吻,时间应在一九二四年。函中所谓“货物”,指军用品。

① 鲍顾问:指苏联顾问鲍罗廷。

为令遵知事：查滇、湘、桂三军前因军费支绌，呈请设立战时军需筹备处，劝收捐款，藉济饷糈。经当准其试办在案。兹因行之既久，成绩甚少，流弊滋多。据杨总司令希闵、谭总司令延闿、刘总司令震寰，合词请将战时军需筹备处机关裁撤，并将由该处创立名目所抽各种捐款一律撤销，以恤商困前来。具见该总司令等体恤商民，深知大体。除分令嘉奖外，合行令仰该省长即便转饬所属，并布告全省商民一体周知，此令。该总司令等体恤商民，深知大体，殊堪嘉尚。已由广东省长布告全省商民一体周知矣。除分令外，合行令仰该总司令即便知照。此令。

（中华民国陆海军大元帅之印）

中华民国十三年十月七日

据《大本营公报》第廿八号《训令》

致蒋中正函*

（一九二四年十月八日）

介石兄鉴：

今日开始练兵，犹不能行我所定编制，若谓练成之后，兵士、官长都成了习惯，而后再行改制则更难矣。此为我所定之制，则欲练成之后，可以应我方寸之运用也。倘开练之时，已不能行我之制，则练成之后，我亦无心用之矣。今为应我所用之故，特托嘉兰将军将我卫士练至一营，以为他军之模范。兄谓我编制规模太大，若果因此，何不以练至一营或一团为最大单位，以一营等一团，以一团〈等〉一旅，有何不可？我想大家不欲行我之制者，则全为故习所囿

* 原函未署日期，所标时间据《民国十五年以前之蒋介石先生》。

也。本其日本士官、保定军官之一知半解，而全不知世界大势，不知未来之战阵为何物，而以其师承为一成不易也。因为此故，我更要今日之军人舍去其故习，而服从我之制度。斯将来乃能服从我之命令，听从我指挥也。如果今日教学生则存一成见，教成之后，何能使之为革命军负革命之任务？试观北洋之军队训练非不精，补充非不备，而作战则远不如败残之杨化昭、臧致平，以彼二人曾与南方稍有革命行动之军队接触，而无形中学得一二革命之战术也。此今日所练之军队，如果将来能听我指挥，则我必导之去以一攻十，或以一攻百也。此等任务更非寻常兵法所有。倘今日开练之始，不行我制，待至练成时，谓能听指挥，我决不信也。此致。

军官学校教员、学生同此不另。

孙　文

并附步兵编制表一份。其余炮兵、飞兵（代骑）、工兵、辎重车、机关枪、甲炮车未定。

革命军步兵编制

六人　为一伍。兵数：　六，官：　〇。
六伍　为一列。兵数：　三六，官：　一。
三列　为一连。兵数：　一〇八，官：　四。
六连　为一营。兵数：　六四四，官：（附二人）　二一。
六营　为一团。兵数：　三八八八，官：（附二人）一二九。
三团　为一旅。兵数：一一六六四，官：　三八八。
三旅　为一师。兵数：三八九九二，官：　一一六二。

此表人数定实，官数可酌量再加。

据《孙中山先生手札墨迹》（上海太平洋书店一九二六年版）影印原函

复焦易堂函

（一九二四年十月八日）

易堂兄鉴：

九月二十七日函悉。经画西北，具见周详。毅力热诚，殊堪嘉尚。际此沪苏酣战，奉师南下，我军长驱直捣洪都，尤望西北各省乘机响应，使贼首尾不相顾。至北伐各军名称，西南各省多数主张用“建国军”名义。吾党早有《建国方略》、《建国大纲》之宣布，当然改为“建国联军”，以期一致。此复，顺颂

勋祺

孙文　中华民国十三年十月八日

据影印原件

欢迎苏俄军舰祝词*

（一九二四年十月八日）

中华民国十三年十月八日，为苏维埃联邦共和国军舰抵粤之期。苏维埃联邦共和国与中华民国关系最为密切。且苏维埃联邦共和国以推翻强暴帝国主义，解除弱小民族压迫为使命；本大元帅夙持三民主义，亦为中国革命、世界革命而奋斗。现在贵司令率舰远来，定使两国邦交愈加亲睦，彼此互相提挈，力排障碍，共跻大

* 苏俄巡洋舰“沃罗夫斯基（Воровский）”号于十月七日驶抵黄埔港，运来了广州大本营所定购的枪炮弹药一批。这是孙中山在韶关写给该号舰长的祝词，由何应钦宣读。

同，岂惟两国之福，亦世界之幸也。

敬祝苏维埃联邦共和国万岁！

中华民国大元帅孙文敬祝

据上海《民国日报》一九二四年十月十九日《大元帅欢迎俄舰祝词》

任命林支宇职务令

（一九二四年十月八日）

大元帅令

任命林支宇为赣鄂宣抚使。此令。

（中华民国陆海军大元帅之印）

中华民国十三年十月八日

据《大本营公报》第廿八号《命令》

准任谭璟等职务令

（一九二四年十月八日）

大元帅令

禁烟督办谢国光呈请任命谭璟、曹惠、刘笃培、刘况许、邓岱峻、郑鸿鉴为秘书。均照准。此令。

（中华民国陆海军大元帅之印）

中华民国十三年十月八日

据《大本营公报》第廿八号《命令》

饬查禁传单令*

（一九二四年十月八日）

查广州市近日发现各种诋毁政府传单，日有数起。各区警察事前既不能防闲，临时又不能制止，甚至任由奸人随街分送，或乘汽车飞派，均视若无睹，殊属有乖职守。仰该局长毋得再行玩视，即饬警察、侦缉分队四处巡逻。如见有此种行为，应即拘拿，跟究出处，从严惩办，以遏乱萌。切切。此令。

据《国父全集》第四册

给徐绍桢的指令

（一九二四年十月八日）

大元帅指令第一〇九〇号

令大本营内政部长徐绍桢

呈为遵令将本部预算再加裁减并陈明经费困难情形由。

呈悉。刻值财政困难，各机关欠款，均须俟稍缓始能补发。至称该部已遵令将经费裁减，以后每月支出以四千元为限，请予指拨的款一节，候令财政委员会妥议筹拨可也。此令。

（中华民国陆海军大元帅之印）

中华民国十三年十月八日

据《大本营公报》第廿八号《指令》

---

* 此件所标时间系据《国父全集》。

给杨希闵的指令

（一九二四年十月八日）

大元帅指令第一〇九一号

令广州卫戍总司令杨希闵

呈报遵令取消土造火柴捐并陈明其间复杂情形，请予明示由。

呈悉。查火柴捐前经令饬撤销，并于原令声明：以后无论何项机关及军队，均不得巧立名目，另议抽取。兹据呈称，每日收入不过五十元，即其苛细扰民，于公无裨，更可概见，应即赶紧遵令停收。至以后该部所需经费，应核实造具预算，呈候发交财政委员会妥议筹拨。至称据稽征员杨孝纯报告，曾接前广东财政厅长陈其瑗来函，谓火柴商人愿报效公礼万元一节，应饬该稽征员将原函呈由该部转缴来府，以凭彻查严究。仰即分别遵照。此令。

（中华民国陆海军大元帅之印）

中华民国十三年十月八日

据《大本营公报》第廿八号《指令》

给谢国光的指令

（一九二四年十月八日）

大元帅指令第一〇九三号

令禁烟督办谢国光

呈请任命谭璟、曹惠等六员为该署秘书由。

呈及履历均悉。已有明令准予任命矣。仰即知照。履历存。

此令。

(中华民国陆海军大元帅之印)

中华民国十三年十月八日

据《大本营公报》第廿八号《指令》

给古应芬的指令

(一九二四年十月八日)

大元帅指令第一〇九七号

令兼办广东沙田清理事宜古应芬

呈报变通减收沙田登录费办法,请察核备案由。

呈悉。准予备案。此令。

(中华民国陆海军大元帅之印)

中华民国十三年十月八日

据《大本营公报》第廿八号《指令》

致蒋中正函*

(一九二四年十月九日)

革命委员会当要马上成立,以对付种种非常之事。汉民、精卫不加入,未尝不可。盖今日革命,非学俄国不可。而汉民已失此信仰,当然不应加入,于事乃为有济;若必加入,反多妨碍,而两失其用,此固不容客气也。精卫本亦非俄派之革命,不加入亦可。我党今后之革命,非以俄为师,断无成就。而汉民、精卫恐皆不能降心

* 原函无年份,据函内关于商团事件处理意见等内容判断,当为一九二四年。

相从。且二人性质俱长于调和现状，不长于彻底解决。现在之不生不死局面，有此二人当易于维持，若另开新局，非彼之长。故只好各用所长，则两有裨益。若混合做之，则必两无所成。所以现在局面由汉民、精卫维持调护之。若至维持不住，一旦至于崩溃，当出快刀斩乱麻，成败有所不计。今之革命委员会则为筹备以出此种手段，此固非汉民、精卫之所宜也。故当分途以做事，不宜拖泥带水以敷衍也。此复。

再：明日果有罢市之事，则必当火速将黄埔所有械弹运韶，再图办法。如无罢市，则先运我货前来，商械当必照所定条件分交各户可也。若兄烦于保管，可运至兵工厂或河南行营暂存俱可。即候

毅安

孙文　十月九日

据广东省社会科学院历史研究所藏原件照片

致蒋中正函*

（一九二四年十月九日）

介石兄鉴：

兹着陈兴汉来帮手，尽将黄埔械弹运韶，以速为妙。

孙文　十月九日

据谭编《总理遗墨》第二辑影印原函

---

* 原函未署年份。据文内“尽将黄埔械弹运韶”判断，系指孙中山一九二四年在韶关督师北伐事。

复蒋中正电

（一九二四年十月九日）

万万火急。黄埔蒋校长鉴:△密。两函俱悉。以我推测,或不至如此危急。然我来韶之始,便有宁弃广州为破釜沉舟之北伐。今兄已觉得广州有如此危险,望即舍去黄埔一孤岛,将所有枪弹并学生一齐速来韶关,为北伐之孤注。此事电到即行,切勿留恋。盖我必不回救广州也。当机立断,切勿迟疑。孙文。青亥(中华民国十三年十月九日)。

据谭编《总理遗墨》第三辑影印原稿

免程潜职务令

（一九二四年十月九日）

大元帅令

大本营军政部长程潜另有任用,着免本职。此令。

（中华民国陆海军大元帅之印）

中华民国十三年十月九日

据《大本营公报》第廿八号《命令》

特任许崇智职务令

（一九二四年十月九日）

大元帅令

特任许崇智兼大本营军政部长。此令。

（中华民国陆海军大元帅之印）

中华民国十三年十月九日

据《大本营公报》第廿八号《命令》

准胡鲁等辞职令

（一九二四年十月九日）

大元帅令

大本营财政部长叶恭绰呈秘书胡鲁、陈敬汉、黄乃镛、佥事鲍荣呈请辞职。均照准。此令。

（中华民国陆海军大元帅之印）

中华民国十三年十月九日

据《大本营公报》第廿八号《命令》

准李承翼辞职令

（一九二四年十月九日）

大元帅令

大本营财政部长叶恭绰呈泉币局局长李承翼呈请辞职。李承翼准免本职。此令。

（中华民国陆海军大元帅之印）

中华民国十三年十月九日

据《大本营公报》第廿八号《命令》

免叶恭绰职务令

（一九二四年十月九日）

大元帅令

兼盐务督办叶恭绰另有任用，应免本职。此令。

（中华民国陆海军大元帅之印）

中华民国十三年十月九日

据《大本营公报》第廿八号《命令》

特任古应芬兼职令

（一九二四年十月九日）

大元帅令

特任古应芬兼盐务督办。此令。

（中华民国陆海军大元帅之印）

中华民国十三年十月九日

据《大本营公报》第廿八号《命令》

免郑洪年职务令

（一九二四年十月九日）

大元帅令

大本营财政部次长兼盐务署署长郑洪年另有任用，应免本、兼各职。此令。

（中华民国陆海军大元帅之印）

中华民国十三年十月九日

据《大本营公报》第廿八号《命令》

任命林云陔职务令

（一九二四年十月九日）

大元帅令

任命林云陔兼代大本营财政部次长兼盐务署署长。此令。

（中华民国陆海军大元帅之印）

中华民国十三年十月九日

据《大本营公报》第廿八号《命令》

免胡谦职务令

（一九二四年十月九日）

大元帅令

大本营军政部军务局局长胡谦另有任用，应免本职，并免代理大本营军政部次长职务。此令。

（中华民国陆海军大元帅之印）

中华民国十三年十月九日

据《大本营公报》第廿八号《命令》

准任岑念慈职务令

（一九二四年十月九日）

大元帅令

大本营财政部长古应芬呈请任命岑念慈为秘书。应照准。此令。

（中华民国陆海军大元帅之印）

中华民国十三年十月九日

据《大本营公报》第廿八号《命令》

准任叶次周等职务令

(一九二四年十月九日)

大元帅令

大本营财政部长古应芬呈请任命叶次周为秘书,廖朗如、刘秉纲为科长。均照准。此令。

(中华民国陆海军大元帅之印)

中华民国十三年十月九日

据《大本营公报》第廿八号《命令》

给蒋中正的训令*

(一九二四年十月九日)

据广东省长胡汉民电呈:"民团督办李福林所拟发还团械办法三条:(一)由民团督办担任召集殷实商人筹借二十万元,由租捐项下拨还。(二)团械交民团统率处发还,其数在五千枝以上,发还之数须商团负责之人签字,不得异议。(三)团械发还之日,由商团通电解释以前误会,表明自卫心迹"等语,应准照办。仰该校长将所存团械发交民团督办李福林,依照所拟办法发还商团收领。此令陆军军官学校校长蒋中正

据《民国十五年以前之蒋介石先生》第八册

* 此件所标时间系据《民国十五年以前之蒋介石先生》。

给徐绍桢的指令

（一九二四年十月九日）

大元帅指令第一〇九九号

令大本营内政部长徐绍桢

呈为因病续假及派员代行部务由。

如呈给假三星期，部务准暂由陈厅长树人代行，假满仍即回部任职。此令。

（中华民国陆海军大元帅之印）

中华民国十三年十月九日

据《大本营公报》第廿八号《指令》

给古应芬的指令

（一九二四年十月九日）

大元帅指令第二〇〇〇号

令大本营财政部长古应芬

呈报遵令切实裁员减薪，重新改组该部情形，附清折乙扣，请鉴核施行由。

呈、折均悉。该部长对于裁员减薪切实奉行，节减之数，悉符功令，殊堪嘉许。所拟改组该部内容各节，均尚妥协，应准予照办。清折存。此令。

（中华民国陆海军大元帅之印）

中华民国十三年十月九日

据《大本营公报》第廿八号《指令》

给叶恭绰的指令

（一九二四年十月九日）

大元帅指令第二〇〇一号

令大本营财政部长叶恭绰

呈据该部泉币局长李承翼等呈请辞职，请准予免职由。

呈悉。李承翼等已有明令准予免职矣。仰即知照。此令。

（中华民国陆海军大元帅之印）

中华民国十三年十月九日

据《大本营公报》第廿八号《指令》

给古应芬的指令

（一九二四年十月九日）

大元帅指令第二〇〇二号

令大本营财政部长古应芬

呈荐任叶次周为该部秘书、廖朗如等为科长由。

呈悉。已明令照准矣。此令。

（中华民国陆海军大元帅之印）

中华民国十三年十月九日

据《大本营公报》第廿八号《指令》

给古应芬的指令

（一九二四年十月九日）

大元帅指令第二〇〇三号

令大本营财政部长古应芬

呈荐任岑念慈为秘书由。

呈悉。已明令照准矣。此令。

（中华民国陆海军大元帅之印）

中华民国十三年十月九日

据《大本营公报》第廿八号《指令》

给邓泽如的指令

（一九二四年十月九日）

大元帅指令第二〇〇四号

令两广盐运使邓泽如

呈为拟具《大本营特设北江盐务督运处办法》八条，请予核准施行，并请指派驻韶湘军数营为督运军队由。

呈、折均悉。所拟《大本营特设北江盐务督运处办法》八条及护照式，大致均尚妥协。惟办法第八条"由大本营以命令公布施行"一句，应改为"由大元帅核准施行"，余均准所拟办理。候即令饬军政部通行各军一体遵照。一面由该运使布告商民周知，并慎选胜任专员之员，经由财政部长呈请任命。至请派湘军担任督运一节，亦属可行，并候令饬湘军总司令酌量派拨可也。至督运军队应守权限，应由该运使与湘军总司令妥为商定办理，仍具报查考。

清折及护照式均存。此令。

（中华民国陆海军大元帅之印）

中华民国十三年十月九日

据《大本营公报》第廿八号《指令》

公布《赣南善后条例》等令

（一九二四年十月十日）

大元帅令

兹制定《赣南善后条例》、《江西地方暂行官吏任用条例》、《赣南善后会议暂行细则》、《赣南善后委员会各职员之职责及公费暂行细则》、《赣南征发事宜细则》，公布之。此令。

（中华民国陆海军大元帅之印）

中华民国十三年十月十日

赣南善后条例

第一条　赣南区域，由军政时期至训政时期，设赣南善后委员会，直隶于大元帅，办理赣南全区一切善后事宜。

第二条　赣南善后委员会委员长，由大元帅任命之。

第三条　赣南善后委员会得于所辖区域十七县内，每县遴选委员一人，由委员长呈请大元帅任命之。

第四条　关于赣南善后委员会议决各行政事项，由委员长督率各委员分别处理。

第五条　关于善后重大事件，得随时呈请大元帅核示遵行。

第六条　善后会议议决各事项，以到会委员过半数之决定，由委员长分别执行。遇有紧急事件，委员长得径以命令行之。

第七条　任用知事及关税厘卡各员，遵照《江西地方暂行官吏任用条例》办理。

第八条　关于征发各事项，由委员长督率各委员分别负责处理。

第九条　关于应办一切善后行政事宜，须经委员会议议决，再行斟酌缓急，次第施行。

第十条　委员会会议规则及施行细则另定之。

第十一条　本条例自公布之日施行。

赣南善后会议暂行细则

第一条　本会未到赣城以前，以委员长所在地为善后会议地点，先由秘书通知，左列人员均得列席：

一、善后委员；

一、县知事；

一、各县各乡法定团体之代表；

一、本地声望素著之正绅。

督催员、宣传员、调查员及关系人，均得到会声明事实。

第二条　凡有左列资格之一者，得呈请为善后委员会委员：

一、地方声望素著、曾在高等专门大学毕业者；

一、曾任省议会议员者；

一、曾任县知事以上无劣迹者。

第三条　善后会议由秘书处先列议题，会议时由书记官作议事大略。

江西地方暂行官吏任用条例

第一条　江西地方大小官吏，除简任职外，由江西善后委员会就左列人员中，选择资格相当者，分别荐请大本营委署：

一、大元帅发交任用者；

二、各军从军官佐有相当资格、学力〔历〕、劳绩者，但现职军官不得兼任；

三、在江西地方素著声望，曾在高等专门大学毕业，情殷为本军效力者。

第二条 凡官吏之不称职者，委员会得随时呈报大本营撤换。

第三条 官吏任期以十个月为一任。

第四条 官吏有贪赃枉法者，以军法惩治。

第五条 本条例如有未尽事宜，得随时呈请修正。

第六条 本条例于公布日施行。

赣南善后委员会各职员之职责及公费暂行细则

第一条 大军未到赣州以前，各军分道出发，路线太多，由委员长先行选定各级人员，开单咨呈建国军北伐总司令部分送各军，以便与地方接洽。其普通勤务：

甲、宣传大元帅之建国主义；

乙、宣告借垫之必要及偿还之担保；

丙、调查经过该地军队若干，与地方商定何处设征发所，何处转运所，夫役若干，米食若干，运至何处等事；

丁、调查该段地丁、杂税总额及被征发之总额；

戊、地方与军队设有言语隔阂致生误会，速行调解；

己、该段地点如给养不足，速向无敌兵处之附近各乡赶办征发所、运转所，以资补助；

庚、每日作详细笔记，随时报告大略。

第二条　无论何县知事，如有藉端规避、办事不力、延误军机情节，善后委员会得随时呈报委员长，听候审查。

第三条　无论何级职员，如有藉端骚扰、舞弊中饱各不法情节，被害人得随时控告于知事或委员长。

督催员、调查员、宣传员如有以上情弊，县知事得先行拘留，呈请查办。

征发所所长、运转所所长及其职员，如有上二项情节，各级职员随时声请县知事查办。

第四条　各级职员如有贪赃枉法及关于军事之犯罪，县知事先行拘押，呈请委员长咨呈大本营总执法处处治。

第五条　出发之夫马费，以道里之远近为标准。二级、三级职员，每百里不得过十元，四级之督催员、调查员、宣传员，每百里不得过四元。均先自垫。各县法团以下及五级、六级无夫马费。

职员阶级表

<table>
<tr><td>一级</td><td colspan="2">委员长</td><td>公费</td><td>据实开报</td></tr>
<tr><td>二级</td><td colspan="2">善后委员</td><td>公费</td><td>据实开报</td></tr>
<tr><td>三级</td><td colspan="2">县知事</td><td>公费</td><td>据实开报</td></tr>
<tr><td>四级</td><td>督催员、调查员、宣传员</td><td>各县法定团体会长、各保卫团团长</td><td>公费</td><td>每员每日不得过一员〔元〕</td></tr>
<tr><td>五级</td><td colspan="2">各征发所所长、运转所所长</td><td>公费</td><td>每员每日不得过八角</td></tr>
<tr><td>六级</td><td colspan="2">征发员、督察员及该所之干事各员</td><td>公费</td><td>每员每日不得过五角</td></tr>
<tr><td colspan="3"></td><td>月薪
暂定公费到赣州城后再议</td><td></td></tr>
</table>

赣南征发事宜细则

第一条　此次大军北伐，大元帅既有军令令各军保卫地方秩序，不准直接拉夫、筹款，骚扰人民。所有行军必需之夫役、米食等件，凡军队经过之地方，绅商先行办妥，方不贻误军机，并可维持地方秩序；军队不经之地，预筹款项，以裕军饷。所有一切征发事宜，悉照左则办理：

第二条　此次征发之物品，均系有偿性质，其种类如左：

甲、现洋；

乙、夫役；

丙、米食；

丁、草鞋、柴木、厨具、房舍等，因地方之力量妥为预备。

第三条　上列各种之征发物品，除现洋外，由经过之军队长官与地方知事或法定团体代表、正大绅耆、征发所所长、运转所所长，及赣南善后委员长派出之督催员、调查员等，当时估定价格，填三联单，以昭信用。必须现洋给付之处，由法定团体代表、正大绅耆、征发所所长、运转所所长先向公款公堂或借商民私款垫付，务使劳力小民踊跃从公，地方秩序实深利赖。

第四条　此次征发之现洋及垫款，指定民国十四年度、十五年度赣南十七属之地丁、钱粮、关厘、税卡各项收入以为担保，分四期匀数清偿，不足之数，由赣南善后委员会设法筹足。

第五条　征发票由大元帅印刷，交付各军长官及赣南善后委员长遵照下开手续办理。但由军队自办者，只征发夫役、米食，其他物品不征现金。

大元帅发官印刷所用此式：

收据 由征发、运转所所长交债权人收执。

存查 由征发、运转所所长登记于部，两所长另立登记部之后，原票交县署保存；

存根

甲、由各军办理者，由该军队呈交该军总部转交赣南善后委员会保存；

乙、由赣南善后委员长交各知事办理者，仍由该知事呈送赣南善后委员会保存。

格上左侧填"某军总司令部"字样者，大元帅将征发票交各军总部，各军总部先盖某军字样，再发交该军前方长官。

由知事办理者，不填。

骑缝中

甲、交各军自办者，各军总部于收到此票，先盖"某军"字样，再行发下。

乙、由知事办理者，填各县县名（如定南县，则填定南二字）。

骑缝中县知事印及县知事名章，可于收到后补盖。

某地征发、运转所所长名章，临时签盖。

未收之物品栏内，当时圈破（如仅收现洋一种，其余三种未收，当时圈破）。一栏中未收之数格，当时圈破（如仅收二元，则元上之百千字、元下之毫字上一格，当时圈破）。

凡赔偿损害之物品价格，皆在其他栏内。

知事私章，既经存有印鉴，凡未盖县印先盖私章之征发票，概生效力。但以后必须补盖县印。债权人收到收据，有要求征发所所长、运转所所长将其收据号码登记之权利，该所长有必须登记之义务。如该票遗失，债权人（本人或其直系亲属，别人无效）到所长处声明，其票即作无效，债权人之债额仍属有效。

征发、运转所所长保全登记部至全数偿清为止。

存查、存根万一有一联遗失，只存一联，其号码、债额与登记部相符者，仍有效力。

存查、收据两联，连同交付征发、运转所所长。

第六条　各军前线长官、赣南善后委员会委员、各县知事、各督催员、调查员（统称“甲方”）等初到一地，先将大元帅布告、各军布告、赣南善后委员长布告同时张贴一方，速觅商会、教育会、农会、保卫团（自治局等地方团体名义均同）、正绅殷富（统称“乙方”）商定经过军队前后共约若干，该县该区设征发所几处，运转所几处，预备长夫若干名，短雇若干名，谷米若干斤，运交何处，行李送至何处。其征发所、运转所即时成立，不得延误。

上述各军前线长官、善后委员、知事、督催员、调查员等不必同时皆到，但有一军队长官（不限阶级）或一委员、一知事、一督催员、一调查员到时，即可遵章行使全部职权。

上述商会、教育会、农会、保卫团（自治局等同），正绅殷富等，不必同地皆有，但有一商会或一教育会、一农会、一保卫团、一正绅、一殷富、甚至一村、一族、一家以上，皆有遵章组织征发所、运转所之义务，无商量延宕余地。

军队过多、地方居民太少之地，各军队自当特别原谅，不使求过于供。但（甲方）须急派人向军队附近之五十里内促其急设征发所、运转所，（乙方）有将四围五十里内之（乙方）姓名、住址开示于（甲方），及派人同去寻觅之义务。

（甲方）如已两次派人至各（乙方）催促成立征发所、运转所，（乙方）尚怀疑延宕，不即照章成立，（甲方）可要求派军队同往催促。

第七条　督催员、调查员初到一地照上办理之后，即归其地之征发、运转所所长负责照约办理。该员速分向五十里内之地方催促成立；五十里内既成立，速向百里以内之地催促成立；至该县境全体成立为止。

第八条 离军队经过地点之五十里内，对于夫役、米食两种征发居多，不另征现洋；百里以内，对于米食、现洋两种居多，百里以外现洋居多；便于运输之处，略征谷米，务使全县平均负担。所征之现洋，悉数缴解于善后委员长所在地（或待提解），夫役悉数送于军队经过之要地（何处居民较多，由甲乙两方临时指定）。如派定之米谷，军队过尽，尚有余存，责成征发、运转所所长运至赣城，交赣南善后委员会查收。

凡派垫之数，悉合现洋价格。

甲、现洋自一元以上者，皆填征发票，均以毫洋为本位，大洋照时价升水；

乙、夫役一名，每日不得过五角；

丙、五十里内来往以一日计算，五十里以上百里以内，来往以二日计算。

运输之长夫名额及时期，由征发所所长酌定。军队过尽，即须裁撤。伕站设置地点，由前方军队长官酌定，通知于督催员及征发所、运转所所长照办（伕站即伕住宿处）。

伕站距离，由四十里至六十里为度，按照指定地点递送，不与军队同行，由输送队长督责。如有遗失，惟输送队长是问。

各军用品、行李等件，为数过多，可分次运送，至运完为止。

军队自雇之长夫，不得扯夫役代运。士兵之一枪一炮，不得勉强拉运或搭载。

凡甲站运至乙站，须即时放回，不得扣留阻碍。如军队违章，所长可不负责任。

因军事变化，须将征发所、运转所、佚站徙至他处时，军队长官须先一日通知。

丁、米谷：

子 米每百斤之价不得过八元；

丑 谷每百斤之价不得过四元。

米谷之价，由督催员、调查员斟酌地方米谷时价定之。

送米挑力，照上五十里内、百里内之夫价办理。

运米船费及押运人员之公薪，据实开报。

如须军队保护同行，所长得请求驻扎该地之军队长官，或请求县知事，转请派相当兵数保护。

第九条 地方设备招待长官之一切器具，及兵士暂用之锅甑、水桶、铺板等零星物件，不得任意搬去，致损军队名义。

第十条 住屋之门窗、户壁，兵士不得拆作焚具。

第十一条 草鞋一双不得过二角，能力可及则代办。

第十二条 柴木定价，由所长酌量本地情形定之。

第十三条 本细则未定之损失，非经县知事查验属实，不得擅请赔偿。

第十四条 各军领取夫役、米食等，由现经过军队长官开具人数，官佐、士兵、夫每员每日领米一斤，夫役若干。地方力量不及借办之物品，不得强索。

第十五条 善后委员、知事、督催员等，可先与军队长官商定大军必由之地，何处设征发所，何处设转运〔运转〕所，何处设佚站，以便上站、下站，一气联络。

第十六条 因战事变化，军队至未立征发所等之地，又无善后委员、知事、督催员在场，该军队长官得照章邀同乙方办理。

第十七条 非大军通过之县，照章同一办理。地方如有藉端延宕情节,知事得请驻扎该县之军队派兵协同催促,如期成立,如额征发。

第十八条 宣传员所到之地,即时聚众(不拘人数)演说,务使群众知革命有益于己,富者出钱,贫者出力,以助革命事业之成功。每日至少演说二次,地点自行酌定。

第十九条 征发所所长一人,干事如庶务、会计、征发员(现金)、催伕员(派定夫役,必使到所)、催粮员(派定米数,速使运所)、运粮队长(押送米谷)、输送员(如有多数米谷必间数人,不使夫役逃走,米谷遗失)需若干员,由所长酌定。并可指派某人为某员。所长之产出,公推(二人以上公推有效)、自任均可。其姓名、年岁、乡里、有无出身经验之履历,以一份自交县知事注册,以一份交督催员转交赣南善后委员会注册。一切人员之公费,不得超过六级职员之数(即每日公费不得超过五毫,其公费或由自垫,或向人借垫,由所长填征发票为凭)。一切部记,由所长负责保存。

征发所所在地点,由所长布置一切。

第二十条 运转所所长一人,公推(二人以上有效),自任或由征发所长指定均可。干事如输送队长(押运行李负收交之责)、督伕员(每队行李,必间数人,以防行李遗失,伕役逃走)若干,由所长酌定,并可指定每人为每员。

一切人员之公费,一切部记,照上条办理。

运转所及伕站所在地,或由军队长官指定,或由运转所长酌量地势报告于军队长官均可。

运转所长之履历,照上条办理。

运转所长办理运转各事,可要请征发所长协助。

第廿一条 应加添夫役,或裁减夫役,两所长可先向军队长官、或县知事、或督催员请示办理,不得擅自添减。

第廿二条 两所至何时裁撤,应俟最后经过军队长官之命令,及赣南善后委员会最后派出之督催员到时，方准裁撤。

第廿三条　善后委员会收到各军、各县交呈之票，已填额者，照额核计数目榜示各县；未填额者，截角备案。

第廿四条　甲所夫役愿再至乙所应役，乙所所长愿承受。甲乙两处所长可随时协商。

第廿五条　征发员（专管征发现洋、夫食〔役〕、米食等事）、监察员（专催各所现洋、夫役、米食），县知事随时酌定名额。

第廿六条　善后委员会无论在何县境与知事同处办事。遇特别情形，不妨分任一方。县知事一切布置，事先禀承善后委员之意处理，事后报告情节。

第廿七条　善后委员无论经过何县，有纠察一切，并防范流弊权限。

第廿八条　善后委员关于征发事宜交办之事，县知事随时执行。

第廿九条　各县及各乡、区商会会长、保卫团团长等，县知事可委为该县一等督催员；未受督催员名义者，县知事得随时呈请发本会各名义（参议、谘议）。

第三十条　凡各所及各级人员公费、夫马，概先筹垫。填征发票时，填明某县某区某所职员姓名、办公日期、合计洋若干，不得与现洋、夫役、米食等混填，致难稽核。

第卅一条　预计必须作战之地，由军队长官先通知该地之知事或督催员、征发、运转所所长，将两所及伕站预移于离作战若干里之地。

第卅二条　征解得力之各级人员，酌分升奖：

甲、呈请传令嘉奖；

乙、呈请奖给徽章；

丙、最得力者（上述督催员及商会会长等皆在内），以尽先派署知事税差存记；次得力者，以候补知事税员存记；再次得力者记大功一次。

大功三次者，保候补知事税差存记。小功三次者，为一大功。

第卅三条　征解不力或办理不善人员，分别惩戒：

甲、撤差；

乙、记过。

如有卷逃、侵吞、中饱各情弊，照《江西地方官吏任用暂行条例》办理外，仍照数追缴。有保证人者，并向保证人追缴。

各上级人员发现各下级人员以上情弊，得随时报告知事、委员、或委员长查办。

第卅四条　本细则未尽事宜，善后委员及县知事得随时因地制宜，酌定细则，但不得与本细则相抵触，并随时呈报。

履历式方八寸

姓名	籍贯	住所	年岁	出身	经验	附记	中华民国　年　月　日
						现任何事 印鉴	

据《大本营公报》第三十号（广州一九二四年十月三十日版）《命令》

致胡汉民等电

（一九二四年十月十日）

万万火急。广州分送胡省长、杨总司令、许总司令、刘总司令、古部长、蒋校长、李军长、李公安局长。

汉民、绍基、汝为、显丞、湘芹、介石、登同[①]、朗如诸兄同鉴：△密。商人罢市与敌反攻同时并举，是叛迹显露，万难再事姑息。生死关头，惟有当机立断。如果确有其事，则用干部及其他学生协同福军忠勇之士临门劝告。如有不从，即日将货铺充公。此事当向西关最反对政府之店户办起，并请将能作衣服之货物先行运韶。此事务乞照办，万勿犹豫，以招自杀。陈贼[②]与逆商本不足平，只要诸兄心决胆定，勿为物议所摇，则革命前途幸甚。孙文。蒸辰。（中华民国十三年十月十日）

据谭编《总理遗墨》第三辑影印原稿

致范石生廖行超电

（一九二四年十月十日）

（广州分送范军长、廖师长）

○密。小泉、品卓两兄鉴：商人不肯就政府所定条例领枪，且供给陈逆以百五十万，约定罢市、反攻同时并举，此非叛逆，尚何为

① 绍基、显丞、湘芹、登同：即杨希闵、刘震寰、古应芬、李福林。

② 陈贼：指陈炯明。

叛逆？我当当机立断，为严正之解决，先将著名最反对政府之团店警告。如再不从，则先将逆商货屋悉行充公，以警效尤。若犹不能制止，则仰两兄出示令西关居民限三日内迁移出西关，免遭意外可也。孙文。蒸辰。（中华民国十三年十月十日）

据谭编《总理遗墨》第三辑影印原稿

致蒋中正函

（一九二四年十月十日）

介石兄鉴：

如明日果有罢市、反攻之事，则商团枪弹亦当与我货一齐运韶，为革命之用。盖有械岂愁无人运到，我自有办法也。酌之。

孙文 中华民国十三年十月十日

据谭编《总理墨遗》第二辑影印原函

给胡汉民的命令

（一九二四年十月十日）

大元帅令

密。今日已电范、廖两将领[①]，如商团果于明日罢市，则着彼等联名出示：令西关居民限三日离开西关境内，免遭不测。今并着省长如遇有罢市之事发生，亦当出示令西关及佛山居民限三日悉数离开此两地，免遭不测。此令

① 范、廖两将领：指范石生、廖行超。

省长胡汉民

孙　文

中华民国十三年十月十日

据谭编《总理遗墨》第三辑影印原令

批邓鼎封函*

（一九二四年十月十日）

答并问桂省究竟何人能胜任。

据《国父全集》第四册（转录史委会藏原件）

复蒋中正函**

（一九二四年十月十一日）

介石兄鉴：

函电皆悉。

今先答函：枪弹运韶，决不瓜分各军，乃用来练我卫队之用。汝为亦不能给以一枝。如有必要，只可将黄埔前时之枪给他。此八千一式之枪，一枝不可分散。到韶后甚多地方可以贮藏，我在此，断无人敢起心来抢也。至于运来时途上之保护，只在黄沙一段要小心，其他一路，则甲车与数百人便足，可由学生任之。黄沙并小坪一带可用张民达之队以保护之。其法着张假作出发韶关，集于车站。黄沙大部、小坪小部布置妥当，枪弹即上车，与学生同来

---

* 此件所标时间系据《国父全集》。

** 原函未署年份，据文内关于“枪弹运韶”及“舍长洲来韶”等内容判断，此函时间应在一九二四年。

便可。

至于款项，现当将黄埔学校收束，俟到韶关再酌可也。答电如下：北伐必可成功。无款亦出，决不回顾广州。望兄速舍长洲来韶，因有某军欲劫械，并欲杀兄，故暂宜避之，以待卫队练成再讲话。陈贼来攻，我可放去，由争食之军自相残杀可也。乱无可平，只有速避耳！或更邀汝为同带其可用之部队齐来尤好，望为商之。如何？速答。此复，即候

毅安

孙文　十月十一日

据谭编《总理遗墨》第二辑影印原函

致蒋中正函*

（一九二四年十月十一日）

介石兄鉴：

新到之武器，当用以练一支决死之革命军。其兵员当向广东之农团、工团并各省之坚心革命同志招集，用黄埔学生为骨干，练兵场在韶关。故望兄照前令办理，将武器速运来韶，以免意外。至要，至要。

此意请转知鲍顾问，并请他向各专门家代筹妥善计画，及招致特种兵之人才为荷。

文　十月十一日

据谭编《总理遗墨》第二辑影印原函

---

* 原函未署年份，据文内"用黄埔学生为骨干，练兵场在韶关"等内容判断，本函时间应在一九二四年。

致广州各公团电

（一九二四年十月十一日）

广州。分送工人代表会、工团军、农民自卫军、警卫军、讲武堂、海员工会、粤汉路工人、油业工会、建筑工会、图强产科女校、劳工女子学校等四十余团体鉴：灰电悉。已令胡省长、许总司令、民团统率处李处长[①]严行查办矣。孙文。真。印。

据上海《民国日报》一九二四年十月十八日《叛形已露之广州商团军》

任免海关监督令

（一九二四年十月十一日）

大元帅令

兼任海关监督傅秉常着免兼职。此令。

任命罗桂芳为海关监督。此令。

孙　文

中华民国十三年十月十一日

据谭编《总理遗墨》第三辑影印原稿

委派陈友仁等职务令

（一九二四年十月十一日）

大元帅令

派陈友仁、宋子文、罗桂芳为收取关余全权委员。此令。

---

① 胡省长、许总司令、民团统率处李处长：胡汉民、许崇智、李福林。

孙　文

中华民国十三年十月十一日

据谭编《总理遗墨》第三辑影印原稿

聘任鲍罗庭职务状

（一九二四年十月十一日）

大元帅令

聘任鲍罗庭为革命委员会顾问，遇本会长缺席时得有表决权。此状。

会长　孙文

中华民国十三年十月十一日

据广东孙中山故居藏原件影印

给蒋中正的命令

（一九二四年十月十一日）

大元帅令

密。着蒋介石将商团各种子弹悉运到韶关，听候发落。此令。

孙　文

中华民国十三年十月十一日

据谭编《总理遗墨》第二辑影印原稿

给革命委员会委员的命令

（一九二四年十月十一日）

着革命委员会委员用本会长名义便宜行事，用种种方法打消商团罢市，并立即设法收回关余。此令。

孙　文

中华民国十三年十月十一日

据《国父全集》第四册（转录史委会藏原件影印）

批蒋中正电*

（一九二四年十月十一日）

代答并令：当着省长、总司令、民团统率处处长严行查办。

文

据广东省社会科学院历史研究所藏原件照片

给胡汉民的指令

（一九二四年十月十一日）

大元帅指令第二〇〇五号

令广东省长胡汉民

呈报就职日期由。

呈悉。此令。

（中华民国陆海军大元帅之印）

中华民国十三年十月十一日

据《大本营公报》第廿九号（广州一九二四年十月二十日版）《指令》

* 十月十日，蒋中正电呈：商团枪击学生及工团军，非责成许、李严办商团不可，乞示。这是孙中山十一日在呈电上的批示。批文内的省长、总司令、民团统率处处长即指胡汉民、许崇智、李福林。

给胡汉民的指令

（一九二四年十月十一日）

大元帅指令第二〇〇六号

令广东省长胡汉民

呈为转呈李文范就政务厅长职，请鉴核由。

呈悉。此令。

（中华民国陆海军大元帅之印）

中华民国十三年十月十一日

据《大本营公报》第廿九号《指令》

给古应芬的指令

（一九二四年十月十一日）

大元帅指令第二〇〇七号

令大本营财政部长古应芬

呈报就职日期由。

呈悉。此令。

（中华民国陆海军大元帅之印）

中华民国十三年十月十一日

据《大本营公报》第廿九号《指令》

给古应芬的指令

（一九二四年十月十一日）

大元帅指令第二〇〇八号

令兼广东财政厅长古应芬

呈报就职日期由。

呈悉。此令。

（中华民国陆海军大元帅之印）

中华民国十三年十月十一日

据《大本营公报》第廿九号《指令》

致胡汉民电

（一九二四年十月十二日）

（限即刻转到，提前飞送。万万火急）广州胡留守鉴：△密。刻仲恺到，并接电知省中已有非常之变。我以北伐重要，不能回省戡乱。请兄即宣布戒严，并将政府全权付托于革命委员会，以对付此非常之变，由之便宜行事以戡乱，则小丑不足平也。委员为汝为、介石、精卫、仲恺、友仁、平山。我为会长。兄不在列者，留有余地也。接电即发表，切勿犹豫致误为要。孙文。侵戌。（十三年十月十二日）

据谭编《总理遗墨》第三辑影印原稿

致蒋中正函

（一九二四年十月十二日）

介石兄鉴：

运械来韶，如不能立办到，则其次为分给我同志中之队伍肯为我杀奸贼者（此指官长与士兵皆一致者而言）。请兄与汝为细查其各部，何部有此决心不为奸商所摇动者，如有则合集之。要兄与汝为对彼众要约立决死之誓，必尽灭省中之奸兵奸商，以维持革命之地盘。此事当要部队一万人以上，上下一心。又要汝为先有决心，毫无犹豫，负完全责任，为我一千，便可将黄埔之械悉数给之，立即起义杀贼，绝无反顾。如汝为不能决断，则无论如何艰难危险，仍将械运来韶关，以练我之卫队。此事可与汝兄切实磋商，立即决断施行为要。

商团之七九弹，则运来北伐之用可也。

孙文 中华民国十三年十月十二日

据谭编《总理遗墨》第二辑影印原函

准黄松俦升任令

（一九二四年十月十二日）

大元帅令

兼理大本营参军处事宜吴铁城呈请以参军处上尉差遣黄松俦升充少校副官。应照准。此令。

（中华民国陆海军大元帅之印）

中华民国十三年十月十二日

据《大本营公报》第廿九号《命令》

准免黄梦熊职务令

（一九二四年十月十二日）

大元帅令

兼理大本营参军处事宜吴铁城呈上校副官黄梦熊调省任用，请免本职。应照准。此令。

（中华民国陆海军大元帅之印）

中华民国十三年十月十二日

据《大本营公报》第廿九号《命令》

给各军长官及孔绍尧的训令

（一九二四年十月十二日）

大元帅训令韶字第七号

令各军长官、赣南善后委员会委员长孔绍尧

为训令事：照得北伐大军入赣在迩，所有地方官吏极关重要，自应严定任用程序，以资考核。兹制定《江西地方暂行官吏任用条例》六条。除分令外，合行令仰该□即便遵照，并转饬所属一体遵照毋违。此令。

计发《江西地方暂行官吏任用条例》一份。

江西地方暂行官吏任用条例

第一条　江西地方大小官吏，除简任职外，由江西善后委员会就左列人员中选择资格相当者，分别荐请大本营委署：

一、大元帅发交任用者；

二、各军从军官佐有相当资格、学力、劳绩者。但现职军官不得兼任；

三、在江西地方素著声望，曾在高等专门大学毕业，情殷为本军效力者。

第二条　凡官吏之不称职者，委员会得随时呈报大本营撤换。

第三条　官吏任期以十个月为一任。

第四条　官吏有贪赃枉法者，以军法惩治。

第五条　本条例如有未尽事宜，得随时呈请修正。

第六条　本条例于公布日施行。

（中华民国陆海军大元帅之印）

中华民国十三年十月十二日

据《大本营公报》第廿九号《训令》

给谭延闿的训令

（一九二四年十月十二日）

大元帅训令韶字第八号

令湘军总司令谭延闿

为令行事：据旅省潮州善后委员会呈称："窃查本月七日晨九

句钟时,有湘军第一路司令陈方度派兵到潮州会馆楼上,将附设在内国民学校教员二名并职会委员陈纯侯、文案张精卫等概行捆拿。又到广安栈将潮民陈鲁野、陈荫三、方志超等拘拿。一时声势汹汹,莫明其故。旋经陈司令通知该馆董事李伟生,准将教员及张文案保释。惟陈纯侯、陈鲁野、陈荫三、方志超等四人则未准释放,闻系因第一路司令军队与潮梅警备司令陈宗鉴军队在从化冲突,疑及纯侯等与伊有所关连。当堂将纯侯刑讯,重责军棍七百,血射肉飞,惨不堪言。查陈委员纯侯一向在会办公,亦从未到从化地方及领宗鉴何等委任。虽与宗鉴有亲族之谊,究与两军冲突事情无干,显然可见。伏查陈宗鉴、陈方度均属湘军辖下,彼此同一长官,纵有争持事件,甚易求请解决,较与他军交涉情形迥有不同,何须操切。不得已而为之,亦应拿后将人解送总部听候处分,讵能自行刑讯迫供。即令陈委员受刑不得,昏乱供招,讵能认为信谳,折服天下人之心。无乃太不加斟酌耳。且以此等刑法施诸平民尚犹不可,况要施诸帅座派委之人乎!惨念陈委员纯侯在汕党部效劳《晨报》,供职有年,日事鼓吹,为吾党奋斗,致遭叛贼仇视,逃亡广州。近在柏军长文蔚充当秘书,月博十余金,以安家计。不意复用受此等非刑,嗟嗟弱质书生,何以堪此。伏乞钧座哀矜,准予训令谭总司令即日提案省释"等情。据此,合行令仰该总司令即将陈纯侯等提案省释。切切。此令。

(中华民国陆海军大元帅之印)

中华民国十三年十月十二日

据《大本营公报》第廿九号《训令》

给吴铁城的指令

（一九二四年十月十二日）

大元帅指令韶字第五号

令兼理大本营参军处事宜吴铁城

呈为副官黄梦熊调省任用请免本职由。

呈悉。已有明令照准矣。此令。

（中华民国陆海军大元帅之印）

中华民国十三年十月十二日

据《大本营公报》第廿九号《指令》

致李烈钧电*

（一九二四年十月十三日）

日本东京李烈钧先生鉴：功密。昨复一电，相机行动。但详细考量，兄为派驻日本联络彼中朝野之士，为发起亚洲大同盟以抵抗白种之侵略而往，为久驻日本，宣传此旨之任务。今忽有回命之请，想彼政府胆小如鼷，不敢接纳吾人之大亚洲主义。果尔，则兄万不宜自行离日，当久驻而为积极之宣传，必待日本政府有明令下逐客而后行，方足揭破日本之真面目。孙文。元酉。（十月十三日）

据谭编《总理遗墨》第三辑影印原稿

* 原电未署年份。按孙中山于一九二四年九月特派李烈钧赴日本，了解日朝野意向，与电文“兄为派驻日本联络”内容相吻，此函时间应在一九二四年。

复许崇智电*

（一九二四年十月十三日）

答电。火急。广州许总司令鉴：3276 密。蒸代电悉。军政部为中央政府之一柱石，裁之则无异解散政府。兵工厂为中央之机关，归之粤军则归为省有。将来大军占领武汉，他省引以为例，岂非永无统一之望？北伐目的在统一全国。今始北伐，而自破其目的，此大不可。着该总司令务要兼任，以维政府，有厚望焉。孙文。十月十三日。

据谭编《总理遗墨》第三辑影印原稿

复胡汉民电

（一九二四年十月十三日）

万急。广州胡留守鉴：侵电悉。△密。商人既如此，非大加惩创不能挽回大局。着即宣布戒严，停止一切法政、行政，付托全权于革命委员会，使便宜行事，以应非常之变。各军既觉悟纵容商团之非，着令一致服从革命委员〈会〉命令，不得再事犹豫。切切。此令。孙文。元午。（中华民国十三年十月十三日）

据谭编《总理遗墨》第三辑影印原稿

---

* 原电未署年份。按一九二四年十月九日，孙中山特任许崇智兼大本营军政部长，与该电文“着该总司令务要兼任”内容相符，据此判断，本电年份当在一九二四年。

复胡汉民译转李福林电

（一九二四年十月十三日）

（韶州大本营来电）十万火急。广州胡留守译转李军长鉴：总密。文电悉。枪已发还，罢市愈烈，商团叛形既露，应立即由民团统率长宣布其罪状，令各地民团协力防乱，毋为所惑。孙文。元亥印。（中华民国十三年十月十三日十二时到）

据中国第二历史档案馆藏原件

准王焕龙辞职令

（一九二四年十月十三日）

大元帅令

兼理大本营参军处事宜吴铁城呈少校副官王焕龙呈请辞职。应照准。此令。

（中华民国陆海军大元帅之印）

中华民国十三年十月十三日

据《大本营公报》第廿九号《命令》

任命宋鹤庚等职务令

（一九二四年十月十三日）

大元帅令

任命宋鹤庚为建国军北伐中央总指挥，朱培德为建国军北伐左翼总指挥，卢师谛为建国军北伐右翼总指挥，樊钟秀为建国军北伐先遣队总指挥。此令。

（中华民国陆海军大元帅之印）

中华民国十三年十月十三日

据《大本营公报》第廿九号《命令》

任命何成濬等职务令

（一九二四年十月十三日）

大元帅令

任命何成濬兼建国军北伐总司令部参谋长，张翼鹏为建国军北伐中央总指挥部参谋长，黄实兼建国军北伐左翼总指挥部参谋长，那其仁兼建国军北伐右翼总指挥部参谋长，朝持箴兼建国军北伐先遣队总指挥部参谋长。此令。

（中华民国陆海军大元帅之印）

中华民国十三年十月十三日

据《大本营公报》第廿九号《命令》

给各军的训令*

（一九二四年十月十三日）

自吾党唱行革命以来，垂二十年，满洲政府固已颠覆，唯因军阀与帝国主义者狼狈为奸，致吾党终难达此素志。今北方友军为

---

* 原令未署日期。今据《陆海军大元帅大本营公报》第三十号内称：大元帅“本月十三日训令内开”确定。

时势之转移，与大义之所在，同时并起，挞伐曹吴。卢永祥抗长江数省之敌于嘉杭；张作霖进攻旬日，殆占热河全部。罄曹吴之爪牙，已形左支右绌。各地向义之士皆在观□欲动，西南各省深知团结之必要，吾党内势更形巩固。此诚数年来未有之良好时机。吾党应集合全力，谋打破此恶劣军阀、再进而图之策。爰编建国军如左：

一、谭延闿所部编为建国湘军。

一、杨希闵所部编为建国滇军。

一、许崇智所部编为建国粤军。

一、刘震寰所部编为建国桂军。

一、沈鸿英所部编为广西建国军。

一、樊钟秀所部编为建国豫军。

一、朱培德所部编为建国第一军。

一、卢师谛所部编为建国第三军。

一、柏文蔚所部编为建国第二军。

一、刘玉山所部编为建国第七军。

一、何成濬所部编为建国鄂军。

一、李明扬、董福开所部编为建国赣军。

一、吴铁城所部编为建国警卫军。

一、邓彦华所部编为建国军大本营卫士队。

一、路孝忱所部编为建国山陕军。

一、黄明堂所部编为建国第四军。

一、唐继尧所部编为云南建国军。

一、熊克武所部编为建国川军。

一、唐继虞所部编为贵州建国军。

一、方声涛所部编为福建建国军。

右列各节，仰即迅速遵编，所有印信后发。未发之前，准用从前所颁发者。至其各部之编制，着准用原有建制编成之。

据《大本营公报》第三十号《指令》柏文蔚所附呈文

给吴铁城的指令

（一九二四年十月十三日）

大元帅指令韶字第六号

令兼理大本营参军处事宜吴铁城

呈为少校副官王焕龙呈请辞职，请准以上尉差遣黄松俦升充由。

呈悉。已有明令分别任免矣。此令。

（中华民国陆海军大元帅之印）

中华民国十三年十月十三日

据《大本营公报》第廿九号《指令》

给方声涛的指令

（一九二四年十月十三日）

大元帅指令韶字第七号

令福建建国军总司令方声涛

呈报就职及启用印信日期由。

呈悉。此令。

（中华民国陆海军大元帅之印）

中华民国十三年十月十三日

据《大本营公报》第廿九号《指令》

给黎泽闿的指令

（一九二四年十月十三日）

大元帅指令第二〇〇九号

令广东地方善后委员黎泽闿

呈请辞职由。

呈悉。照准。此令。

（中华民国陆海军大元帅之印）

中华民国十三年十月十三日

据《大本营公报》第廿九号《指令》

批林警魂电*

（一九二四年十月十三日）

当严行防〈备〉。如有煽动罢市之人，即行枪决；罢市之店即行充公，切勿姑息为要。

文

据广东省社会科学院历史研究所藏原件照片

复叶恭绰郑洪年电

（一九二四年十月十四日）

上海44请飞转誉虎、韶觉兄鉴：〇密。元电悉。卢[①]去系何原

---

* 香山县县长林警魂十月十二日电呈："县属安静如常"。这是孙中山十三日在呈电上的批示。

① 卢：即卢永祥。

因？又铮[①]登台必可大振，望各方为之助力。我军仍决入赣。下电转奉天雨亭[②]总司令鉴：闻子嘉[③]已走。如是，则我辈更当努力为国奋斗。文到韶已一月，军队集中亦毕。惟自樊部[④]出发之后，财政竟陷于绝地，其他部队因此不能继出。而樊部独力奋斗已致敌人疲于奔命。若我大军一出，江西直唾手可得也。其奈十日行粮亦不可得，坐失事机，深为抱愧。倘公能即接济三十万，则江西不足平，而长江可牵动。子嘉虽败，不足虑也。切盼好音。孙文。寒申。（中华民国十三年十月十四日）

据谭编《总理遗墨》第三辑影印原稿

致杨希闵电

（一九二四年十月十四日）

（电省杨总司令 1788。△密）万急。广州绍箕兄鉴：兄固主张取赣之一人，乃竟有将赵师[⑤]调回之电，不胜诧异。商团之事如果无人包庇，则数十革命党便足压服有余，何必用到牛刀。若为解决内部，则今已非其时，不如舍粤图赣也。赣省实无抵抗力，一樊钟秀已足致彼疲于奔命。若我大军一出，直唾手可得耳。望兄图其远者、大者为幸。孙文。寒申。（中华民国十三年十月十四日）

据谭编《总理遗墨》第三辑影印原稿

---

① 又铮：徐树铮，字又铮。

② 雨亭：张作霖，字雨亭。

③ 子嘉：卢永祥，字子嘉。

④ 樊部：即樊钟秀部。

⑤ 赵师：即赵成梁师。

致胡汉民译转杨希闵等电

（一九二四年十月十四日）

无限火急，提前飞转广州胡留守鉴：总密。并译转杨、许、刘、范、李、廖[①]诸兄：今日情况如何，收缴商团枪枝刻不容缓，务于二十四点钟内办理完竣，以免后患。否则，东江逆敌反攻，必至前后受敌。望诸兄负责速行，不可一误再误。盼复。孙文。盐酉。印。（中华民国十三年十月十四日下午九时到）

据中国第二历史档案馆藏原件

任命曾杰职务令

（一九二四年十月十四日）

大元帅令

任命曾杰为赣边先遣队司令。此令。

（中华民国陆海军大元帅之印）

中华民国十三年十月十四日

据《大本营公报》第廿九号《命令》

任命井岳秀职务状*

（一九二四年十月十四日）

任命井岳秀为中央直辖陕西讨贼军临时总指挥。

据《国父年谱》增订本下册（转录史委会藏任命状原件）

---

① 杨、许、刘、范、李、廖：即杨希闵、许崇智、刘震寰、范石生、李福林、廖行超。

* 此件所标时间系据《国父年谱》增订本。

给余维谦的指令

（一九二四年十月十四日）

大元帅指令第二〇一三号

令卸代理大本营参谋处主任余维谦

呈报该处军事参议周东屏卷款潜逃请予通缉由。

呈悉。候令行军政部转行各军及广东省长严令通缉可也。此令。

（中华民国陆海军大元帅之印）

中华民国十三年十月十四日

据《大本营公报》第廿九号《指令》

给程潜的训令

（一九二四年十月十四日）

大元帅训令第五一二号

令大本营军政部长程潜

为令遵事：据卸代理大本营参谋处主任余维谦呈称："呈为卷款潜逃请求通缉事：窃职备员公府，值李参谋长[①]奉命使日，遂责由职主任处中一切事务。九月二十九日奉到明令，将参谋处裁撤等因，遵经赶办结束。乃查七月分薪饷，已由职处军事参议周东屏经手领过半数，而处中职员尚多未领，向其索取，该员藉口延宕，因

① 李参谋长：即李烈钧。

而啧有烦言。职不得已，将其经手账目切实稽核，得悉账目含糊，弊端百出，正拟扣留，以明真相而维公款，讵该员畏罪情虚，竟于七日卷款远飏，不知去向。此即四处侦察，亦无踪迹，非严行侦缉，不足以肃官常而儆效尤。除将经过情形一面呈报李参谋长外，理合备文呈请睿座鉴核，令行各军队机关遵照，一体查拿归案究办”等情前来。除指令“呈悉。候令行军政部转行各军及广东省长严令通缉可也。此令”印发外，合行令仰该部长即便遵照办理。切切。此令。

（中华民国陆海军大元帅之印）

中华民国十三年十月十四日

据《大本营公报》第廿九号《训令》

给邓泽如的指令

（一九二四年十月十四日）

大元帅指令第二〇一四号

令两广盐运使邓泽如

呈为省河盐税附加大学经费目前办理颇多窒碍，请示应否暂缓实行由。

呈悉。省河盐税附加大学经费，目前办理颇多窒碍，应准暂缓实行。仰候令行国立大学校长知照可也。此令。

（中华民国陆海军大元帅之印）

中华民国十三年十月十四日

据《大本营公报》第廿九号《指令》

给邹鲁的训令

（一九二四年十月十四日）

大元帅训令第五一三号

令国立大学校长邹鲁

为令知事：据两广盐运使邓泽如呈称："呈为呈请事：案奉钧府第四八五号训令开：'据国立广东大学校长邹鲁呈请援案在省河盐税项下，每盐一包，即二百斤，带收大洋四角，拨充该校经费一案。除原文有案应免复赘外，后开：除指令呈及章程均悉，所请着即照准，候令行两广盐运使遵照办理可也。章程存。此令'印发外，合将原章程抄发，仰该运使即便遵照办理。切切。此令。计抄发原章程一件等因。奉此，遵查此项省河盐税，正在中央银行包缴期内，如果实行带收大学经费，究竟与该银行包缴盐税有无窒碍，自应先行会商妥办，以利推行。当经运使录令转函该银行宋行长子文核明见复，藉资考证在案。兹准宋行长复称：查广东大学经费支绌，自系实在情形。惟查盐税附加一节，关系重大，现在办理实多困难之点，不得不为贵署缕晰陈之。查敝行包缴盐税每日一万二千元，现在每日所收税项实只三四千元。考其短绌原因，实因西江一带土匪抢劫，北江一带加抽军费，均在停运之中；且近日北江大军云集，每有封船拉夫之事；连州一带又因加抽军费，发生商会罢业之事；加之运商请求军队保护，伙食有费，办公有费，甚之赏恤有费，故运商之损失愈多，担负日重。种种困难，实难备述。而推销方面，北江有淮盐侵入，西江又私贩竞争，而运商成本加重，势将裹足不前。其结果必至商运失败，私销畅行，不特敝行包缴方面来日大难，即公家税收，恐亦大受影响。揆诸情势，实有不宜再加何种名目，以免发生阻力。子文窃以为，现在大军出发之际，饷需浩繁。若以加抽经费而影响税收，必至贻误大局，殊非缓急相需之道。在该校加抽经费，固为教育方面切要之图，究系经常经费性质。若于此时着手进行，恐不特于事无补，且于军事进行有碍。税收前途，徒滋纷扰。拟请转呈大元帅从缓实行，容俟西、北两江运销畅旺，届时再行揆情度势，徐图施行。是否有当，相应函达贵署，请烦查照办理，实纫公谊等由。准此，所有省河盐税带收大学经费一节，应否从缓实行，理合录函转呈钧府鉴核，指令祇遵。如蒙核准缓行，并请令行邹校长一体查照，实为公便"等情。据此，查省河盐税附加大学经费，目前办理既多窒碍，自应暂缓实行。除指令照准行〔外〕，合行令仰该校长即便知照。此令。

（中华民国陆海军大元帅之印）

中华民国十三年十月十四日

据《大本营公报》第廿九号《训令》

给邹鲁的指令

（一九二四年十月十四日）

大元帅指令第二〇一二号

令国立广东大学校长邹鲁

呈请明定校长薪额及筹办时交际费由。

呈悉。校长准月支薪俸六百元，筹备期内准月支交际费三百元。仰即遵照。此令。

（中华民国陆海军大元帅之印）

中华民国十三年十月十四日

据《大本营公报》第廿九号《指令》

给古应芬的指令

（一九二四年十月十四日）

大元帅指令第二〇一五号

令广东财政厅长古应芬

呈拟定《民人滞纳钱粮章程》请鉴核示遵由。

呈、折均悉。准如所拟施行。章程存。此令。

（中华民国陆海军大元帅之印）

中华民国十三年十月十四日

据《大本营公报》第廿九号《指令》

复廖行超函*

（一九二四年十月十一至十四日间）

品卓兄鉴：

代电悉。既知商团之叵测，实大局之幸。查商团本多安分，不幸其中有一二十人甘为某国鹰犬，通番卖国，图倾覆革命政府；多数商人无知，为其愚弄而不觉。吾同志军人初亦失察，不奉行政府意旨，杀一警百，遂致养成其祸。今商团竟敢开枪屠杀庆祝革命纪

---

* 原函未署日期。今据函内“今商团竟敢开枪屠杀庆祝革命纪念之学生与工人”判断，可知此函写于一九二四年十月十日以后。又据孙中山一九二四年十月十五日致范石生、廖行超函称“两兄近已尽悉商团之阴谋，毅然与政府一致，以图挽救”等内容判断，此函应在十月十五日以前，今暂作十月十一至十四日间。

念之学生与工人，残忍无法，举世所无。此可忍孰不可忍！对此野蛮举动，实非法律所能收效。

今授全权于革命委员会，使之便宜行事，以戡定祸乱。望兄等革命旗帜下之军人，务要竭力拥护革命委员会，俾得命令厉行，斯反革命之祸可望消熄也。此致。

小泉兄同此不另。

孙 文

据广东省社会科学院藏原件影印件

致范石生廖行超函

（一九二四年十月十五日）

小泉、品卓两兄鉴：

济民兄来言：两兄近已尽悉商团之阴谋，毅然与政府一致，以图挽救，甚幸慰也。惟当速发制人，先清内奸，方不致陷于夹击。敌计本北江先攻，东江后进，而后商团罢市内应。今则最后者最先发，其计已乱，粤局可无虞矣。

惟近闻浙、沪消息不佳，因此赣南之敌必为之胆壮。若我此时不先出击，不日彼必来攻，我复陷于夹击，则不能制人矣。

现在北伐部队集中已毕，惟出发无费。济民兄言两兄尚可设法。此时万事皆备，只欠东风（所差少数）。若两兄能即筹十万元，便可出发，则赣省必可收复。如此则浙、沪虽失，我仍可摇动长江，为奉军之臂助。否则奉败而西南亦必随之，理无幸免。此存亡所关，望两兄竭力筹此，以速为妙。此正千钧一发之时也。勉之勉之。

如能办到，悉要毫洋，交粤汉局长运韶为荷。

孙文　中华民国十三年十月十五日

据中国革命博物馆藏原件

致蒋中正电

（一九二四年十月十五日）

电。火急。黄埔蒋校长鉴：△密。着发给航空局驳壳枪五十支、子弹各二百发。此令。孙文。删午。（中华民国十三年十月十五日）

据谭编《总理遗墨》第三辑影印原稿

致廖仲恺电

（一九二四年十月十五日）

广州廖仲恺先生鉴：函可请到府上面交，同看后付丙，并观其意见如何，详答。杨虎所部三百人伙食，请设法接济之。孙文。寒。（中华民国十三年十月十五日）

据谭编《总理遗墨》第三辑影印原稿

致叶恭绰电

（一九二四年十月十五日）

上海叶誉虎：△密。浙局既完，又铮无事，即请来韶襄助。孙文。中华民国十三年十月十五日。

据谭编《总理遗墨》第三辑影印原稿

复胡汉民电

（一九二四年十月十五日）

（韶州大本营来电）万火急。广州胡留守鉴：总密。删电悉。商团既用武力以抗政府，则罪无可逭，善后处分，必将商团店户、货物、房屋，悉行充公。其为首之团匪，严行拿办，万勿再事姑息，除贻后患。其在省外之商团，当限期自首悔罪，永远脱离商团，否则亦照在省团匪一律惩办为要。孙文。删午。印。（中华民国十三年十月十五日）

据中国第二历史档案馆藏原件

致胡汉民电

（一九二四年十月十五日）

（韶州大本营来电）万急。广州胡留守鉴：总密。商团缴械，想已办妥也。未入商团之商店，应严令即日开市，其已入商团者，应分别处罚：为首者没收财产，附从者处以罚金，论情罪轻重，由数百至万元，作北伐军费。宜及此时，迅速办理，免致日久生怠。孙文。咸戌。印。（中华民国十三年十月十五日午后七时三刻到）

据中国第二历史档案馆藏原件

致胡汉民等电

（一九二四年十月十五日）

胡留守、杨总司令、谭总司令、刘总司令、许总司令、范军长、胡军长、李军长、廖师长、吴司令[①]鉴：商团与陈逆勾通，借索械为名，械既发还，罢市愈烈，且当街枪杀学生、工团及无辜平民至数十人之多。迨军队出而弹压，胆敢顽强抵抗，如临大敌。幸我军将士深明大义，一德一心，始能最短时间翦此凶顽，肄清陈逆内应。厥功非细，毋任嘉慰。现内应既除，敌气先馁，尚望整乘严防，歼灭逆寇。至省外各处商团，已饬省长限期自首悔罪，若再抗违，即当一律处置，以杜后患。孙文。删。印。

据上海《民国日报》一九二四年十月二十二日《联军广州平乱记》

委派吴枬职务令

（一九二四年十月十五日）

大元帅令

派吴枬为广东西江十九县禁烟总局局长。此令。

（中华民国陆海军大元帅之印）

中华民国十三年十月十五日

据《大本营公报》第廿九号《命令》

给古应芬的指令

（一九二四年十月十五日）

大元帅指令第二〇一七号

令大本营财政部长古应芬

---

① 胡、杨、刘、谭、许、范、胡、李、廖、吴：即胡汉民、杨希闵、谭延闿、刘震寰、许崇智、范石生、胡思舜、李福林、廖行超、吴铁城。

呈请通令将各项税款因大洋补水改加二五,增收之一成专款解缴,以充北伐军费由。

呈悉。准如所请办理。仰即由部录案通行各征收机关一体遵照可也。此令。

(中华民国陆海军大元帅之印)

中华民国十三年十月十五日

据《大本营公报》第廿九号《指令》

给谢国光的指令

(一九二四年十月十五日)

大元帅指令第二〇一八号

令禁烟督办谢国光

呈请简派西江十九县禁烟总局局长由。

呈悉。已另有明令简派矣。此令。

(中华民国陆海军大元帅之印)

中华民国十三年十月十五日

据《大本营公报》第廿九号《指令》

给谭延闿的指令

(一九二四年十月十五日)

大元帅指令第二〇一九号

令湘军总司令谭延闿

呈报遵令派军督运情形乞鉴核由。

呈悉。此令。

（中华民国陆海军大元帅之印）

中华民国十三年十月十五日

据《大本营公报》第廿九号《指令》

致唐继尧电*

（一九二四年十月十六日）

滇。唐副元帅鉴：本日已明令取消讨贼靖国军名目，一律改称建国军。希就近饬令滇、黔各军一体遵照。孙文。铣。印。

据云南省档案馆所藏原电稿

致杨虎电

（一九二四年十月十六日）

万急。西村杨师长虎鉴：〇密。伙食向吴铁城借用，事妥即回韶，并同解邓、杜[①]两人来营。孙文。铣亥。（中华民国十三年十月十六日）

据谭编《总理遗墨》第三辑影印原稿

致吴铁城电

（一九二四年十月十六日）

电吴。着吴铁城设法接济杨虎所部伙食，事妥即令杨回韶。

---

* 原电未署年月份。按一九二四年十月十六日孙中山下令靖国军改称建国军。今据此确定年月。

① 邓、杜：邓即邓介石；杜待考。

孙文。铣。(中华民国十三年十月十六日)

据谭编《总理遗墨》第三辑影印原稿

致胡汉民电

(一九二四年十月十六日)

(韶州来电)提前飞送。万火急。广州胡留守鉴:总密。据李福林报告:团匪高踞西濠口大新公司楼上放枪,密击我军。着即将该公司占领充公,不必畏惧外人干涉,以彼先破中立故也。务要令到即刻执行。切切。此令。孙文。铣戌。印。(中华民国十三年十月十六日下午九时卅分到)

据中国第二历史档案馆藏原件

致胡汉民等电

(一九二四年十月十六日)

提前,万火急。广州胡留守、杨、刘、许总司令鉴:捷密。已着杨虎率其全部解杜、邓两犯来韶。铣巳电暂不执行。孙文。铣亥。印。(中华民国十三年十月十六日下午十二时到)

据中国第二历史档案馆藏原件

致蒋中正函

(一九二四年十月十六日)

介石兄鉴:

枪械运韶既未办到,尽交汝为,而条件今又以环境变迁无施行之必要。然则此械兄究以何用为最适宜?请详细考虑,以告我为望。

北伐志在必行,且必有大影响。樊钟秀所部数日前已破万安,收降卒一团,闻敌因此已疲于奔命。大军现尚无款出发,但二日后必令何雪竹队再出,以继樊之后尘,则敌必更恐慌矣。赵成梁要求若能得枪二千,则无款亦必出击江西。江西敌甚无斗志,亦无斗力,大军一出,必得江西全省,便可补上海之失。张静江有电催出师江西甚力,亦有宁弃广东亦当为之,此可见各省同志之望我,不可不有以慰之也。此次一出必能成大功可无疑义,望兄鼓励各人速出。一由东江击破陈逆[①]而出福建;一出江西,则川、湘各军必争先而出武汉,而中原可为我有。否则无论奉、直谁胜,西南必亡。际此时能进则存,不进则亡,必然之理也。望兄万勿河汉吾言,幸甚。

孙文　中华民国十三年十月十六日

据谭编《总理遗墨》第二辑影印原函

讨贼靖国军更名为建国军令

（一九二四年十月十六日）

大元帅令

讨贼靖国军名目一律取消,均着改称建国军,以归划一。此令。

（中华民国陆海军大元帅之印）

---

① 陈逆:指驻防东江一带的陈炯明部。

中华民国十三年十月十六日

据《大本营公报》第廿九号《命令》

批杨虎电*

（一九二四年十月十六日）

寄回留守审查。

据广东省社会科学院历史研究所藏原件照片

批杨虎电**

（一九二四年十月十六日）

寄回留守审查，杜、邓应拿禁候办。

据广东省社会科学院历史研究所藏原件照片

给邓泽如的指令

（一九二四年十月十六日）

大元帅指令第二〇二三号

令两广盐运使邓泽如

呈送北江盐务督运处经费预算表由。

---

* 十月十六日，杨虎电呈：奉令警戒惠爱等路，并占领商团各公所，火起已派救护。这是孙中山当日在呈电上的批示。

** 十月十六日，杨虎电呈：敌团副杜、邓等自首请缴械，已令开拔西村附近待令。这是孙中山当日在呈电上的批示。

呈、表均悉。准予备案。此令。

（中华民国陆海军大元帅之印）

中华民国十三年十月十六日

据《大本营公报》第廿九号《指令》

给林树巍的训令

（一九二四年十月十七日）

大元帅训令第五一七号

令高雷讨贼军总司令兼高雷绥靖处处长林树巍

为令遵事：据中国国民党驻三藩市总支部总干事陈耀垣函呈称："顷据罗省分部部长胡俊函报：伊叔祖胡梓和向在美国经商，已登耳顺之年，始于今岁旋里，突遭土豪关公度因勒索竟向驻防开平县赤坎之高雷绥靖处长林树巍部诬良为匪，严刑拷打，勒款五千元，含冤饮恨，至今莫白等语。查胡梓和乃一老年侨商，旅囊颇裕，安有弃商为匪、自蹈刑章之理？乃土豪借端勒索，侨商裹足，莫敢归国，诚非我总理保民如赤之本旨，用特敬函奉达，敬恳饬属查明究办，以彰国法而挽嚣风为幸。"又中国国民党驻罗省分部部长胡俊代电称："华侨家叔祖胡梓和本年三月三十日由美抵粤省亲，藉图家庭乐叙。讵于五月二十一日惨被土豪关公度因勒索不遂，竟向驻防开平赤坎之高雷绥靖处长林树巍部诬为匪类，至被酷刑，勒款半万。恶耗传来，不胜诧异。窃思家叔祖胡梓和乃系殷实侨商，毫不非为。且年近耳顺，新回祖国，断无为匪之理。乃土豪关公度因强索不遂，恃其恶势，胆敢陷良为匪。揆之情理，岂得谓平？而处长林树巍遽为土豪所愚瞒，不加明察，谬以为事实，乃将胡梓和吊打滥罚，似此残忍，甚等于强盗，实为民国法律所不许，殊有玷钧座爱民以德之怀。且此风一开，效尤更炎。将来归国华侨，人人亦处自危之地，相与裹足不敢来归。而土豪关公度不除，吾乡民将无遗类矣。俊与胡梓和系同血属，知此次被小人之谗，无辜受此奇冤，未便恝然。素仰钧座夙爱侨商，且政府亦有保护华侨之明条，迫得沥情电乞钧座，令林树巍将所勒款吐罚，或拨为政府军饷，及将其部林兆奇、古秘书、黄副官严加惩戒，以维革命军军纪。至于土豪关公度诬良为匪，罪有应得，万恳钧座迅令地方官将他按律正法，为地方除害，藉雪侨冤，以彰国法而维民心，不胜迫切待命之至"各等情前来。合行令仰该处长即严饬所属，将该案原委、办理情形详细呈报，以凭核办。切切。此令。

（中华民国陆海军大元帅之印）

中华民国十三年十月十七日

据《大本营公报》第廿九号《训令》

给程潜的指令

（一九二四年十月十七日）

大元帅指令第二〇二四号

令大本营军政部长程潜

呈称鲁广厚、刘德昌因公殒命，情殊可悯，拟请给少校恤金，以示矜恤等情由。

呈悉。准如所拟给恤。此令。

（中华民国陆海军大元帅之印）

中华民国十三年十月十七日

据《大本营公报》第廿九号《指令》

致刘守中函*

（一九二四年十月十八日）

允臣吾兄大鉴：

顷赵委员西山来粤，述及台端爱国之诚与贵部赴义之勇，至深佩慰。

曹、吴稔恶穷兵，举国义师一致声讨，大势所趋，即民意所在。潮流激荡之日，正贤豪奋起之时。望团结同志，迅赴事机，以成大业。

此间北伐各军已入赣境，俟下南昌，即会师武汉，与诸君共定中原。陕军诸同志，并望一一转达也。余由赵委员面详。此颂

戎绥

孙文　十月十八日

据中国革命博物馆藏原件

致胡汉民许崇智函

（一九二四年十月十八日）

汉民、汝为两兄鉴：

现在军队已完全集中韶关，务要速发乃能不失时机。据探樊钟秀已得万安，赣南之敌恐慌非常，多向南昌、吉安移动。赣州以

* 原函未署年份，今据函中“此间北伐各军已入赣境”等内容判断，系指一九二四年北伐事。

南敌力甚薄，若我军快出，必可得赣南全部。惟出发费尚无着，迟恐失机，望竭筹十万，便可出发。

前日着湘芹往电力公司讨民国八年以前官股之红利，此等红利之数列在该公司年结之中。但因屡次政变，政府无人往问，该公司经理亦诈作不知，但断不能不认账。如他处无法立筹，即此一笔账为最整最快。请两兄协同设法助湘芹速收取之，以应北伐之费，至要至要。此致，即候

时祉

孙文　中华民国十月十八日

据佚名编《总理遗墨》（广东省社会科学院藏）影印原函

任命何成濬职务令

（一九二四年十月十八日）

大元帅令

任命何成濬为湖北招抚使。此令。

（中华民国陆海军大元帅之印）

中华民国十三年十月十八日

据《大本营公报》第廿九号《命令》

给李朗如的指令

（一九二四年十月十八日）

大元帅指令第二〇二七号

令前广州市公安局长李朗如

呈请准予辞去财政委员会委员由。

呈悉。照准。派状涂销。此令。

（中华民国陆海军大元帅之印）

中华民国十三年十月十八日

据《大本营公报》第廿九号《指令》

复蒋中正函*

（一九二四年十月十九日）

介石兄鉴：

函悉。今撮要答复如左：

一、我必要湘军及朱培德部全完出发后乃能回省，大约要十日左右。

一、大本营决定在韶练兵，地址最好在马坝、南华寺之间，此地水土卫生极佳。

一、枪枝之处置当不能照第二议全交汝为，因彼未曾照我所定之计画施行也（指奸商奸兵同时要对付言）。

一、练兵一事为今日根本之图，枪枝处分当以此事为准。若用五千，则可以三千为北伐之用。如完全皆为练兵之用，则当不能移作他用。汝为果要一式之枪，可着之先整顿其部队。若能汰劣留良，得一万则可给与一万，得二万亦可给与二万。因俄船已来过此地，以后再来当更容易。如我确有可靠之兵，要枪来用，以后不成问题。此头一批之械，不过到来一试耳。以后只要问我有人耳，必

* 原函未署日期，按十月十六日，孙中山致蒋中正函称："二日后必令何雪竹队再出"，此函曰"昨日何雪竹部始能继续出发"，今据此酌定为十月十九日。

可源源接济也。

其他之事,兄所见甚是。至于北伐出兵,此间自樊部出发而后,已使赣敌疲于奔命。昨日何雪竹部始能继续出发。如此出兵当然犯正兵家各个击破之所忌。然樊钟秀竟然冒此忌而出,未见敌有何能力击破也。吾料湘军与朱部一出,则赣南全部必为我有也。此答。

孙 文

再:留备东江之七九子弹,当要拨五拾万为湘军出赣之用。此物一到,湘军即发,幸勿延迟,至要至要。现在只欠朱部出发费耳。若此小款有着,则头一起之北伐军可全完出发矣。又及。

文

据谭编《总理遗墨》第二辑影印原函

致蒋中正电

(一九二四年十月十九日)

黄埔蒋校长鉴:中密。请再运七九弹五十万、六五弹二十万来韶,至要至要。孙文。皓巳。(中华民国十三年十月十九日)

据谭编《总理遗墨》第三辑影印原稿

致胡汉民电

(一九二四年十月十九日)

电广州胡留守:△密。着胡留守令兵工厂查办员:限于本月二十二日将案查明详报。若有疑似之间为被查办人不甘服者,务着两造限本月二十四日到韶,由本大元帅询明办理。不准久延,致误

军机。切切。此令。孙文。效辰。（中华民国十三年十月十九日）

据谭编《总理遗墨》第三辑影印原稿

致胡汉民等电

（一九二四年十月十九日）

急。广州胡留守、许总司令鉴：总密。并转精卫、仲恺兄：电均悉。路孝忱部队已调韶，严加整顿，无枪部队，均应一律解散。此次惩乱经过，宜有宣言，想已发布。孙文。皓巳。印

据中国第二历史档案馆藏原件

致胡汉民电

（一九二四年十月十九日）

（韶州大本营来电）广州胡留守鉴：总密。准照办理，着留守勒令前来。否则，在省缴械遣散。孙文。效未。印。（中华民国十三年十月十九日午后四时五十分到）

据中国第二历史档案馆藏原件

任命张继等职务令*

（一九二四年十月十九日）

任张继、王用宾、刘守中、续桐溪、焦易堂为军事委员。

据《国父年谱》增订本下册（转录史委会藏民国十三年十月二十二日谢持致王用宾函转抄孙中山电报之影印件）

* 此件所标时间系据《国父年谱》增订本。

特派徐谦等职务令*

（一九二四年十月十九日）

特派徐谦为冯军[①]慰问使，续桐溪为陕军慰问使，王用宾为直军慰问使。

据《国父年谱》增订本下册（转录史委会藏民国十三年十月二十三日谢持致王用宾函转谭延闿马电所转“帅令”之影印件）

给邓泽如的指令

（一九二四年十月十九日）

大元帅指令韶字第九号

令两广盐运使邓泽如

呈送运盐护照乞盖印由。

呈悉。准如所请办理，护照发还。此令。

（中华民国陆海军大元帅之印）

中华民国十三年十月十九日

据《大本营公报》第廿九号《指令》

---

* 此件所标时间系据《国父年谱》增订本。

① 冯军：即冯玉祥部队。

免马超俊职务令

（一九二四年十月二十日）

大元帅令

广东兵工厂厂长马超俊着即免职，听候查办。此令。

（中华民国陆海军大元帅之印）

中华民国十三年十月二十日

据《大本营公报》第廿九号《命令》

任命黄骚代职令

（一九二四年十月二十日）

大元帅令

任命黄骚代理广东兵工厂厂长。此令。

（中华民国陆海军大元帅之印）

中华民国十三年十月二十日

据《大本营公报》第廿九号《命令》

委派章烈职务令

（一九二四年十月二十日）

大元帅令

派章烈为大本营出勤委员。此令。

（中华民国陆海军大元帅之印）

中华民国十三年十月二十日

据《大本营公报》第廿九号《命令》

准派李藩国职务令

（一九二四年十月二十日）

大元帅令

大本营财政部长古应芬呈：据两广盐运使邓泽如呈请派李藩国为北江盐务督运处专员。应照准。此令。

（中华民国陆海军大元帅之印）

中华民国十三年十月二十日

据《大本营公报》第廿九号《命令》

给林翔的训令

（一九二四年十月二十日）

大元帅训令第五二〇号

令大本营审计处长林翔

为令发事：据禁烟督办谢国光呈称："呈为呈赍本署本年九月分，及所属各检查所本年十月分经常费支付预算书并比较表，仰祈睿核备案事：窃职奉命接办禁烟事宜，对于用人、行政，无不力求减省。爰将原设厅、处取消，七科并为五科。所属各检查所其不扼要者，均皆裁撤，业经呈报在案。旋奉大府裁员减薪训令，复将薪金五百元以上奉令以七折发给者改为五折，三百元以上八折发给者改为六折，二百元以上九折发给者改为七折，总期款不虚糜，人无滥用，以副我钧座裁员减政之至意。查本年九月分，本署经常费支付预算数共计二万零五百二十八元，较前任减少四千七百十三元二角；所属各检查所支付预算数，除九月分各职员未及裁汰仍照前任开支外，自十月起其支付预算数已减至二千六百六十三元，较前任减少五千三百八十九元，合计减少一万零一百零二元二角。此外则无再可节减之余地。除临时增设局、所并本署发生特别用费另文随时呈报外，理合备文连同本署九月分及所属各检查所十月分经常费支付预算书，及与前任本署支付预算数比较表，呈赍大府，伏乞察核，指令祇遵”等情。据此，当经指令“呈悉。查核所造预算，除所属各检查所经费已减至每月二千余元以后，应准按月照支外，其本署经费虽比以前减少，然月支仍在二万元以上。值此大军北伐，厉行减政之际，各部开支均减为四千元，该署亦当减益求减，挹注军需。惟九月分事属过去，姑准照表列之数开支。以后该署本署额活支并计每月应以一万元为限，不得稍有超越。仰即遵照办理，仍候将赍到本署九月分、各检查所十月份支付预算书各提一份发审计处备案，其余一份暨比较表均存。此令”等语，除指令印发外，合行检同原支付预算书，令仰该处查收备案。此令。

计发禁烟督办造赍本署九月分暨所属各检查所十月分支付预算书各一份。

（中华民国陆海军大元帅之印）

中华民国十三年十月二十日

据《大本营公报》第廿九号《训令》

给北伐各军官及仁化等县县长的训令

（一九二四年十月二十日）

大元帅训令韶字第九号

令出发各军长官及仁化、始兴、曲江县长

为令行事：据滇军第一师师长赵成梁呈称：“案据南雄县长杨嘉脩呈称：呈为北伐在即，兵站尚未成立以前，应即筹办兵差，以维秩序，敬祈核示祗遵事：窃查职县路当行军要道，连年兵祸，地方苦之。兹值江浙讨贼，中原多故，吾粤进取日趋紧急，给养、驻所以及夫役军用，既为师行之必要，又非一时可备及。倘听其临事张皇而无补，势逼至驱民深山而罢市。堂堂旗鼓，岂容其秩序紊乱；赫赫王师，当不拒箪食壶浆。县长为地方人民计，为行军利便计，在大本营兵站未成立以前，不得不先事筹划，以资应付而维公安。当经召集县属绅商开会讨论，佥称地方历受兵燹，已属创深痛巨。惟北伐关系重大，自应剜肉补疮，惟力是视。反复研究结果，决定兵站未成立之先，暂设临时兵差办事处于义仓。除因紧急业已擅专分别委定所推各绅任职成立并于皓日电陈大略外，尚应请求钧座转呈大本营严禁者有二，并库款担负之外，商民愿在兵站未成立以前分担供给者有三，敬为我钧座陈之。历年多故，首祸南雄，狭巷短兵，视为习惯。苟不任意拉夫，侵占民房，则人民照常营业，即使负担稍重，亦属在所难辞。此人民所以请求钧座转呈严禁拉夫及民房驻军之二事也。其有应支夫役谷草，概由民间承认，但不得出乎县境以外。驻军地点，如城内外公房不敷支配，及再加修葺搭棚等事，应由商会完全担负，总期可容驻宿。此即商民供给之夫役、谷草、兵棚之三事也。县长复查该绅商等所议各节，尚属深明大义，有益于公。除米柴锅碗计口支付，应由县库作正开支并分报立案外，所有拟定兵差办事处章程是否有当，理合具文呈请钧座俯赐衡核示遵。如蒙允准，并祈迅请大元帅颁给示谕，以安民心而免纷扰，地方幸甚，军旅幸甚。附呈《临时兵差办事处章程》一本等情。据此，查师行粮随，筹备宜先。所有给养、驻所、夫役，在在胥关师行之必要。兹当兵站尚未成立，该县长所拟临时筹办兵差办法似尚得策。除由师长一面指令嘉奖并饬属遵照外，合将该县长拟订《临时兵差办事处章程》一本，呈候帅座俯赐鉴核。如属可行，请即通饬各军一体遵照办理，并乞颁给示谕，以安民心，实为公便”等情。计附《临时筹办兵差办事处章程》一本。据此，除令“呈暨章程均悉。该县筹办临时兵差办法周妥，甚为可嘉。所拟章程，核与前颁南韶地方兵差规条尚无不合，应予照准。即由该师长转行该县长出示晓谕，并候通令出发各军一体遵照可也。章程存。此令”外，合行令仰该〇即便遵照，并转饬所属一体遵照。此令。

计发南雄县《临时筹办兵差办事处章程》一份。

九月十六日全县绅商学界在县署开会，筹商临时兵差事宜，讨论终结如下：

（一）定名为南雄县临时兵差办事处，限十日内完全组织成立。

（二）本办事处以县长为监督，所有一切事宜均以县令行之。

（三）所急应准备之事如左：

（甲）兵房由城区担任，修造城内各公地及新建蓬寮，以为各军驻所。则所有各军到雄，不得占驻民房、店铺。否则本办事处既无以对商民，不敢再负维持之责。

（乙）军米暂办五十万斤，以民国十五年钱粮购买，但恐县署一时无此现金，应先向城乡派借。县分五大区，每区认借十万斤。其四乡各区大小不等，应照历年等级分派，统由各区团各约董公同负责，力任督催，于令到十日内依期缴到，违则严处。

（丙）柴料预办一百万斤，以民国十四年钱粮购买。但须向城区殷实铺户先行借出，以资应付。

（丁）木板厨器零星购置，以十四年钱粮购办，应先向都书匀借五千元，准其抵扣，以收速效。

其乙、丙、丁三项均以钱粮举办，既系一时不能收集，须先行借垫。惟官厅失信于民已成习惯，此次应将十四、十五两年粮米串照如数印交办事处存储，方可以坚人民信仰。则此后都书征收十四、十五年粮米时，须直接到办事处分期认缴，赎取串照，然后由办事处将收得之款补还此项借垫。但各区约解缴军米，须伸折银毫给回三联收据，以为日后归还凭证。此项收据应由县制定，于骑缝加盖县印，以昭慎重。附三联收据如左：

(四)夫役募足，输送长夫五百名，每名月饷十元。以两月为期，约须一万元，此款完全由乡外各约分等负担，于令到十日内缴清，不得延误。并由县署委输送大队长一员，专任统率之责。每站设中队长一员，分任其事。某夫役调动随时直接于办事处。

存根	兹收到　　　（此联缴县署） 约军米　　千　百　十　斤 伸毫　　百　十　元　角 此银容收得十五年钱粮归还此据 中华民国十三年　　月　　日　（办事处条戳）

字　第　　　　　　号

存查	兹收到　　　（此联存办事处） 约军米　　千　百　十　斤 伸毫　　百　十　元　角 此银容收得十五年钱粮归还此据 中华民国十三年　　月　　日　（办事处条戳）

字　第　　　　　　　　号

收据	兹收到　　　　（此联给债权人） 约军米　　千　百　十　斤 伸毫　　百　十　元　角 此银容收得十五年钱粮归还此据 中华民国十三年　　月　　日（办事处条戳）

（五）所募输送长夫原期达不拉夫之目的，方可保持街市乡村之安宁。否则秩序一乱，本办事处不能再加维持。兹定输送办法如下：

（一）先在县属于军事上必经之地分设夫站，配置夫额，每站距离三十里至四五十里为度，仿照邮政包裹办法，按照指定地点按站递送，不与军队同行。

（二）各军用品行李等件如担数过多，一次不能挑齐随同出发，则留后分次运往，总以输送终了为止。

（三）军队贤愚不等，不能不明白限制。凡属轻便之物，各有长夫，自不在递送之列。其士兵一枪一包，如仍拉人代携，最足扰乱秩序，本办事处决当反对。

（四）凡甲站运至乙站之伕，须即时放还，不得扣留阻碍输运。否则本办事处不代受过。

（五）本县伕役不负输送出境之责。

（六）禾草预办三十万斤，暂由附城八约每户派二十余斤，责成各约董匀配督催，于令到十日内交到办事处。

（七）办事处对于区团约董随时有督促之权。

（八）各区团约董如有疲玩延抗，贻误要公，应由办事处呈县究处，以儆效尤。

(九)办事处职员经选定如下：

(子)办事处主任 曾步蟾 卢藜青

(丑)办事处收发股员 胡嘉植 王名熙 林耿光

(寅)办事处会计股员 王爵南 刘子元 邓子桑 邓功纬

(卯)办事处采买股员 孔庆恂 邹吉阶 董秉三 杨学缙

(辰)办事处仓储员 陈炳南

某各股应用雇员若干，由各股会商从速定之，并由常练拨一分队分司勤务及保护。

(十)各军需取各物，办事处须凭县署条子方可照发，以免紊乱。

(十一)各股办事各员役，每日昼夜须常川驻处。

(十二)本办事处员役膳宿以及雇工各费，实支实报，至办事终结时呈县核销。

(十三)本办事处既负有储存粮串之义务，应俟款目完全结束方可取销。

(十四)本处所列各条，均系当日大会通过，各员役均有遵守之义务。

(中华民国陆海军大元帅之印)

中华民国十三年十月二十日

据《大本营公报》第廿九号《训令》

给北伐各军官及孔绍尧的训令

(一九二四年十月二十日)

大元帅训令韶字第十号

令各军事长官、赣南善后委员会委员长孔绍尧为令遵事：照得北伐大军入赣在迩，所有地方善后亟应先事妥筹，以资处理。兹制定《赣南善后条例》十一条，除分令外，合行令仰该□即便遵照，并转饬所属一体遵照毋违。此令。

计发《赣南善后条例》一份。

赣南善后条例

第一条　赣南区域由军政时期至训政时期设赣南善后委员会，直隶于大元帅，办理赣南全区一切善后事宜。

第二条　赣南善后委员会委员长由大元帅任命之。

第三条　赣南善后委员会得于所辖区域十七县内，每县遴选委员一人，由委员长呈请大元帅任命之。

第四条　关于赣南善后委员会议议决各行政事项，由委员长督率各委员分别处理。

第五条　关于善后重大事件，得随时呈请大元帅核示遵行。

第六条　善后会议议决各事项，以到会委员过半数之决定，由委员长分别执行。遇有紧急事件，委员长得径以命令行之。

第七条　任用知事及关税厘卡各员，遵照《江西地方暂行官吏任用条例》办理。

第八条　关于征发各事项，由委员长督率各委员分别负责办理。

第九条　关于应办一切善后行政事宜，须经委员会议议决，再行斟酌缓急次第施行。

第十条　委员会会议规则及施行细则另定之。

第十一条　本条例自公布之日施行。

（中华民国陆海军大元帅之印）

中华民国十三年十月二十日

据《大本营公报》第廿九号《训令》

给伍学熀的指令

(一九二四年十月二十日)

大元帅指令第二〇三一号

令大本营建设部次长伍学熀

呈为因病留港,所有部务暂派工商局局长李卓峰代拆代行,请备案由。

呈悉。准予备案。此令。

(中华民国陆海军大元帅之印)

中华民国十三年十月二十日

据《大本营公报》第廿九号《指令》

给古应芬的指令

(一九二四年十月二十日)

大元帅指令第二〇三二号

令大本营财政部长古应芬

呈请派李藩国为北江盐务督运处专员由。

呈悉。已有明令照准矣。仰即知照。此令。

(中华民国陆海军大元帅之印)

中华民国十三年十月二十日

据《大本营公报》第廿九号《指令》

给谢国光的指令

（一九二四年十月二十日）

大元帅指令第二〇三四号

令禁烟督办谢国光

呈为造送本署九月份及所属各检查所十月分支付预算书暨比较表乞察核示遵由。

呈悉。查核所造预算，除所属各检查所经费已减至每月二千余元以后，应准按月照支外，其本署经费虽比以前减少，然月支仍在二万元以上。值此大军北伐，厉行减政之际，各部开支均减为四千元。该署亦当减益求减，挹注军需。惟九月分事属过去，姑准照表列之数开支。以后该署本署额活支并计每月应以一万元为限，不得稍有超越。仰即遵照办理，仍候将赍到本署九月分、各检查所十月分支付预算书，各提一分令发审计处备案，其余一分暨比较表均存。此令。

（中华民国陆海军大元帅之印）

中华民国十三年十月二十日

据《大本营公报》第廿九号《指令》

给古应芬的指令

（一九二四年十月二十日）

大元帅指令第二〇三五号

令大本营财政部长古应芬

呈请开去军需总监一职俾得专理部务由。

呈悉。已有明令准免军需总监兼职矣。仰即知照。此令。

（中华民国陆海军大元帅之印）

中华民国十三年十月二十日

据《大本营公报》第廿九号《指令》

给朱培德的指令

（一九二四年十月二十日）

大元帅指令第二〇三六号

令建国军第一军军长朱培德

呈请将该部少将参谋长黄实晋授中将由。

呈悉。已有明令黄实晋授陆军中将矣。仰即知照。此令。

（中华民国陆海军大元帅之印）

中华民国十三年十月二十日

据《大本营公报》第廿九号《指令》

复蒋中正电

（一九二四年十月二十一日）

黄埔蒋校长鉴：号电悉。△密。刻当注全力于北伐，故七九子弹应全数运韶，至少即日先运五十万来为要。对于新旧枪枝如何处分，尚未见兄答我，前函务期速复。孙。马巳。（中华民国十三年十月廿一日）

据谭编《总理遗墨》第三辑影印原稿

致蒋中正电

（一九二四年十月二十一日）

黄埔蒋校长鉴：△密。再发六五子弹十万、驳壳子弹十万，与前电七九子弹五十万，一并火速解韶为要。孙文。马戌。（中华民国十三年十月廿一日）

据谭编《总理遗墨》第三辑影印原稿

准免林志华职务令

（一九二四年十月二十一日）

大元帅令

兼理大本营参军处事宜吴铁城呈请将该处少校副官林志华免去本职。应照准。此令。

（中华民国陆海军大元帅之印）

中华民国十三年十月二十一日

据《大本营公报》第三十号《命令》

准任陈言职务令

（一九二四年十月二十一日）

大元帅令

兼理大本营参军处事宜吴铁城呈请任命陈言为大本营参军处少校副官。应照准。此令。

（中华民国陆海军大元帅之印）

中华民国十三年十月二十一日

据《大本营公报》第三十号《命令》

准任陈翊忠等职务令

（一九二四年十月二十一日）

大元帅令

赣南善后委员会委员长孔绍尧呈请任命陈翊忠、邱汉宗、谢寅、胡芳晖、刘锐、陈一炜、卢师撰为赣南善后委员会委员。应照准。此令。

（中华民国陆海军大元帅之印）

中华民国十三年十月二十一日

据《大本营公报》第三十号《命令》

晋授黄实职务令

（一九二四年十月二十一日）

大元帅令

黄实晋授陆军中将。此令。

（中华民国陆海军大元帅之印）

中华民国十三年十月二十一日

据《大本营公报》第三十号《命令》

准古应芬辞职令

（一九二四年十月二十一日）

大元帅令

兼军需总监古应芬呈请辞职。古应芬准免兼职。此令。

（中华民国陆海军大元帅之印）

中华民国十三年十月二十一日

据《大本营公报》第三十号《命令》

委派王棠代职状

（一九二四年十月二十一日）

派状

派王棠暂行代理粤汉铁路事务。此状。

中华民国十三年十月二十一日

据《国父全集》第四册（转录史委会藏原件影印）

给驻韶各军长官的训令

（一九二四年十月二十一日）

大元帅训令韶字第十一号

令在韶各军长官

为令行事：据曲江商会会长刘瑞廷、商团团长何耀初铣日代电称："删日下午三时，有湘军第三军士兵往北门街杨顺益店短价强买，欧打商民，激动公愤，几酿事端。商团出队弹压，以免暴动而保商场。敝会长、团长等亦亲往肇事地方极力调停。旋蒙帅威，派队前来镇摄，湘军随即回营，商团亦即收队。风潮尽息，消患无形，实为地方之福。但现在大军云集，〈难〉保无再滋事端。且闻有等士兵，时出仇商之言，最易酿成恶感。伏乞令饬各军长官约束所部士兵，嗣后公平买卖。对于团体机关尤宜联络，以收军民亲善之效。大局幸甚，地方幸甚”等情。据此，除分令外，合行令仰该〇严饬所部，约束士兵，毋得滋扰市场，以肃军纪。切切。此令。

（中华民国陆海军大元帅之印）

中华民国十三年十月二十一日

据《大本营公报》第三十号《训令》

给胡汉民的指令

（一九二四年十月二十一日）

大元帅指令第二〇三七号

令广东省长胡汉民

呈据财政厅据南海县长李宝祥呈为钱粮加二搭收纸币，窒碍难行情形，请缓办，似可照准，请予备案由。

呈悉。准如所拟办理。此令。

（中华民国陆海军大元帅之印）

中华民国十三年十月二十一日

据《大本营公报》第三十号《指令》

复上海各粤侨团体电[*]

（一九二四年十月二十一日）

上海各粤侨团体均鉴[①]：号电诵悉。关怀桑梓，仁言利溥，至堪钦佩。但真相容有为诸君所未尽明者。查广州商团为陈廉伯党徒把持，勾通逆军谋危政府。始则蒙运枪械，继则以武力胁迫罢市。政府虽查获谋乱证据多种，犹复曲予优容，准予发还团械，冀消反侧。乃商团竟于领得大部团械之时，枪杀国庆日徒手巡行之群众数十人，剖腹挖心，备极残忍。一面分队武装出巡，强迫开市，并潜引逆党土匪入西关，作种种军事布置，预备大举。政府万不获已，乃下解散商团之命，并令各军驰往镇压。乃商团以为陈军不久可至，竟先向我军攻击。政府忍无可忍，下令反攻，幸不数小时乱事即告平静。讵商团于败窜之余，所引土匪放火劫掠，施其故技〔伎〕，复残杀理发工人以数十计。是此次乱事，商团实尸其咎。事后政府一面严饬各军申明纪律，禁止骚乱；一而责成有司，妥筹善后。在省百数十万人民共闻共见，惟报纸或以远道传闻失实，或有供奸人利用者。诸君明达，事实俱在，当勿任彼无稽谰言肆其荧惑也。孙文。

据上海《民国日报》一九二四年十一月一日《大元帅申明粤商团谋叛经过》

---

* 十月二十日，上海粤侨商业联合会、广肇公所、潮州会馆、肇庆同乡会、南海会馆，番禺会馆、顺德会馆、香山同乡会等粤侨团体致电孙中山，询商团叛乱事。所据版本未署孙中山复电日期，十月三十一日为上海各粤侨团体收电日期。

① 所据版本未署受电者名称，今据吴拯寰编《孙中山全集》（上海三民公司一九二七年版）补之。

致胡汉民电

（一九二四年十月二十二日）

急。广州胡守〔留〕留〔守〕：△密。着林树巍即来大本营效力。此令。孙文。养酉。（中华民国十三年十月廿二日）

据谭编《总理遗墨》第三辑影印原稿

致蒋中正电*

（一九二四年十月二十二日）

万急。黄埔蒋校长：△密。前电说尚有“七九”一百余万要留为东江之用，今日来电忽云尚存八万，此究何解。此时北伐比东江尤急。赣州一下，东江必不敢反攻。故着解五十万七九弹者，即指留为东江用之弹也。务望即日照数解来，免误时机。又存枪到底如何用法，尚未见复。如兄无计画，则仍照初议全数运韶，以待发落。孙文。养未。（十月廿二日）

据谭编《总理遗墨》第三辑影印原稿

委派王用宾职务状

（一九二四年十月二十二日）

派状：派王用宾为直军慰问使。此状。

孙　文

---

* 原稿未署年份。据电文关于运械至韶，攻打赣州等内容判断，此件时间应在一九二四年。

中华民国十三年十月二十二日

据《国父全集》第四册(转录史委会藏原件影印)

给徐天深的命令

(一九二四年十月二十二日)

令参军处副官徐天深

兹派参军处副官徐天深前赴大桥,点验路孝忱所部山、陕军人数、枪枝数目,以便发给子弹。此令。

孙　文

十三年十月廿二日午后一时

于韶关大本营

据《国父全集》第四册(转录史委会藏原件影印)

给韦杵的指令

(一九二四年十月二十二日)

大元帅指令韶字第十号

令兼韶城联合巡查处处长韦杵

呈报联合巡查处成立日期并拟具办事条例,乞鉴核备案由。

呈及条例均悉。查保卫地方、巡查街道为各军应尽之责。且各有给养,自不必另由商民筹费津贴。着该处长即将第九条删除,余尚妥协可行,准如所拟办理可也。条例存。此令。

(中华民国陆海军大元帅之印)

中华民国十三年十月二十二日

据《大本营公报》第三十号《指令》

给吴铁城的指令

（一九二四年十月二十二日）

大元帅指令韶字第十一号

令兼理大本营参军处事宜吴铁城

呈请将该处少校副官林志华免职，遗缺以陈言补充由。

呈悉。已另有明令分别任免矣。此令。

（中华民国陆海军大元帅之印）

中华民国十三年十月二十二日

据《大本营公报》第三十号《指令》

给孔绍尧的指令

（一九二四年十月二十二日）

大元帅指令韶字第十二号

令赣南善后委员会委员长孔绍尧

呈请任命陈翊忠等七员为赣南善后委员会委员由。

呈悉。已另有明令照准矣。此令。

（中华民国陆海军大元帅之印）

中华民国十三年十月廿二日

据《大本营公报》第三十号《指令》

给何成濬的指令

（一九二四年十月二十二日）

大元帅指令韶字第十三号

令中央直辖福建各军总指挥何成濬

呈请令饬各军协缉在逃官兵由。

呈悉。候令行各军一体协缉可也。此令。

（中华民国陆海军大元帅之印）

中华民国十三年十月二十二日

据《大本营公报》第三十号《指令》

给各军长官的训令

（一九二四年十月二十二日）

大元帅训令韶字第十二号

令各军长官

为令饬事：据中央直辖福建各军总指挥何成濬呈称："为呈请通缉事：案据职部第五师师长苏世安呈称：据职师十八团团长李雪一呈称：职团现据第一营营长叶标呈称：窃职营第三连连长蔡荣初相从有年，素能服务。近以军需困乏，屡生烦言。迭经营长慰藉，讵彼冥顽无知，竟敢于九月十八夜十二时诱逼该连官兵携械潜逃。营长随据该连第一排长李国彬、第二排长张文、第三排长王志德率同尚未附逆之士兵二十四名报告。当即由营长亲率所部侦查，立即分派第一连就地严加防范，第二、四两连四出追缉不获，天明始还。计被该逆诱逃双筒七九枪十一杆，粤造七九枪十三杆，粤造六八枪五杆，吹鸡枪一杆，子弹共三千九百八十颗。士兵伕四十五名，司务长一名，司书一名。至该逆等籍贯、年龄暨枪弹、服装数目，另单粘呈。窃查该逆等转战赣闽，患难与共。人心叵测，防不及防，突反素昔之行为，忽来背叛之举动，实属罪无可逭，应恳俯赐转呈踩缉究办，以儆逃风而肃军纪。伏查尚未附逆之官兵，临乱不苟，深明大义，具见该排长等督率有方，应恳转请传令嘉奖，以昭激劝。营长对于此案既未能预防于事先，尤未能缉获于事后，疏忽之咎，责所难辞，应恳转请赐予处分。所有仰恳转请严缉暨嘉奖并仰恳转请赐予处分各缘由，理合备文呈请察核，指令祇遵等情。并附粘在逃官兵姓名，年籍暨挟带军装清单一纸到团。据此，除责成该营长赶紧侦缉，务获该逆等归案究办外，理合据情抄单转呈钧部察核，伏乞俯赐转呈通缉，并乞明令处分，以昭炯戒。是否有当，仍候指令，俾得转饬祇遵等情。据此，伏查该连长蔡荣初竟敢诱逼官兵挟械潜逃，实属目无法纪，除饬该管官长严行缉拿务获归案法办外，理合抄录该逃官兵姓名、年籍，备文转呈鉴核，仰祈准予令饬各军协缉，实为公便”等情。据此，除指令“呈悉。候令行各军一体协缉”外，合行令仰该总司令、军长即便遵照，严饬所部一体协缉。在逃官兵姓名、年籍表并抄发。此令。

（中华民国陆海军大元帅之印）

中华民国十三年十月廿二日

据《大本营公报》第三十号《训令》

复许世英函

（一九二四年十月二十三日）

静仁先生左右：

得香港寄书，复得抵沪电示，极慰。马子贞来沪团结各部，想有效力。奉军屡胜，我军亦大举入赣，贼不足平也。商团蓄谋叛逆，政府已屡加容忍而终不悛，不得已以武力解散。现已敉平，然为所牵制已不少矣。

东江尚无动作，来书所言果能实践否？津、沪消息望时相闻。

专复，即颂
近祺

孙文　十三年十月廿三日

据《国父全集》第三册(转录史委会藏抄件)

致古应芬电

（一九二四年十月二十三日）

万万火急。广州古部长鉴：△密。对于电力公司，如查确果有侵吞公家红利等事，当要按法严办。如再有不服法律，仍复图赖，只有将产业充公，以偿公款。此令。孙文。漾午。（中华民国十三年十月廿三日）

据谭编《总理遗墨》第三辑影印原稿

复蒋中正函*

（一九二四年十月二十三日）

介石兄鉴：

今早收到专人带来之信，匆匆作答，赶车寄回，尚有未尽之话。

兄言两月内可练一支劲旅，如现时已经开始训练，则不必移训练地到韶。因迁移费时，则两月断难成就。果期两月可用，则就现地加工便可。又所练之队为数几何，五千乎？抑八千乎？如是五千，则所余之三千枪，必要即日运韶，以利北伐。因赵成梁部在韶

* 原函未署日期。今据孙中山有关分配械弹的前后函电分析，此件暂定为十月二十三日。

已练就徒手兵数千,彼要求加枪二千,必即日北伐,不求出发费。李国柱(湖南最热心之革命同志)亦需步枪一千,令他编入朱培德部内。如此则赵成梁一部有枪四千,朱培德一部有枪四千,湘军有枪万二千,此三部共枪二万(其他不计),向江西进取,未有不成功也。江西得后,则湖南不成问题。然后再合滇唐、川熊、黔袁[①]会师武汉,以窥中原,曹吴不足平也。

兄之新军,两月练好之后,立调来韶,听我差遣。若西南局面日有发展,当先巩固西南,然后再图西北。且最好能由西南打开一联络西北之交通线,如陕甘等地,则西北之经营乃容易入手。盖西北所欠者在人,如无捷径可通,专靠绕道海外,殊属艰难也。

三千枪能速运来否?切望即答。

孙 文

据《孙中山先生手札墨迹》(上海太平洋书店一九二六年十一月版)影印原函

致胡汉民电*

(一九二四年十月二十三日)

前日占领之商团总所、分所、各机关房屋,当悉行充公。纵将来商团改换名目,亦永不发还再作团所之用,当用作党所或书报社,以为此次殉难者之纪念事迹。此令。孙文。

据《国父全集》第三册(转录史委会藏原件)

① 滇唐、川熊、黔袁:即滇军唐继尧、川军熊克武、黔军袁祖铭。

* 此件所标时间系据一九二四年十月二十三日孙中山致国民党中央执行委员会函称“今日电胡留守如下”确定。

致国民党中央执行委员会函

（一九二四年十月二十三日）

国民党中央执行委员会鉴：

今日电胡留守如下："前日占领之商团总所、分所、各机关房屋，当悉行充公。纵将来商团改换名目，亦永不发还再作团所之用，当用作党所或书报社，以为此次殉难者之纪念事绩。此令。孙文"等语，仰该会议筹办法，以如何用各房屋为最适宜，议决即照施行为荷。

孙文　十三年十月廿三日

据《国父全集》第三册（转录史委会藏原件）

优恤伍学焜令

（一九二四年十月二十三日）

大元帅令

故大本营建设部次长伍学焜志虑忠纯，才识谙练，历年革命，效力不遑。上年擢授两广盐运使，旋改任建设部次长，均能留心整顿，无忝厥职。倚畀方殷，遽闻溘逝。弥留之顷，犹殷殷以讨贼为念。披阅遗呈，曷胜悼惜。伍学焜着由内政部按照定例从优议恤，用示笃念老成之至意。此令。

（中华民国陆海军大元帅之印）

中华民国十三年十月二十三日

据《大本营公报》第三十号《命令》

任命李卓峰职务令

（一九二四年十月二十三日）

大元帅令

任命李卓峰代理大本营建设部次长，仍兼工商局局长。此令。

（中华民国陆海军大元帅之印）

中华民国十三年十月二十三日

据《大本营公报》第三十号《命令》

给柏文蔚的指令

（一九二四年十月二十三日）

大元帅指令第二〇三九号

令建国第二军军长柏文蔚

呈报遵令改编情形乞鉴核由。

呈悉。此令。

（中华民国陆海军大元帅之印）

中华民国十三年十月二十三日

据《大本营公报》第三十号《指令》

给邹鲁的指令

（一九二四年十月二十三日）

大元帅指令第二〇四〇号

令国立广东大学校长兼中上七校经费委员会主席邹鲁

呈请省河筵席捐由会直接办理并依原案尽先拨七校经费，其余额方照三分之一分拨市教育及其他经费由。

呈悉。照准。候分令财政委员会、广东省长办理可也。此令。

（中华民国陆海军大元帅之印）

中华民国十三年十月二十三日

据《大本营公报》第三十号《指令》

给财政委员会及胡汉民的训令

（一九二四年十月二十三日）

大元帅训令第五二八号

令财政委员会、广东省长胡汉民

为令遵事：据国立广东大学校长兼中上七校经费委员会主席邹鲁呈称："查省河筵席捐指定为中上七校经费，并由中上七校经费委员会直接管理，迭经政务会议议决有案。嗣因市厅请令变更办理，招商投承，由二十二万元之额超为九十万元。市厅遂以溢出原额，争此项筵席捐三分之一——三十万元为市教育经费，其余三分之二为中上七校经费，经奉大元帅核准着为定案。现自永春公司二月二十一日抽收起饷，至市厅收回办理以迄今日，共计七个月有奇，以年饷九十万元计算，每月应收七万五千元，则中上七校占三分之二，每月应得五万元，合七个月计应得三十五万元，现只收过一万六千二百五十七元四角九分。两相比较，相差太远。迭经派员前赴市厅取阅收支数目，惟未准市厅会计处抄录过会，无从查考。似此收入不能起见，无非由市厅办理不善，致令中上七校职、教员新旧之积薪延欠，未能清发。若不筹有妥善之方，终难期收良好之效。拟请将省河筵席捐交还中上七校经费委员会直接派员办理。至应拨市厅之教育经费及其他经费，须办理超过前政务会议议决批商之原案二十二万元为七校经费以外，溢出二十二万元之数目，始能照三分之一分拨。恳请大元帅迅饬财政委员会、广东省长转行市厅遵照，将各月所征收筵席捐数目抄送到会，并饬现办省河筵席捐总办潘麟阁即日结束交会接办，以维教育。所有拟请省河筵席捐由会直接办理，及依原案二十二万元以内悉归为七校经费，溢出二十二万之余额方能照三分之一分拨市教育经费及其他经费各缘由，理合备文呈请核准令遵”等情。据此，除指令照准并分令外，合行仰该委员会查照办理，省长查照转饬办理。此令。

（中华民国陆海军大元帅之印）

中华民国十三年十月二十三日

据《大本营公报》第三十号《训令》

给古应芬的指令

（一九二四年十月二十三日）

大元帅指令第二〇四一号

令兼广东沙田清理事宜古应芬

呈拟具撤销沙田自卫办法乞批示由。

呈悉。准如所拟办理。候令行广东省长查照饬遵可也。此令。

（中华民国陆海军大元帅之印）

中华民国十三年十月二十三日

据《大本营公报》第三十号《指令》

给胡汉民的训令

（一九二四年十月二十三日）

大元帅训令第五二九号

令广东省长胡汉民

为令遵事：据兼广东沙田清理事宜古应芬呈称："为遵令拟具撤销自卫办法恭呈仰祈睿鉴事：案奉大元帅第一〇〇一号指令：据督办呈请撤销沙田自卫组织，护沙军队改编团勇，以扶助劳农由一案，令开：'呈悉。所请事属可行。惟应如何切实进行，统筹兼顾，方不至违背农民自治之精神，而政府收入亦不至有所妨碍，仰即拟具办法，呈候核夺可也。此令'等因。奉此，自应遵照办理。查沙田自卫办理不善，实缘土豪劣绅藉充自卫局长、董，抽收捕费，图饱私囊。于沙所治安转至不顾，以至沙匪充斥，劫掠频闻。农民不能获益，转受其害。此时着手方法，应将各属原有沙田自卫局一律撤销，拟暂时就原日设局处所改组一农民协会，会中经费在护沙费项下拨给，其会长、会董等由农民选举充任，官厅发给选举票，由农民自行选举。以各属沙捐清佃局为选举筹备处，于实行选举时再行遴员分赴各区指导。将来协会既设，凡有关于沙田兴革事宜，即由该会条陈径呈职处办理，是劣绅、沙棍既已铲除，官民自无虞隔阂。至自卫局撤销后，各沙保护事宜，自应由职处派队接办。将原日护沙游击队改名沙田保安营，借拨粤军若干营，连同护沙游击两大队编为沙田保安营。租赁轮船，装配炮械，置设统辖主任一员，管辖体察各沙情形，于耕获时派赴各沙驻扎保护，总期萑苻敛迹，沙所乂安。复将各沙现有自卫团甄别收编，免被奸人利用，为患沙所。

至于扼要处所酌设行营，俾便调遣。收获之后，轮调归营训练，使渐成劲旅，仍由各军官将三民主义随时宣传，使兵士灌输知识，并筹办农民义学，以期扩张党义，使一般农民咸知立国大本。至应征护沙费，照章由职处设局征收，每亩仍照征毫银六毫。此款备充保安营饷需暨拨给农民协会经费，在业佃只完原有护沙费，并不增加负担，且实受官厅保护之益，自无不乐从。农民既安居乐业，则各项征收亦将因而起色。如此办理，于农民自治精神固不至相背，于政府收入得以切实整理，期收实效，用副钧座统筹兼顾之至意。所有遵拟撤销自卫、扶掖农民编练保安营、兴办农民义学各缘由，是否有当，理合呈请大元帅察核，伏乞批示祗遵。如蒙俯准，并恳分令广东省长转饬广属有沙田各县县长，将各沙田自卫局撤销，归回职处办理，以一事权。至协会选举法，保安营编制，及驻扎地点，收入预算，容后分别详列表册呈核，合并陈明"等情。据此，除指令照准外，合行令仰该省长查照转饬办理。此令。

（中华民国陆海军大元帅之印）

中华民国十三年十月二十三日

据《大本营公报》第三十号《训令》

致吴铁城电

（一九二四年十月二十四日）

电广州。吴铁城鉴：漾电悉。枪械既分配无余，则只有待之异日耳。若果能训练部众成为有纪律之师，则断不患无枪械之补充也。兄既再担任公安局长，则宜专心致志，以巩固后方，前方可不必兼顾矣。务望从此将省城警察改良，将四千裁为二千，加其饷给，使为有用有力之警察，与警卫军协同动作。如能办有成效，则

我当担任充分补充枪械便是。孙文。敬申。（中华民国十三年十月廿四日）

据谭编《总理遗墨》第三辑影印原稿

致蒋中正函

（一九二四年十月二十四日）

介石兄鉴：

机关枪之数既无前预算之多，今又分配无余，而朱益之出发确急需此利器，请于学校内拨出一枝，航空局与甲车队两处或拨两枝或一枝，总共三枝，至少亦应给两支，以励军士出发之气可也。并附相当数目之子弹。此致，即候

时祉

孙文　十三、十、廿四

据谭编《总理遗墨》第二辑影印原函

给黄桓的指令

（一九二四年十月二十四日）

大元帅指令第二〇四三号

令广东电政监督兼广州电报局局长黄桓

呈拟所有军电、官电，本省每字收费大洋一分，外省每字二分，以资弥补，请通令各军政机关遵照办理等情，乞核示祇遵由。

呈悉。准如所拟办理。候分行各军政机关长官饬属一体遵照可也。此令。

（中华民国陆海军大元帅之印）

中华民国十三年十月二十四日

据《大本营公报》第三十号《指令》

给程潜等的训令

（一九二四年十月二十四日）

大元帅训令第五三一号

令大本营军政部长程潜、大本营内政部长徐绍桢、大本营财政部长古应芬、大本营建设部长林森、大本营外交部长伍朝枢、大本营航空局长陈友仁、大本营审计处处长林翔、粤军总司令许崇智、湘军总司令谭延闿、滇军总司令杨希闵、豫军总司令樊钟秀、西路总司令刘震寰、广东省长胡汉民、建国第一军军长朱培德、建国第二军军长柏文蔚、建国第三军军长卢师谛，建国第四军军长黄明堂、建国第七军军长刘玉山、建国赣军司令李明扬、建国山陕军司令路孝忱、北伐第三军军长胡谦、禁烟督办谢国光、财政委员会、大本营军需总监：

为令遵事：据广东电政监督兼电报局局长黄桓呈称："呈为呈请事：窃报局收入短绌，经费支出不敷，以致电政日坏，整理维艰，实缘军电、官电多，而商电、民电少。且各军事、行政机关以拍电可以记账，不交线费，甚至例事、闲文亦交电局为之发表。此不惟影响电局收入，兼能窒碍报务。若不设法稍加限制，其何以裕经费而维交通！查商民拍电，普通本省每字收本线费大洋六分，另附加三分，计共九分，外省加倍。今拟所有军电、官电，本省每字收费大洋一分，外省每字二分，以资弥补。在各军政机关虽同财政支绌，然不至绝无收入。本职署则只有电费收入，以资维持。况各电局办理往来电报所需电料及笔墨纸张、寄送等费为数不鲜，更难无米为炊。如军电、官电每字只收费一分至二分,各机关当能见谅,而不以为过取。如蒙俯准施行,通令各军遵照,庶电政赖以维持,藉资整顿。所有拟于军电、官电酌收线费缘由,理合备文呈请睿核。是否有当,伏乞指令祇遵,实为公便”等情前来。除指令“呈悉。准如所拟办理。候令行各军政机关长官饬属一体遵照可也。此令”印发外,合行令仰该部长、局长、处长、总司令、省长、军长、司令、督办、委员会、总监即便遵照,以维电政而利交通。切切。此令。

(中华民国陆海军大元帅之印)

中华民国十三年十月二十四日

据《大本营公报》第三十号《训令》

给胡汉民的训令

(一九二四年十月二十四日)

大元帅训令第五三二号

令广东省长胡汉民

为令饬事:前令广东省长饬广州市公安局长,按照商团名册责令每名罚缴毫银一百元,各该团除通缉陈廉伯等十一名外,一经遵缴,均免深究。其各属商团尚无附乱行为,并免予处罚。此令。

(中华民国陆海军大元帅之印)

中华民国十三年十月二十四日

据《大本营公报》第三十号《训令》

给胡汉民的训令

(一九二四年十月二十四日)

大元帅训令第五三三号

令广东省长胡汉民

为令饬事：广州市商团业经缴械解散，佛山商团亦已缴械，其余各县商团与省佛商团并无关涉。本大元帅主张三民主义，无论士农工商，一视同仁。各县商团既未附乱，应予一体保护。如有未奉命令擅缴团械者，定以违令扰民论罪。仰广东省长咨会各总司令并分饬各县长遵照。此令。

（中华民国陆海军大元帅之印）

中华民国十三年十月二十四日

据《大本营公报》第三十号《训令》

给林森的指令

（一九二四年十月二十四日）

大元帅指令第二〇四四号

令大本营建设部长林森

呈报该部次长伍学熀因病出缺并代递遗呈由。

呈悉。伍学熀已有明令着内政部从优议恤矣。至所遗该部次长一缺，已任命李卓峰代理，仍兼工商局局长。仰即分别知照。遗呈存。此令。

（中华民国陆海军大元帅之印）

中华民国十三年十月廿四日

据《大本营公报》第三十号《指令》

致胡汉民译转汪精卫电

（一九二四年十月二十五日）

即电广州胡留守：〇密。译转汪精卫先生鉴：黄桓事当待第二

号信到方可决断。孙文。有午。(中华民国十三年十月廿五日)

据谭编《总理遗墨》第三辑影印原稿

致许崇智电

(一九二四年十月二十五日)

广州许总司令汝为兄鉴:○密。敬申电悉。北方既有此变化[1],我非速到武汉不可。望兄速调张民达全部来韶候命,至要。孙文。有。(中华民国十三年十月廿五日)

据谭编《总理遗墨》第三辑影印原稿

给程潜等的训令

(一九二四年十月二十五日)

大元帅训令第五三四号

令大本营军政部长程潜、广东省长胡汉民、粤军总司令许崇智、湘军总司令谭延闿、豫军总司令樊钟秀、滇军总司令杨希闵、西路讨贼军总司令刘震寰、建国第一军军长朱培德、建国第二军军长柏文蔚、建国第三军军长卢师谛、建国第四军军长黄明堂、建国第七军军长刘玉山、建国赣军司令李明扬、建国山陕军司令路孝忱、北伐第三军军长胡谦

为令遵事:前因广州商团作乱,政府不得已以兵力平定之。各县商团无附乱行为者,已通令各县一律保护。至于各处乡团与商团更无关系,断无牵涉之理。各处乡团服从政府,捍卫闾阎,应受

① 此变化:指冯玉祥于十月二十三在北京政变,囚禁曹锟。

法令之保护。各宜安心尽职,无须惊疑。如造谣惑众者,定行究治不贷。为此,合行令仰该部长、省长、总司令、军长、司令即转所属一体遵照,并布告周知。切切。此令。

(中华民国陆海军大元帅之印)

中华民国十三年十月二十五日

据《大本营公报》第三十号《训令》

给林云陔的指令

(一九二四年十月二十五日)

大元帅指令第二〇四五号

令兼代大本营财政部次长林云陔

呈报就职日期由。

呈悉。此令。

(中华民国陆海军大元帅之印)

中华民国十三年十月二十五日

据《大本营公报》第三十号《指令》

给刘震寰的指令

(一九二四年十月二十五日)

大元帅指令第二〇四六号

令中央直辖西路讨贼军总司令刘震寰

呈复已令饬滇桂湘战时军需处第五分处将抽收面粉捐一案迅即撤销由。

呈悉。此令。

（中华民国陆海军大元帅之印）

中华民国十三年十月二十五日

据《大本营公报》第三十号《指令》

给胡汉民的指令

（一九二四年十月二十五日）

大元帅指令第二〇四七号

令广东省长胡汉民

呈复遵令转饬广州市公安局办理商团罚款情形由。

呈悉。此令。

（中华民国陆海军大元帅之印）

中华民国十三年十月二十五日

据《大本营公报》第三十号《指令》

给徐绍桢的指令

（一九二四年十月二十五日）

大元帅指令第二〇四八号

令大本营内政部长徐绍桢

呈请褒扬烈妇庾常氏由。

呈表〔悉〕。准予题颁“芬烈长存”四字。仰即转给承领可也。此令。

（中华民国陆海军大元帅之印）

中华民国十三年十月二十五日

据《大本营公报》第三十号《指令》

致蒋中正函

（一九二四年十月二十六日）

介石兄鉴：

枪械能否抽出三千枝来北伐，望兄为我切实一打算。如其能之，我便可与赵成梁立严重之条件，不独要他北伐，且同时要他交回韶关防地为大本营练兵之用，实为两利也。因枪械一物尚可向前途设法，不忧无继也。若此时不把韶关廓清，则以后更难。如此，则吾党欲得一干净土为练军及试行民治之地亦不可得。故以三千枪（赵二千、朱①尚要一千）而易一南韶连②，其利实大，请兄为我酌夺。

如于练兵计画无碍，则连子弹（每枝配四百）一齐火速运韶。何时起运，先电告知，以便即与赵、朱办交涉。

孙文　中华民国十三年十月廿六日

据谭编《总理遗墨》第二辑影印原函

致胡汉民电

（一九二四年十月二十六日）

广州胡留守鉴：△密。北京事变，上海同志似无所适从，想各省同志或亦同之，不知吾党战争目的已具于《建国大纲》，无论如

① 朱：即朱培德。

② 南韶连：广东北境之南雄、韶关、连县、连山。

何，当然贯彻做去，乃同志善忘如此。今遇北方变故，似不得不再发一度宣言，以重提前事，令各同志不致因变而乱步骤。惟措辞论事当要应时，故望转请汪精卫等同来韶关议稿。兄有何意见可告精卫，以备采择为荷。孙文。宥辰。（中华民国十三年十月廿六日）

据谭编《总理遗墨》第三辑影印原稿

任命李铎等职务令

（一九二四年十月二十六日）

大元帅令

任命李铎为建国军攻鄂总司令部参谋处长，林祖涵为建国军攻鄂总司令部党务处长，王恒为建国军攻鄂总司令部秘书长，张振武为建国军攻鄂总司令部军务处长，宁坤为建国军攻鄂总司令部军需处长，黄培燮为建国军攻鄂总司令部副官长。此令。

（中华民国陆海军大元帅之印）

中华民国十三年十月二十六日

据《大本营公报》第三十号《命令》

给徐天深的命令

（一九二四年十月二十六日）

查曲江县应解湘军宋总指挥[①]部开拔费及军用品等项，日久未据清解，殊属玩延。着派参军处副官徐天深协同宋总指挥专员，迅即前往曲江县守提该项开拔费、军用品等。务即遵照前令数目，

① 宋总指挥：即宋鹤庚。

克日扫解宋总指挥部核收具报，毋稍延误为要。此令。

右令参军处副官徐天深

孙　文

中华民国十三年十月二十六日

据《国父全集》第四册(转录史委会藏原件影印)

给胡汉民的训令

(一九二四年十月二十六日)

大元帅训令第五三五号

令广东省长胡汉民

为令行事：据广东财政厅长古应芬呈："为呈请事：窃职厅前以所属各项收入多被防军截留，致库空如洗，无从因应，迫得别筹救济。当经拟具厘税捐务，分别加二加五征抽专款办法，先后呈奉钧座暨广东省长核准办理。嗣虞各属防军或尚未明此案缘委，一并截收。又经呈奉省长转奉钧令，准予通令各军遵照，不得截留划抵各在案，方冀度支稍裕，现状暂维。讵开办以来，职厅收入，仍属鲜然。考厥缘因，不在人民之不乐意输将，亦不在各厘税厂局承商之不遵奉命令，而在各防军不体念政府艰困情形，贪多务得，仍予截收所致。查职厅各项正杂收入，原有者既不克保留，新增者又复连同截去。似此情形，以言财政统一，固属治丝而棼；以言新开收入，何异缘木而求。虽有善者，亦复何能为继。矧现时北伐师张，饷糈较前尤紧，苟因应稍延，坐失戎机，则咎将谁负？厅长职责所在，势难缄默，迫再披沥呈请钧座鉴核，伏乞俯赐再予通令各军长官严饬所属遵照。嗣后勿论如何，不准再将职厅此项新增厘税捐加二加五专款截留，俾得稍资挹注而济饷糈，不胜急切屏营待命之至。所具呈各缘由，伏候迅赐指令祗遵”等情。据此，查广东财政厅新增税捐加二加五专款禁止截留一案，前经据该省长呈准通令各军一体遵照在案。兹据称该厅收入鲜然缘因，不在人民不乐意输将，亦不在各厂局承商不遵命令，而在各防军贪多务得，仍然截收所致等语。究竟此项专款系何部防军截收，是否根据各属厂局承商报告，仰该省长即转饬该厅长将情形声叙呈复，以凭核办。此令。

（中华民国陆海军大元帅之印）

中华民国十三年十月二十六日

据《大本营公报》第三十号《训令》

与党员同志的谈话*

（一九二四年十月二十七日）

汝等以大元帅视我，则我此行诚危险；若以革命党领袖视我，则此行实无危险可言。

据邹鲁编《中国国民党史稿》

致段祺瑞电

（一九二四年十月二十七日）

天津段芝泉先生大鉴：大憝既去，国民障碍从此扫除，建设诸端亦当从此开始。公老成襄国，定有远谟。文拟即日北上晤商一切，藉慰渴慕并承明教。先此奉达，诸惟鉴照是荷。孙文。

---

* 十月二十七日，孙中山复电冯玉祥、段祺瑞等，允北上商量国是。时有党员同志担心孙中山北上的安全，劝孙取消北行。这是孙中山当时与党员的谈话。所标时间系据《国父年谱》增订本。

感。印。

据上海《民国日报》一九二四年十一月八日《大元帅与段芝泉往还电》

致冯玉祥等电

（一九二四年十月二十七日）

北京冯焕章、王孝伯、胡笠僧、孙禹行诸先生均鉴：义旗聿举，大憝肃清。诸兄功在国家，同深庆幸。建设大计亟应决定，拟即日北上与诸兄晤商。先此电达，诸维鉴及。孙文叩。感。

据广东省翠亨孙中山故居纪念馆藏原件影印

特任胡谦职务令

（一九二四年十月二十七日）

大元帅令

特任胡谦为中央军需总监。此令。

（中华民国陆海军大元帅之印）

中华民国十三年十月二十七日

据《大本营公报》第三十号《命令》

给胡汉民古应芬的指令

（一九二四年十月二十七日）

大元帅指令第二〇四九号

令财政委员会主席委员胡汉民、古应芬

呈复滇军杨总司令转据赵师长呈请暂准截留财厅新增商捐加二专款一案,经议决碍难准予截留,请令杨总司令转饬赵师长遵照由。

呈悉。准如所请。仰候令行杨总司令转饬赵师长遵照可也。此令。

(中华民国陆海军大元帅之印)

中华民国十三年十月二十七日

据《大本营公报》第三十号《指令》

给杨希闵的训令

(一九二四年十月二十七日)

大元帅训令第五三七号

令中央直辖滇军总司令杨希闵

为令遵事:据财政委员会主席委员胡汉民、古应芬呈称:“窃于本月六日承准大本营秘书处第五三二号公函开:奉帅座交下滇军杨总司令转据赵师长成梁呈请暂准截留财政厅新增商捐加二专款,奉谕交会妥议办理等因。当于六月二十一日第六十三次常会时提出会议议决,财政厅现在收入只有此种捐款,碍难准予截留。应由会呈请大元帅令行杨总司令转饬赵师长成梁,不得将该项商捐截留等在案。除议决案另专案呈报外,理合备文呈请钧座鉴核,迅赐令行杨总司令转饬赵师长成梁,不得截留该项加二捐款,以重税款而维统一,实为公便”等情。据此,察核所陈,自属实情,除指令外,合行令仰该总司令即便遵照转饬赵师长成梁,不得截留该项加二捐款,以维税收统一。切切。此令。

(中华民国陆海军大元帅之印)

中华民国十三年十月二十七日

据《大本营公报》第三十号《训令》

致孙科电

（一九二四年十月二十八日）

（上海飞转）奉天孙哲生：△密。父即日往北，请誉虎、韶觉同到天津等候可也。俭辰（江日补发）。（中华民国十三年十月廿八日）

据谭编《总理遗墨》第三辑影印原稿

给大本营会计司的命令

（一九二四年十月二十八日）

着会计司发给方参谋长①杂费一千元。此令。

孙　文

中华民国十三年十月廿八日

据《国父全集》第四册（转录史委会藏原件）

给古应芬胡汉民的训令

（一九二四年十月二十八日）

大元帅训令韶字第十三号

令大本营财政部长古应芬、广东省长胡汉民

大军北伐，需费浩繁，必先统一收支，始能应付悉当。此后所

① 方参谋长：即大本营参谋长方声涛。

有北伐军队饷需，均由大本营军需总监核发，其原领款项，着财政部、广东省长一律解交大本营会计司，以便支付。此令。

（中华民国陆海军大元帅之印）

中华民国十三年十月二十八日

据《大本营公报》第三十号《训令》

给各军长官等的训令

（一九二四年十月二十八日）

大元帅训令韶字第十四号

令各军长官、会计司、军需总监

现在大军北伐，军需支付宜有统一办法以专责成。此后大本营一切款项，应由会计司负收管之责，军需总监负支发之责。所有北伐部队应领款项，一律解交会计司，由军需总监核实发给。此令。

（中华民国陆海军大元帅之印）

中华民国十三年十月二十八日

据《大本营公报》第三十号《训令》

给程潜的指令

（一九二四年十月二十八日）

大元帅指令韶字第一五号

令建国军攻鄂总司令程潜

呈报就职及启用印信日期由。

呈悉。此令。

（中华民国陆海军大元帅之印）

中华民国十三年十月二十八日

据《大本营公报》第三十号《指令》

给谢国光的指令

（一九二四年十月二十八日）

大元帅指令第二〇五一号

令禁烟督办谢国光

呈为转据西江十九县禁烟总局长吴枏呈报视事及启用关防日期由。

呈悉。此令。

（中华民国陆海军大元帅之印）

中华民国十三年十月二十八日

据《大本营公报》第三十号《指令》

给陈兴汉的指令

（一九二四年十月二十九日）

大元帅指令韶字第一六号

令管理粤汉铁路事务陈兴汉

呈报救济养路办法，公开路款议决案，乞鉴核令遵由。

呈及议决案均悉。准如所议办理。候令行各机关遵照可也。此令。

（中华民国陆海军大元帅之印）

中华民国十三年十月二十九日

据《大本营公报》第三十号《指令》

给刘震寰等的训令

（一九二四年十月二十九日）

大元帅训令韶字第十五号

令西路讨贼军总司令刘震寰、湘军总司令谭延闿、滇军总司令杨希闵、大本营会计司司长黄昌谷

为令遵事：据管理粤汉铁路事务陈兴汉呈称："窃职路前拟具救济养路办法呈请帅座核示，旋准大本营秘书处函开：顷奉大元帅交下贵管理呈一件，奉谕：'所呈尚属可行。着先商之各提款机关，再行呈报核办。财政收支统一，前已明令各机关遵照在案。查呈内尚列有建设部向该公司每日提款二百元，殊不合手续，应即日截止。现在大本营需款浩繁，着将该款径解韶关大本营会计司应用等因。奉此，除录谕函知建设部外，相应函达查照办理等由。准此，当经分函提款各机关查照，并于十月二十一日在南堤小憩公同会议，理合将议决案呈报帅座鉴核。是否有当，仍候指令祇遵"等情。据此，除指令"呈及议决案均悉。准如所议办理。候令行各机关遵照可也。此令"印发外，合行令仰该总司令、司长即便遵照。此令。

计钞发公开路款议决一件。

（中华民国陆海军大元帅之印）

中华民国十三年十月二十九日

公开路款议决案

十月二十一日下午七时，假座南堤小憩，会议公开路款议

决案。

列席者:滇军总司令部参谋长周自得,湘军总司令部军需正龙安华,西路讨贼军总司令部军需处宋主任,大本营会计司司长黄昌谷,管理粤汉铁路事务陈兴汉。

议决三项:

(一)每日粤汉路收入车利暂以四六支配,军费占四成,养路费占六成;

(二)军费每日大本营一千三百元,滇军总部一千元,西路讨贼军总部五百元,建设部二百元(已并入大本营会计司收)。以上四处额数将每日所收四成之款平均支配,但滇军总部每日所分之款连同附加费不及一千元,则由大本营会计司应派之款内填足(非常时期不在此例),余归会计司收。

(三)附加军费系临时专案,与路款无关,仍照原案办理。

据《大本营公报》第三十号《训令》

免罗桂芳职务令

(一九二四年十一月一日)

大元帅令

粤海关监督罗桂芳着即免职。此令。

(中华民国陆海军大元帅之印)

中华民国十三年十一月一日

据《大本营公报》第三十一号(广州一九二四年十一月十日版)《命令》

任命范其务职务令

（一九二四年十一月一日）

大元帅令

任命范其务为粤海关监督。此令。

（中华民国陆海军大元帅之印）

中华民国十三年十一月一日

据《大本营公报》第三十一号《命令》

给胡汉民的指令

（一九二四年十一月一月）

大元帅指令第二〇五二号

令广东省长胡汉民

呈请严剿各江股匪，规复段舰，严禁各军抽收货捐及保护费，以利交通由。

呈悉。各江匪风不靖，军队沿途苛征，直接为害商旅，间接妨碍税收，自非严行剿办申禁，不能使交通恢复，商货流通。善后委员会议决各项洵能洞见症结，知所先务。仰候令行南番顺剿匪司令责令协同江、海防各舰严剿各江股匪，克期肃清。一面仍由该省长转饬江、海防舰司令遵知，责成江防司令赶将段舰规复，并候通令各军即日将所部滥设之护商机关实行撤销，不得再行抽收货捐及保护费。违者即由剿匪司令作为土匪剿办可也。此令。

（中华民国陆海军大元帅之印）

中华民国十三年十一月一日

据《大本营公报》第三十一号《指令》

给谭延闿等的训令

（一九二四年十一月一日）

大元帅训令第五四一号

令建国湘军总司令谭延闿、建国滇军总司令杨希闵、建国桂军总司令刘震寰、建国粤军总司令许崇智、建国豫军总司令樊钟秀、建国第一军军长朱培德、建国第二军军长柏文蔚、建国第三军军长卢师谛、建国第四军军长黄明堂、建国第七军军长刘玉山、建国山陕军司令路孝忱、建国赣军司令李明扬、南番顺剿匪司令李福林

为令饬事：据广东省长胡汉民呈称："查近日省乡交通梗塞，商货停滞，直接使商人停止营业，间接影响国家税收。揆厥原因，一由各江匪患未清，来往船只时被劫扰；一由各军滥设机关，抽收各种货捐护费。商人苦于征敛重叠，负担过巨，遂致相戒裹足。虽经省长随时咨饬营县严剿匪徒，制止苛抽，并迭奉帅令撤销私设护商机关，严禁勒抽捐费。然匪徒此拿彼窜，出没靡常，各私设征收机关亦随撤随复，莫可究诘。现在冬防将届，又值筹办广州市善后之际，自应将匪患设法弭息，蠲除烦苛，以便商旅而维治安。兹由广州市善后委员会议决，严剿各江股匪，规复段舰，严禁各军抽收货捐及保护费等项。并准该会伍主席朝枢函请执行前来，省长复加查核，该委员会议决各节，实系目前切要之图。拟望帅座颁发明令，责成南番顺剿匪司令迅速协同江海防各舰，将各江股匪一律剿缉尽绝。并饬江防司令赶将段舰规复。一面令行各军总司令即日

将所部滥设之护商机关实行撤销，禁止抽收各种货捐及保护费。违者得由剿匪司令作为匪徒剿办。庶交通可期恢复，商货得以流通，于地方善后前途裨益匪浅”等情。据此，当经指令“呈悉。各江匪风不靖，军队沿途苛征，直接为害商旅，间接妨碍税收，自非严行剿办申禁，不能使交通恢复，商货流通。善后委员会议决各项洵能洞见症结，知所先务。仰候令行南番顺剿匪司令责令协同江、海防各舰严剿各江股匪，克期肃清。一面仍由该省长转饬江、海防舰司令遵知，责成江防司令赶将段舰规复。并候通令各军即日将所部滥设之护商机关实行撤销，不得再行抽收货捐及保护费。违者即由剿匪司令作为土匪剿办可也。此令”等语。除指令印发并分令外，合行令仰该总司令即便转饬所属一体遵照，军长即便转饬所属一体遵照，司令即便遵照办理。切切。此令。

（中华民国陆海军大元帅之印）

中华民国十三年十一月一日

据《大本营公报》第三十一号《训令》

给许崇智的指令

（一九二四年十一月一日）

大元帅指令第二〇五五号

令粤军总司令许崇智

呈报枪决逆探罗检成日期由。

呈悉。此令。

（中华民国陆海军大元帅之印）

中华民国十三年十一月一日

据《大本营公报》第三十一号《指令》

批巴达维亚同志电*

（一九二四年十一月一日）

答：国民党力量尚未足，为党员者当要努力宣传，扩张〈党〉势，切勿以时变而稍摇进行。本总理有北行之举，乃应北方同志之要求，以期值此可促党务进行一大步，并非有妥协之意味也。政府之进程须靠兵力而定。

并照此意发一秘密通告于各党部。

孙　文

据罗家伦编《国父批牍墨迹》（台湾一九五五年十一月十二日版）影印原稿

任命谢心准职务令

（一九二四年十一月二日）

大元帅令

任命谢心准为大本营秘书（着专管电报事务）。此令。

孙　文

中华民国十三年十一月二日

据谭编《总理遗墨》第三辑影印原稿

---

* 来电系英文，孙中山在译文上批示。原批文未署日期，译文注明“十一、一、三点到”，今据此日期标出。

在黄埔军官学校的告别演说

（一九二四年十一月三日）

诸君：

诸君今天在这地听讲的，有文学生，又有武学生。我今天到黄埔来讲话，是暂时和黄埔的学生辞别。辞别的原因，就是因为我要到北京去。这回北京事变没有发生以前的五六个月，便有几位同志从北京来许多信，催我先到天津去等候，说不久他们便可在北京发起中央革命。筹划这回事变的人数很少，真是本党同志的不上十个人。他们的见解，以为本党革命二十多年，总是不成功，就是辛亥年推翻满清，成立民国，还不算是本党的主张完全成功。推究此中原因，就是由于从前革命，都是在各省，效力很小，要在首都革命，那个效力才大。所以他们在二三年前，便在北京宣传主义，布置一切。到五六个月以前，便来了一个很详细的报告，说进行的成绩很好，军人表同情的很多，应该集合各省有力的同志，在北京附近进行，只要几个月便可成功。当时各省有力的同志，都是在本省奋斗，没有人能够到北京附近去进行；而且当时北京表面很安宁，一讲到首都革命，在几个月之后便可成功，真是没有一个人敢信。就是我自己也看到很渺茫，也不敢相信。到江浙战事发生之后，他们又来催促，要我赶快放弃广东，到天津去等，说首都革命很有把握，发动的时期就在目前。这个时期，是千载一时的机会，万不可失。如果就广东的计划，由韶关进兵，先得江西，再取武汉，然后才想方法去定北京，那是很迂缓、很艰难的；假若放弃广东，一直到天津去发动一个中央革命，成功是很迅速、很容易的。我在当时，以为要北京有事变发生，才可以去；如果放弃广东的军队不用，先到天津去等候，恐怕空费时间，不大合算。所以约定他们，只要北京有事变发生之后，我马上便可以到北方去。并且一面把广东的军队集合到韶关，我也亲自到韶关，督率各军前进，收复江西。我们已经有了一部份的军队进到万安、吉安了。现在大家都知道，北京发生了事变，当这次事变最初发生的时候，很象一个中央革命。我们对于以前的情况不明了，现在就发生事变时候的情形而论，可以决定是我们同志的筹划。但是最近中央的大力量不是在革党之手，还是在一般官僚军人之手。拿这次变动的结果看，毫不能算是中央革命，这次变动毫没有中央革命的希望；既是没有中央革命的希望，我何以还要到北京去呢？我因为践成约起见，所以不能不去。他们在北京奋斗，费了许多大力，才有这次的变化。变化之后，对于本党表同情的，只有几个师长旅长，普通兵士都是莫明其妙。以少数的师长旅长来做极重大的中央革命，一定是很难成功的。就是在事变发生之初，我便进京同他们合作，想造成一个宏大的中央革命，也不容易做到。不过经过这次事变之后，可信北京首都之地，的确是有军队来欢迎革命主义的。从今以后，只〈要〉有人在北京筹划中央革命，一定可以望天天进步。这次虽然不能造成一个中央革命，以后进步可以望造成一个大规模的中央革命。并且知道北方的军队和人民也有天良与爱国心；有了天良与爱国心，就可以受革命党的感化。我们从前看到北方的空气龌龊，官僚卑下，武人野蛮，人民没有知识，以为那些人用革命主义的力量不能够感化。但是在今天看起来，从前的观察实在是错误。北京也可以做革命的策源地，造成一个革命的基础。现在的事变虽然不是完全的革命举动，不能说将来便不能再起革命。只要此时用功去做，以后或者可以得好结果。就是能不能得好结果，此时不能预先知道，但是可以推测彻底的革命一定可以在北京发生。因为有这种希望，所以我为答北方同志的欢迎起见，决定去北京。我这次到北京，不但是本党同志欢迎，就是各省的反直派也是很欢迎的。我相信一定可以自由行动。将来自由行动的结果，究竟是怎么样，虽然不能逆料，但为前途发展起见，此时也不能不去。大家又不可以为我到北京之后，马上就能发起一个中央革命。不过借这个机会，可以做宣传的工夫，联络各省同志，成立一个国民党部，从党部之内，成立革命基础。能不能够达到这个目的，预先固然不能断定，但是只要有革命的方法，便可以进行。今天到此地来听讲的，有文学生，又有武学生。便可以借这个机会，研究革命的方法。我也可以借这个机会，把革命的方法拿来和诸君谈谈。诸君现在都负得有革命的责任，在外面奋斗，应该用什么方法才可以成功呢？要革命成功，中外古今在中央进行的，当然是很容易；就是在各地方进行，也有成功的。地方革命也算是一种办法。所以研究革命方法，要除去空间问题，另外从旁方面着想。

近二三十年来，革命风潮是从什么地方发生呢？是从什么地方传进中国来的呢？中国感受这种风潮，是些什么人呢？革命的这种风潮，是欧美近来传进中国来的。中国人感受这种风潮，都是爱国志士，有悲天悯人的心理，不忍国亡种灭，所以感受欧美的革命思想，要在中国来革命。但是欧美的革命思想，一传到中国来，便把中国的旧思想打破。试看近二三十年来，中国革命党在各地奋斗，成功的机会该有多少？而每次成功之后，又再失败，原因是在什么地方呢？我们的革命失败，是被什么东西打破的呢？大家知不知道呢？是不是敌人的大武力打破的呢？是不是旧官僚的阴谋打破的呢？又是不是中国的旧思想打破的呢？这都不是的。究竟是什么东西打破的呢？大家做学生的人大概都不知道。依我看起来，就是欧美的新思想打破的。中国的革命思想，本来是由欧美的新思想发生的，为什么欧美的新思想发生了中国的革命，又能够打破中国的革命呢？这个理由非常幽微奥妙，不是详细研究，很难得明白。欧美的革命思想是什么呢？这就是大家所知道的自由、平等。自由、平等是欧美近一百多年来最大的两个革命思想。在法国革命的时候，另外加了一个口号，叫做博爱。由于自由、平等与博爱的思想，便发生法国革命。中国近来也感受了自由、平等的思想，所以也起了革命；革命成了事实之后，又被这种思想打破，故革命常常失败。我们革命之失败，并不是被官僚武人打破的，完全是被平等、自由这两个思想打破的。革命思想既是由于平等、自由才发生，何以又再被平等、自由来打破呢？这个道理，从前毫不明白，由于近十几年来所发生的事实，便可以证明。大家知道革命本是政治的变动，说到政治究竟是做些什么事呢？就“政治”两个字讲，“政”者众人之事也。“治”者管理众人之事也。管理众人的事，就是“政治”；换而言之，管理众人的事，就是管理国家的事。这个道理，许多军人多不明白。譬如这次北方发生事变，本是少数军人的举动。这种事变，本来就是革命。他们发动了革命，就是发生了政治变动，他们在事前储蓄得有这种大动力，能够发生政治变动。政治变动已经发生了，而他们通电还是说不懂政治。这好比是一架发电机，能够发生大电力的部份就是磨打，如果一个大磨打能发生几万匹马力的电，用这样大的电力去行船，每小时便可走几十英里；用这样大的电力去做工，便可运动很多机器，制造很多货物；用这样大的电力去发光，便可装成无数电灯，照很大的城市。像这样磨打，如果能够知道他所发生电力的用处，又用之得当，便可以做种种有利益的事业；若是不知道他所发生电力的用处，或者是用之失当，便要杀人，到处都是很危险。现在北京有政治原动力的军人,已经发生了政治变动,尚且说不懂政治,这好比是磨打自己发生了电力之后,不知道用处,当然是有极大的危险。至于有大原动力的军人,日日在政治范围中活动,而没有政治的知识,那种对于众人的危险,比较磨打,当然是更大,又更利害。大家现在如果还不明白这个道理,可以读我的民权主义,便能够了解。

中国革命之所以失败,是误于错解平等、自由。革命本来是政治事业。如果当军人的说不懂政治,又好比是常人说不懂食饭、穿衣、睡觉一样。食饭、穿衣、睡觉,都是做人的常事,是人人应该有的事,试问一个人可不可以不知道做人的常事呢?无论那一个人,都是应该要知道做人的常事的。大家都能够知道做人的常事,就是政治。大家能够公共团结起来做人,便是在政治上有本领的人民;有本领的人民,组织成强有力的国家,便是列强;没有本领的人民所组织成的国家,便是弱小。弱小都是被列强压迫的。无论那一个国家,不管他是不是强有力,只要号称国家,都是政治团体。有了国家,没有政治,国家便不能运用;有了政治,没有国家,政治便无从实行。政治是运用国家的;国家是实行政治的。可以说国家是体,政治是用。根据这个解释,便知道政治的道理,简而易明,并非是很奥妙的东西。大家结合起来,改革公共的事业,便是革命。所以说革命,就是政治事业。中国近来何以要革命呢?就是因为从前的政治团体不好,国家处在贫弱的地位,爱国之士,总想要改良不好的旧团体,变成富强的地位。这种改良,要在短时间或者是一朝一夕之内成功,便是革命。我们发生了革命,为什么又被平等、自由的思想打破呢?因为做人的事,在普通社会中有平等、自由,在政治团体中,便不能有平等、自由。政治团体中的分子有平等、自由,便打破政治的力量,分散了政治团体。所以民国十三年来革命不能成功,就是由于平等、自由的思想,冲破了政治团体。

就政治团体的范围讲，或者是国家，或者是政党。就平等、自由的界限说，或者是本国与外国相竞争，或者是本党与他党相竞争，都应该有平等、自由。不能说在本国之内，或者是在本党之内，人人都要有平等、自由。我们中国人讲平等、自由，恰恰是相反。无论什么人在那一种团体之中，不管团体先有没有平等、自由，总是要自己个人有平等、自由。这种念头，最初是由学生冲动，一现成事实之初，不知道拿到别的地方去用，先便拿到自己家内用，去发生家庭革命，反对父兄，脱离家庭。再拿到学校内去用，闹起学潮来。这种事实，在大家当然是见得很多，做得也很多。大家要闹学潮，或者自以为很有理由，所持的理由，总不外乎说先生管理不好，侵犯学生的平等、自由，学生要自己的平等、自由不被先生侵犯，要争回来为自己保留，所以才开会演说，通电罢课，驱逐先生。拿这个理由来闹风潮，口口声声总是说革命，实在不知道革命究竟是一回什么事，不过拿学校做自己的试验场，用先生供自己的试验品罢了。我们革命党内的情形也是这一样。革命的始意，本来是为人民在政治上争平等、自由。殊不知所争的是团体和外界的平等、自由，不是个人自己的平等、自由。中国现在革命都是争个人的平等、自由，不是争团体的平等、自由，所以每次革命总是失败。中国革命风潮发生最早的地方，是在日本东京。当时都是以留学生为基础，留学生最盛的时代，有两万多人。那些留学生都是初由中国各县，到日本东京，头脑极新鲜，很容易感受革命的思想，一感受了革命思想之后，便集会结社，要争平等、自由。但是他们那种争平等、自由的目的，都不知道为团体去用，只知道为自己个人来用。所以当时结成的团体，虽然是风起云涌，有百十之多，但是不久，所有的团体便烟消云散。团结存在最久的，不过是一两年，短时间的，都只有几个月，便无形消灭。那些团体为什么那样容易消灭呢？我以为很奇怪，便过细考查那些团体的内容，始知道那些团体，当初结合，并没有什么特别主张，只知道争个人的平等、自由；甚至于在团体之中，并没有什么详细章程，凡事都是乱杂无章，由各人自己意气用事，想要怎样做，便是怎样去做，所谓人自为战。真是强有力的人，或者能够做成一两件事。大多数都是一事无成，只开一个成立会，大家到会说些争平等、自由的空话，便已了事。因为大家都是为个人争自由、平等，不为团体去争自由、平等；只有个人的行动，没有团体的行动；所以团体便为思想所打破，不久就无形消灭。学生在求学的时代，便是这种行动。到了后来为国家做事，一切行动，不问可知。更有许多无路可走的学生，毫不知道政治社会的道理及中国的国情，又想在社会上出风头，便标奇立异，采欧美没有根据的新学说，主张革命，要无政府，自称为无政府党。殊不知道革命的目的，就是要造成一个好政府。他们这种主张，在政治原理上自相矛盾，真是可笑已极。推到无政府的学说之来源，是发生于俄国。俄国学者之所以要主张无政府，就是因为从前俄国的旧政府太专制，为万恶之源，人民痛苦难堪，所以社会上便发生无政府学说的反抗。俄国创造无政府学说的祖宗，就是大家所知道的巴枯宁。其后又有一个王子，叫做克鲁泡特金，用科学的道理，把无政府的学说推到极端。这种无政府的学说，在俄国可算是极发达。从前俄国应用这种学说来革命，许久都不能成功。俄国发生这种革命，是继法国革命之后，有了一百多年，都不能成功。到七年之前，再发生一种革命，一经发动，便大功告成。我们中国革命，以前的不讲，只说最近的到今日也有了十三年。这十三年的革命，还是不成功。推到俄国从前一百多年的革命不能成功，我们中国近十三年的革命也是不成功。俄国七年前的革命，便彻底成功，这个原因，是在什么地方呢？简而言之，俄国近来革命之所以成功的道理，就是由于打消无政府的主张，把极端平等、自由的学说完全消灭。因为俄国有这种好主张，所以他们近来革命的效力，比较美国、法国一百多年以前的革命之效力还要宏大，成绩还要圆满。他们之所以能够有这种美满成绩的原因，就是由于俄国出了一个革命圣人，这个圣人便是大家所知道的列宁，他组织了一个革命党，主张要革命党要有自由，不要革命党员有自由。各位革命党员都赞成他的主张，便把各位个人的自由都贡献到党内，绝对服从革命党的命令。革命党因为集合许多党员的力量，能够全体一致，自由行动，所以发生的效力便极大，俄国革命的成功便极快。俄国的这种革命方法，就是我们的好模范。中国革命，十三年来都是不成功，你们黄埔的武学生，都是从各省不远数百里或者是数千里而来，到这个革命学校来求学，对于革命都是有很大希望，很大抱负的；广大的文学生，今日也是不远数十里到黄埔来听革命的演说，研究革命的方法，对于革命的前途，也当然是很希望成功的。大家要希望革命成功，便先要牺牲个人的自由，个人的平等。把各人的自由、平等，都贡献到革命党内来。凡是党内的纪律，大家都要遵守；党内的命令，大家都要服从。全党运动，一致进行，只全党有自由，个人不能自由，然后我们的革命才可以望成功。如果不然，像这次北京发生事变之后，有了好机会，当初我以为少数同志发动，便可以成功。但是他们不知道革命的道理和方法，所以虽得机会，亦恐空白错过了。假若在这次北京事变发生以前，大家早向北方去活动，或者可以做成功，到现在已经成了没有希望。以后要革命成功，还要另外研究方法。从前革命之失败，是由于各位同志讲错了平等、自由。从今而后，要革命成功，便要各位同志改正从前的错误，结成一个大团体，牺牲个人的平等、自由，才能够达到目的。现在想要造成这种团体，便要有好党员。诸位文学生同武学生，都是有知识的阶级，都应该明白这个道理。

中国把社会上的人，分作士、农、工、商四大类，商人居于最末级地位，知识极简单，他们独一无二的欲望，总是惟利是图，想组织大公司，赚多钱。但是股东一投资之后，不能就说要分红利。商人在当初组织公司，参加合股的时候，就想要分红利，要达到赚钱的目的，是决计没有的事。无论甚么愚蠢的商人，先也知道要拿本钱去附股；附股之后，究竟可以赚多少钱，也不能预先决定，不过希望要将来能够赚钱，现在就不能不投资；希望要将来能够赚多钱，现在就不能不多投资。我们革命党都是有知识阶级的，都是聪明过商人，结成一个团体来革命，是不是应该先就要把本钱拿出来呢？这个道理不必详细讲，诸君当然可以明白。商人做生意的资本是钱，我们革命的资本是什么东西呢？商人附股是拿出钱来，我们参加革命党，要贡献甚么东西呢？我们参加革命党，要贡献的东西就是自己的平等、自由。把自己所有的平等、自由都贡献到党内，让党中有全权处理，然后全党革命才有成功的希望。全党革命成功之后，自己便可以享自由、平等的权利。中国发大财的实业，有汉冶萍公司，有开滦公司，有招商局。他们那些公司，在组织之初，各股东都是有很大的牺牲，投了很大资本的。好像革命党要先拿出个人的平等、自由一样。假若那些资本家不先拿出多本钱，现在何以能够多分红利呢？他们因为想到了要现在多分红利，所以从前便多投资本，牺牲一切。革命的道理，不管大家知道不知道，只要能够学商人，便能够成功。商人本是多财善贾，根本上还是要有本钱才成。没有本钱，什么生意都不能做。许多革命党不肯牺牲个人的平等、自由，就是没有本钱。他们以为一参加革命，就是为争自己眼前的平等、自由。商人要分红利，必须有时间问题。以商人的思想简单，尚知道有时间问题，尚知道要等候，难道我们有知识的阶级，尚且不如商人吗？党员在党内不能任意平等、自由，好像股东在公司之内，不能任意收回本钱一样。大家要来参加革命，头一步的方法，就是要学商人拿出大本钱来。我今天到此地讲话，是要离开广东北上，临别赠言。没有别的话，就是要大家拿出本钱来，牺牲自己的平等、自由，更把自己的聪明才力都贡献到党内来革命，来为全党奋斗。大家能够不负我的希望，革命便可以指日成功。

据黄昌谷编《孙中山先生演说集》（上海民智书局一九二六年二月版）《革命成功个人不能有自由团体要有自由》

准徐绍桢辞职令

（一九二四年十一月三日）

大元帅令

大本营内政部长徐绍桢呈请辞职。徐绍桢准免本职。此令。

（中华民国陆海军大元帅之印）

中华民国十三年十一月三日

据《大本营公报》第三十一号《命令》

委派杨西岩代职令

（一九二四年十一月三日）

大元帅令

派大本营内政部次长杨西岩代理部务。此令。

（中华民国陆海军大元帅之印）

中华民国十三年十一月三日

据《大本营公报》第三十一号《命令》

免黄昌谷职务令

（一九二四年十一月三日）

大元帅令

大本营会计司司长黄昌谷另有任用，应免本职。此令。

（中华民国陆海军大元帅之印）

中华民国十三年十一月三日

据《大本营公报》第三十一号《命令》

任命林直勉职务令

（一九二四年十一月三日）

大元帅令

任命林直勉兼大本营会计司司长。此令。

（中华民国陆海军大元帅之印）

中华民国十三年十一月三日

据《大本营公报》第三十一号《命令》

任命黄昌谷职务令

（一九二四年十一月三日）

大元帅令

任命黄昌谷为大本营秘书。此令。

（中华民国陆海军大元帅之印）

中华民国十三年十一月三日

据《大本营公报》第三十一号《命令》

着吴铁城兼职令

（一九二四年十一月三日）

大元帅令

着吴铁城兼代理卫队长。此令。

孙　文

中华民国十三年十一月三日

据谭编《总理遗墨》第三辑影印原稿

给程潜等的训令

（一九二四年十一月三日）

大元帅训令第五四三号

令大本营军政部长程潜、粤军总司令许崇智、滇军总司令杨希闵、湘军总司令谭延闿、桂军总司令刘震寰、豫军总司令樊钟秀、建国第一军军长朱培德、建国第二军军长柏文蔚、建国第三军军长卢师谛、建国第四军军长黄明堂、建国第七军军长刘玉山、建国山陕军司令路孝忱、建国赣军司令李明扬、建国北伐第三军军长胡谦、广东省长胡汉民

为令饬事：军兴以后，广东各种厘税多由各军招商承办，比较以前，短收甚巨，良由各军长官不悉情况，致为奸商所欺朦〔蒙〕，使公家受其损害。现定各种厘税悉归由广东财政厅克日厘定底价开

投，以期收入增多。至原日指定由各该厘税项拨给各军之给养费，仍照原数支给。其开投增加之款，应由财政厅存储汇解，以供军用。除令广东省长转饬财厅遵办并分令各军外、除令各军遵照外，合行令仰该部长、总司令、军长、司令、省长即便转饬所属一体遵照，转饬财政厅迅即遵照办理。切切。此令。

（中华民国陆海军大元帅之印）

中华民国十三年十一月三日

据《大本营公报》第三十一号《训令》

给胡谦谭延闿的训令

（一九二四年十一月三日）

大元帅训令第五四五号

令军需总监胡谦、建国军北伐总司令谭延闿

为令饬事：所有北伐各军饷项应概由前方军需总监发给，无庸在后方支领。除令北伐各军、军需总监外，合行令仰该总监即便遵照、该总司令即便转饬北伐各军一体遵照。此令。

（中华民国陆海军大元帅之印）

中华民国十三年十一月三日

据《大本营公报》第三十一号《训令》

给李卓峰等的指令

（一九二四年十一月三日）

大元帅指令第二〇六二号

令铜鼓开埠筹备委员李卓峰等[①]

① 李卓峰等：李卓峰、伍大光、陆敬科、徐希元、谢适群、林子峰、薛锦标、徐绍棪。

呈送《组织条例》乞核准由。

呈及条例均悉。准如所拟施行。条例存。此令。

（中华民国陆海军大元帅之印）

中华民国十三年十一月三日

据《大本营公报》第三十一号《指令》

复冯玉祥等电*

（一九二四年十一月四日）

北京冯焕章、王孝伯、胡立生、孙禹行诸先生鉴：东电奉悉，至佩荩筹。此时所务，一在歼除元恶，肃清余孽；一在勤求治本，建设有序。诸兄开始伟业，必能克底于成。承邀入都，义当就道，日来已由韶返省部署行事，数日之后即轻装北上，共图良晤。先此奉复，诸维鉴察。孙文。支印。

据上海《民国日报》一九二四年十一月十三日《大元帅出发前之各种布置》

复张作霖电

（一九二四年十一月四日）

奉天张总司令鉴：卅电奉悉。大军合围，元恶授首为期不远，至佩伟画。芝老[①]被推统帅，就近统率联军，遥祝指麾若定，迅奏全功。文在此间部署军事，数日可毕，当即轻装北上，共图良晤。

---

* 原电未署年月份。按一九二四年十月二十三日冯玉祥等在北京发动政变，旋电邀孙中山入京商议国事。据本电“数日之后即轻装北上”等内容判断，此件时间应在一九二四年十一月。

① 芝老：即段祺瑞。

先此奉复，诸维鉴察。孙文。支。

据上海《民国日报》一九二四年十一月十三日《大元帅出发前之各种布置》

肃清余孽绥靖地方通令

（一九二四年十一月四日）

大元帅令

前以曹琨〔锟〕、吴佩孚祸国殃民，罪在必讨，故亲率诸军由韶入赣，以期北向中原，与天下共除残贼。连日迭接奉天张总司令捷电，暨北京冯玉祥、王承斌、胡景翼、孙岳诸将领来电，知曹、吴所凭藉之武力摧残殆尽，友军义勇奋发，海内闻之，莫不欣慰。此时余孽未靖，固当悉予扫除，而根本之图，尤在速谋统一，以从事建设，庶几分崩离析之局得以收拾，长久治安之策得以实施。本大元帅权衡轻重，决定即日北上，共筹统一建设之方略。所有肃清余孽、绥靖地方一切事宜，仍责成留守暨各军总司令、广东省长妥善办理，仰军民人等一体知悉。此令。

（中华民国陆海军大元帅之印）

中华民国十三年十一月四日

据《大本营公报》第三十一号《命令》

着谭延闿全权办理北伐事宜令

（一九二四年十一月四日）

大元帅令

本大元帅现因统一、建设等要务，启行北上。除仍由大本营总参议胡汉民留守广州代行大元帅职权外，所有大本营关于北伐事宜，着由建国军北伐总司令谭延闿全权办理，北伐各军概归节制调遣。此令。

（中华民国陆海军大元帅之印）

中华民国十三年十一月四日

据《大本营公报》第三十一号《命令》

委派张民达职务令

（一九二四年十一月四日）

大元帅令

派张民达兼广东兵工厂监督。此令。

（中华民国陆海军大元帅之印）

中华民国十三年十一月四日

据《大本营公报》第三十一号《命令》

给留守府秘书处的命令

（一九二四年十一月四日）

大元帅令

着留守府秘书处将海图一箱交黄埔蒋校长收（可送军官学校筹备处）。此令。

孙　文

中华民国十三年十一月四日

据谭编《总理遗墨》第三辑影印原稿

给范克的命令

（一九二四年十一月四日）

着范克将苏、浙、皖等处革命同志带来，与北伐部队会合。此令。

孙　文

中华民国十三年十一月四日

据《国父全集》第四册(转录史委会藏原件影印)

给徐绍桢的指令

（一九二四年十一月四日）

大元帅指令第二〇六四号

令大本营内政部长徐绍桢

呈请褒扬寿妇董姚氏由。

呈悉。准予题颁“共和人瑞”四字匾额并给银质褒章一枚。仰即转发承领。此令。

（中华民国陆海军大元帅之印）

中华民国十三年十一月四日

据《大本营公报》第三十一号《指令》

给古应芬的指令

（一九二四年十一月四日）

大元帅指令第二〇六五号

令大本营财政部长古应芬

呈为修正《各征收机关收解国币章程》请鉴核令遵由。

呈及章程均悉。准如所拟施行。仍行广东省长知照。章程存。此令。

（中华民国陆海军大元帅之印）

中华民国十三年十一月四日

据《大本营公报》第三十一号《指令》

给沈鸿英的指令

（一九二四年十一月四日）

大元帅指令第二〇六六号

令广西总司令沈鸿英

呈报着手遵编广西建国军情形由。

呈悉。此令。

（中华民国陆海军大元帅之印）

中华民国十三年十一月四日

据《大本营公报》第三十一号《指令》

在广州各界欢送会的演说*

（一九二四年十一月四日）

诸君：

诸君今天到这里来饯行，是送我到北方去。我这次到北方去的缘故，就是因为民国有了十三年了，革命还没有彻底成功。当中

* 十一月四日，广州各界为孙中山北上举行欢送会，这是孙中山在会上的演说。

有几位同志，在两三年前，见到要革命彻底成功，便要实行中央革命，在北京发生一个大变化。这几年以来，那几位同志苦心孤诣，总是在北京经营。于六个月以前，便来了一个报告，说在北京布置已经有了很好的成绩，军队赞同的很多，力量也是很大，中央革命马上可以发动，要我先到天津去等候机会。但是那个时候，我还不大相信能够有这件事。只可对他们说，你们何时有事变发生，我便何时可以到北方去。但是在事变没有发生以前，我便不能前去。后来江浙战争发生，他们更催迫得很急，一定要我到北方去，说中央革命的机会已经到了，要我赶快去首先发动，才有好结果。我在那个时候，还是说要事变发动以后才能够去，还是不相信他们能够得这次的好结果。到了前十几天，他们果然有很大的变动，推倒曹、吴。这次推倒曹、吴的原动力，本来是革命党首先筹划的，其他各军队都是临时响应的。照北京这次的变动，以事论事，推倒曹、吴，举事虽然算是成功，但是还不能算是革命的成功。不过我已经答应过他们，便不能不到北方去，践我的前约。而且他们这次能够发动中央革命，便可证明革命在北京已经有了力量，这次虽然没有彻底成功，但可相信革命在北京有可以运动的余地，北京可以作革命的好地盘。革命要在北京成功是可能的，并不是不可能的。不过我们以前不大留心北京的革命，只有十个八个同志在北京活动，便能够生这次的大变化。现在我们知道北京可以做革命很好的地点，大家聚精会神都把力量集中到北京，将来自然有机会把革命得到彻底的成功。这次北京的变动，不过是中央革命的头一步；头一步通了，再走第二步、第三步，中央革命一定是可以大告成功的。我这回到北京去，外面不明白情况的人，以为我一定可以握大政权，其实我并没有想到握大政权，就是他们要我办，我也是不能答应的。因为这次北京革命有许多复杂的分子参加在里头，革命党虽然是原动力,但其中大部分的人都不是革命党。他们这几天在北京发表的事情,便不是革命党的行为。不过他们既然发生革命的事变,我想以后中央革命还有希望可以成功。所以我决意到北京去,继续那几位同志的任务,实行我的办法,做他们做不到的事情,拿革命主义去宣传。现在北京参加革命运动的分子虽然是很复杂,有许多人原来不是革命党,但是对于革命党大多数都是友军。就这个情况,我信这次到北京去可以自由行动。能够在北京自由活动去宣传主义,组织团体,扩充党务,我想极快只要半年便可以达到实行三民主义、五权宪法的主张,极慢也不过是要两年的工夫便可以成功。所以我这回为革命前途计,便不能不到北京去筹备。

我去之后,大家在南方应该要什么样做法呢?我想此后南方的危险一定可以减少许多。本来北京的原动力不过是曹、吴。曹、吴在这两年之中,打四川,侵湖南,攻广东、福建,弄得全国不安宁。曹、吴何以有这样的大力量呢?就是因为大家从前信曹、吴在北京很占优胜的地位,以为北京政府比南方政府巩固得多。今日北京政府发生了这次变化,大家从前迷信北京政府的心理,就可以觉悟。现在革命的力量已经伸张到北方,以后在南方进行革命自然更容易。譬如广州商团向来通北方,反对革命,为革命的障碍。现在政府已经把商团打破,危险已过。陈炯明在东江本来也是要反攻的,但是陈军在香港会议反攻的时候,聆到北京的事变发生,便满座惊慌,会议便开不成,没有一点结果。所以陈炯明至今不能反攻,广东到今日还是很安宁。现在各位将领同志和绅商,就要趁这个机会,同心协力把广东的基础弄得巩固,做一个革命的好策源地。我去北方之后,这种责任就要大家来担任。我在北方有进步,大家在南方一定也是有进步的。从前革命的势力只能够到黄河,现在已经到了北京，再过几个月，就是蒙古、新疆、青海一带，一定都可以充满革命的力量。由此进行，革命力量布满到全国，我相信最多两年，便可以得彻底的成功。我说这些话，并不是没有根据的，实在是很有办法的，有很好机会的。因为有好机会，所以我希望南方各同志都要联络起来，团结南方现在的力量，并且要把北伐军前进到武汉，和北方响应。到那个时候，便是革命彻底成功，三民主义和五权宪法便能够完全实行，全国人民才可以脱这十三年革命的痛苦，享革命的幸福。这就是我今晚对于各位同志的希望。

据《孙中山演讲录》(广州国民书局一九二七年版)

特任刘震寰职务令

(一九二四年十一月五日)

大元帅令

特任刘震寰为广西省长。此令。

(中华民国陆海军大元帅之印)

中华民国十三年十一月五日

据《大本营公报》第三十一号《命令》

致谭延闿电

(一九二四年十一月六日)

韶州谭总司令：歌亥电悉。总密。现曹、吴已倒，我当如前约，任方[1]为湖北总司令，合力破蔡[2]。江西交回赣人，大本营即日移赣

① 方：即方本仁。
② 蔡：即蔡成勋。

州。如方不欢迎,则当先攻之。以后对付各方面办法,可悉由兄酌夺,不必再请示也。孙文。鱼未。(中华民国十三年十一月六日)

据谭编《总理遗墨》第三辑影印原稿

准李繙国辞职令

(一九二四年十一月六日)

大元帅令

大本营财政部长古应芬呈北江盐务督运处专员李繙国恳请辞职。应照准。此令。

(中华民国陆海军大元帅之印)

中华民国十三年十一月六日

据《大本营公报》第三十一号《命令》

准委廖燮职务令

(一九二四年十一月六日)

大元帅令

大本营财政部长古应芬呈请派廖燮为北江盐务督运处专员。应照准。此令。

(中华民国陆海军大元帅之印)

中华民国十三年十一月六日

据《大本营公报》第三十一号《命令》

委派马耿光职务令

(一九二四年十一月六日)

大元帅令

派马耿光为大本营出勤委员。此令。

（中华民国陆海军大元帅之印）

中华民国十三年十一月六日

据《大本营公报》第三十一号《命令》

给胡汉民的指令

（一九二四年十一月六日）

大元帅指令第二〇七一号

令广东省长胡汉民

呈报准广东警务处处长李福林辞职以吴铁城接充，请察核由。

呈悉。此令。

（中华民国陆海军大元帅之印）

中华民国十三年十一月六日

据《大本营公报》第三十一号《指令》

给古应芬的指令

（一九二四年十一月六日）

大元帅指令第二〇七二号

令大本营财政部长古应芬

呈为北江盐务督运处专员李繙国恳请辞职，拟请以廖燮继任由。

呈悉。已有明令分别准予任免矣。仰即知照。此令。

（中华民国陆海军大元帅之印）

中华民国十三年十一月六日

据《大本营公报》第三十一号《指令》

给谭延闿的训令

（一九二四年十一月六日）

大元帅训令第五四九号

令大本营秘书长谭延闿

为令知事：据大本营审计处处长林翔呈复称："窃奉帅座交下大本营秘书处呈送十二年十一月分起至十三年九月分止，秘书处暨电报室收支表册单据，令饬审查核销等因，计发呈文一件、表册二本、单据簿三本。奉此，遵查该处收入部分：自十二年十二月至十三年八月，在大本营会计司领过毫洋二万五千六百元，又十二年十二月至十三年七月收入粤汉铁路公司毫洋五万四千五百元，又十三年二月至七月收入两广盐运署毫洋二万七千元，又收入杂款毫洋一千四百六十五元二毫二仙，合计收入毫洋一十万零八千五百六十五元二毫二仙。其支出部分：自十二年十一月至十三年九月止，支秘书处职员俸给共毫洋一十万零二千七百七十三元八毫三仙，又十二年十二月至十三年八月支电报室员生薪饷共毫洋五千七百七十五元，合计支出毫洋一十万零八千五百四十八元八毫三仙。收支对抵，尚盈余毫洋一十六元三毫九仙。列数明晰，核与原呈数目均无错误，复证以各月份付款单据，亦属相符。拟请准予核销。表册单据留存备案"等情。据此，除指令准予核销外，合行令仰该秘书长查照。此令。

（中华民国陆海军大元帅之印）

中华民国十三年十一月六日

据《大本营公报》第三十一号《训令》

给林翔的指令

（一九二四年十一月六日）

大元帅指令第二〇七三号

令大本营审计处处长林翔

呈复审核大本营秘书处暨电报室收支表册单据相符，请准予核销由。

呈悉。准予核销。已令饬知照矣。此令。

（中华民国陆海军大元帅之印）

中华民国十三年十一月六日

据《大本营公报》第三十一号《指令》

给林森的指令

（一九二四年十一月六日）

大元帅指令第二〇七五号

令大本营建设部长林森

呈为转呈代理次长李卓峰呈报就职日期由。

呈悉。此令。

（中华民国陆海军大元帅之印）

中华民国十三年十一月六日

据《大本营公报》第三十一号《指令》

在广州庆祝十月革命节的演说*

（一九二四年十一月七日）

今日系俄国革命成功纪念日，我们大家来庆祝俄国革命成功。中国人为什么要庆祝俄国成功？俄国革命与中国有何关系？

我们要知道，中国自与外国通商以来，同外国立了种种不平等条约，将中国主权、领土送与外国。所以，中国与外人订立通商条约之日，即中国亡国之日。此等通商条约即系我们卖身契约。今日中国地位是半殖民地的地位，所有中国地方都为外国的殖民地，中国人民都成为外人的奴隶。但自俄国革命以来，俄政府即将旧时俄皇所订立的一切不平等条约及权利都归还中国。俄国革命成功以后，反乎以前帝国主义的政策，实行平民政策，退回从前侵略所得的权利，系一件破天荒的事。所以，俄国革命成功就是中国得到生机之一日，俄国革命成功可为中国革命之模范。所以，我们今日来庆祝俄国革命成功实在有两意义：第一，庆祝俄国革命成功可以救中国之危亡；第二，庆祝俄国革命成功可以为将来中国革命之模范。有此两意义，所以我们今日要代表中国国民用极诚恳意思来纪念俄国革命成功。

据上海《民国日报》一九二四年十一月十四日《广州庆祝苏俄革命纪念》

---

* 十一月七日，广州各公团在广州第一公园庆祝十月革命节，孙中山莅会演说。这是演说的大意。

复冯玉祥等电

（一九二四年十一月七日）

北京冯焕章、胡立生、孙禹行、续桐溪、刘守中、景定成、凌毅、李石曾、李含芳、岳维峻、张之江、李鸣钟、鹿钟麟、邓宝山、李云龙、李蔼如、史宗法、何遂、李乾三、李仲三、周耀武、李养倬、胡德夫、刘廷正、张璧、刘世贤、刘士养、续范亭、徐永昌诸先生同鉴：来电[①]敬悉。前闻诸兄驱逐元恶，为革命进行扫除障碍，已深庆幸。兹悉诸兄更努力建设，期贯澈十余年来未能实现之主义，使革命不至徒劳无功，尤为欣慰。文决日内北上，与诸兄协力图之。先此奉复。孙文。阳叩。

据北京《晨报》一九二四年十一月十二日《孙文阳电补志》

给古应芬的指令

（一九二四年十一月七日）

大元帅指令第二〇七六号

令大本营财政部长古应芬

呈报派伍嘉城为烟酒公卖局长，李思辕为航政局长、周雍能为副局长由。

呈悉。此令。

---

① 指一九二四年十一月四日冯玉祥、胡景翼等二十余人具名及胡景翼单独具名的两份电报。

（中华民国陆海军大元帅之印）

中华民国十三年十一月七日

据《大本营公报》第三十一号《指令》

给徐绍桢的指令

（一九二四年十一月七日）

大元帅指令第二〇七七号

令大本营内政部长徐绍桢

呈送征收医生照费数目表请予备案并声明该款拨充部费由。

呈悉。此令。

（中华民国陆海军大元帅之印）

中华民国十三年十一月七日

据《大本营公报》第三十一号《指令》

与日本大阪《每日新闻》记者的谈话*

（一九二四年十一月八日）

记者：阁下北上之行如何？

孙：现因滇、黔、桂各省均一致推予北上，故拟勉为一行。

记者：阁下派遣孙科君赴奉之结果如何？

孙：孙科赴奉之结果颇为完满，张作霖对于余之主张已经

---

* 这是孙中山从韶关回广州后，与《每日新闻》驻粤记者的谈话。所标时间系北京《晨报》发表日期。

谅解。

记者:阅〔阁〕下对于现在北京之国会如何感想?

孙:余对于现在北京之国会主张解散,因年来所有战事皆为不良国会所酿成。非去此不良之国会中国殆无统一之望。

记者:闻阁下对于段祺瑞、张作霖间已有一种秘密谅解,此事确否?

孙:余与张、段间之意见现已大致相同,余当与段、张提携解决国是。惟秘密谅解一层则并无其事,余之主张无不可以公开者。

记者:阁下北上后,对于陈炯明氏究拟如何措置乎?

孙:为谋统一之故,余当以宽大为怀,不究既往,陈果能觉悟,余亦当与之提携;倘彼无诚意,则余当取相当之措置以全力扑灭之。

记者:将来之总统当然属之阁下,阁下以为如何?

孙:此事余尚未有所考虑。

据北京《晨报》一九二四年十一月八日《孙文与记者之谈话》

复冯玉祥等电*

(一九二四年十一月八日)

北京冯焕章、王孝伯、胡立笠、孙禹行诸先生鉴:支、鱼电均奉悉。辱承敦劝,感荷不胜。文准于元日由粤起行,经沪北上,共图良举。晤教匪遥,先此奉达。孙文。庚。印。

据北京《晨报》一九二四年十一月十一日《孙文定十三日北上》

---

* 原电未署年月份,据电文"文准于元日由粤起行,经沪北上"等内容判断,本电时间在一九二四年十一月。

准任叶子琼余焯礼职务令

（一九二四年十一月八日）

大元帅令

大本营会计司司长林直勉呈请任命叶子琼为文牍科主任，余焯礼为驻韶收支主任。均照准。此令。

（中华民国陆海军大元帅之印）

中华民国十三年十一月八日

据《大本营公报》第三十一号《命令》

给大本营会计司的手令

（一九二四年十一月八日）

着会计司发给杂费六百元交陆科长代支。此令。

孙文 中华民国十三年十一月八日

据中山大学藏手迹原件（香港王家祯赠）

给谭延闿林直勉的训令

（一九二四年十一月八日）

大元帅训令第五五六号

令建国军北伐总司令谭延闿、大本营会计司司长林直勉

为令遵事：前方大本营经费着定为每月限支一万元为度。所有前方参军处着即裁撤，参谋各员酌予裁减，着谭总司令遵照办

理。除分令外，仰该总司令、司长查照。此令。

（中华民国陆海军大元帅之印）

中华民国十三年十一月八日

据《大本营公报》第三十一号《训令》

致齐燮元电

（一九二四年十一月九日）

南京齐抚万先生鉴：闻吴佩孚乘“海圻”舰欲逃江宁，以燃已死之灰。若公此时仍执迷不悟，与彼同恶，则和平统一无望，而东南祸乱无已，殊深痛惜。若能放下屠刀，则请饬江阴、镇江、乌龙山等处炮台严为防备，俟“海圻”等舰到时，将人船一并扣留，以待国民会议之解决，则公造福国家，与合肥之赞成共和，可以后先辉映矣。幸为图之。孙文。（九日）青。（中华民国十二〔三〕[①]年十一月十日已发）

据谭编《总理遗墨》第三辑影印原稿

准任胡芳辉等职务令

（一九二四年十一月九日）

大元帅令

赣南善后委员会委员长孔绍尧呈请任命胡芳辉为虔南县知事，邱汉宗为大庾县知事，谢寅为信丰县知事，刘锐为崇义县知事，

① 此处所署“中华民国十二年”，误。查电文“吴佩孚乘‘海圻’舰欲逃往江宁”，系指一九二四年第二次直奉战争期间，吴佩孚在天津遭奉军截击后，乘军舰南逃事。时间应为民国十三年（一九二四年）。

蔡舒为上犹县知事。应照准。此令。

（中华民国陆海军大元帅之印）

中华民国十三年十一月九日

据《大本营公报》第三十一号《命令》

准任锺华廷等职务令

（一九二四年十一月九日）

大元帅令

赣南善后委员会委员长孔绍尧呈请任命锺华廷、洪彝、胡谆、廖刚、曾澳、锺腾瀚、尹伦为赣南善后委员会委员。均照准。此令。

（中华民国陆海军大元帅之印）

中华民国十三年十一月九日

据《大本营公报》第三十一号《命令》

给孔绍尧的指令

（一九二四年十一月九日）

大元帅指令韶字第十七号

令赣南善后委员会委员长孔绍尧

呈请任命钟华廷等为该会委员由。

呈及履历均悉。已有明令照准矣。履历存。此令。

（中华民国陆海军大元帅之印）

中华民国十三年十一月九日

据《大本营公报》第三十一号《指令》

给孔绍尧的指令

（一九二四年十一月九日）

大元帅指令韶字第十八号

令赣南善后委员会委员长孔绍尧

呈请任命胡芳辉等为虔南等县知事由。

呈及履历均悉。胡芳辉等已有明令照准矣。履历存。此令。

（中华民国陆海军大元帅之印）

中华民国十三年十一月九日

据《大本营公报》第三十一号《指令》

北上宣言*

（一九二四年十一月十日）

本年九月十八日，本党对于出师北伐之目的，曾有宣言。其主要之意义，以为国民革命之目的，在造成独立自由之国家，以拥护国家及民众之利益。此种目的，与帝国主义欲使中国永为其殖民地者，绝对不能相容。故辛亥之役，吾人虽能推倒满洲政府，曾不须臾，帝国主义者已勾结军阀，以与国民革命为敌，务有以阻止国民革命目的之进行。十三年来，军阀本身有新陈代谢，而其性质作

---

* 孙中山于十一月十三日离粤北上，与冯玉祥等讨论国事。这是行前三天在广州发表的宣言。

用，则自袁世凯以至于曹锟、吴佩孚，如出一辙。故北伐之目的，不仅在覆灭曹吴，尤在曹吴覆灭之后，永无同样继起之人。换言之，北伐之目的，不仅在推倒军阀，尤在推倒军阀所赖以生存之帝国主义。盖必如是，然后国民革命之目的，乃得以扫除障碍之故而活泼进行也。

国民革命之目的，在造成独立自由之国家，以拥护国家及民众之利益，其内容为何，本党第一次全国代表大会宣言已详述之。盖以民族、民权、民生三主义为基本，而因应时势，列举救济方法，以为最少限度之政纲。语其大要，对外政策：一方在取消一切不平等之条约及特权；一方在变更外债之性质，使列强不能利用此种外债，以致中国坐困于次殖民地之地位。对内政策：在划定中央与省之权限，使国家统一与省自治，各遂其发达而不相妨碍；同时确定县为自治单位，以深植民权之基础；且当以全力保障人民之自由，辅助农工商实业团体之发达，谋经济、教育状况之改善。盖对外之政策果得实现，则帝国主义在中国之势力归于消灭，国家之独立自由可保；对内政策果得实现，则军阀不致死灰复燃，民治之基础莫能摇动。此敢信于中国之现状，实为对症之良药也。

北伐目的宣言，根据此旨，且为之说明其顺序："（一）中国跻于国际平等地位以后，国民经济及一切生产力方得充分发展。（二）实业之发展，使农村经济得以改良，而劳动农民之生计有改善之可能。（三）生产力之充分发展，使工人阶级之生活状况，得因其团结力之增长，而有改善之机会。（四）农工业之发达，使人民之购买力增加，商业始有繁盛之动机。（五）文化及教育等问题，至此方不落于空谈。以经济之发展，使智识能力之需要日增，而国家富力之增殖，可使文化事业及教育之经费易于筹措；一切智识阶级之失业问题、失学问题，方有解决之端绪。（六）中国之法律，更因不平等条约之废除，而能普及于全国领土；一切租界皆已废除，然后阴谋破坏之反革命势力无所凭借。”[①]以上诸端，凡属国民，不别其为实业家、为农民、为工人、为学界，皆无不感其切要，而共同奋斗，以蕲其实现者也。

国民革命之目的，其内容具如此。十三年来，帝国主义与军阀互相勾结，以为其进行之障碍，遂使此等关系民国存亡、国民生死之荦荦诸端，无由实现。为谋目的之到达，不得不从事于障碍之扫除，此北伐之举所以不容已也。

自北伐目的宣布以后，本党旗帜下之军队在广东者，次第集中北江，以入江西。而本党复从种种方面指示国民，以帝国主义所援助之军阀虽怀挟其武力统一之梦想，而其失败终为不能免之事实。今者吴佩孚之失败，足以证明本党判断之不谬矣。

军阀所挟持之武力，得帝国主义之援助而增其数量。此自袁世凯以来已然。然当其盛时，虽有帝国主义为之羽翼，及其败也，帝国主义亦无以救之。此其故安在？二年东南之役，袁世凯用兵无往不利，三四年间叛迹渐著，人心渐去，及反对帝制之兵起，终至于众叛亲离，一蹶不振。七年以来，吴佩孚用兵亦无往不利，骄气所中，以为可以力征经营天下，至不恤与民众为敌，屠杀工人、学生，以摧残革命之进行，及人心已去，终至于一败涂地而后已。犹于败亡之余，致电北京公使团，请求加以援助。其始终甘为帝国主义之傀儡，而不能了解历史的教训如此。由斯以言，帝国主义之援助，终不敌国民之觉悟。帝国主义惟能乘吾国民之未觉悟以得志于一时，卒之未有不为国民觉悟所屈伏者。愿我友军将士暨吾同

① 此引文与九月十八日《中国国民党北伐宣言》略有出入。

志，于劳苦功高之余，一念及之也！

吾人于此，更可以得一证明：凡武力与帝国主义结合者无不败；反之，与国民结合以速国民革命之进行者无不胜。今日以后，当划一国民革命之新时代，使武力与帝国主义结合之现象，永绝迹于国内。其代之而兴之现象，第一步使武力与国民相结合，第二步使武力为国民之武力。国民革命必于此时乃能告厥成功。今日者，国民之武力固尚无可言，而武力与国民结合则端倪已见。吾人于此，不得不努力以期此结合之确实而有进步。

欲使武力与国民深相结合，其所由之途径有二：

其一，使时局之发展能适应于国民之需要。盖必如是，然后时局发展之利益归于国民，一扫从前各派势力瓜分利益及垄断权利之罪恶。

其二，使国民能自选择其需要。盖必如是，然后国民之需要乃得充分表现，一扫从前各派包揽、把持、隔绝群众之罪恶。

以上二者，为国民革命之新时代与旧时代鸿沟划然。盖旧时代之武力为帝国主义所利用；新时代之武力，则用以拥护国民利益，而扫除其障碍者也。

本党根据以上理论，对于时局，主张召集国民会议，以谋中国之统一与建设。而在国民会议召集以前，主张先召集一预备会议，决定国民会议之基础条件及召集日期、选举方法等事。

预备会议以左列团体之代表组织之：

一、现代实业团体；二、商会；三、教育会；四、大学；五、各省学生联合会；六、工会；七、农会；八、共同反对曹吴各军；九、政党。

以上各团体之代表，由各团体之机关派出之，人数宜少，以期得迅速召集。

国民会议之组织，其团体代表与预备会议同，惟其代表须由各团体之团员直接选举，人数当较预备会议为多。全国各军，皆得以同一方法选举代表，以列席于国民会议。于会议以前，所有各省的政治犯完全赦免，并保障各地方之团体及人民有选举之自由，有提出议案及宣传讨论之自由。

本党致力国民革命，于今三十余年。以今日国内之环境而论，本党之主张，虽自信为救济中国之良药，然欲得国民之了解，亦大非易事。惟本党深信国民自决，为国民革命之要道。本党所主张之国民会议实现之后，本党将以第一次全国代表大会宣言所列举之政纲，提出国民会议，期得国民彻底的明了与赞助。

本党于此，敢以热诚告于国民曰：国民之命运，在于国民之自决。本党若能得国民之援助，则中国之独立、自由、统一诸目的，必能依于奋斗而完全达到。凡我国民，盍兴乎来！

中华民国十三年十一月十日

中国国民党总理孙文

据上海《申报》一九二四年十一月十八日《孙中山对于时局之宣言》

任命陈翰誉职务令

（一九二四年十一月十日）

大元帅令

任命陈翰誉为参军（不支薪，任状办妥速交陈树人）。此令。

孙　文

中华民国十三年十一月十日

据谭编《总理遗墨》第三辑影印原稿

准杨西岩辞职令

（一九二四年十一月十日）

大元帅令

大本营内政部次长杨西岩呈请辞职。杨西岩准免本职。此令。

（中华民国陆海军大元帅之印）

中华民国十三年十一月十日

据《大本营公报》第三十一号《命令》

准陈树人辞职令

（一九二四年十一月十日）

大元帅令

大本营内政部长徐绍桢呈总务厅长兼侨务局长陈树人呈请辞职。陈树人准免本、兼各职。此令。

（中华民国陆海军大元帅之印）

中华民国十三年十一月十日

据《大本营公报》第三十一号《命令》

准徐希元辞职令

（一九二四年十一月十日）

大元帅令

大本营内政部长徐绍桢呈第二局局长徐希元呈请辞职。徐希元准免本职。此令。

（中华民国陆海军大元帅之印）

中华民国十三年十一月十日

据《大本营公报》第三十一号《命令》

准吴衍慈郑德铭辞职令

（一九二四年十一月十日）

大元帅令

大本营内政部长徐绍桢呈科长吴衍慈、郑德铭呈请辞职。均照准。此令。

（中华民国陆海军大元帅之印）

中华民国十三年十一月十日

据《大本营公报》第三十一号《命令》

给徐绍桢的指令

（一九二四年十一月十日）

大元帅指令第二〇八五号

令大本营内政部长徐绍桢

呈复遵拟故建设部次长伍学熀恤典请令施行由。

呈悉。准如所拟办理。俟令行财政部遵照可也。此令。

（中华民国陆海军大元帅之印）

中华民国十三年十一月十日

据《大本营公报》第三十一号《指令》

给古应芬的训令

（一九二四年十一月十日）

大元帅训令第五六〇号

令大本营财政部长古应芬

为令遵事：据大本营内政部长徐绍桢呈："为遵令议恤恭祈鉴核事：案准大本营秘书处第五六九号公函开：'奉大元帅令，故大本营建设部次长伍学熀志虑忠纯，才识谙练，历年革命，效力不遑。上年擢授两广盐运使，旋任建设部次长，并代行部务，均能留心整顿，无忝厥职。倚畀方殷，遽闻溘逝。弥留之际，犹殷殷以讨贼为念，披阅遗呈，曷胜悼惜。伍学熀着由内政部按照定例从优议恤，用示笃念老成之至意。此令'等因，由处录令函达到部。部长伏查该故建设部次长伍学熀志虑忠纯，才识谙练，效力革命，国尔忘家，自应遵令从优议恤，以励来兹。惟现行文官恤金令系民国三年颁发，其中条款与革命政府时代情形不尽相合。该故次长受命于艰危之际，毁家纾难，懋著勋劳，自与寻常积劳捐躯者不同。拟请从优比照部长月支俸，给予一次过两个月恤金二千元，并特令颁给治丧费一千元，以示崇德报功之意。如蒙俞允，即乞令饬财政部分别照发。所有遵拟故建设部次长代行部务伍学熀恤典缘由，是否有当，理合具文呈请钧座察核，指令祗遵"等情。据此，除指令"呈悉。准如所拟办理。候令行财政部遵照可也。此令"印发外，合行令仰该部长遵照办理。此令。

（中华民国陆海军大元帅之印）

中华民国十三年十一月十日

据《大本营公报》第二十一号《训令》

批朱和中函*

（一九二四年十一月十日）

着中央执行委员严颁纪律，禁止本党各报之狂妄。

附：朱和中致孙中山函

大元帅钧鉴：

上海《民国日报》及《新青年》出言不慎，致招是非，影响前途甚巨。请钧座以总理名义，发令本党：言论须有齐一之步调，不得自由谩骂，紊乱政纲。是否有当，伏候钧裁。

朱和中叩

中华民国十三年十一月十日

据《国父批牍墨迹》影印原稿

致冯玉祥电**

（一九二四年十一月十一日）

北京冯焕章先生鉴：报载执事鱼日令前清皇室全体退出旧皇

---

* 原批未署日期，今所标时间系朱和中来函日期。

** 原电未署年月份。按电文云“报载执事鱼日令前清皇室全体退出旧皇城”，系指一九二四年十一月冯玉祥下令修改《清室优待条件》，议决“清室须履行原条件，移出宫禁，自由择居，民国予以保护”事。今据此标出年月。

城，自由择居，并将溥仪帝号革除。此举实大快人心，无任佩慰。复辟祸根既除，共和基础自固，可为民国前途贺。孙文。真。

据上海《民国日报》一九二四年十一月十四日《帅奖冯玉祥除复辟祸根》

裁撤豫鲁招抚使令

（一九二四年十一月十一日）

大元帅令

豫鲁招抚使着即裁撤，所部军队拨归豫军总司令改编。此令。

（中华民国陆海军大元帅之印）

中华民国十三年十一月十一日

据《大本营公报》第三十二号（广州一九二四年十一月廿日版）《命令》

任命谢适群职务令

（一九二四年十一月十一日）

大元帅令

任命谢适群代理大本营内政部次长，仍兼第一局局长。此令。

（中华民国陆海军大元帅之印）

中华民国十三年十一月十一日

据《大本营公报》第三十二号《命令》

委派谢适群代职令

（一九二四年十一月十一日）

大元帅令

派代理大本营内政部次长谢适群代理部务。此令。

（中华民国陆海军大元帅之印）

中华民国十三年十一月十一日

据《大本营公报》第三十二号《命令》

任命廖仲恺职务令

（一九二四年十一月十一日）

大元帅令

任廖仲恺为大本营参议（每月薪俸五百元）。此令。

孙　文

中华民国十三年十一月十一日

据谭编《总理遗墨》第三辑影印原稿

任命廖仲恺等职务令

（一九二四年十一月十一日）

着廖仲恺兼任农民部长；

黄居素代理海外部长；

着许崇智任军事部长；

蒋中正任军事部秘书。

所有党军及各军官学校讲武堂以廖仲恺为党代表。

孙　文

中华民国十三年十一月十一日

据广东省社会科学院历史研究所藏原件照片

给广州中央执行委员的命令*

（一九二四年十一月十一日）

现在中央执行委员在广州人数甚少，如开会不足法定人数时，应以常务委员会代行各事，将来提交中央执行委员会追认。

孙　文

据《国父全集》第四册（转录史委会藏原件）

给谭延闿的训令

（一九二四年十一月十一日）

大元帅训令第五六一号

令建国军北伐总司令谭延闿

为令遵事：北伐军除北伐总司令外，不得设机关于后方。为此，令仰该总司令即便转饬北伐各军一体遵照。此令。

（中华民国陆海军大元帅之印）

中华民国十三年十一月十一日

据《大本营公报》第三十二号《训令》

给杨西岩的指令

（一九二四年十一月十一日）

大元帅指令第二〇八六号

* 此件所标时间系据《国父全集》。

令大本营内政部次长杨西岩

呈请辞职由。

呈悉。已另有明令准免本职，并任命谢适群代理次长矣。仰即知照。此令。

（中华民国陆海军大元帅之印）

中华民国十三年十一月十一日

据《大本营公报》第三十二号《指令》

给徐绍桢的指令

（一九二四年十一月十一日）

大元帅指令第二〇八七号

令大本营内政部长徐绍桢

呈据总务厅长兼侨务局长陈树人呈请辞职由。

呈悉。陈树人已有明令准免本、兼各职矣。仰即转饬知照。此令。

（中华民国陆海军大元帅之印）

中华民国十三年十一月十一日

据《大本营公报》第三十二号《指令》

给徐绍桢的指令

（一九二四年十一月十一日）

大元帅指令第二〇八八号

令大本营内政部长徐绍桢

呈据第二局局长徐希元,科长吴衍慈、郑德铭呈请辞职由。

呈悉。徐希元、吴衍慈、郑德铭均有明令准予免职矣。仰即分别转饬知照。此令。

(中华民国陆海军大元帅之印)

中华民国十三年十一月十一日

据《大本营公报》第三十二号《指令》

致泽村幸夫电*

(一九二四年十一月十二日)

余此次访问日本,意在赴天津会议之前,先访问在日本之旧友知己,率直交换意见。现今之中国正遭遇即将迈上统一路途之重大时机。究将如何达成此一目的?乃识者必须加以深思考虑之事。今者,中国之问题已非单纯中国一国之问题,实际已成为世界问题而受到重视。余对此一时局深深痛感。无论如何,如不与日本提携合作,则决不可能解决。而此种说法,更不可仅仅成为外交辞令中之中日提携合作。中日两国国民必须在真正了解之下救中国,确立东亚之和平,同时巩固黄色人种之团结,藉以对抗列强不法之压迫。余尚未考虑要求"二十一条"条约之废除与旅顺、大连之收回。余尚有具体之方案。

据《支那》杂志第二十八卷第八号(东京一九三七年日文版)泽村幸夫《欢迎孙文先生私记》

* 此件标出时间系据《孙中山年谱》(北京中华书局一九八〇年版)。

免吴铁城兼职令

（一九二四年十一月十二日）

大元帅令

兼大本营卫士队队长吴铁城应免兼职。此令。

（中华民国陆海军大元帅之印）

中华民国十三年十一月十二日

据《大本营公报》第三十二号《命令》

任命卢振柳职务令

（一九二四年十一月十二日）

大元帅令

任命卢振柳兼大本营卫士队队长。此令。

（中华民国陆海军大元帅之印）

中华民国十三年十一月十二日

据《大本营公报》第三十二号《命令》

给古应芬的指令

（一九二四年十一月十二日）

大元帅指令第二〇八九号

令大本营财政部长古应芬

呈报设立检查出口谷米总分局请鉴核施行由。

呈悉。照准。此令。

（中华民国陆海军大元帅之印）

中华民国十三年十一月十二日

据《大本营公报》第三十二号《指令》

与蒋中正的谈话*

（一九二四年十一月十三日）

余此次赴京，明知其异常危险，将来能否归来尚不一定。然余之北上，是为革命，是为救国救民而奋斗，又何危险之可言耶？况余年已五十九岁，虽死亦可安心矣！

【蒋：先生今日何突作此言耶？】

余盖有所感而言也。余所提倡之主义，冀能早日实行，今观黄埔军校学生，能忍苦耐劳，努力奋斗如此，必能继吾之革命事业，必能继续我之生命，实行我之主义。凡人总有一死，只要死得其所。若二三年前，余即不能死；今有学生诸君，可完成吾未竟之志，则可以死矣！

据《民国十五年以前之蒋介石先生》

给林翔的指令

（一九二四年十一月十三日）

大元帅指令第二〇九二号

令大本营审计处处长林翔

* 孙中山于十一月十三日从广州乘船赴沪，途经黄埔军校。这是他检阅军校学生战术演习后与蒋中正的谈话。

呈复兵工厂长马超俊呈送十二年七月份至九月份收支等簿据数目相符,请准予核销由。

呈悉。准予核销。候令行广东兵工厂知照可也。此令。

(中华民国陆海军大元帅之印)

中华民国十三年十一月十三日

据《大本营公报》第三十二号《指令》

给黄骚的训令

(一九二四年十一月十三日)

大元帅训令第五六五号

令代理广东兵工厂厂长黄骚

为令行事:据大本营审计处处长林翔呈复:"审查该厂前厂长马超俊呈送十二年七月份至九月份收支等簿据数目相符。拟请准予核销"等情。除指令准予核销外,合行令仰该厂长即便知照。此令。

(中华民国陆海军大元帅之印)

中华民国十三年十一月十三日

据《大本营公报》第三十二号《训令》

给胡汉民的指令

(一九二四年十一月十四日)

大元帅指令第二〇九七号

令广东省长胡汉民

呈为转呈选举事务委员黄了聪等呈为市长选举依照暂行条

例，非一月不能蒇事，经公同会议决以最速期间举办，拟定清单，请鉴核由。

呈及清单[①]均悉。准〈如〉所拟办理。清单存。此令。

（中华民国陆海军大元帅之印）

中华民国十三年十一月十四日

据《大本营公报》第三十二号《指令》

给古应芬的指令

（一九二四年十一月十四日）

大元帅指令第二〇九八号

令大本营财政部长古应芬

呈复内政部欠薪实无款可拨由。

呈悉。仰候令行内政部知照可也。此令。

（中华民国陆海军大元帅之印）

中华民国十三年十一月十四日

据《大本营公报》第三十二号《指令》

给徐绍桢的训令

（一九二四年十一月十四日）

大元帅训令第五六六号

令大本营内政部长徐绍桢

为令行事：据大本营财政部长古应芬呈称："窃奉钧座第五四八号

① 清单：指选举市长期限清单。

训令内开:饬筹拨内政部欠薪一万元等因。奉此,查职部现在每月收入只有爆竹印花一项,均已指定用途,并无丝毫余款,昨经本月八日于未能代筹内政部经费案内呈复在案。且查职部于郑洪年次长去粤时已呈准钧座,不复由部再担任各机关款项。即职部自裁员减薪后,其前任欠发各员薪俸为数亦复不菲,皆因限于收入无从支付,盖事属无可如何,当亦为员司所共谅也。所有内政部欠薪实无闲款可拨缘由,理合呈复钧鉴"等情。据此,除指令"呈悉。仰候令行内政部知照可也。此令"印发外,合行令仰该部长即便知照。此令。

(中华民国陆海军大元帅之印)

中华民国十三年十一月十四日

据《大本营公报》第三十二号《训令》

裁撤大本营内地侦探队令

(一九二四年十一月十五日)

大元帅令

大本营内地侦探队着即裁撤。此令。

(中华民国陆海军大元帅之印)

中华民国十三年十一月十五日

据《大本营公报》第三十二号《命令》

裁撤中央军需总监令

(一九二四年十一月十五日)

大元帅令

中央军需总监着即裁撤。此令。

（中华民国陆海军大元帅之印）

中华民国十三年十一月十五日

据《大本营公报》第三十二号《命令》

免胡谦职务令

（一九二四年十一月十五日）

大元帅令

中央军需总监胡谦应免本职。此令。

（中华民国陆海军大元帅之印）

中华民国十三年十一月十五日

据《大本营公报》第三十二号《命令》

任命吉名瀛职务令

（一九二四年十一月十五日）

大元帅令

任命吉名瀛为大本营谘议。此令。

（中华民国陆海军大元帅之印）

中华民国十三年十一月十五日

据《大本营公报》第三十二号《命令》

任命冯朝宗职务令

（一九二四年十一月十五日）

大元帅令

任命冯朝宗为大本营高级参谋。此令。

（中华民国陆海军大元帅之印）

中华民国十三年十一月十五日

据《大本营公报》第三十二号《命令》

准葛崑山升任令

（一九二四年十一月十五日）

大元帅令

兼理大本营参军处事宜吴铁城呈请将该处少校副官葛崑山〈升〉为中校副官。应照准。此令。

（中华民国陆海军大元帅之印）

中华民国十三年十一月十五日

据《大本营公报》第三十二号《命令》

给吴铁城的指令

（一九二四年十一月十五日）

大元帅指令韶字第一九号

令兼理大本营参军处事宜吴铁城

呈请将该处少校副官葛崑山升为中校副官由。

呈悉。已有明令照准矣。此令。

（中华民国陆海军大元帅之印）

中华民国十三年十一月十五日

据《大本营公报》第三十二号《指令》

给徐绍桢的指令

（一九二四年十一月十五日）

大元帅第二一一〇号

令大本营内政部长徐绍桢

呈请褒扬广东番禺县捕属节妇张俞淑华由。

如呈。题颁“节孝仁慈”四字匾额，仰即转给承领，并由部撰拟褒词呈候核定加给，用示褒扬。此令。

（中华民国陆海军大元帅之印）

中华民国十三年十一月十五日

据《大本营公报》第三十二号《指令》

给黄昌谷的指令

（一九二四年十一月十五日）

大元帅第二一一一号

令卸大本营会计司司长黄昌谷

呈报交代清楚情形请鉴核由。

呈悉。此令。

（中华民国陆海军大元帅之印）

中华民国十三年十一月十五日

据《大本营公报》第三十二号《指令》

准任杨允恭职务令

（一九二四年十一月十六日）

大元帅令

代理大本营参谋长方声涛呈请任命杨允恭为大本营参谋处少校副官。应照准。此令。

（中华民国陆海军大元帅之印）

中华民国十三年十一月十六日

据《大本营公报》第三十二号《命令》

在上海与欢迎者的谈话*

（一九二四年十一月十七日）

予对于时局意见并国民党政策，于广东出发时业以宣言书发表，现无赘言之必要。惟《字林西报》社说中曾有拒绝予入租界之主张，外人发此言论，不胜骇异。上海为中国领土，吾人为主人，彼等不过为吾人之宾客，宾客对于主人固无拒绝主人入内之权利。如租界当局果阻余入租界，则吾人对此不能不有出以断然手段之觉悟。现时中国已达撤废一切外国租界之时期，吾人为贯彻此目的不惜为最大之努力。中国国民已不能再坐视外国侨民在中国领

* 十一月十七日，孙中山抵达上海。这是他对前来欢迎的上海党部的同志，冯玉祥、段祺瑞的代表以及新闻记者的谈话。

土内肆其跳梁跋扈也。

据北京《晨报》一九二四年十一月十九日《孙文过沪几被刺》

附:同题异文

(一九二四年十一月十七日)

记者:请发表关于时局意见。

孙中山:余之宣言,已见今日之报。除此之外,他无可言。惟余知某方于余之来沪有所激论,如此事固实,则余须警告外人,即上海在中国境内,外人仅立于宾客地位,我华人实为主人翁,此节外人须牢记。租界迟早必须收回,华人对于收回租界事久有非常之决心。

据上海《申报》一九二四年十一月十八日《本埠新闻:孙中山暨其秘书之谈话》

与《申报》记者康通一的谈话*

(一九二四年十一月十七日)

康:先询政见如何?

孙:已详《宣言》。余之意见甚希冀新闻界评判。

康:先生对于时局亦乐观否?

孙:此在国民之努力如何,国民不努力自无希望,而指导国民者惟言论界。故言论界若专以营业为目的,国民自难进步,国事亦

---

* 这是孙中山十七日在上海法租界莫利爱路寓所与上海《申报》记者作三分钟的谈话。同日上午十时,孙曾与《国闻》、《东南》两报记者谈及赴津行期,曰:"现尚未定,大概须视北方政局变化如何,以决迟早。如政局仍纷乱,则拟速行;倘政局渐告平静,则固不妨稍缓。"因内容简短,故附于此。

无可为。中国内乱实受外力支配，吴佩孚退入长江，亦必由在长江有势力范围之英国招之使来。国民必宜一致反对帝国主义，使外国能自改变其政策。如英国国民亦不少有理性者，本不愿欺侮我国民，然我国民若受侮而缄默，则彼等亦何能为助？

据上海《民国日报》一九二四年十一月十八日《孙中山先生昨晨抵沪》

附：同题异文

（一九二四年十一月十七日）

记者：对于大局可乐观否？

孙中山：终有办法。惟奠定国是全仗国民通力合作，而尤望舆论界尽力声援，方克有底于成。现在武力政策既已打破，和平统一之期相去非遥。国民对国内政治前途固极宜注意，而于外力侵涉内政尤宜严加防遏。武力统一政策依以为生之帝国主义尚未消灭，此次吴佩孚大败之后得安然潜入长江，图燃死灰，乃其明征。深望国民全体注意及此，共起打破此帝国主义之发纵者，则中国可谋长治久安矣。余业有宣言发表，不日拟约沪上新闻界一叙，共同商榷也。

据上海《申报》一九二四年十月十八日《本埠新闻：孙中山暨其秘书之谈话》

委派林直勉职务令

（一九二四年十一月十七日）

大元帅令

派林直勉为财政委员会委员。此令。

（中华民国陆海军大元帅之印）

中华民国十三年十一月十七日

据《大本营公报》第三十二号《命令》

任命梁弼群职务令

（一九二四年十一月十七日）

大元帅令

任命梁弼群为赣中善后委员会委员长。此令。

（中华民国陆海军大元帅之印）

中华民国十三年十一月十七日

据《大本营公报》第三十二号《命令》

给革命纪念会的指令

（一九二四年十一月十七日）

大元帅指令第二一一二号

令革命纪念会

呈请拨给公地建设烈士孤儿院，乞令广东省长转饬市政厅照案迅速妥办由。

呈悉。照准。候令行广东省长转饬市政厅照案迅速妥办可也。此令。

（中华民国陆海军大元帅之印）

中华民国十三年十一月十七日

据《大本营公报》第三十二号《指令》

给胡汉民的训令

（一九二四年十一月十七日）

大元帅训令第五六九号

令广东省长胡汉民

为令遵事：据革命纪念会呈称："窃查职会干事赵士觐，前于中国国民党党务讨论会提出筹设烈士孤儿院一案，业经议决呈请钧座俯准执行。又前中国国民党广东支部长邓泽如等，查有广州市小北郊外东自四区三分署侧桥边沿大道以西暨听泉山馆地址全部，南自城门口城基沿至八角井以北，西自大小西竹等冈以东，北自宝汉茶寮以南，有官田及能仁寺、三元宫等处寺庙产业百余亩，为前清咸、同年间恶僧、劣道串同衙署吏役私擅据有。及宣统年间，复为小北一带土豪串同僧道书吏等私相授受，巧立名目，瞒骗官厅，强占投税管业，实行霸据。经沥情呈请钧座令派干员专办，将该地契照调验，果属确实，即行拨充，以一半为建筑烈士孤儿院地址，以一半为该院永远基金，业奉令行查办理各在案。乃迄今日久，尚属虚悬。职会以事关重要，必应举办，愿竭棉力负其全责。拟请钧座令行广东省长转饬广州市政厅迅速妥办，勿稍宕延，庶先烈遗孤获沾仁泽，实为公便"等情。据此，除指令"呈悉。照准。候令广东省长转饬市政厅照案迅速妥办可也。此令"印发外，合行令仰该省长即便遵照转饬办理。切切。此令。

（中华民国陆海军大元帅之印）

中华民国十三年十一月十七日

据《大本营公报》第三十二号《训令》

给伍朝枢的指令

（一九二四年十一月十七日）

大元帅指令第二一一三号

令大本营外交部长伍朝枢

呈广东特派交涉员傅秉常因病赴港就医应否准予给假，乞指令祇遵由。

呈悉。准予给假一月。仰即转知。此令。

（中华民国陆海军大元帅之印）

中华民国十三年十一月十七日

据《大本营公报》第三十二号《指令》

给程潜的指令

（一九二四年十一月十七日）

大元帅指令第二一一四号

令大本营军政部长程潜

呈报该部印信被火焚毁，暂行摹刊应用，请饬另铸颁发由。

呈悉。该部所刊印信准予暂行钤用，余如所请办理。印模存。此令。

（中华民国陆海军大元帅之印）

中华民国十三年十一月十七日

据《大本营公报》第三十二号《指令》

给程潜的指令

（一九二四年十一月十七日）

大元帅指令第二一一五号

令大本营军政部长程潜

呈许部长[①]未到任以前暂派军务局长云瀛桥代拆代行由。

呈悉。此令。

（中华民国陆海军大元帅之印）

中华民国十三年十一月十七日

据《大本营公报》第三十二号《指令》

抵 沪 启 事[*]

（一九二四年十一月十八日）

文此次抵沪，备承各界各团体盛意欢迎，深为感愧。惟事冗不及一一接谈，无任歉仄。专此道谢，统希鉴察。此启。

据上海《民国日报》一九二四年十一月十八日《孙文启事》

致冯玉祥等电[**]

（一九二四年十一月十八日）

北京。国民军总司令部冯焕章、孙禹行、胡励生兄均鉴：在粤

① 许部长：即继任军政部长许崇智。

* 此件所标时间系上海《民国日报》发表日期。

** 原电未署日期。今据该电文内“兹已于昨日抵沪”判断，此电发自十一月十八日。

迭奉惠电，无任钦佩。兹已于昨日抵沪，稍迟数日即来津晤教。孙文。

据北京《晨报》一九二四年十一月二十日《各方推段与孙文行止》

任命罗翼群职务令

（一九二四年十一月十八日）

大元帅令

任命罗翼群为大本营军需总局局长。此令。

（中华民国陆海军大元帅之印）

中华民国十三年十一月十八日

据《大本营公报》第三十二号《命令》

准任谭炳鉴职务令

（一九二四年十一月十八日）

大元帅令

禁烟督办谢国光呈请任命谭炳鉴为第一科科长。应照准。此令。

（中华民国陆海军大元帅之印）

中华民国十三年十一月十八日

据《大本营公报》第三十二号《命令》

给杨希闵许崇智的训令

（一九二四年十一月十八日）

大元帅训令第五七一号

令建国滇军总司令杨希闵、建国粤军总司令许崇智为令遵事：据广东省长胡汉民呈称："呈为呈复事：前奉钧座第五三五号训令开：据广东财政厅长古应芬呈：为呈复事：奉钧署第一七四号训令开：案奉大元帅第五三五号训令，除原文有案邀免冗叙外，后开：兹据称该厅收入鲜然，缘因不在人民之不乐意输将，亦不在各厂局承商不遵命令，而在各防军贪多务得，仍予截收所致等语。究竟此项专款系何部防军截收，是否根据各属厂局承商报告，仰该省长即转饬该厅长将情形声叙呈复，以凭核办等因。奉此，遵即转行财政厅遵照办理在案。现据该厅将所属收入加二各厘税捐务被各防军截收者，分别列表呈请核办等情前来。除令复外，理合备文连同该厅现缴原表一份呈请钧座鉴核办理，仍乞指令祇遵"等情。并附缴被各军截收税捐厘费加二专款表一册前来。当经指令"呈、表均悉。候照表分别令行各该军长官转饬各该军不得截留可也。此令"等语。除指令印发外，合行令仰该总司令即按照表列各关、厂、捐、局地点分饬该所属各截收军队，嗣后应一律恪奉功令，将所有各税捐厘费加二等款，悉交由财政厅收管，毋得藉词截收，致碍财政统一。原表抄发。此令。

（中华民国陆海军大元帅之印）

中华民国十三年十一月十八日

据《大本营公报》第三十二号《训令》

给古应芬的指令

（一九二四年十一月十八日）

大元帅指令第二一二二号

令兼广东财政厅长古应芬

呈请重颁禁令，通饬各军总司令分行所属，不得擅将轮渡封用等情由。

呈悉。准如所请。候令行各军总司令遵照并转行所属一体遵照可也。此令。

（中华民国陆海军大元帅之印）

中华民国十三年十一月十八日

据《大本营公报》第三十二号《指令》

给许崇智等的训令

（一九二四年十一月十八日）

大元帅训令第五七二号

令建国粤军总司令许崇智、建国滇军总司令杨希闵、建国湘军总司令谭延闿、建国桂军总司令刘震寰、建国豫军总司令樊钟秀

为令遵事：据兼广东财政厅长古应芬呈称："现据航政局长李思辕呈称：'窃查各江轮船、渡船，关系交通至为紧要。年来军事频兴，盗风猖獗，航业凋零，实达极点，几经维持，仅保现状。而军队在省河一带封用船只之事常有发生，各航商闻风畏避，将所有轮渡纷纷停歇，不敢驶泊省河。不特交通顿受影响，国课立形短绌，尤恐不肖之徒，乘机假名索诈，实于船政前途，大有妨碍。局长为维持交通、国课而杜弊端起见，合无仰恳钧厅，俯赐转呈大元帅，重颁禁令，通饬各军总司令分行所属，严予取缔。如非因公必要，不得擅将各江轮渡封用。倘万不得已，宜向商船公会订约雇用，以杜滥冒，庶于国课、交通两无妨碍。是否有当，理合具文呈请察核，伏乞指令祗遵'等情前来。查核该局长所请，系为维持交通顾全国课起见，似应照准。据呈前情，除指令外，理合具文呈请大元帅察核，俯

赐重颁禁令，通饬各军总司令分行所属严予取缔。如非因公必要，不得擅将各江轮渡封用。倘万不得已，只可向商船公会订约雇用，免碍交通，用维船课。是否有当，伏候指令祇遵，实为公便”等情。据此，除指令并分令外，合行令仰该总司令即便遵照，并转行所属一体遵照。嗣后非遇要公，不得擅封各江轮渡。倘该部须用轮渡时，只可向商船公会订约雇用，以维航业而重国课。切切。此令。

（中华民国陆海军大元帅之印）

中华民国十三年十一月十八日

据《大本营公报》第三十二号《训令》

给古应芬等的训令

（一九二四年十一月十八日）

大元帅训令第五七五号

令大本营财政部长古应芬、广东财政厅长古应芬、两广盐运使邓泽如、两广盐务稽核分所经理宋子文、广州市政厅厅长李福林、广州市政厅财政局长、广东全省民产保证处处长李纪堂、禁烟督办谢国光、大本营会计司司长林直勉、广东全省沙田清理处处长江维华、广东印花税分处处长宋子文、广东全省烟酒公卖局局长伍嘉诚、粤海关监督范其务、广东筹饷总局总办范石生、广三铁路局长陈兴汉、管理粤汉铁路事宜陈兴汉

为令遵事：查各财政征收机关向例有旬报月报，以资比较而便考核。现在军需浩繁，更应详密稽核，以期收入增加，饷糈有赖。着各财政征收机关自本年十一月十六日起，将每日经征收入及支出各数目按日分款列表报告留守府备核。其十一月一日至十五日收支各数目，仍汇列一并补报。事关整理财政，其各凛遵毋违。除

分令外，仰该〇即便转饬所属一体遵照、即便遵照。切切。此令。

（中华民国陆海军大元帅之印）

中华民国十三年十一月十八日

据《大本营公报》第三十二号《训令》

给胡谦的指令

（一九二四年十一月十八日）

大元帅指令第二一二三号

令前代理军政部次长胡谦

呈报该部副官余云卿办理残废官兵报销册及支销单据清册请予备案，并饬发登《大本营公报》、《广东公报》由。

呈悉。支销尚属核实，准予备案，并将报销册发交公报照刊可也。此令。

（中华民国陆海军大元帅之印）

中华民国十三年十一月十八日

据《大本营公报》第三十二号《指令》

在上海招待新闻记者的演说*

（一九二四年十一月十九日）

诸君：

兄弟向来是主张和平统一的人，曹锟、吴佩孚都是主张武力统一的人。这回曹、吴的武力统一，被国民军推翻了。兄弟以为到了

* 十一月十九日下午，孙中山在莫利爱路寓所招待上海新闻记者，发表此演说。

讲和平统一的机会，所以离开西南到上海来。兄弟这次到西南有二年之久，虽然因种种障碍未有成就，但是对于反对曹、吴的武力统一，很有计划，很有筹备。近来筹备将及成功，忽然遇到国民军推翻曹、吴，我在西南所做的两年工夫可以不用，所筹备反对武力的计划可以放弃；不但是放弃反对武力的计划，并且放弃西南的地盘，单骑来上海。再过几日就往北京。这次单骑到北京，就是以极诚恳的意思，去同全国人民谋和平统一。至于要达到这个目的，还要有办法。这个办法的头一步，就要靠报界诸君鼓吹，来指导民众。

现在中国号称民国，要名符其实，必要这个国家真是以人民为主，要人民都能够讲话，的确是有发言权。象这个情形，才是真民国；如果不然，就是假民国。我们中国以前十三年，徒有民国之名，毫无民国之实，实在是一个假民国。这两三年来，曹、吴更想用武力来征服民众，统一中国。他们这种妄想，到近日便完全失败。这个失败事实发生了之后，就是我们人民讲话的极好机会。我们人民应该不可错过这个机会、放弃这种权利；若是我们放弃这种权利，便难怪他们武人讲话，霸占这种权利。我这次决心到北方去，就是想不失去这个机会。至于所有的办法，已经在宣言中发表过了。大概讲起来，是要开一个国民会议，用全国已成的团体做基础，派出代表来共同组织会议，在会议席上公开的来解决全国大事。说到中国人数，向来都是号称四万万，但是真正户口册总没有调查清楚。如果用的确人数做基础，不是短时间办得到的事；在短时间内办不到，便失去了这个机会。我们国民若还要失去这个机会，还不讲话，便是放弃主人翁的权利，以后再没有机会便不能怪别人了。我从前因为没有这个机会，所以筹谋计划，反抗武力，来造成这个机会。现在已经得到了这个机会，从前的筹谋都没有用处,所以抛弃一切,亲到上海来同诸君相见。

今天在这地同诸君讲话,是用人民的资格,是处于国民的地位。你们报界诸君,在野指导社会,也是一样。诸君都是先觉先知,应该以先知觉后知,以先觉觉后觉,尽自己的能力为国民的向导。我主张组织国民会议的团体,已经列入宣言之中的,一共有九种。这九种团体都是现在已经有了的大团体,另外没有列入的团体还是很多,譬如新闻界的团体便没有列入。现在各处新闻界的团体,内容、组织是不是完全,还要诸君仔细去调查;如果调查之后,认定是很完全,当然可以参加会议,讨论一切大问题。但是不管新闻界是不是参加会议,都负得有指导民众的责任,都要竭力宣传,令民众知道自己的地位,中国现在要和平统一的重要,以尽自己的责任。诸君此刻宣传国民会议,或者一时未能普遍传入全国民众之中。但是可以传入有知识的各种大团体,好象学会、商会、教育会以及农团、工团一样。诸君在这个时期内来讲和平统一,是十三年以来一个最难得的机会。如果在这个机会还不讲话来推倒军阀,那末,这次北方事变便不能促成和平统一,或者要酿成大乱,也未可知。

我们在这个时机,要问是全国大乱的终结,还是和平统一的开始,就全靠我们国民。我们国民要想是和平统一,便应该万众一心,全国各团体都派出代表来加入国民会议,研究现在时局的弊病,讨论补救的方法。所有加入的团体,不论他是有没有军队,不管他是属于那一界,都要照国民会议所决定的办法,服从国民会议的主张。

我所发表的宣言要能够完全实行,固然需要种种筹备,但是要民众赞成国民会议,首先便要民众明白国民会议的性质和国民会议的力量。如果这个会议可以解决国家的纠纷,诸君在新闻界便应该竭力鼓吹这个会议，俾民众明白这个会议的性质、实行这个会议的办法。从前国会之所以没有用处，是由于根本上选举议员的方法太草率。当时只要愿意做人民代表的人，到各省四乡去运动，人民因为不知道国会的重大，便不问想做代表人的学问道德如何，便举他们做议员，成立第一次国会。从前国会因为议员的本体不好，复受外界武力的压迫，所以在当时总是不能行使职权。后来北方政府毁法，解散国会，国会更是没有用处。西南政府护法，在广州、四川召集国会，以维法统而与武力相持。前年曹、吴也赞成护法，召集议员到北京开会。但是那些议员总是不组〔顾〕民利，只顾私利，到北京之后，不做别事，只要有钱，便去卖身，造成曹锟的贿选。现在全国国民对于那般议员完全失望。要解决国事，便不能靠那些议员，要靠我们国民自己。所以我才发起这个会议，要人民明白国家现在的地位，知道政治和人民利害的关系，用正派分子来维持中华民国。

我们现在组织这个团体，普通人或者疑惑有力量的人不赞成，没有力量的人徒托空言。殊不知我既是发起这个会议，自然要担负这个责任，对于有力量的人一定要他们赞成这个会议的主张；若是他们不赞成，我就明告于天下，说他们是以暴易暴。现在中国既是定名为民国，总要以人民为主，要让人民来讲话。如果是帝国，才让他们去讲话。假若一天不改国号，他们一天总要听人民的话。那些有十万或者二十万兵的人，我们不能把他当作特别伟人，只可以当作国民守门的巡捕。譬如我的门口，现在有两个持枪的巡捕来保护我家。上海凡是有钱的人，或者是在各省做过了大官的，都用有巡捕守门。那些守门的巡捕都是有枪阶级，那些主人只能在物质上多给钱，决不能够让那些巡捕来管家事，反对主人。照道理讲，那些有大兵权的人，所有的任务就是和守门的巡捕一样，不能以为他们是有枪阶级，我们主人便放弃权利，连家中大事也让他们来管。他们这次推翻曹锟、吴佩孚固然是很有功劳，我们只可以在会议之中特别设法酬谢，不能说会议的经国大事便由他们把持。他们在带兵的时候，一方面是军人；但是在不带兵的时候，一方面还是国民。用国民的资格，在会议席上本来可以讲话。如果用军人的资格，在会议席上专横，不让大家公平讨论，我便马上出京，请他们直捷了当去做皇帝。带兵的人，只可以看作巡捕，不能看作皇帝。若是他们自己真要看作皇帝，这次会议开不成，国事还不能解决，中国还不能和平统一。那末，国家的大事只可以暂时让他们去胡行乱为。这次推翻曹、吴，他们极有功劳，我们国民不讲话，他们当然可以讲话。不过他们推翻了大武人，还更有小武人发生；大武人要做皇帝，小武人当然可以称霸。所谓“大者王，小者侯”，以后中国的乱事当更没有止境，国民的痛苦更不能解除。我们要现在解除国民的痛苦，以止中国的乱源，便要大家集合各团体，组织大机关，来对武人讲话，求一个和平解决的办法。若是武人还执迷不悟，我们国民只可以宣布他们的横暴，等他们武人再互相推翻，或者总有觉悟之一日。这次北方的事变，是武人推翻武人，有大兵权的人也可以打破，足见武人不足恃。有了这回事变，一般野心家看见了，或者可以敛迹。但是要我们力争，他们才敛迹。如果目前无人力争，他们便不顾是非，为所欲为，以后的乱事便不知道要到一个什么地步了！

有了这次北方事变发生之后，究竟能不能够收束？以后中国究竟是治或者是乱？究竟是和平的开始，或者是大乱的开始？没有别的办法可以决定，只有开国民会议，用大家来解决之一法。若是专由武人去解决，便由他们彼此瓜分防地，争端没有止境，好比从前的督军团会议，各武人分争巡阅使一样。至于收束目前的军事，全国军队如何改编、如何遣散、如何化兵为工来开路，那都是将来会议中的条目。现在所应该注重的大纲，一共只有两点：第一点是国内人民的生活，究竟要用什么方法可以救济；第二点是中国受外国的种种压迫，究竟要用什么方法可以挽救。

就第一点说，大家常听得说中国有四万万人，但照我按最近各国科学家同宗教家对于中国人口精确的调查，前二年只有三万万一千万，去年不足三万万。在从前，各国教士同科学家调查中国人口确有四万万。何以从前的人数有四万万多，近年便减少到三万万一千万，到去年便更形减少，连三万万的数目也是不足呢？何以在这十几年中便减少了一万万，在前年一年之中便减少一千多万呢？我们人口这样减少，真是可惊可怕！这样可惊可怕的事，是受什么大影响呢？依我看起来，最大的影响是受国内的变乱。以后乱是再不停止，全国人口当更要减少，推到极端，真有亡国灭种之忧。这就是民生主义中的一个大问题。我们要中国前途不至亡国灭种，便要赶快解决这种民生问题。中国近来人口死亡不止是在战争。在战场中死亡的人数最多不过十万，其余大多数的死亡，都是在战场附近冻死饿死，或受其他各种兵灾的影响，生活不遂而死。我们要和平统一，防止乱源就是救亡的最重要问题。

就第二点说，是对外问题。中国从和外国通商以来，便立了许多条约，那些条约中所载的极不平等。现在中国已失去国际上的平等自由，已经不是一个完全独立的国家。一般人都说是一个半殖民地，依我看中国还赶不上半殖民地！好比高丽是日本的殖民地，菲利宾是美国的殖民地，中国若是半殖民地，照道理上讲起来，中国比较高丽、安南和菲利宾所受待遇当然好些。但事实上是怎样呢？高丽做日本的殖民地，高丽所奉承的主人只有一个日本；日本做高丽的主人，所得到的权利固然是很大，但是所尽的义务也不少。如果高丽有了水旱天灾，日本设尽种种方法去赈济，常常费到几百万，日本人都自以为是应该做的事。至于美国之待菲利宾，不但是急时赈济灾害，平时并且费很多的人工、金钱，办理教育、交通和一切善政。中国平时要改良社会，急时要赈济水旱天灾，有什么人来尽义务呢？只有几位传教的慈善家，本悲天悯人的心理来救济；如果费了几十万，便到处宣传，视为莫大的功德。而且高丽和菲利宾所奉承的主人都只有一国的人，做奴隶的要得到一国主人的欢心，当然很容易。中国现在所奉承的主人有十几国，如果专得英国人的欢心，美国、日本和其他各国人便不喜欢；若是专得日本和美国人的欢心，英国和其他各国人便不喜欢。正是俗话所说："顺得姑来失嫂意。"要得到众主人的欢心，是很艰难的。

今日《大陆报》上发表了一篇论文，叫做《条约神圣》。这篇论文所以发表的原因，大概是由于我在吴淞登岸的时候，有一位日本新闻记者见我说："英国想抵制先生在上海登岸。"我说："上海是我们中国的领土，我是这个领土的主人，他们都是客人。主人行使职权，在这个领土之内，想要怎么样便可以怎么样。我登岸之后，住在租界之内，只要不犯租界中的普通条例，无论什么政治运动我都可以做。"那位日本记者昨日发表了我的这言论，所以该报今日便有这篇论文。大家知道，不平等的条约是什么东西呢？就是我们的卖身契！我这次到北京去，讲到对外问题，一定要主张废除中外一切不平等条约，收回海关、租界和领事裁判权。

废除国际间的不平等条约，东亚有两国已经行过了的，一个是日本，一个是暹罗。东亚只有两个完全独立的国家，就是日本、暹罗。日本、暹罗之所以能够完全独立，就是由于废除从前和外国所立的不平等条约。日本废除条约，是用兵威；暹罗国小，没有大武力，废除条约，是用公理向各国力争。所以国际间强大国家束缚弱小国家的不平等条约，是可以废除的，不是不能废除的，只看我们所用废除的方法是怎么样罢了。我们常常笑高丽、安南是亡国奴，他们都只有一国的主人，做一国的亡国奴；我们和许多国家立了不平等的条约，有十几个主人，做十几国的亡国奴。最近新发生了一个俄国，自动的废除了中俄一切不平等的条约，交回俄国从前在中国所得的特别权利，放弃主人的地位，不认我们是奴隶，认我们是朋友。除了俄国之外，还有德国、奥国也废除从前在中国所立的不平等条约，交回一切特别权利。德国、奥国都是欧战打败了的国家。

那些欧战打胜了的国家，见得打败了的国家还可以放弃中国的特别权利，为什么打胜了的国家不可放弃呢？他们因为研究到这个问题，自己问良心不过，所以便主张把从前束缚中国的不平等条约要放松一点，因为研究放松条约的办法，所以才有华盛顿会议。但是他们一面会议，主张放松条约；又一面说中国常常内乱，不能随便实行，总是口头上的主张。外人在口头上放松束缚中国的条约，不是从今日起的。譬如庚子年北京起了义和团之后，各国联军打到北京，赶走中国政府，逼成城下之盟，外国人在北京为所欲为，立了许多不平等的条约。当时英国是世界上头一个强国，国内极文明，有许多人看到各国在中国太野蛮，太对中国不住，便出来讲公道话，主张要把英国所占的特别权利送回中国。英国政府在当时也赞成这种主张，但是又附带了一个条件，必须各国一致退回在中国所占的特别权利，然后英国才可以实行。所以英国一方面赞成那种公道的主张，又一方面使许多小国象西班牙、葡萄牙来反对。弄到结果，彼此推诿，至今不能实行。这还是二十年以前的事。外国人在二十年以前便有了这种动机，我们不争，他们自己自然是不管。中国一般普通人的心理，以为外国人废除不平等的条约，必须要中国有力量；如果中国一日没有力量，那些旧约便一日不能废除。这个道理，殊不尽然。要问外国能不能废除旧条约，就问我们有没有决心去力争。如果大家决心去力争，那些条约便可以废除。好象最近的华盛顿会议，外国人便主张放松；从前的凯马约契，外国人也主张实行，我们中国人都是不争，都是不要。假若全国国民一致要求，这种目的一定是可以达得到的。

中国现在祸乱的根本，就是在军阀和那援助军阀的帝国。我们这次来解决中国问题，在国民会议席上，第一点就要打破军阀，第二点就要打破援助军阀的帝国。打破了这两个东西，中国才可以和平统一，才可以长治久安。军阀的祸害是人人所深知的。至于帝国主义的祸害，在中国更是一言难尽。

譬如就通商而论，这本是两利的事，但是中外通商，每年进口货极多，出口货极少，进出口货总是不能抵销。据最近的海关报告，进口货要超过出口货五万万，这就是中国损失了五万万。换言之，就是中国由于通商，每年对于外国要进贡五万万。就我们所住的租界而论，租界是什么人的主权呢？都是归外国人管理的。中国人住在租界之内，每日纳税、买货以及缴种种保护费，又是多少钱呢？再就货物在中国内地销行的情形而论，外国货物入口，先抽百分之五的海关税，再运入内地，抽百分之二点五的厘金；抽过了百分之七〈点〉五之后的外国货物，无论运到什么地方去卖，都不必再抽税，都可以畅销。如果有中国货物由上海运到四川重庆去卖，先在上海要抽百分之五的海关税，以后经过镇江、南京、芜湖、安庆、九江、汉口、沙市、宜昌、夔府等处，总有十多处厘金关卡。每经过一个关卡，就要抽一次的厘金。总算起来，经过这些关卡，商家该当纳多少税呢？中国商人因为要免除这种重税，所以许多商人便请一个外国人出面运货，说是外国的货物，每批货物只抽百分之七点五的税便可以了事。中国商人请外国人保护货物的这种举动，好比是请保镳一样。外国压迫中国，除利用经济势力来直接干涉以外，另外更用种种方法，间接来吸收中国人的钱。不过中国最大批的损失，还是进口货的五万万。我们受这样大的损失，在外国人美其名说是通商；就事实上论起来，何异强夺豪取！

更就洋布洋纱而论，当欧战的时候，本是中国商人最赚钱的生意。当时之所以赚钱，是由于洋货不能入口，没有洋货来竞争。我这次进吴淞口的时候，沿途看见纱厂布厂的烟筒，多是不出烟，我便奇怪起来，问那些由上海来接我的人。他们都说那些工厂在这几年中极亏本，早已停工。亏本的原因，是由于和洋纱洋布相竞争，在上海所做的布和纱都不能赚钱。当这个时候，假若海关是归我们中国人管理，我们便可以把进口的洋布洋纱抽重税；如果在中国所织的布每匹是值五元的，我们加抽洋布的税，便要弄到他每匹的价钱要高过五元，至少也要和中国布的价钱一样，然后中国布才可以同洋布相竞争。这种抽税的方法，是保护税法，是用来保护本国货物的。中国现在因为受国外压迫，不能行这种保护税法，所以上海纺出来的纱、织出来的布，便不能和洋布洋纱相竞争，便要亏本，纱厂便因此停工。工厂停工，工人自然是失业。当布纱生意极盛的时代，这种工厂在上海之内的工人至少有十万人，这十万人现在因为停工失业，谋生无路，总有多少是饿死的。那些饿死的工人，就是间接受了不平等条约和国际经济压迫的影响。

中国当革命之初，外国人不知道内情，以为中国人忽然知道共和，必然是程度很高，不可轻视，所以赞成中国统一。后来查得内情，知道中国的官僚军阀都是爱钱，不顾国家，所以便帮助军阀，借钱给军阀。军阀有了多钱，于是摧残民气，无恶不作。象袁世凯借到了大批外债，便杀革命党，做皇帝。吴佩孚借到了大批外债，便专用武力，压服民众。吴佩孚这次在山海关打败仗以后，退到天津，本是穷途末路，国民军本可以一网打尽，战事本可以结束。但是有某国人对吴佩孚说："长江是我们的势力，如果你再退到那里，我们帮助你，你还是很有希望。"所以吴佩孚才再退回长江。我说这些话，不是空造的，的确是有证据的。大家不信，只看前几个月某国人在香港的言论，大吹特吹，说"陈廉伯是华盛顿"，"广州不久便有法西斯蒂的政府发生"。他们总是在新闻纸上挑战，要商团打政府，说商团如果不打政府，政府便马上实行共产。最近更助陈廉伯在香港发行两百万元的债票，由他们的银行担保。象这种种举动，无非要延长中国内乱，他们才可以从中取利。象这样的帝国主义还不打倒，不但在北帮助吴佩孚，在南帮助陈廉伯，就是吴佩孚、陈廉伯以外的人都可帮助，中国的祸乱便永远没有止境。外国人初次打败中国、和中国通商以后，以为中国很野蛮，没有用处，想自己来瓜分中国。及遇义和团之变，中国人竟用肉体和外国相斗，外国虽用长枪大炮打败了中国，但是见得中国的民气还不可侮，以为外国就是一时用武力瓜分了中国，以后还不容易管理中国。所以现在便改变方针，想用中国人来瓜分中国，譬如在南方便利用陈廉伯，在北方便利用吴佩孚。

我们这次解决中国问题，为求一劳永逸起见，便同时断绝这两个祸根。这两个祸根，一个是军阀，一个是帝国主义。这两个东西和我们人民的福利是永远不能并立的。军阀现在已经被我们打破了，所残留的只有帝国主义。要打破〔的〕帝国主义，便要全国一致，在国民会议中去解决。诸君既是新闻记者，是国民发言的领袖，就一定要提倡国民会议。国民会议开得成，中国的乱事便可以终止；若是开不成，以后还要更乱，大乱便更无穷期。中国每次有大乱，我总是首当其冲。譬如从前的袁世凯，现在的吴佩孚，都是身拥雄兵、气盖一时的人，我总是身先国民，与他们对抗。这次推倒了吴佩孚，我也放弃两年的经营，只身往北方去，以为和平统一的先导。我这次往北方去，所主张的办法，一定是和他们的利益相冲突，大家可以料得我狠有危险。但是我为救全国同胞、求和平统一、开国民会议去冒这种危险，大家做国民的人便应该做我的后盾。中国以后之能不能够统一，能不能够和平统一，就在这个国民会议能不能够开成。所以中国前途的一线生机，就在此一举。如果这个会议能够开得成，得一个圆满结果，真是和平统一，全国人民便可以享共和的幸福，我的三民主义便可以实行，中国便可以造成一个民有、民治、民享的国家。造成了这种国家，就是全国人民子子孙孙万世的幸福。我因为要担负这种责任，所以才主张国民会议。我今天招待诸位新闻记者，就是要借这个机会，请诸君分担这个责任，来赞成国民会议，鼓吹国民会议。

据《孙中山先生由上海过日本之言论》(上海民智书局一九二五年三月版)《国民会议为解决中国内乱之法》

与某君的谈话*

(一九二四年十一月十九日)

【某人以长江时局发生变化，而武昌方面又有护宪军政府之组织，询孙中山之意见】

孙答：此种举动，本属恋位贪利之军阀应有之举动，且从中不问可知而有帝国主义者暗为鼓煽。无知妄作，民遭毒害，结果仍不

---

* 此件所标日期系据十一月二十日上海《民国日报》载“昨日某要人以长江时局突生变化……特谒孙中山先生”酌定。

免归失败，天演公例无可幸免，所苦者国民多遭一次无谓之牺牲耳。但经此次之暴举，和平统一之希望因之更佳。设无此举，则暴力潜藏，后仍为患，转不若使国民知暴力存在时可造祸，群思彻底之奋斗，持一劳永逸之解决，俾民治建设之进行不致再蒙阻力。

据上海《民国日报》一九二四年十一月二十日《中山先生之长江变化谈》

裁撤建安督办令

（一九二四年十一月十九日）

大元帅令

建安督办着即裁撤。此令。

（中华民国陆海军大元帅之印）

中华民国十三年十一月十九日

据《大本营公报》第三十二号《命令》

任命卢兴邦职务令

（一九二四年十一月十九日）

大元帅令

任命卢兴邦为福建上游指挥官。此令。

（中华民国陆海军大元帅之印）

中华民国十三年十一月十九日

据《大本营公报》第三十二号《命令》

任命任应歧职务令

（一九二四年十一月十九日）

大元帅令

任命任应歧兼建国豫军总指挥。此令。

（中华民国陆海军大元帅之印）

中华民国十三年十一月十九日

据《大本营公报》第三十二号《命令》

任命任应歧职务令

（一九二四年十一月十九日）

大元帅令

任命任应歧为建国军豫军第一师师长兼第二旅旅长。此令。

（中华民国陆海军大元帅之印）

中华民国十三年十一月十九日

据《大本营公报》第三十二号《命令》

任命陈青云职务令

（一九二四年十一月十九日）

大元帅令

任命陈青云为建国军豫军第二师师长兼第三旅旅长。此令。

（中华民国陆海军大元帅之印）

中华民国十三年十一月十九日

据《大本营公报》第三十二号《命令》

给罗翼群等的训令

（一九二四年十一月十九日）

大元帅训令第五七八号

令大本营军需总局局长罗翼群、禁烟督办谢国光、广东财政厅厅长古应芬、两广盐运使邓泽如、广东筹饷总局总办范石生、朱军长培德转连阳乐昌四县[①]、管理粤汉铁路事务陈兴汉

为令遵事：现在建国军北伐各部队陆续前进，所有后开各认饷机关原日应拨各部队之款，于本月二十一日起，概行缴交大本营军需总局收付，以归统一而利军行。各该认饷机关务各按照原日认解数目极力筹足解缴，毋稍蒂欠贻误。除分令外，仰即遵照。数目单抄发。此令。

（中华民国陆海军大元帅之印）

中华民国十三年十一月十九日

据《大本营公报》第三十二号《训令》

给韶关大本营等的训令

（一九二四年十一月十九日）

大元帅训令第五七九号

---

① 连阳乐昌四县：即广东省属连县、连山、阳山、乐昌。

令韶关大本营、建国湘军总司令谭延闿、建国第一军军长朱培德、建国第二军军长柏文蔚、建国第三军军长卢师谛、建国第七军军长刘玉山、建国鄂军湖北招讨使何成濬、建国赣军司令李明扬、建国桂军第六师师长廖湘芸、建国山陕军司令路孝忱、建国豫军总司令樊钟秀、大本营军需总局局长罗翼群

为令遵事:现在财政困难,所有建国军北伐各部队军饷亟应统一收支,以便筹画而利支付。除各部军饷仍暂照原日所领额数按日发给外,如收入间有不敷时,应由大本营军需按数匀拨,以昭平允。以后北伐各部队军饷,即向大本营军需请领。其原日令由各机关拨付之款及由各部队就所在防地自筹之款,概行拨交大本营军需总局统收支付,以一事权而专责成。除分令外,仰即遵照。此令。

(中华民国陆海军大元帅之印)

中华民国十三年十一月十九日

据《大本营公报》第三十二号《训令》

给革命纪念会的指令

(一九二四年十一月十九日)

大元帅指令第二一二六号

令革命纪念会

请拨款六百元就倪烈士映典殉难地点建立纪念碑由。

呈悉。照准。候令行广东省长转饬财政厅照数拨给可也。此令。

(中华民国陆海军大元帅之印)

中华民国十三年十一月十九日

据《大本营公报》第三十二号《指令》

给胡汉民的训令

（一九二四年十一月十九日）

大元帅训令第五八〇号

令广东省长胡汉民

为令遵事：据革命纪念会呈称："呈为呈请事：窃查民国纪元前一年辛亥正月初三日广东新军之役，倪烈士映典多所勠力，及举义时敌军拒战，倪烈士单骑至牛王庙说敌附义，被乱枪集击，遂及于难。其奋不顾身，为国流血，忠勋实足千古。表扬先烈，后死之责也。应请钧座核准拨款六百元，就烈士殉难地点建立纪念碑，以垂永久而资景仰。理合备文呈请鉴核施行，不胜屏营待命之至"等情前来。除指令"呈悉。照准。候令行广东省长转饬财政厅照数拨给可也。此令"印发外，合行令仰该省长即便遵照。切切。此令。

（中华民国陆海军大元帅之印）

中华民国十三年十一月十九日

据《大本营公报》第三十二号《训令》

给广州工人代表会执行委员会的指令

（一九二四年十一月十九日）

大元帅指令第二一二七号

令广州工人代表会执行委员会

呈称市长选举总工会不能代表全体，请改正条文由。

呈悉。所陈是否可行，候令行省长查明情形，呈候核办可也。此令。

（中华民国陆海军大元帅之印）

中华民国十三年十一月十九日

据《大本营公报》第三十二号《指令》

给胡汉民的训令

（一九二四年十一月十九日）

大元帅训令第五八一号

令广东省长胡汉民

为令遵事：据广州工人代表会执行委员会呈称："查《广州市市长选举暂行条例》第廿一条第二项工〈界〉在广东总工会或总工会择定之地点之规定。查市长选举问题，我工人占市民之大多数，且为政治实力之中心，对于选举问题岂能放弃。惟选举条例所载工界市长选举会设在广东总工会或总工会择定之地点，殊堪诧异。窃思市长选举，以广州市民为限。广州总工会之组织，其范围包含广东，其不可者一也；现在广州工会隶属于广东总工会者寥寥无几，若以总工会选举会办事处必不能号召各工会，使之共同组织，则选举前途，必为少数人所把持，其不可者二也。职会为广州多众工人最高之机关，广州工会隶属于敝会者共计一百三十余团体。据理言之，工界选举总办事处当由本会组织，毫无异议。职会经于本月十五日召代表大会决议，对于广东总工会或总工会所择工界选举总办事处一律否认。理合备文呈请钧座察核，恳请克日修正《广州市市长选举暂行条例》第二十一条第二项，明令颁布，以昭核实，实为公便"等情。据此，除指令"呈悉。所陈是否可行，候令行广东省长查明情形，呈候核办可也。此令”印发外，合行令仰该省长即便遵照，迅速查明呈覆。切切。此令。

（中华民国陆海军大元帅之印）

中华民国十三年十一月十九日

据《大本营公报》第三十二号《训令》

给谢国光的指令

（一九二四年十一月十九日）

大元帅指令第二一二五号

令禁烟督办谢国光

呈报万益公司退办暨自愿将抵余按饷悉数报效军饷请予嘉奖，并称该局退办后禁烟事宜仍在进行中等由。

呈悉。准予题颁“急公好义”四字匾额，仰即转给承领。并由该督办传谕嘉奖，以资激励可也。此令。

（中华民国陆海军大元帅之印）

中华民国十三年十一月十九日

据《大本营公报》第三十二号《指令》

致各省各公署等组织通电*

（一九二四年十一月二十日）

各省、各公署、各公团、各学校公鉴：文主张召集国民会议，为解决目前中国问题之唯一办法，前已发表宣言通告全国，惟内地交

* 原电未署日期，所标时间据《国父全集》。

通不便，每多隔膜。因特派同志分赴各地宣传，俾民众均得了解国民会议之真意，所派同志均给有委任书，到时务期惠予接洽为幸。孙文。

据上海《民国日报》一九二四年十二月三日《中山先生之通电》

与何世桢等的谈话*

（一九二四年十一月二十日）

【何世桢等陈述略谓：此次总理来沪赴京处理国事，使本党主义更得发扬之机会，凡属党员俱深庆贺。次述本党向以三民主义为主张号召于民众，数十年来一贯，故五四运动后各学生纷纷加入，今则外间每多误会，此层望对外须有解释，而于本党分子应按纪律严加处理。】

孙中山：尔等所言各节余已明了。关于民生主义一部分，外间及党员尚多未了解，故余在粤曾有演讲，现已付书局印刷，不久可出版，将来可购阅研究。至关于纪律一层，余已有办法。

据上海《申报》一九二四年十一月二十一日《本埠新闻：国民党员昨谒中山》

与青年党员某君的谈话**

（一九二四年十一月二十日）

某君问：近有某党假借本党名义及破坏本党等情，应如何

---

* 十一月二十日，孙中山在寓所接见复旦、上海、东吴、法政等大学的三十多位国民党青年党员。

** 此件所标时间系据《国父全集》。

对付?

孙笑答:某党不敢公然独行乃假冒本党之名者,足见本党牌子之老而能受人信仰。吾党万勿因彼辈冒牌即怀妒恨,我意惟恐其不假冒。君不见今日市上老牌子之巨肆乎?假冒愈多,则彼牌子亦愈响,如此不花钱之宣传,吾等又何乐而不为哉!

孙又曰:予尚有西客某待会晤,不能与君等作久谈,且我明日即将赴京。愿君今后努力,为本党多多介绍同志,异日予自京归必将迎君畅谈。倘仍独君一人而不能尽力介绍者,则君不必见我。

据《国父全集》第二册

致涩泽荣一电

(一九二四年十一月二十日)

契阔多年,恒怀雅度。远闻高节,至慰私衷。特布极拳,曷禁神往。一九二四年十一月二十日。

据纪念涩泽青渊财团龙门社编纂《涩泽荣一传记》资料第三十八卷(一九六一年日文版)译出(金世龙译)

任命陈新燮职务令

(一九二四年十一月二十日)

大元帅令

任命陈新燮为大本营内政部第二局局长。此令。

(中华民国陆海军大元帅之印)

中华民国十三年十一月二十日

据《大本营公报》第三十二号《命令》

给谢适群的指令

（一九二四年十一月二十日）

大元帅指令第二一二九号

令大本营内政部次长代理部务谢适群

呈报就期日期由。

呈悉。此令。

（中华民国陆海军大元帅之印）

中华民国十三年十一月二十日

据《大本营公报》第三十二号《指令》

给徐绍桢的指令

（一九二四年十一月二十日）

大元帅指令第二一三〇号

令卸大本营内政部长徐绍桢

呈报交卸清楚由。

呈悉。此令。

（中华民国陆海军大元帅之印）

中华民国十三年十一月二十日

据《大本营公报》第三十二号《指令》

给刘震寰的指令

（一九二四年十一月二十日）

大元帅指令第二一三一号

令建国桂军总司令刘震寰

呈报遵令改称建国桂军日期请备案由。

呈悉。此令。

（中华民国陆海军大元帅之印）

中华民国十三年十一月二十日

据《大本营公报》第三十二号《指令》

给卢振柳的指令

（一九二四年十一月二十日）

大元帅指令第二一三二号

令大本营卫士队队长卢振柳

呈报就职日期并将接管各件列册，呈请备案由。

呈悉。册存。此令。

（中华民国陆海军大元帅之印）

中华民国十三年十一月二十日

据《大本营公报》第三十二号《指令》

给邓泽如的指令

（一九二四年十一月二十日）

大元帅指令第二一三三号

令两广盐运使邓泽如

呈请于现届商人包缴盐税满约后即遵部令以大洋加二五水饬缴税款由。

呈悉。该运使与商人所订按日依额包缴盐税合约，是否在大洋补水改加二五通案之前成立，来呈未据声叙，未免含混。但既称一俟下月十二月五日止，商人包缴满约后如议订约续办时，当遵通案办理等情，姑准如拟办理。除令知财政部外，仰即遵照可也。此令。

（中华民国陆海军大元帅之印）

中华民国十三年十一月二十日

据《大本营公报》第三十二号《指令》

给古应芬的训令

（一九二四年十一月二十日）

大元帅训令第五八四号

令大本营财政部长古应芬

为令知事：据两广盐运使邓泽如呈称："呈为呈请核示事：窃本年十一月十四日奉钧府第二〇九五号指令：据使署呈为省河盐税不能照加二五补水，乞予核示由。奉令开'呈悉。大洋补水改加二五，事关通案，万难变更。仰仍遵照财政部通令办理，勿任商人借口包缴要求减轻。此令'等因。奉此，自应遵照办理。惟使署现在与商人所订按日依额包缴盐税合约，系承历任运使因地方多故，运道梗塞，核减税率之后，近更因罢市风潮，虽经恢复交易原状，而市面银根尚未能照常周转，运销仍然停滞。故商人所认包缴税率，每盐一包仅得小洋四元六毫，以视向章每包加一五，大洋五元实只认到原定税率八成。今若以加二五，大洋五元饬商按照八成缴纳，恐该商借口负担过重，于订定合约期内要请退办，必致牵动全盘收入支出，于大局殊有关系。兹拟请于现届商人包缴盐税约内暂免置议，一俟下月十二月五日止，商人包缴满约后，如议订续办时，当即遵照部令，以大洋加二五水，饬商筹议办理，以符通案。奉令前因，所有拟请于现届商人包缴盐税满约后即遵部令，以大洋加二五水饬缴税款各缘由，理合具文呈请钧府鉴核，指令祇遵，实为公便”等情前来。除指令“呈悉。该运使与商人所订按日依额包缴盐税合约，是否在大洋补水改加二五通案之前成立，来呈未据声叙，未免含混。但既称一俟下月十二月五日止，商人包缴满约后如议订约续办时，当遵通案办理等情，姑准如拟办理。除令知财政部外，仰即遵照可也。此令”印发外，合行令仰该部长即便知照。此令。

（中华民国陆海军大元帅之印）

中华民国十三年十一月二十日

据《大本营公报》第三十二号《训令》

给古应芬的指令

（一九二四年十一月二十日）

大元帅指令第二一三五号

令广东财政厅长古应芬

呈请令行滇军总司令制止第二师不得截收省河各捐税加二专款由。

呈悉。准予令行滇军总司令转令第二师师长查照制止可也。此令。

（中华民国陆海军大元帅之印）

中华民国十三年十一月二十日

据《大本营公报》第三十二号《指令》

给杨希闵的训令

（一九二四年十一月二十日）

大元帅训令第五八五号

令建国滇军总司令杨希闵

为令遵事：据广东财政厅长古应芬呈称："现据承办省河猪捐维兴公司商人锺恒升暨广州西税厂合兴公司商人陈振等呈称：现奉滇军第二师司令部训令，饬将加二抽收专款拨解该部充饷等因，呈请核示办理等情前来。并据省河补收土丝两厘厂承商先后以前情具报前来。查厘税项下征收加二专款一案，系奉钧座核准由厅专案办理，无论何项机关不得截留，历经办理有案。嗣以各属专款均被驻军截收，又经职厅呈请钧座严饬各军不得截收，以符原案而应支付又在案。况此项专款，业经职厅指定用途，如病兵医药，湘、豫军给养，及其他煤费暨种种开支，均所从出。职厅原有各种收入，已尽为各军截收，则职厅各种要需，从何应付？职厅掌管财政，责有专司，倘或贻误，谁尸其咎。据呈前情，除咨行批复外，理合具词仰恳钧座俯赐严令滇军总司令暨廖师长行超，嗣后对于厘税专款，不得截收。拨过之款，如数提还解库，俾资挹注而维原议。所有吁恳严令滇军第二师不得截收省河猪捐、广州西税、省河补抽局、省河土丝厂加二专款各缘由，理合具文呈请鉴核示遵"等情。据此，除指令"呈悉。准予令行滇军总司令转令第二师长查照制止。此令"印发外，合行令仰该总司令查照转饬办理。此令。

（中华民国陆海军大元帅之印）

中华民国十三年十一月二十日

据《大本营公报》第三十二号《训令》

与石克士等的谈话*

（一九二四年十一月二十一日）

十三年来，民国绝无起色，党务并不进步，皆由尔等不肯奋斗之过。彼共产党成立未久，已有青年同志二百万人，可见其奋斗之成绩。尔等自不奋斗而妒他人之奋斗，殊属可耻。彼等破坏纪律，吾自有办法，与尔等何干？上海现有人口一百五十万人，今吾限尔等每人一年内须介绍党员一千人，否则不准再来见我。

据北京《顺天时报》一九二四年十二月二日《中山到沪与共产党之活动》

复许世英等电**

（一九二四年十一月二十一日）

胥电颂悉。文订于养日由沪启程，绕道赴京，如届时芝老已入京，当直接抵京晤教。孙文。马。印。

据北京《晨报》一九二四年十一月二十五日《孙文昨日抵长崎》

---

*　一九二四年十一月二十一日，上海各区分部执行委员石克士、童理璋、周颂西等六十余人谒见孙中山，诬蔑“共产党违背主义、破坏大局、攻击友人、私通仇敌、棍骗工人”等等，请孙中山治以应得之罪。这是孙中山简短的谈话，“语毕即怫然登楼”。

**　受电人为段祺瑞的代表许世英、军务厅长张少卿、参政陈宧等。原电未署年月份，据电文“养日由沪启程，绕道赴京”等语判断，时间应在一九二四年十一月。

任命杨愿公职务令

（一九二四年十一月二十一日）

大元帅令

任命杨愿公为大本营参议。此令。

（中华民国陆海军大元帅之印）

中华民国十三年十一月二十一日

据《大本营公报》第三十三号（广州一九二四年十一月卅日版）《命令》

给陈兴汉的指令

（一九二四年十一月二十一日）

大元帅指令第二一三七号

令管理粤汉铁路事务陈兴汉

呈请给病假一月并派员代理粤汉铁路事务由。

呈悉。准予给假一月，已令派王棠暂行代理粤汉铁路事务矣。仰即知照。此令。

（中华民国陆海军大元帅之印）

中华民国十三年十一月二十一日

据《大本营公报》第三十三号《指令》

与日本记者的谈话*

（一九二四年十一月二十二日）

记者：若如先生日前所谈，鉴于世界大势，认中日提携之为急务而东渡，似宜更赴东京广与日本朝野名士会商？

孙：此次北上顺道赴日，因须急行，不能如此延缓，特因上海无开行天津之便船，由神户换船赴津较为便利。

记者：中国内乱以来，列强对华压迫有加，先生已觉察之否？又先生对此有何感想？

孙：列国之事非余所知，但就此有须一言者，如余常所主张：关于列国之租界问题务必要求早日归还中国，余个人亦必毅然主张之。甚望曾与中国立于同样境遇、有其苦经验之日本与以同情。

记者：如早日尊说，先生北上之目的，为列席民国改造之大会议，提议改造之根本策而不参与其后之实际政事，唯真心忧国。欲实现改造之大负，似不能无身先任政之热忱，请问不遽立于庙堂者何故？

孙：由来中国迭起纷乱，统一不能实现之根本原因不在内政问题，而在外交问题。列强对于中国提倡共管、瓜分等说，临以压迫的态度，致政事改良及其他要事均难进行。故余与其当此纷乱之政局立于庙堂，无宁立于国民之地位，对国民间说所以必加猛省之故，对外国国民说明目下各国对华之侵略政策有害世界之和平，唤

* 孙中山于十一月二十二日离沪。这是孙中山临行前在“上海丸”轮中，与日本记者的谈话。

起彼邦国民之舆论以促列强之反省。因此，余认与其在中国国力尚未充实之际立于庙堂，无宁以国民资格努力唤起内外国民之舆论。至“元老会议”云云，特属谣言，非余之所知。余之北上，盖在以所抱负提议开一大国民会议耳。

记者：若以国力充实为念，无身先立于国事方面之热忱欤？

孙：唯中国之国情尚不之许，若余立于支配国政之地位，必非议、攻击采取非道之对华政策之列强政府，结果或与诸外国发生冲突亦未可知，对于中国决非得计。反之，余立于国民之地位，如上所述，努力唤起内外国民之舆论。若我国民与外国民之联合进攻，即能对抗欲取误谬政策之任何国之政府，盖可信而无疑。又，中国之迭起纷乱不在内政问题，而其源在国外亦可举例而言之：即枭雄吴佩孚山海关败逃天津，在几无可往之穷境时，而某国怂恿其由扬子江回洛阳，并允对其入扬子江与以一切援助。若如〔无〕某国之怂恿，吴将不来扬子江方面。与余同志之某国同志对某政府此种行动，已为猛烈之反抗。因之依于同情我等之彼国民之力，某政府今已断然中止援吴。由此以观，余立于国民而活动于中国为重要之事已甚明显。要之，中国扰乱之原因，即在对华抱有野心之列国，迄今当有事之际，利用一部分武人使然耳。即中国之国政愈乱，彼等欧美列强对华实现其压迫的野心之可能性愈多，中国非完全排除此等外力，则国家之统一不能永久，而欲排除外力，仅中国一国民之力现尚有所不能，必依其国民之觉悟促其本国政府反省始能实现。故必立于国民之地位，指导觉醒我国民与外国之国民联合，以促欧美列强之反省。环顾中国，现得当此重任者唯余一人，非列国欲图共管、瓜分之扰乱行为完全排除之时，余决不立于民国之当道。

据上海《民国日报》一九二四年十一月二十四日《中山先生离沪前之谈话》

附:同题异文

（一九二四年十一月二十二日）

余此次因无便船，故改由神户转道赴津。抵神户后，拟顺便访晤日本朝野一部分人士。中日两国就目前世界大势言，非根本提携不可，两国人民尤应亲善携手，共御他人侵掠政策。近年来中国人民对于日本颇多怀疑，此后日本上下应切实表明对华亲善政策。中国频年内乱，多半为外人直接或间接造成，过去如广州商团事件，现在如吴佩孚南下事件，暗中均有外人从中指使，无非欲达其侵掠政策耳。余此去纯然以中华民国国民资格赴天津之善后会议。届时，余即将建议此项主张于会中，共救国难。如要求撤废治外法权一事，即为入手计之一。此后进行当然须经历无数难境。颇愿日本朝野予以同情之助力。诸君多为新闻界有力者，以上所述，深愿时加鼓吹。

据上海《申报》一九二四年十一月二十四日
《本埠新闻:孙中山离沪前对日记者谈话》

与驻沪外国新闻记者的谈话*

（一九二四年十一月二十二日）

吴佩孚既以武力失败，将来武力当无所用。予鉴于此，亦愿放

---

* 孙中山于十一月二十二日临行前，曾邀请驻沪外国新闻记者三十多人会谈。谈话地点待考。

弃武力对粤主义。予之北上，拟于国民会议中发挥一大宗旨：(一)救济人民生活，(二)促进外交方针。军阀专制此与帝国主义均不可不除。中国财源现悉委于外人手中，年年损失不下五万万之巨，以此之故，中国复兴事业终于无成，即受帝国主义之阻碍也。

据北京《晨报》一九二四年十一月二十五日《孙文昨日抵长崎》

给林翔的指令

(一九二四年十一月二十二日)

大元帅指令第二一三八号

令大本营审计处处长林翔

呈复审核会计司司长黄昌谷十三年三月分收支计算书暨附属表及证据粘存簿等件，数目相符，请准予核销由。

呈悉。准予核销。仰候令行会计司知照。此令。

(中华民国陆海军大元帅之印)

中华民国十三年十一月二十二日

据《大本营公报》第三十三号《指令》

给林直勉的训令

(一九二四年十一月二十二日)

大元帅训令第五八七号

令大本营会计司长林直勉

为令行事：据大本营审计处处长林翔呈称："案奉钧帅发交大本营会计司长黄昌谷呈送该司及庶务科十三年三月收支计算书暨附属表及证据粘存簿到处，饬令审计等因。奉此，查核该司长所送会计司及庶务科收支册列各数尚无浮滥：十三年三月分该司收入各财政机关拨解毫洋九万四千一百元，连同二月分结存该司及庶务科卫生队存款共计六千九百三十一元九角九分七厘，合计收入毫洋十万零一千零三十一元九角九分七厘。支出各机关职员薪俸及购置等费，共计毫洋八万四千八百五十五元五角六分八厘。收支比对，应结存毫洋一万六千一百七十六元四角二分九厘。证以表簿，核数亦属相符，拟请准予如数支销。除将计算书表簿留处备案外，理合具文连同原呈一件，呈复钧帅察核示遵，实为公便”等情。据此，除指令准予核销外，合行令仰该司长知照。此令。

（中华民国陆海军大元帅之印）

中华民国十三年十一月廿二日

据《大本营公报》第三十三号《训令》

与长崎新闻记者的谈话*

（一九二四年十一月二十三日）

日本新闻记者问：现在中国国事有全由段祺瑞处理之模样，确否？

中山先生答：有此趋势。

问：现在外国对中国有强硬共管之说，能否成为事实？

答：决不能成事实，因中国国民更有强硬之抵抗。共管中国之说，是外国人做梦！

---

* 十一月二十二日，孙中山离沪，取道日本赴天津。二十三日经长崎，这是孙在“上海丸”轮船上与欢迎者的交谈。

问:谣传段祺瑞此次出山,向美国借款一万万,确否?

答:我不清楚。

问:我们看现在处理中国时局,必须有外国财政上之援助,然否?

答:我看不必。

问:先生对于中国财政,有无办法?

答:中国当有办法,不必借外债。中国经此次大变以后,处理国事,当全由国民全体讲话。日本人以后不要再误会解决中国大事还是任何军人讲话,或者任何外国人讲话。我们这次来解决中国问题,对内是打破军阀,对外要打破列强的干涉,完全由中国国民作主。

问:先生这种意见,究竟能否实行?

答:当然可以实行。我从前革命,要推翻满清,一般日本人不相信有这个能力;近来革命,要推翻军阀,一般日本人也是不相信有这个能力。但是在辛亥年已经推翻了满清,最近又推翻了吴佩孚的军阀;更进一步,以后中国国民,当然有能力来解决全国一切大事。日本新闻记者对于中国国民的能力,应该有这种信仰,不可有丝毫的怀疑。这个信仰是根本信仰。倘若中国国民无统一之能力,东亚便要大乱不已,世界便不能和平。

问:先生要统一中国,是用什么方法呢?

答:第一步的方法,是开国民会议,由全体国民自动的去解决国事。

问:国民会议是怎么样组织呢?

答:已经由我的宣言发表过了。

问:外间宣传广东政府同俄国亲善,将来中国制度有改变没有呢?

答：中国革命的目的和俄国相同，俄国革命的目的也是和中国相同，中国同俄国革命都是走一条路。所以中国同俄国不只是亲善，照革命的关系，实在是一家。至于说到国家制度，中国有中国的制度，俄国有俄国的制度；因为中国同俄国的国情彼此向来不相同，所以制度也不能相同。

问：中国将来的制度是怎么样呢？

答：中国将来是三民主义和五权宪法的制度，可惜日本人还没有留心。

问：吴佩孚近来用兵，听说背后有英国援助，然否？

答：确有此事。

中山先生又曰：日本维新是中国革命的第一步，中国革命是日本维新的第二步。中国革命同日本维新实在是一个意义。可惜日本人维新之后得到了强盛，反忘却了中国革命之失败，所以中日感情日趋疏远。近来俄国革命成功，还不忘中国革命之失败，所以中国国民同俄国国民因革命之奋斗，日加亲善。

据《孙中山先生由上海过日本之言论》《对长崎新闻记者之谈话》

附：同题异文

本人此次由沪起程前往北京，绕道来日借与日本国民联络情谊，豫定在神户勾留三数日，即乘便船转赴天津。

最近外报所传列国对华共同干涉之说，本人以为绝对的不致有其事，而中国国民亦绝对不愿受外国之干涉。至于段祺瑞君向美国订立一万万元借款合同之外电，尤不足信。余自信中国即不受列国之援助，亦尽有料理政治、财之充分可能，盖中国应以中国国民之力管理将来之中国，且亦足以自管而有余也。惟以现时之状态观之，诸君（指日本记者）或不能相信，但征诸第一次革命之结果，即知余信决非过言耳。

据北京《顺天时报》一九二四年十二月一日《孙文过长崎记》

在长崎与欢迎者的谈话*

（一九二四年十一月二十三日）

预定逗留神户三日，待有便船当即赴津，五〔在〕神时与多数日本友人稍事接洽。

【关于中国时局之解决】在十三年前，中国国民即由国民自身力量成立民国。现在中国国民之能真团结，实出外人意想之外，定能在巩固基础之下建立事业，此实有望新闻家及舆论机关能充分了解者也。中国决不望任何友邦援助，将以国民实力收拾时局。

【冯玉祥对溥仪的礼遇】此亦国民所希望之正当行为。

据上海《民国日报》一九二四年十一月二十八日《孙先生在日本之谈话》

在长崎对中国留日学生代表的演说**

（一九二四年十一月二十三日）

学生诸君：

我这回路过日本到天津的原故，就是因为由上海到天津的船

* 这是十一月二十三日孙中山在日本长崎与欢迎者的谈话。

** 十一月二十三日，孙中山在“上海丸”接见了长崎新闻记者之后，又接见了中国留日学生代表，并发表此演说。

位已经定满了，再过十五日之后的船位也是定满了。所以在上海等船，还不如绕道日本。绕道日本的路程虽然是很远，但是还比在上海等船快。

我之所以要赶快到天津，是为什么理由呢？就是因为中国的大军阀已经被奉军和国民军推倒了。国民军近来和民党是很表同情的，奉军的领袖张作霖向来是同我一致，对付近来在中国想完全用武力压服民众、无恶不作的军阀。所以，全国有大实力的人，都是赞成联络起来，共同推倒他。现在他的实力已经被我们推倒了，以后解决国事不必要再用武力。所以我放弃西南，只身往北方去，提倡和平统一。我所主张和平统一的办法是开一个"国民会议"，用全国已经有组织的团体，举出代表来出席国民会议，大家商量，解决国事。原来中国的人数是四万万，但是这个数目的调查，向来都是不的确。如果想用人民的数目做基础，直接举出代表来组织国民会议，一时办不到。所以我们国民党提倡的国民会议，主张用全国有组织的团体来做基础，这是很容易办得到的。什么是全国已经有了组织的团体呢？就是：（一）实业团体，（二）商会，（三）教育会，（四）大学，（五）各省学生联合会，（六）工会，（七）农会，（八）反对曹、吴各军队，（九）各政党。这些团体，现在中国都是已经有了很好的组织，即时便可以举出代表来。而且这些团体的分子都是很有知识，很容易商量全国大事。其他各种团体，没有列入的固然是很多，如到有必要的时候，也可以陆续参加。

我们组织国民会议的目的，是要解决两个大问题。这两个大问题：一个就是解决国内民生问题，二个是打破列强的侵略。要打破列强的侵略，就是要废除一切不平等的条约，收回海关、租界和领事裁判权。这种开国民会议的目的，就是我们国民党最近的主张。这种主张，已经在我们的宣言中发表过了。要这种主张能够完全实行，就要全国有知识的阶级来奋斗。今天诸君来欢迎我，我借这个机会来向诸君讲话，就要诸君本自己学生的地位，通信到神户、横滨、东京和日本各地的中国学生，在日本组织一个极有力的学生会，发电到中国与海外各处学生会，赞助国民会议，联络国内外的学生会，全体一致，主张由国民会议来解决国内民生问题，和打破列强的侵略。我这次的行动，就是为求达到这个目的，去开国民会议。国民会议开得成，中国便可和平统一；国民会议开不成，中国便要大乱不已。所以中国前途一线的希望，就在这个国民会议能不能够开得成。要国民会议开得成，根本上还是要全体国民一致去力争。你们学生是有知识阶级，尤其希望你们先出来提倡。如果你们通信到国内，联络国内的父兄亲戚朋友，一致出来争开国民会议，通信到国外各处，也是联络各处的亲戚、朋友，一致出来争开国民会议，国内外的民气，都是一致的主张，那些有力量的军人，当然不可过于反对民气，当然要赞成国民的主张，来开国民会议。国民会议开成之后，对内就是解决全国的民生问题，对外就是打破列强的侵略这两件事。

我们在国民会议中，为什么要做这两件事呢？就是因为中国连年内乱的祸根，完全是由于这两件事。这是什么说法呢？就第一件的民生问题说，中国之所以连年内乱，就是由于兵多。中国之所以能够多兵的原因，就是由于国内人民都要当兵，如果不当兵，便没有别的方法找饭吃。现在国内许多地方的人民，都是以当兵为谋生之路。因为许多人民生计不遂，都要当兵，所以中国现在便有兵多之患。因为兵士太多，各种军队都不能养活，所以彼此便不能不争，便不能不战，便酿成中国今日的大乱。就第二件列强的侵略说，外国自从和中国通商以后，看中国人不起，又贪中国的土地财宝，所以总是想并吞中国。又因各国的势力都是很大，列强又太多，当欧战之前有七八个强国，经过欧战以后还有四五个强国，彼此各不相下，一国并吞不成，所以便主张瓜分中国。但是要瓜分，仍难得平均，各国因为恐怕瓜分不匀，自己发生战争，先伤自己的元气，所以无论那一个强国，都不肯先居祸首来分割中国。由于这个原因，所以瓜分之说提倡虽然是很久，但是还没有实行。经过这次欧洲大战以后，各国更是筋疲力倦，至今元气都没有恢复，当然没有力量来分中国。现在外国经过欧战，元气略为恢复的国家只有一个俄国。但是俄国人最新革命之后，都是很主张公道的，不但是对于国内，帮助自己；并且对于世界，帮助各弱小民族。美国同日本虽然是加入了欧战，但是没有受欧战之害。不过这两个国家，此刻对外的政策不同。一个是走东，一个是走西，以后或者要联络起来，一致行动，也未可知。列强对于中国，从前瓜分不成，现在便主张共管。以后无论共管之说是不是实行，但是中国的海关已经早被外国人管了。中国金融之权老早操于外国银行之手，其他邮政、铁路的管理大权都是在外国人掌握中。所以中国现在的财政、交通一切实权，实在是由外国人共管，这是很可痛心的事。惟是中国的民气近来很发达，中国人的知识近来很增加，将来总要想法收回那些外国人所管理的财政、交通各实权。外国人在中国管理那些财政、交通的实权恐不长久，怕中国的民气发达，中国人的知识增高。中国人现在自己还不知道，而外国人是很清楚的。他们因为怕中国人收回那些管理权，为谋永久管理那些实权，并扩大范围起见，所以才明目张胆，提倡共管。这种共管的实在意义，和瓜分并吞没有一点分别。不过用我们中国人现在的程度与知识，不久便有收回那些管理权之望。诸君听了这些话之后不要害怕，只可当作外国人做梦。共管一说之所以发生，就是帝国主义在中国做梦。他们所做的梦至今还没有醒，所以还是想侵略中国种种事业。

我们的民气已经发达到了收回那些管理权的极点,他们所做的梦不久便要失败,便要化为乌有。不过我要他们赶快失败,要我们早些收回那些管理权起见,所以便在目前奋斗,力争废除不平等的条约,收回海关、租界、领事裁判权。

诸君现在日本留学,当知日本在三十年前是什么景况。日本在三十年前所受的痛苦,完全和中国现在相同。因为经过许多奋斗,才脱离外国的束缚,才有今日的自由。诸君在日本留学,和日本学生朝夕相接近,便要对日本人解释,要日本人不要计及眼前对于中国的小权利,要知道日本身在三十年前所受的痛苦,和我们中国现在是相同,要和中国表同情。如果日本人对于中国现在的景况真是表同情,当要帮助中国来废除不平等的条约,和收回海关、租界与领事裁判权。日本能够帮助中国做成这种大事业,便不是目前日本在中国的小权利,将来还更有大权利。日本此时帮助中国来做这些事,或者暂时不利,但是取得中国国民的欢心了之后,中国同日本一定可以亲善,亲善的程度一定可以一日加高一日。如果中国国民真是表同情于日本,丝毫不怀疑日本,完全信托日本,以日本现在的实业科学和种种文化都是比中国高,中国同日本合作之后,中国固然可以进步,日本当然要更进步。再由此更进一步,谋中日的经济同盟,中国货可以自由运进日本,日本货可以自由运进中国,彼此畅销。中国同日本的国民,在经济上便有无穷的大利。日本国民要享这种大权利,要达到这种亲善程度,便先要帮助中国废除国际上一切不平等的条约,收回所有丧失的一切权利。所以中国同日本要真亲善,便先要有亲善的表示,要能够有这种表示,便是你们留日学生的此刻应该做的事。诸君除了对日本人宣传之外,还要对海外各处留学生联络,成立一个国外学生联合总会,一致打电报,来赞成国民会议。对国内的家属朋友,也是一样联络起来。全体一致打电报，力争要开国民会议。假若国内外为争开国民会议，所打的电报有几千张几万张，这种和平的争法，好过用武力的几千兵和几万兵。军阀见了这种民气，当然赞成国民的主张，国民会议当然可以开得成。诸君今天来欢迎我，便应该赞成我的主张，向这条路去奋斗。

据《孙中山先生由上海过日本之言论》《学生须赞成国民会议》

致涩泽荣一电*

（一九二四年十一月二十三日）

此次为收拾敝国时局，前往北京，将乘二十二日启航之"上海丸"取道贵国，愿与诸贤恳谈东亚之大局，阁下如能光临神户，幸甚。并望向朝野贤达广为传布。孙文于"上海丸"。

据纪念涩泽青渊财团龙门社编纂《涩泽荣一传记》资料第三十八卷（一九六一年日文版）译出（金世龙译）

在神户与日本新闻记者的谈话**

（一九二四年十一月二十四日）

日本新闻记者问：先生这次到日本是为何原因呢？

中山先生答：我本是想由上海到天津，因为在上海没有船位，就是半个月之内也没有船位，由上海到天津的火车又不通，所以绕道日本到北京去，这是我来日本的第一个理由。第二个理由是日本为我旧游之地，熟朋友很多，我借这个机会来看看旧朋友。我现

* 据《涩泽荣一传记》资料载，十一月二十三日为收到电报日期。

** 十一月二十四日，孙中山抵神户。这是他在"上海丸"轮船中与日本记者的谈话。

在到了贵国，既蒙这样多数国民的欢迎，又诚心来听我讲话，我便借这个机会，把我的一片心事说出，请诸君转达到贵国全体国民。我们中国国民，想同日本国民联络一气，用两国国民的力量，共同维持东亚大局。要达到联络两国国民的目的，方法很多。不过现在已经有了这个目的，究竟是用什么好方法呢？请大家研究，请大家指教，并请指教日本国民现在对于中国国民的感想是怎么样？

东京朝日新闻社中国部长答：我今日发言，并不是代表大家，只贡献我个人的意见。我相信日本人大概的意见都是一样。就第一点说，要达到维持东亚大局的目的，必须中日两国国民联络一致，同心协力，合成一个力去做，才可以成功。要分开成两个力去做，一定是失败，无论那一个都是失败。我认定这是一个要点。至于要联络两国国民的方法，必须互相提携。不过两国国民各有各的希望，各有各的责备，并且希望太过，所以责备也太周，弄到结果，各有各的困难，以致彼此都想联络，都不能实行。研究到这个地步，中日两国国民非互相了解不可。要互相了解，也就是联络之一法。好象在民国八年，日本民间常有许多人希望中国和平统一，便主张中日两国国民互相提携。同时又有许多人认定这是对外太柔软。但是现在已经了解，互相提携，是中日两国国民联络之必要。先生离日本很久，这次再来，必定见日本人对于中国的心理和从前大不相同，一定有隔世之感。先生这次住日本的时期虽然不久，但是一定可得到这种感想。就第二点说，日本人近来对于中国的感想，大概相同。日本人对于中国的希望，每每都是很急，这种很急的希望，有利也有害。日本人近来最大的希望就是要中国赶快统一，整顿内治，发展实业。这次中国发生事故，已经知道北京的军阀势力推倒了，政治势力和从前大不相同；也知道段祺瑞要听国民的公意，要联络孙先生来处理国事。此时日本人相信中国还是乱，不过同时又信段祺瑞听国民的公意，和孙先生联络来处理中国国事，中国前途一定有希望。这是日本人大多数的心理，不过我这是用个人的意见发表罢了。

中山先生答：统一是中国全体国民的希望。能够统一，全国人民便享福；不能统一，便要受害。日本人在中国不能做生意，间接也要受害。日本人热诚的希望中国统一，这是我们中国人相信的。不过统一之可能与不可能，不关乎中国的内部问题。中国革命以来，连年大乱，所以不能统一的原因，并不是由于中国人自己的力量，完全是由于外国人的力量！为甚么中国不能统一？其中的原动力，完全是由于外国人呢！这个原故，就是因为中国和外国有了不平等的条约，每个外国人在中国总是利用那些条约来享特别权利。近来西洋人在中国，不只利用不平等的条约来享特别权利，并且在那些特权之外来妄用条约、滥用条约。这种外国人只顾自己的私利，不问良心，不顾道理，专在中国捣乱。现在中国这种捣乱的外国人实在不少。每一个人在中国就是一个皇帝。这一个皇帝就很可以利用一个大武人来听他的话，或者是利用一部分的人来听他的话。由于这种情形，外国人在中国不只是利用不平等的条约，并且滥用那些不平等的条约。外国政府和主张公道的人，在本国或者不知道他们这些人在中国的行动，因为他们本国不知道，便一意孤行，为所欲为，所以中国人便因此大受痛苦。

记者问：今天当面听到先生的讲话，及在报上读先生离沪时的讲话，已经明白了先生的意见。照先生的意见，以为中国内乱的原因是在外国。外国之所以能够致乱的理由，是因为有不平等的条约。不过那些不平等的条约，是有根据和历史的。那些条约的根据，或者是由于借外债，或者是由于别种赔偿，总有权利抵偿的关系。我们日本人也希望中国能够废除那些条约，不过那些条约都是有历史上的根据，先生有什么方法可以废除呢？用普通人看起来，要废除那些条约是不可能的。因为那些条约都是有权利抵偿的关系，先生要废除，他们便要讨回权利，没有权利给他们，便不能做到。先生一定要做到，是用什么方法呢？

中山先生答：那些不平等的条约，各国政府同人民老早知道不公平，自己问良心不过，所以便有主张更改或废除的。譬如在庚子年，中国一败涂地，英国立有马凯条约，还主张治外法权要改良，海关同租界要交回。由此可见外国人问良心不过，还是有很公平的主张。就是近来华盛顿会议，也主张放松束缚中国的条约。由此又可见凡是问良心不过的人，都有公平的主张。而且要世界真是和平，要各国在中国不致因权利相争，更非废除那些条约不可。要做这件事，没有别的困难，困难是在外国的外国人，不能完全知道那些条约不公平。在中国的外国人，又非此不能生活。若是有那些条约，他们便可以骄侈淫逸；假若废除那些条约，便断绝他们的生路。他们因为要保全自己的生路，所以总是以那些条约为护身符，总是利用那些条约来扰乱中国，不许中国统一。因为怕中国统一了，便用公文向外国政府要求废除，外国政府一废除了，便断绝他们在中国的生路。外国主张公道的人一定是主张废除的。不过那些在中国做官的、当侦探的和做生意的许多外国人，为保存自己的生活，所以要保全那些不平等的条约，所以借那些条约来捣乱。我们中国此刻能不能够废除那些条约，关键不在别国人，完全在日本的国民能不能够表同情。若是日本的国民能够表同情，中国的条约便马上可以废除；倘若不能表同情，中国便一时不能废除。依我看来，日本在三十年前也受过了这种痛苦，如果有同情心，推己及人，自己受过了的苦，当然不愿别人再受，当然要帮助国〔中〕中〔国〕废除那些条约。中国只要得了日本的帮助，想要废除条约是不成问题的。就眼光很小的日本人看来,以为中国废除了那些条约,日本要失去许多已往的权利。就拿自由增加海关税一层论,日本的生意目前便要受损失。但是用远大的眼光看起来,这种损失都是眼前的小权利。如果帮助中国废除了不平等的条约,当然可以得中国的人心。日本完全得到了中国的人心,以后的大权利便无可限量。譬如中国废除了条约,要行保护税法,自由增加关税,日本自然要受损失。但是日本帮助中国,中国国民真是感激日本,中日再国便可以合作互助,另外再立互助的条约——象经济同盟和攻守同盟那些互助的条约,都可以再定——假若中日两国真正做到了攻守同盟,日本所得的权利,当然要比现在所享的权利大过好几百倍或者是几千倍。若真是有远大眼光的人,要为将来几百倍几千倍的大利,当无不可牺牲目前和以往的这种小权利。诸君今天欢迎我,我为贵国的将来大权利起见,所以劝贵国牺牲目前的小权利。

据《孙中山先生由上海过日本之言论》《对神户新闻记者之谈话》

特任李宗仁职务令

(一九二四年十一月二十四日)

大元帅令

特任李宗仁为广西全省绥靖处督办。此令。

(中华民国陆海军大元帅之印)

中华民国十三年十一月二十四日

据《大本营公报》第三十三号《命令》

特任黄绍竑职务令

（一九二四年十一月二十四日）

大元帅令

特任黄绍竑为广西全省绥靖处会办。此令。

（中华民国陆海军大元帅之印）

中华民国十三年十一月二十四日

据《大本营公报》第三十三号《命令》

任命锺华廷职务状

（一九二四年十一月二十四日）

任命状：任命锺华廷为定南县知事。此状。中华民国十三年十一月二十四日

据《国父全集》第四册（转录史委会藏原件影印）

在神户欢迎会的演说*

（一九二四年十一月二十五日）

各位同志：

我们国民党就是革命党。民国的名称，是革命党推翻了满清

---

* 十一月二十五日，孙中山出席由东京、大阪、神户三埠的国民党组织联合举办的欢迎会，发表此演说。

之后才有的。不过十三年以来，徒有民国之名，没有民国之实。这种名不符实，就是我们革命没有成功。革命之所以不成功的原因，是由于反革命的力量太大；反革命的力量过大，抵抗革命，所以革命一时不能成功。革命究竟是什么事呢？是求进步的事。这种求进步的力量，无论在那一个民族或者那一个国家，都是很大的。所以革命的力量，无论在古今中外的那一国，一经发动之后，不走到底，不做成功，都是没有止境的。不只是十三年，或者二十三年、三十三年，就是四十三年、五十年，革命一日不成功，革命的力量便一日不能阻止。要革命完全成功之后，革命的力量才有止境。所以法国革命有八十年，大功告成之后，然后才有止境，然后法国才定。我们中国革命十三年，每每被反革命的力量所阻止，所以不能进行，做到彻底成功。这种反革命的力量，就是军阀。为什么军阀有这个大力量呢？因为军阀背后有帝国主义的援助。这种力量，向来都没有人知道要打破，所以革命十三年，至今还不能成功。

这回北京发生政治上的大变化，这回变化之中，有一部分是革命党的力量。革命党何以要到北京去革命呢？因为十三年以前的革命都是在各省举行，所以在两三年前，便有几位同志说：我们以后革命如果还是专在各省进行，力量还是很小；必要举行中央革命，力量才是很大。由于这个理由，那几位同志便到北京去进行。到这次变化发生之前六个月，他们便有报告说：中央革命很有希望，北京军人赞成的很多，不久便要发动。他们在六个月之前便要我放弃广东，到天津去等候，参加中央革命。我在那个时候，看到很渺茫，不大相信，便答应他们说：要有事实发生后，我才可以去。到了江浙战事起了之后，他们催促更急，主张要我一定放弃广东，赶快到天津。当时我在韶关督率北伐军出发江西，要北伐军完全离开广东进到江西之后，才可以离开广州；若是我离开广州太早，北伐便不容易进行。到了江浙战事发生变化，江西赞成北伐军的同志不敢来归，在韶关的北伐军也因之摇动，不能迅速前进。不上十日，北京就发生这次变化。外间的新闻传到了，我们同志的报告也同时到了。他们既是发动了这种事实，我为践成约起见，便不能不往北京去。

当北京初次变化的时候，国民军的行动好象真有革命的色彩。后来我由韶关到广州，由广州到上海，看到北京的情况便一天不如一天，似乎受了别种势力的牵涉，不象革命的运动。到上海住几日之后，北京情况更为之一变。但是还有许多人催我赶快到北方去的，象天津的段祺瑞，奉军领袖的张作霖，不是派代表就是用电报，总是要我赶快北上。我也因为要到北京去看看近来的真情况，所以便决定北上。又因为由上海直接往天津，不但是在最近数日之内无船位，就是在十五日之内也无船位，所以才绕道日本，来神户。在神户等船，比在上海等船还要快。而且路过日本，可以看看日本的旧朋友，及观察日本国民最近对于中国的感情。至于北京这次的变化，虽然不是完全的革命举动，但是他们欢迎我去，便是给我们以极好的宣传机会。

此时各方人民都是希望中国赶快和平统一。说到和平统一，是我在数年前发起的主张；不过那些军阀都不赞成，所以总是不能实行这种主张，这次我到北方去，能够做成和平统一，也未可知。不过要以后真是和平统一，还是要军阀绝种；要军阀绝种，便要打破串通军阀来作恶的帝国主义；要打破帝国主义，必须废除中外一切不平等的条约。我这次到北京去的任务，就是要废除中外不平等的条约。我这次路过日本，在上海动身及到长崎和神户三处地方，都有很多日本新闻记者来见我，要我公开发表对于中国时局的主张，我都是主张要中国和平统一，便要废除中国和外国所立的不平等条约。我现在神户，没有工夫来看日本全国的报纸，不知道日本国民对于我这种主张的感想是怎么样，或者有表同情的，或者有反对的。不过我这两日所见日本的旧朋友，都是表同情的多。我的这几个朋友，虽然不能代表日本的舆论，但是可以担负在日本宣传我的主张的任务。

中国要和平统一，为什么我要主张废除不平等的条约呢？和平统一是内政问题，废除条约是外交问题，我们正讲内政问题，为什么要牵涉外交问题呢？因为中国国内种种力量，都没有革命党的力量大；中国现在最大的力量，就是革命党。诸君如果有不知道的，只考查吴佩孚的历史。吴佩孚是袁世凯以后最大的军阀。吴佩孚这个军阀，究竟是从何而起呢？他在民国五六年以前，是一个无名秀才，没有人知道。就是带兵到湖南衡州，来打南方的时候，也不过是一个旅长。当时南方政府是总裁制，本总理也是几位总裁当中之一，我们南方政府教吴佩孚不要用兵，给他六十万块钱；并说北方政府卖国，教他回师去打北方。他得了我们南方的大批军饷，便回师武汉，进占洛阳。当时北京政府是段祺瑞当国，他便攻击段祺瑞，始而打电报，继而用武力，把段祺瑞推倒了。他推倒了段祺瑞之后，口头上虽然以民党自居，总是说北京政府腐败，要开国民会议来解决国事，心理上还是想做袁世凯第二。外国人考查到了他的这种真相，以为可以利用，便视为奇货可居，事事便帮助他，自己从中取利。吴佩孚以为外国人都是这样帮助，天下还有什么事不能做，所以便越发大胆，用武力横行于中国，弄到全国人民都是不能安居乐业。我们革命党因为要救国救民，所以便联络各方面有实力的人，共同推倒他。诸君听到这地，便知道吴佩孚的成功是由于民党，吴佩孚的失败也是由于民党，吴佩孚的起家和失败完全是由于民党的力量。革命党的力量当然要大过吴佩孚。至于吴佩孚在这几年中以军阀自居，专用武力压服民众，我们民党也是受他的压迫的原故，是由于吴佩孚得了外力帝国主义的帮助。所以此刻在中国，只有帝国主义的力量才是大过革命党。我们革命党要中国从此以后不再发生军阀，国民能够自由来解决国事，中国永久是和平统一，根本上便要在中国捣乱的帝国主义不能活动，便要消灭在中国的帝国主义。因为要消灭在中国捣乱的帝国主义，所以讲内政问题便牵涉到外交问题，要废除一切不平等的条约。

外国人在中国活动的，象教书的、传教的和许多做生意的人，都是很安分守己的分子；至于不安分的，只有少数流氓。这些流氓，在外国不过是小有手段，都是不能生活，一到中国，不上几年，稍为知道中国内情，便结交官僚，逢迎军阀；一逢迎到了军阀，便无恶不作，就是在不平等的条约之中所没有记载的事，他们都是包办一切，好象小皇帝一样。所以这几年来，无论那一个军阀做事，背后总有几个外国政客的帮助。

譬如，广州商团购枪自卫，向来都是很自爱的，对于政府都是很安分的。广州政府无论是民党或者非民党，同商团相处都是安然无事。这两年来，有几个英国人不喜欢国民党，不愿意国民党的政府发展，便煽动陈廉伯，运动商团全体，在广州内部反对国民党的政府。陈廉伯原来是一个汇丰银行的买办，本来是个安分的商人，没有什么野心。因为他做汇丰银行的买办，所以那几位反对国民党的英国人便认识他，便日日运动他反对政府，说："如果你能够运动商团反对政府，我们英国便帮助你组织商人政府，你陈廉伯就是中国的华盛顿。"陈廉伯当初虽然没有野心，但是受了英国人的这种运动，既可以得英国的帮助，自己又住在沙面，得英国人的保护，安然无恙，于是他的胆量便雄壮起来，便发生野心。他便住在沙面，对于本党政府作种种的反抗运动。他当初所有的死党不过是几个人，运动成熟了的商团军士也不过是三五十个人，羽毛还不丰满，要反抗广州的革命政府还是没有办法。他于是又听英国人的话，向外国另外办军火，想另外组织军队。

他所办的头一批军火，是用一只叫做“哈佛”的丹麦船运进广州。当那只军火船一到广州的时候，便被我们政府查出来了。政府便一面扣留那只军火船，一面派人调查那船军火的来历，才知道那船军火是用商团的名义运进来的。在那只船进口之前五日，陈廉伯也曾用商团的名义，向政府领过了一张护照。不过陈廉伯领那张护照的时候，曾声明在四十日之后才发生效力，由四十日之后起，另外到五十日止，那张护照都是有用处。陈廉伯当初之所以有这些声明的意思，就是他对于丹麦船所运来的这批军火，已经想到了种种偷漏的方法，以为不必用到那张护照便可以偷过；他所领的护照，是预备第二批军火到的时候才用的。后来果然有第二批军火由欧洲放洋。只因第一批的在广州失败，所以第二批的便不知道运到什么地方去了。所以陈廉伯才要所领的那张护照，就是在九十日之内都有效力。而这船军火运进广州的日期，和那张护照相差只有五日，便生出一个大疑点。更查这只军火船是属于丹麦商人的，丹麦在广州的领事是一个英国人代理，而那位代理的英国人又不在广州，是以我们便和英国领事交涉。英国领事和我们的私交很好，便将陈廉伯买军火的原委告诉我们说：“你们还不知道陈廉伯的行动吗？香港和上海的外国报纸老早就说，陈廉伯要运动商团反对你们政府，你们还没有留心那种新闻吗？我老实告诉你罢，有几个英国人许久便教陈廉伯买军火、练军队，反对广州政府。这不过是头一批军火，以后还有二批、三批。至于这种主张，只是几个英国人的事，我可以报告我们公使，惩办他们。你们可以办你们的商团,对付陈廉伯。”我知道了这种详细情形之后,便把那船军火完全扣留。当时许多明大义的商团也承认由政府办理,没有什么举动。

但是,陈廉伯在沙面受了英国人的鼓动,便煽动一般无知识的商团,要求政府发还扣留的军火;如果政府不答应他们的要求,便煽动广州全体商人罢市,抵制政府。所以有一日,便有一千多商团穿起军服,整队到河南大本营请愿,要发还枪枝;若是不发还枪枝,第二日便罢市。我当那一日正在大本营,便亲出接见那一千多商团,对他们演说商团买枪的护照,就日期讲,陈廉伯已经声明在四十天之后才有效,这批枪枝只在领护照后五日之内便到广州,是一个疑点;就枪数讲,护照上载明的长短枪数,与这只船所载的枪数不符,是两个疑点。专就护照说便有这两个疑点,有了这两个疑点,那末这批军火不是私运,便是顶包。并且把英国领事对我所说陈廉伯要运动商团,和另外买枪练兵来反对政府的情形,详细告诉他们。演说了一点多钟,他们听明白了之后,当时便很满足,第二日也没有罢市。以后我把陈廉伯的叛迹更是查得水落石出,便老实告诉商团。但是在手续上,我还没有用公文,只用私缄。对商团各代表说,陈廉伯反叛政府的诡谋,我已经查清楚了。你们商团不是同谋的人,我自然不理;若是同谋的人,我一定要办几个,以儆效尤。那些陈廉伯的羽党便鼓动全体商团,要求政府宽大,不能多牵连。政府便答应他们的要求,不但是没有牵连,并且没有重办一个同谋的人。

陈廉伯看见政府很柔软,便鼓动商家罢市,还是要求政府发还所有扣留的枪枝。政府也答应他们的要求,承允把护照上所载枪枝的数目,分批发还。在国庆日便一批发还长短枪四千枝,子弹一二十万。陈廉伯那些人看见政府一步让一步,很容易欺负,于是更鼓动商团在国庆日收回枪枝的时候，对于政府武装示威，开枪打死许多庆祝双十节的农团军、工团军和文武学生。因为陈廉伯已经预备了在国庆日收回枪枝之后便造反，所以预先便在西关招了两三千土匪，假充商团。最奇的是那些假充商团的土匪，在国庆日不但是打死人，并且把打死了的人刨肝剖肺、劏头断脚，把那些死尸分成无数部分，拿到沿街示众，惨无人道。当日，政府也没有把商团有什么处分。商团的不良分子便从此以后目无政府，专唯陈廉伯之命是听，把广州全市商团的枪枝都集中到西关，在西关架天桥、筑炮台，用铁栅门分锁各街道，俨然把广州市分成了两部分：城内属于政府范围，西关属于商团范围。凡是商团范围以内，都是由商团发号施令。在商团发号施令的范围以内，不但是没有政府的警察，就是政府人员路过，只要被他们知道了，就马上有性命的危险。当时西关和城内完全成了一个交战区域。那几日英国人便在香港英文报纸上挑战，说广州的实在势力已经到了商团之手，政府没有力量行使职权，政府人员马上便要逃走。其实政府还是想调和，但是西关的那些土匪顽强抵抗，无论政府是怎么样调和，都不能得结果。

到了十月十四日晚，凡是近政府各机关的高当铺，都收藏得有几十个团兵，居高临下，开枪打政府，一夜打到天明。到天明的时候，政府为求自卫起见，才下令还枪。到了政府还枪之后，稍明事理的商团份子便极愿缴枪了结，以免糜烂市场。而陈廉伯的死党还是在西关散布谣言，不说是东江陈炯明的援兵就到了，就说是白鹅潭的英国兵船马上便要开炮打退政府，只要商团多抵抗几点钟，便可以胜利。

当商团事变没有发生以前的十几日，英国领事本告诉了我们政府说：在白鹅潭的英国兵船，已经奉到了他们海军提督的命令，如果广州政府开炮打西关，英国兵船便开炮打广州政府。我得了这个通知，便用很正当的宣言，通告英伦政府和世界各国。英伦政府也自己知道无理，便制止他们海军提督，所以到后来政府和商团冲突的时候，英国兵船到底是守中立。从互相冲突之后，不上四点钟，各武装商团便缴械了事。于是香港英国的报纸更以为是反对广州政府的好材料，便无中生有，乱造谣言，把广东政府骂得不值半文钱。其实广州政府和商团原来本是相安无事，因为有几个英国流氓居中离间，所以便弄到不和；到了不和之后，也可以用和平手段了结，因为那几个英国流氓又从中挑拨，所以便弄到杀人缴枪，以致商团受英国人的大骗。诸君不信，只看前几个月的香港英文报纸，许多都是恭维陈廉伯是“中国的华盛顿”，“广州不久便有商人政府出现”的论调，便可以知道英国人的居心。幸而英国人和陈廉伯的这次阴谋没有成功，如果真是成功了，广东便变成了第二个印度。

我们广东这次没有亡省虽然是天幸，但是已经阻止了北伐军的进行，扰乱了广州市的商场，弄到全省不太平，都是外国人的力量在广东暗中捣乱。就是推到全国的情形，也是这一样。因为这些理由，所以我们才要防止外国人的力量再来中国捣乱。防止了外国在中国捣乱的力量，中国才可以永久的和平。要防止外国人在中国捣乱，便先要外国人在中国没有活动的力量。要外国人在中国没有活动的力量，还是在废除一切不平等的条约。废除了一切不平等的条约，才可以收回租界、海关和领事裁判权，中国才可以脱离外国的束缚，才可以还我们原来的自由。

用极浅近的道理说，诸君知道那些不平等的条约究竟是什么东西呢？简而言之，就是我们大家的卖身契。中国和外国立了许多丧失权利的条约，就是把我们国民押到外国人，替我们写了许多卖身的字据一样。中国国民卖身,不只是卖到一国,已经卖到了十几国。我们国民卖了身,究竟国家的地位堕落到什么样子呢?有许多人都说中国现在是半殖民地,不承认是全殖民地。存这样见解的人,不是自己安慰自己,就是不知道中国现在的国情。如果说中国是半殖民地,中国的地位自然是比全殖民地的地位高。依我看起来,中国现在不是半殖民地,也不是全殖民地,但是国家的地位比全殖民地的地位还要低。这个道理很容易明白。譬如香港完全割归英国,由英国人管理,是英国的全殖民地;上海还是中国的领土,不过暂时租到外国,可以说是半殖民地。就字面讲,香港既是全殖民地,上海是半殖民地,上海的中国人所享的主权,当然比香港的中国人所享的主权要高。但是事实上是怎么样呢?香港割归了英国,英国政府便派一个总督来管理。那个总督为管理香港起见,设立了一个香港政厅,另外又设立一个立法局。所有关于管理香港土地人民的法律,都是由那个立法局颁布出来的。在那个立法局里头还有几个中国人。那几个中国人在立法局里头还有很大的发言权,还可以议订法律来管理香港。上海是我们中国的领土,在租界之内,大多数做生意的是中国人,纳税的是中国人,劳动的也是中国人,试问中国有没有人在上海工部局里头能够有大发言权呢?中国人能不能够在上海工部局里头议订法律来管理上海呢?我们在上海是主人,他们由外国来的都是客人,他们居然反客为主,在中国的领土之中组织一个政府来加乎我们之上,我们人民不敢过问,政府不能管理。用香港和上海比较,究竟是在香港的中国人所享的主权高呀,还是在上海的中国人所享的主权高呢?不但是上海是如此,凡是外国人在中国所到的地方,他们便无法无天,为所欲为。所以中国现在不只是全殖民地,比全殖民地的地位还要低一级。我就这个情形,创立一种新名词,叫中国是"次殖民地”。

再就全殖民地的情形讲，凡是一个殖民地的人民，只做一国的奴隶，对于母国总可以享多少权利；我们现在做十几国的奴隶，没有一点权利之可言。譬如澳洲是英国的殖民地，加拿大是英国的殖民地，和南非洲许多地方也都是英国的殖民地。所有澳洲、非洲和加拿大所设立的政府，对于母国新进口的人民，都有主权可以检查；由母国运来的货物，那些殖民地的政府都可以自由抽税；英国人进那些殖民地之后，只可以做普通买卖的商业，不能滥发纸币，扰乱那些殖民地的金融；英国人在那些殖民地犯了罪，要由那些殖民地的法庭裁判，英国不能另外设立法庭去裁判。试问英国人进中国的口岸，中国政府有没有权力去检查呢？英国货物到中国来，中国有没有海关去自由抽税呢？英国在中国的所有通商口岸，开设银行，滥发纸币，中国政府有没有权力去稽查禁止呢？英国人寄居中国各地，若是犯了罪，中国法庭能不能够去裁判他们呢？英国人的这些行动，在本国的殖民地是怎么样呢？再在他们的祖国三岛之内，又是怎么样呢？不止是英国人在中国是这样横行，就是其他各外国人都是一样。所以中国人不只是做一国的奴隶，实在是做十几国的奴隶。国家的地位真是一落千丈，比亡国奴的地位还要低！好比高丽亡到日本，安南亡到法国，高丽人只做日本一国的奴隶，安南人只做法国一国的奴隶，高丽人和安南人的地位比中国人还要高。我们不用外国的领土来比，就是同是中国的土地，只要完全亡到了外国的，便和在中国没有亡的大不相同。好比香港的公园，无论什么中国人都可以进内面休息。上海的黄浦滩和北四川路那两个公园，我们中国人至今都是不能进去。从前在那些公园的门口，并挂一块牌说：“狗同中国人不许入。”现在虽然是取消了那块牌，还没有取消那个禁例。在香港之内，无论是什么地方中国人都可以进去；在上海便有许多地方中国人不能去。好象在上海的英国会馆，中国人便不许进去，就是有英国的朋友住在内面，中国人只要进去看看朋友，都是不能破例；至如在香港的英国会馆，中国人还可以进去看朋友，还可以进去吃饭。我们中国人的地位堕落到了这个地步，如果还不想振作国民的精神，同心协力，争回租界、海关和领事裁判权，废除一切不平等的条约，我们中国便不是世界上的国家，我们中国人便不是世界上的国民。

现在北京有了大变化，我可以自由到北京去。我一到北京之后，便要开国民会议。这个会议能不能够马上开得成，此刻固然没有把握。假若开得成，我首先要提出来的就是两件事：一件是改良国民生计，一件是改良中外不平等的条约。我们就是想要做这两件事，若是国民会议开不成①，便做不成功。要把这两件事做成功，还是要开国民会议。要能够开国民会议，还是要大家先出来提倡。

至于国民会议的组织法，因为全国人数的调查不的确，不容易由人民直接派代表，所以我在宣言里头，便主张用全国已经有了组织的团体派代表，共同到北京来组织国民会议。至于宣言中所列入的团体，遗漏了的还是很多。譬如报界便没有列入，所以我在上海，便主张加入报界团体。你们在海外的华侨团体也没有列入，为解决华侨在海外所受的种种压迫起见，华侨团体也应该要加入。要全体国民都是一致力争，要全国有组织的团体都是一齐加入，然后这个国民会议才可以开得成，然后这个国民会议才是〔会〕有很大的力量。因为要得到国民全体的主张，然后对内要改良国民生计的问题，才可以根本解决；对外要改良中外不平等的条约，才可以动世界各国人民的视听。现在中国捣乱的外国人，不过是少数

① 以上两句，原文倒排，今予调整。

无赖的流氓。至于在外国许多主张公道的外国人，都不知道这些详细情形。假若那些很公平的外国人，都知道了中国同他们所立的那些不平等条约实在是很坏，他们一定出来仗义执言，为我们打不平，要帮助我们要求他们本国政府废除那些不平等的条约。好比美国南方人从前虐待黑奴，北方主张公道的人便出来打不平，发生南北战争，一定要解放黑奴一样。因为这个道理，所以我们这次到北京所召集的国民会议，必须全国有组织的团体都是一齐加入，才有大力量，才可以动各国主张公道民众的注意，然后乃可动世界的公忿，他们一定要来和我们表同情。到了各国主张公道的人都是和我们表同情，那还愁什么不平等的条约不能够废除呢！

我们做国民的要将来达到这种大目的，此刻必要向北京和全国去力争，要全体国民都是打电报，一致去争。国民为争这种国家大事，打到了几百张和几千张电报，便可以当几千兵和几万兵。假若我得到了国民的一万张电报都是要开国民会议，我在北京便可以拿那一万张电报向军阀去力争；用一万张电报去争，这种和平的争法，胜过十万兵。所以要废除中外不平等的条约，还是要开国民会议；要开国民会议，还是要做国民的大家奋斗，一致去要求。今晚在这里开会的人，都是本党在日本各地的同志，散会之后，要实行本党的主张，便要写信发电到各方的朋友和中国的家庭，去解释国民会议的重要，要各人所有的亲戚朋友，都是一致赞成要开国民会议。国民会议开得成，中国便可以和平统一，大家便可以得太平幸福；国民会议开不成，中国便还要大乱不已，大家便还要受兵灾的祸害。所以大家要以后所得到的是祸是福，还是在大家自己去求。今晚各同志来欢迎我，我便希望各同志在散会之后，对于国民会议要努力去奋斗。

据《孙中山先生由上海过日本之言论》《中国内乱之因》

给许崇智的训令

（一九二四年十一月二十五日）

大元帅训令第五八九号

令建国粤军总司令许崇智

为令遵事:据米糠行养和堂呈称:“敝行宝和、五丰等号由港购运糠米六千余担,分载彭满利、英顺隆两舴由雁山轮船拖运来省。讵巧日午后五时驶至虎门斜西口附近,突被匪轮两艘拦途截劫,发炮轰击,雁山轮船开足马力,始获脱险,途遇兵舰报请追缉,舰上员兵置诸弗理。该拖轮逃脱后,匪轮即将两舴骑劫,着令开赴中塘,开行未几,旋遇亚细亚轮船经过,疑为兵舰,遂将舴上银物军械,劫掠一空,并每舴掳去船伴一人,始行逃去。现两舴深恐匪轮再来,星夜驶返威远炮台寄舶,多数糠米虽获保全,然非遇亚细亚轮船,则所有货物势难幸免。查粤省米食,向赖外洋接济,虎门为入省孔道,炮台密迩,乃盗匪猖獗尚复如是,设非实力保护,货物运输危险殊甚。商人血本所关,必至裹足不前,民食前途,更将何赖。迫得据情沥陈钧座,伏乞迅令水陆各军警严行保护,并追赃起掳,究缉匪犯,以伸法纪而维商业”等情前来。查粤省米食向赖外洋接济,海陆各道,稍有不靖,关系民食非浅。据呈前情,合行令仰该总司令即便严饬水陆各军分道保护,以维商运而利民生。切切。此令。

（中华民国陆海军大元帅之印）

中华民国十三年十一月二十五日

据《大本营公报》第三十三号《训令》

与高木的谈话*

（一九二四年十一月二十四至二十六日间）

列强的态度

世界列强对于中国一贯采取何种态度，今日已毋庸赘叙，综观历史及鸦片战争以来的事实，已可充分明了列强对中国的态度是何等横暴。可称之为历史事实的阶梯者，从鸦片战争起，经英法联军之侵入中国、中法战争、中日战争、拳乱事件、日俄战争等等，在九十余年的长时间内几乎是连续地发生。除了俄国之外，所有列强今天依然继续着它们从前的态度。【对孙氏意见的详细之点，戴天仇先生以中国国民党宣传部长的身份，不时加以补充。】

收拾时局

直奉战争结束以来，我们听到一些报道，如说直隶派正驻屯于长江，重整阵容等等。我们决无针对哪一派特加谋画之类的事。除了对于国家问题、东洋问题、社会问题等不能不公开发表的主张之外，我们别无其他主张。在采取的手段方面，除了公开的、光明

* 这是孙中山在日本神户与《中外商业新报》特派记者高木的谈话。按十一月二十七日《中外商业新报》载，孙中山于“前些天”会见该报记者，今据此酌定此件时间为二十四至二十六日间。

正大的奋斗之外，也别无任何手段。因此，我们也从未考虑过对直隶派特加窥伺[①]之类的区区问题。这是因为，对于直隶派这一名称本身，从根本上我们就并不承认。至于中国今后的时局应如何收拾，已由国民党总理的名义发表了宣言书，其中甚为明确，这里本不需重复说明。

废督裁兵问题

关于以何种方法实现收拾时局的第一要务——废督裁兵的问题，应该说，比起废督裁兵这样一个简单的说法更为重要的是，在国内要努力做到不使政治的权能重落军阀之手，而在国际上要极力抵抗帝国主义的跋扈，而且不驱除列强对中国的压迫，中国的军阀将永不可能根绝。因此今天我们应奉为口号的是：对外打破帝国主义，对内打破军阀，这是我们的主张。专用废督裁兵这样的简单言语不能充分表明我们的意见。首先说到裁兵，我们正为如何既不减少军队，又要改善国民的经济生活而竭尽苦心。说起军队，本来就应该是在需要时就要大量配备，而不需要时便该尽量缩简而转向生产事业。所以简单地用“裁兵”二字做为口号，将使人感到意义不充分。看来应以改善国民经济生活之口号，总括地解决此等问题。为达到这种目的，当今收拾时局的方策，我们主张召开以国民——即以全国的确确实实的各部门职业团体为基础的国民会议，以该会议为中心执行政权。

① 此句意思相当于“伺”字处，原文汉字排“何”字，疑系误植，此正之。

整理借款问题

关于整理借款问题，目前尚无具体方案，无法详细说明，但前述之主张如不能实现，则中国之秩序无从恢复，当然整理借款之事亦将不可能。因此，整理财政乃是比整理借款更为重要之先决问题。盖中国财政的整体如无成算可见，一切将寸步难行。在国内秩序尚未恢复的当前情况下，整理借款显然是不可能的。

广东政府的前途

关于广东政府的未来，如果召开了国民会议，并由之产生政府，定出根本大法，则全国一切均将归于统一。那时的国民政府即将成为掌握全国统一权力的唯一政府。在此之前，出于维持现状之需要，理应在事实上继续存在下去。

中日友好

中日友好之所以必要，此次来日之初即已表明意见。简言之，世上一切事均需有目的。中日友好究竟是为了何种目的？如不能认清其目的，并为实现其目的而努力，将谈不上实现友好。我认为两国全体国民应当为了东洋民族，广而言之应为全世界被压迫之民族，携起手来争取国际的平等，离开这个目的而谈论两国的友好乃是错误的。因此我深信，日本国民如不改变视日本为列强之一的观念，将无法产生对于真正的中日友好的思想，这正是我要通过贵报向日本国民呼吁之点。

我的任务

最后要说，我个人今日之首要任务便在于：在国内，为国家之统一尽力，对外则期待着国家独立的实现和全世界对于中华民国的国际平等的承认。在我中华民国实现国际平等之前，我将不遗余力，以一亚洲国家的一个国民代表的身份奋斗不止，即有决心在国家独立实现之前不同政权接近。

据纪念涩泽青渊财团龙门社编纂《涩泽荣一传记》资料第三十八卷（一九六一年日文版）译出（金世龙译）

严惩陈天太令

（一九二四年十一月二十六日）

大元帅令

据报建国第七军第三师师长陈天太，于本月二十三日上午一时率领便装兵士数十人，暗携枪械，围击现任广西全省绥靖处会办黄绍竑于广州市东亚酒店，伤毙人命等情。陈天太职任师长，分属高级军官，竟敢于深夜之间擅行率众劫杀友军官长，殊属胆大妄为，弁髦法纪。除令行该第七军军长严行惩办外，陈天太着即革职，以儆凶横而肃军纪。此令。

（中华民国陆海军大元帅之印）

中华民国十三年十一月二十六日

据《大本营公报》第三十三号《命令》

给邹鲁的指令

（一九二四年十一月二十六日）

大元帅指令第二一四二号

令国立广东大学校长邹鲁

呈请通令军政各机关一律维持筵席捐附加教育经费不得发用免捐字据由。

呈悉。照准。候通令军政各机关一体遵照可也。此令。

（中华民国陆海军大元帅之印）

中华民国十三年十一月二十六日

据《大本营公报》第三十三号《指令》

给杨希闵等的训令

（一九二四年十一月二十六日）

大元帅训令第五九三号

令建国军滇军总司令杨希闵、建国军湘军总司令谭延闿、建国军粤军总司令许崇智、建国军桂军总司令刘震寰、建国军豫军总司令樊钟秀、广东省长胡汉民、大本营军政部长程潜、大本营财政部长古应芬、大本营内政部长徐绍桢、大本营外交部长伍朝枢、大本营建设部长林森、建国军第一军军长朱培德、建国军第二军军长柏文蔚、建国军第三军军长卢师谛、建国军第七军军长刘玉山、建国军赣军司令李明扬、建国军山陕军司令路孝忱、建国军北伐第三军军长胡谦、财政委员会、大本营航空局长陈友仁为令行事：据国立广东大学校长邹鲁呈称："窃省河筵席捐自奉钧令拨回职会自办后，经于本月十四日设所开收，各酒楼菜馆等尚多遵章缴纳，惟间有一二商店，凡数元以上之筵席，称军人定购，不肯纳捐，加以质问，则出各机关免捐字据以为抵抗。兹据稽查员缴呈核办前来，忖思凡属宴会，下箸动则万钱，军界长官断无吝此区区之捐款，故违定章，难保非奸商取巧、假托、吞瞒。惟市内军队如云，其直接间接之亲故，何止恒河沙数。若乞得片纸只字便可免捐，固无以示公平，且商店借一瞒百，流弊更不胜问。长此以往，势必收入愈微，教费将无从挹注。鲁为维持学款起见，合无仰恳大元帅，俯准通令军政各机关，嗣后如有宴会，须一律附加教育经费，不得给用免捐字据，致各店借以瞒吞，并令行广东省长布告各酒楼菜馆等遵照，对于此项捐款，务饬负责抽收，所有各界免捐字据，概作无效。否则作包庇违抗论，从严处罚，以维教费而杜取巧。是否有当，理合具文连同各机关免捐字据五纸，呈请鉴核令遵"等情。据此，除指令"呈悉。照准。候通令军政各机关一体遵照可也。此令"并分令印发外，合行令仰该总司令、省长、部长、军长、司令、局长、委员会一体遵照。此令。

（中华民国陆海军大元帅之印）

中华民国十三年十一月二十六日

据《大本营公报》第三十三号《训令》

给林森的指令

（一九二四年十一月二十六日）

大元帅指令第二一五一号

令大本营建设部长林森

呈为转呈广三铁路管理局局长陈兴汉请假一月，局务由坐办潘鸿图代拆代行由。

呈悉。此令。

（中华民国陆海军大元帅之印）

中华民国十三年十一月二十六日

据《大本营公报》第三十三号《指令》

给罗翼群的指令

（一九二四年十一月二十六日）

大元帅指令第二一五二号

令大本营军需总局局长罗翼群

呈报就职及启用印信日期由。

呈悉。此令。

（中华民国陆海军大元帅之印）

中华民国十三年十一月二十六日

据《大本营公报》第三十三号《指令》

给陈兴汉的指令

（一九二四年十一月二十六日）

大元帅指令第二一五四号

令管理粤汉铁路事务陈兴汉

呈报移交情形由。

呈悉。此令。

（中华民国陆海军大元帅之印）

中华民国十三年十一月二十六日

据《大本营公报》第三十三号《指令》

给王棠的指令

（一九二四年十一月二十六日）

大元帅指令第二一五五号

令暂代理粤汉铁路事务王棠

呈报就职日期由。

呈悉。此令。

（中华民国陆海军大元帅之印）

中华民国十三年十一月二十六日

据《大本营公报》第三十三号《指令》

特任赵杰职务令

（一九二四年十一月二十七日）

大元帅令

特任赵杰为大本营高等顾问。此令。

（中华民国陆海军大元帅之印）

中华民国十三年十一月二十七日

据《大本营公报》第三十三号《命令》

委派王棠职务状

（一九二四年十一月二十七日）

派王棠为财政委员会委员。此状。

孙 文

中华民国十三年十一月二十七日

据《国父全集》第四册(转录史委会藏原件影印)

给刘玉山的训令

(一九二四年十一月二十七日)

大元帅训令第五九七号

令建国第七军军长刘玉山

为令遵事:据报建国第七军第三师师长陈天太,于本月二十三日上午一时,率领便装兵士数十人,暗携枪械,围击现任广西全省绥靖处会办黄绍竑于广州东亚酒店,伤毙人命等情。正核办间,旋据建国第七军前敌全体官兵代电呈称:"黄绍竑通北祸桂,逆迹昭彰。去年我联军惠州退却,该逆在梧预备独立,桂省父老莫不闻知。当本军奉令南征,师次都城,该逆竟诱同友军四面袭击,致被缴械;在本军之存亡关系尚轻,在政府威信丧失无余。经呈报大元帅并通电各友军在案。今曹、吴已倒,统一可期。我革命政府为处理广西全省政治,故有刘总司令长桂之命。黄逆竟敢一面派使滇唐,密为结合;一面电请林虎,授以机宜。既不入党,又不受命。阴怀鬼域〔蜮〕,人所共知。昨该逆潜行来粤,运动收容,无非欲暂保实力,徐图狡逞。明知该逆反复无常,不为我革命政府效力,设使任其存在,不独广西将来之祸,适足为政府无穷之患。职等特于梗晚派少数步兵歼除此獠,盖不欲以多兵惊扰市廛也。不料竟被脱逃,由武装警察解送粤军总司令部。想我胡留守、总司令、军长、师长定能顾全政府威信,押令将本军当日被缴枪炮交回,俾为国驰驱,尽我天职。顾念本军白马誓师,频年转战,不败于敌,而败于奉令出防同属革命旗帜之友军,是黄逆背叛政府,罪实当诛。此次予以薄惩，上存政府威信，下慰阵亡将士英魂。公仇私愤，迫而出此。该逆倘从此彻底觉悟，为革命政府效力，职等亦既往不咎；倘仍怙恶不悛，当再以白刃相见，誓不共生。伏乞许总司令予以严密拘留，并乞胡留守、各总司令主持公道，迫切陈词。伏乞亮察”等情。并盖有中央直辖第七军第三师师长印前来。查与所报正属相符，该陈天太擅自率众劫杀友军官长，惨毙人命，扰乱治安，实属胆大妄为，弃髦法纪。除明令革职外，合行令仰该军长即严行惩办，呈复核夺。切切。此令。

（中华民国陆海军大元帅之印）

中华民国十三年十一月二十七日

据《大本营公报》第三十三号《训令》

给余煇照的训令

（一九二四年十一月二十七日）

大元帅训令韶字第二二号

令前北伐讨贼第三军第一旅旅长余煇照

为训令事：案查该军前经令饬开拔来韶，听候点验改编，并经令派差遣郁昆楼前往点验各在案。兹据该差遣报称：业经点验完毕，并呈缴清册查核前来。据此，查该军兵额未足，应令改编为赣军独立旅，准设旅部及第一团团部。其第一团团长应兼第一营营长，不必另设营部。其第二营亦准其暂行成立。每营准先编两连，嗣后如有增加队伍或枪枝，务先补足第一团额数。每团概以三营为定制，每营以四连或三连为定制，每连以八十一杆枪数为准。俟大本营颁发定章后再行严定编制。仰即赶速遵照办理，并限于二日内将改编完毕情形具报，以待后命，勿延。切切。此令。

（中华民国陆海军大元帅之印）

中华民国十三年十一月二十七日

据《大本营公报》第三十三号《训令》

给谢适群的指令

（一九二四年十一月二十七日）

大元帅指令第二一六五号

令大本营内政部次长代理部务谢适群

呈侨务局长未便虚悬可否暂由次长兼摄由。

呈悉。侨务局长准由该部次长暂行兼理。仰即知照。此令。

（中华民国陆海军大元帅之印）

中华民国十三年十一月二十七日

据《大本营公报》第三十三号《指令》

对神户商业会议所等团体的演说*

（一九二四年十一月二十八日）

诸君：

今天蒙诸君这样热诚的欢迎，我实在是非常的感激。今天大家定了一个问题，请我来讲演，这个问题是“大亚洲主义”。

我们要讲这个问题，便先要看清楚我们亚洲是一个甚么地方。我想我们亚洲就是最古文化的发祥地，在几千年以前，我们亚洲人

---

* 十一月二十八日，孙中山出席神户商业会议所等五团体举行的欢迎会，并作此演说。

便已经得到了很高的文化。就是欧洲最古的国家,象希腊、罗马那些古国的文化,都是从亚洲传过去的。我们亚洲从前有哲学的文化、宗教的文化、伦理的文化和工业的文化。这些文化都是亘古以来,在世界上很有名的。推到近代世界上最新的种种文化,都是由于我们这种老文化发生出来的。到近几百年以来,我们亚洲各民族才渐渐萎靡,亚洲各国家才渐渐衰弱,欧洲各民族才渐渐发扬,欧洲的各国家才渐渐强盛起来。到了欧洲的各民族发扬和各国家强盛之后,他们的势力更渐渐侵入东洋,把我们亚洲的各民族和各国家,不是一个一个的消灭,便是一个一个的压制起来。一直到三十年以前,我们亚洲全部,可以说是没有一个完全独立的国家。到那个时候,可以说是世界的潮流走到了极端。

但是,否极泰来,物极必反。亚洲衰弱,走到了这个极端,便另外发生一个转机,那个转机就是亚洲复兴的起点。亚洲衰弱,到了三十年以前,又再复兴。那个要点是在什么地方呢?就是在日本。当三十年以前,废除了和外国所立的一些不平等条约。日本废除不平等条约的那一天,就是我们全亚洲民族复兴的一天。日本自从废除了不平等条约之后,便成了亚洲的头一个独立国家。其他亚洲的有名国家,象中国、印度、波斯、阿富汗、阿拉伯、土耳其,都不是独立的国家,都是由欧洲任意宰割,做欧洲的殖民地。在三十年以前,日本也是欧洲的一个殖民地。但是日本的国民有先见之明,知道民族和国家之何以强盛与衰弱的关键,便发奋为雄,同欧洲人奋斗,废除所有不平等的条约,把日本变成一个独立国家。自日本在东亚独立了之后,于是亚洲全部的各国家和各民族,便另外生出一个大希望,以为日本可以废除条约来独立,他们也当然可以照样,便从此发生胆量,做种种独立运动,要脱离欧洲人的束缚,不做欧洲的殖民地,要做亚洲的主人翁。这种思想,是近三十年以来的思想，是很乐观的思想。

说到三十年以前，我们亚洲全部的民族思想便大不相同，以为欧洲的文化是那样进步，科学是那样进步，工业上的制造也是那样进步，武器又精良，兵力又雄厚，我们亚洲别无他长，以为亚洲一定不能抵抗欧洲，一定不能脱离欧洲的压迫，要永远做欧洲的奴隶。这种思想，是三十年以前的思想，是很悲观的思想。就是从日本废除了不平等条约之后，在日本虽然成了一个独立国家，和日本很接近的民族和国家，虽然要受大影响，但是那种影响还不能一时传达到全亚洲，亚洲全部的民族还没有受大震动。再经过十年之后便发生日俄一战，日本便战胜俄国。日本人战胜俄国人，是亚洲民族在最近几百年中头一次战胜欧洲人，这次战争的影响，便马上传达到全亚洲，亚洲全部的民族便惊天喜地，发生一个极大的希望。这是我亲眼所见的事。现在可以和诸君略为谈谈：当日俄战争开始的那一年，我正在欧洲，有一日听到东乡大将打败俄国的海军，把俄国新由欧洲调到海参卫〔崴〕的舰队，在日本海打到全军覆没。这个消息传到欧洲，欧洲全部人民为之悲忧，如丧考妣。英国虽然是和日本同盟，而英国人士一听到了这个消息，大多数也都是摇首皱眉，以为日本得了这个大胜利，终非白人之福。这正是英国话所说"Blood is thicker than water"的观念。不久我由欧洲坐船回亚洲，经过苏彝士运河的时候，便有许多土人来见我，那些土人大概是阿拉伯人，他们看见了我是黄色人，便现出很欢喜的、急忙的样子来问我说："你是不是日本人呀？"我答应说："不是的。我是中国人，你们有什么事情呢？你们为什么现出这样的高兴呢？"他们答应说："我们新得了一个极好的消息，听到说日本消灭了俄国新由欧洲调去的海军，不知道这个消息是不是的确呢？而且我们住在运河的两边，总是看见俄国的伤兵，由一船一船的运回欧洲去，这一定是俄国打了大败仗的景况。从前我们东方有色的民族，总是被西方民族压迫，总是受痛苦，以为没有出头的日子。这次日本打败俄国，我们当作是东方民族打败西方民族。日本人打胜仗，我们当作是自己打胜仗一样。这是一种应该欢天喜地的事。所以我们便这样高兴，便这样喜欢。”象这个样子看起来，日本战胜俄国，是不是影响到亚洲全部的民族呢？那个影响是不是很大呢？至于那次日本战胜俄国的消息，在东方的亚洲人听到了，或者以为不大重要，不极高兴。但是在西方的亚洲人，和欧洲人毗连，朝夕相见，天天受他们的压迫，天天觉得痛苦，他们所受的压迫，比较东方人更大，所受的痛苦比较东方人更深，所以他们听到了那次战胜的消息，所现出的高兴，便比较我们东方人尤甚。

从日本战胜俄国之日起，亚洲全部民族便想打破欧洲，便发生独立的运动。所以埃及有独立的运动，波斯、土耳其有独立的运动，阿富汗、阿拉伯有独立的运动，印度人也从此生出独立的运动。所以日本战胜俄国的结果，便生出亚洲民族独立的大希望。这种希望从发生之日起，一直到今日不过二十年，埃及的独立便成了事实，土耳其的完全独立也成了事实。波斯、阿富汗和阿拉伯的独立也成了事实，就是最近印度的独立运动也是天天发达。这种独立的事实，便是亚洲民族思想在最近进步的表示。这种进步的思想发达到了极点，然后亚洲全部的民族才可联络起来，然后亚洲全部民族的独立运动才可以成功。近来在亚洲西部的各民族，彼此都有很亲密的交际，很诚恳的感情，他们都可以联络起来。在亚洲东部最大的民族是中国与日本，中国同日本就是这种运动的原动力。这种原动力发生了结果之后，我们中国人此刻不知道，你们日本人此刻也是不知道。所以中国同日本现在还没有大联络，将来潮流所趋，我们在亚洲东方的各民族也是一定要联络的。东西两方民族之所以发生这种潮流,和要实现这种事实的原故,就是要恢复我们亚洲从前的地位。

这种潮流在欧美人看到是很清楚的,所以美国便有一位学者曾做一本书,专讨论有色人种的兴起。这本书的内容是说日本打败俄国,就是黄人打败白人,将来这种潮流扩张之后,有色人种都可以联络起来和白人为难,这便是白人的祸害,白人应该要思患预防。他后来更做了一本书,指斥一切民族解放之事业的运动,都是反叛文化的运动。照他们的主张,在欧洲的民族解放运动,固然是当作文化的反叛,至于亚洲的民众解放运动,更是应该当作反叛事业。这种思想在欧美一切特殊阶级的人士都是相同的。所以他们用少数人既是压制了本洲和本国的多数人,更把那种流毒推广到亚洲,来压制我们九万万民族,要我们九万万的大多数,做他们少数人的奴隶,这真是非常的惨酷,真是可恶已极。而这位美国学者的论调,还以为亚洲民族有了感觉,便是对于世界文化的反叛,由此可见欧洲人自视为传授文化的正统,自以文化的主人翁自居。在欧洲人以外的,有了文化发生,有了独立的思想,便视为反叛,所以用欧洲的文化和东洋文化相比较,他们自然是以欧洲的文化是合乎正义人道的文化;以亚洲的文化是不合乎正义人道的文化。

专就最近几百年的文化讲,欧洲的物质文明极发达,我们东洋的这种文明不进步。从表面的观瞻比较起来,欧洲自然好于亚洲。但是从根本上解剖起来,欧洲近百年是什么文化呢?是科学的文化。是注重功利的文化。这种文化应用到人类社会,只见物质文明,只有飞机炸弹,只有洋枪大炮,专是一种武力的文化。欧洲人近有专用这种武力的文化来压迫我们亚洲,所以我们亚洲便不能进步。这种专用武力压迫人的文化,用我们中国的古话说就是"行霸道",所以欧洲的文化是霸道的文化。但是我们东洋向来轻视霸道的文化。还有一种文化，好过霸道的文化，这种文化的本质，是仁义道德。用这种仁义道德的文化，是感化人，不是压迫人。是要人怀德，不是要人畏威。这种要人怀德的文化，我们中国的古话就说是“行王道”。所以亚洲的文化，就是王道的文化。自欧洲的物质文明发达，霸道大行之后，世界各国的道德便天天退步。就是亚洲也有好几个国家的道德也是很退步。近来欧美学者稍为留心东洋文化，也渐渐知道东洋的物质文明，虽然不如西方，但是东洋的道德，便比西方高得多。

用霸道的文化和王道的文化比较起来说，究竟是那一种有益于正义和人道，那一种是有利于民族和国家，诸君可以自己证明。我也可以举一个例子来说明：譬如从五百年以前以至两千年以前，当中有一千多年，中国在世界上是顶强的国家。国家的地位，好象现在的英国、美国一样。英国、美国现在的强盛，还是列强。中国从前的强盛，是独强。中国当独强的时候，对于各弱小民族和弱小国家是怎么样呢？当时各弱小民族和各弱小国家对于中国又是怎么样呢？当时各弱小民族和国家，都是拜中国为上邦，要到中国来朝贡，要中国收他们为藩属，以能够到中国来朝贡的为荣耀，不能到中国朝贡的是耻辱。当时来朝贡中国的，不但是亚洲各国，就是欧洲西方各国也有不怕远路而来的。中国从前能够要那样多的国家和那样远的民族来朝贡，是用什么方法呢？是不是用海陆军的霸道，强迫他们来朝贡呢？不是的。中国完全是用王道感化他们，他们是怀中国的德，甘心情愿，自己来朝贡的。他们一受了中国王道的感化，不只是到中国来朝贡一次，并且子子孙孙都要到中国来朝贡。这种事实，到最近还有证据。譬如在印度的北方，有两个小国:一个叫做布丹[①],一个叫做尼泊尔。那两个国家虽然是小,但是民族很强盛,又很强悍,勇敢善战。尼泊尔的民族,叫做廓尔喀,尤其是勇敢善战。现在英国治印度,常常到尼泊尔去招廓尔喀人当兵来压服印度。英国能够灭很大的印度,把印度做殖民地,但是不敢轻视尼泊尔,每年还要津贴尼泊尔许多钱,才能派一个考查政治的驻扎官。象英国是现在世界上顶强的国家,尚且是这样恭敬尼泊尔,可见尼泊尔是亚洲的一个强国。尼泊尔这个强国对于英国是怎么样呢?英国强了一百多年,英国灭印度也要到一百多年。尼泊尔和英国的殖民地密迩连接有这样的久,不但是不到英国去进贡,反要受英国的津贴。至于尼泊尔对中国是怎么样呢?中国的国家地位现在一落千丈,还赶不上英国一个殖民地,离尼泊尔又极远,当中还要隔一个很大的西藏,尼泊尔至今还是拜中国为上邦。在民国元年还走西藏到中国来进贡,后来走到四川边境,因为交通不方便,所以没有再来。就尼泊尔对于中国和英国的区别,诸君看是奇怪不奇怪呢?专拿尼泊尔民族对于中国和英国的态度说,便可以比较中国的东方文明和英国的西方文明。中国国势虽然是衰了几百年,但是文化尚存,尼泊尔还要视为上邦。英国现在虽然是很强盛,有很好的物质文明,但是尼泊尔不理会。由此便可知尼泊尔真是受了中国的感化,尼泊尔视中国的文化才是真文化;视英国的物质文明,不当作文化,只当作霸道。

我们现在讲"大亚洲主义",研究到这个地步,究竟是什么问题呢?简而言之,就是文化问题,就是东方文化和西方文化的比较和冲突问题。东方的文化是王道,西方的文化是霸道;讲王道是主张仁义道德,讲霸道是主张功利强权。讲仁义道德,是由正义公理来

① 布丹:今译不丹。

感化人;讲功利强权,是用洋枪大炮来压迫人。受了感化的人,就是上国衰了几百年,还是不能忘记,还象尼泊尔至今是甘心情愿要拜中国为上邦;受了压迫的人,就是上国当时很强盛,还是时时想脱离。象英国征服了埃及,灭了印度,就是英国极强盛,埃及、印度还是时时刻刻要脱离英国,时时刻刻做独立的运动。不过处于英国大武力压制之下,所以一时不能成功。假若英国一时衰弱了,埃及、印度不要等到五年,他们马上就要推翻英国政府,来恢复自己的独立地位。诸君听到这里,当然可以知道东西文化的优劣。我们现在处于这个新世界,要造成我们的大亚洲主义,应该用什么做基础呢?就应该用我们固有的文化作基础。要讲道德、说仁义,仁义道德就是我们大亚洲主义的好基础。我们有了这种好基础,另外还要学欧洲的科学,振兴工业,改良武器。不过我们振兴工业,改良武器,来学欧洲,并不是学欧洲来消灭别的国家,压迫别的民族的,我们是学来自卫的。

近来亚洲国家学欧洲武功文化,以日本算最完全。日本的海军制造,海军驾驶,不必靠欧洲人。日本的陆军制造,陆军运用,也可以自己作主。所以日本是亚洲东方一个完全的独立国家。我们亚洲还有个国家,当欧战的时候,曾加入同盟国的一方面,一败涂地,已经被人瓜分了,在欧战之后又把欧洲人赶走,现在也成了一个完全独立国家,这个国家就是土耳其。现在亚洲只有两个顶大的独立国家:东边是日本,西边是土耳其。日本和土耳其,就是亚洲东西两个大屏障。现在波斯、阿富汗、阿拉伯也起来学欧洲,也经营了很好的武备。欧洲人也是不敢轻视那些民族的。至于尼泊尔的民族,英国人尚且不敢轻视,自然也有很好的武备。中国现在有很多的武备,一统一之后,便极有势力。我们要讲大亚洲主义,恢复亚洲民族的地位,只用仁义道德做基础,联合各部的民族,亚洲全部民族便很有势力。

不过对于欧洲人，只用仁义去感化他们，要请在亚洲的欧洲人，都是和平的退回我们的权利，那就象与虎谋皮，一定是做不到的。我们要完全收回我们的权利，便要诉诸武力。再说到武力，日本老早就有了很完备的武力，土耳其最近也有了很完备的武力，其他波斯、阿富汗、阿拉伯、廓尔喀各民族都是向来善战的。我们中国人数有四万万，向来虽然爱和平，但是为生死的关头也当然是要奋斗的，当然有很大的武力。如果亚洲民族全联合起来，用这样固有的武力去和欧洲人讲武——一定是有胜无败的！更就欧洲和亚洲的人数来比较，中国有四万万人，印度有三万万五千万，缅甸、安南、木兰由共起来有几千万，日本一国有几千万，其他各弱小民族有几千万，我们亚洲人数占全世界人数要过四分之二。欧洲人数不过是四万万，我们亚洲全部的人数有九万万。用四万万人的少数来压迫九万万人的多数，这是和正义人道大不相容的。反乎正义人道的行为，永久是要失败的。而且在他们四万万人之中，近来也有被我们感化了的。所以现在世界文化的潮流，就是在英国、美国有少数人提倡仁义道德。至于在其他各野蛮之邦，也是有这种提倡。由此可见西方之功利强权的文化，便要服从东方之仁义道德的文化。这便是霸道要服从王道，这便是世界的文化日趋于光明。

现在欧洲有一个新国家，这个国家是欧洲全部白人所排斥的，欧洲人都视他为毒蛇猛兽，不是人类，不敢和他相接近，我们亚洲也有许多人都是这一样的眼光。这个国家是谁呢？就是俄国。俄国现在要和欧洲的白人分家，他为甚么要这样做呢？就是因为他主张王道，不主张霸道；他要讲仁义道德，不愿讲功利强权；他极力主持公道，不赞成用少数压迫多数。象这个情形，俄国最近的新文化便极合我们东方的旧文化,所以他便要来和东方携手,要和西方分家。欧洲人因为俄国的新主张,不和他们同调,恐怕他的这种主张成功,打破了他们的霸道,故不说俄国是仁义正道,反诬他是世界的反叛。

我们讲大亚洲主义,研究到结果,究竟要解决什么问题呢?就是为亚洲受痛苦的民族,要怎么样才可以抵抗欧洲强盛民族的问题。简而言之,就是要为被压迫的民族来打不平的问题。受压迫的民族不但是在亚洲专有的,就是在欧洲境内也是有的。行霸道的国家不只是压迫外洲同外国的民族,就是在本洲本国之内,也是一样压迫的。我们讲大亚洲主义,以王道为基础,是为打不平。美国学者对于一切民众解放的运动,视为文化的反叛,所以我们现在所提出来打不平的文化,是反叛霸道的文化,是求一切民众和平等解放的文化。你们日本民族既得到了欧美的霸道的文化,又有亚洲王道文化的本质,从今以后对于世界文化的前途,究竟是做西方霸道的鹰犬,或是做东方王道的干城,就在你们日本国民去详审慎择。

据《孙中山先生由上海过日本之言论》《大亚洲主义》

在神户各团体欢迎宴会的演说*

（一九二四年十一月二十八日）

神户商业会议所、日华实业协会、我们中国领事和华侨诸君:

今晚蒙诸君这样热诚的招待,兄弟实在是感激无量。我这回

* 十一月二十八日晚上,孙中山出席神户各商业团体和旅日华侨的欢迎宴会,并发表此演说。

绕道神户，蒙日本各界人士一致热诚欢迎，就这种偶然经过的情形看，便可以知道中日两国国民是很亲善的。照中国同日本的关系说，无论讲到那一方面，两国国民都是应该要携手，协力进行，共谋两国前途的发展。譬如兄弟这次出来，是由南中国到北中国，就是由我的家内南边走到我的家内北边，绕道神户，就象经过一个日本人的家庭一样，只由我的家内南边走到北边，便要经过你们日本人的家庭。专就交通一项说，中国同日本便有这样的密切。其他种种关系，都是不是很密切的？我们两国国民向来的口头禅，都说中国同日本是同种同文的国家，是兄弟之邦。两国国民应该要携手。从前日本的维新元老，在维新没有成功的时候，本有中日两国携手的提倡。现在日本维新已经成了功，但是中日两国国民的口头禅，还没有达到目的，这是为什么原因呢？就是由于我们中国从前睡了觉，当中经过日本维新的几十年，中国是在梦中，毫不知道。经过近来世界的大变迁，和欧美势力东侵来压迫中国，中国也是在梦中，也是不知道。到十三年之前，中国才有革命。中国发生革命，是少数先知先觉的提倡，要把政治的改良，要把国民唤醒，要把国家的地位恢复到和从前一样，所以才有革命。

不过中国这次革命所处的时机，和日本从前维新的时机，便大不相同。当日本维新的时候，欧美势力还没有完全东来，在东亚又没有别的障碍，日本整军经武，刷新政治，都不受掣肘，都是很自由，所以日本维新便能够完全成功。当我们中国十三年前革命的时候，欧美大势力老早侵入了东亚，中国四围都是强国，四围都是障碍，要做一件事，便要经过种种困难，就是经过了困难之后，还不能达到目的，所以革命十三年，至今没有成功。我们革命党在中国这十几年以来，本来已经推翻了满清的旧皇帝，消灭了袁世凯的新皇帝，扫除了种种障碍，就是最近曹、吴的大军阀，也被我们推倒了。在国内对于革命的障碍,都被我们销灭完了。我们在国内没有革命的障碍。既是没有革命的障碍,革命便应该可以成功,为什么还说不能成功,还不能达到圆满的目的呢?因为还有国外的障碍没有打破。这种国外的障碍,便是中国从前和外国所立的不平等条约。

从那些条约的字面说,是很容易明白的。至于讲到内容,不但是中国人自己不明白,就是日本旁观的人也不容易明白。大概讲起来,那些条约的来源,是从前中国和十几个外国所订立的。外国在中国定了那些条约,便和中国处于不平等的地位,便用来压迫中国,享种种特别权利。经过这次欧战之后,德国和奥国废除了那种条约,德国和奥国现在中国不能享特别权利。德国和奥国之所以废除了那种条约的原故,是因为他们是打败了的国家,被我们中国要求废除了的。近来俄国也废除了那种条约,俄国之所以要废除的原故,是因为俄国革命之后,很主张公道,知道那种条约太不平等,对于中国太不讲道理,所以他们自己甘心情愿要废除那种条约,要送回俄国在中国所享的特别权利。那种不平等的条约,现在一共有三国是已经废除了,另外还有十几国没有废除,还是握我们中国的主权。

那种不平等的条约究竟是一件什么东西呢?老实说就是从前中国政府把我们国民押到了外国人所写的一些卖身契。现在拿到这种卖身契的还有十几国,就是我们还有十几个主人。我们现在是做了十几国的奴隶,是十几国的殖民地。做一国的殖民地很容易,做到十几国的殖民地便很痛苦。譬如澳洲是英国一国的殖民地,加拿大是英国一国的殖民地,南非洲是英国一国的殖民地,纽丝兰也是英国一国的殖民地,英国平时对于那些殖民地所享的权利很少,而所负的义务很大,那些殖民地的人民对于母国反要享很大的权利。我国中国做十几国的殖民地,那十几国只到中国来享特别权利，只来虐待中国人，毫不尽义务。所以我们中国人做人的奴隶，沾不到一点主人的恩惠，只是受虐待，只见有痛苦，逼到在中国之内，无路可走，宁可跑到外国，去做一国的奴隶。好象广东人就近便跑到香港，远一点便跑到南洋群岛和南北美洲一样。他们那些人跑到了外国之后，都是不想归家乡，自然是觉得做一国的奴隶，比做十几国的奴隶要愉快得多。中国现在是做十几国的殖民地，不是一个独立国家。中国的地位比较殖民地还要低一级，可以叫做"次殖民地"。说到我们的领土，要大过美国；我们的人民有四万万，要多过美国。美国是现在世界上顶富顶强的国家。我们中国有这样大的领土和这样众的民族，还不能成一个独立国家。推到这个原因虽然是很多，最主要的就是受那些不平等条约的压迫。我们现在不是一个独立国，是十几国的殖民地，中国人自己还不知道，我看日本人也不知道。

日本现在是东亚最强的独立国家，也是全世界列强之一。如果日本真是知道了中国是十几国的殖民地，用一个独立国家要来和殖民地相亲善，我看这是做不到的事。要明白这个道理，我有一段好故事，可以用来说明。我们广东从前有甲、乙两个朋友，甲是广州人，在广州很有势力，很有地位，可以说是一个绅士；乙是一个乡下的世仆（粤俗家庭中永久的奴仆之称，与北方老家奴的名称相似），还没有脱离奴隶的地位，后来到广州做生意，发了大财，也是很有势力，因为朋友的介绍，便认识甲，便和甲做朋友。有一日，那位甲的朋友请乙去吃饭，两个人都是很阔绰，摇摇摆摆去上酒席馆。正在街上走到得意的时候，忽然遇到了乙的主人，那位乙的主人是一个乡下佬，正从乡下上街来，没有穿什么好衣，又没有穿鞋，手内只拿一把大伞，走路很远，身体极疲倦。忽然遇到了乙，因为乙是他的世仆，所以他便不客气，便马上问乙说："我许久不见你了，你是怎么样变到这样阔绰呢？你今天穿到这样好看，是到甚么地方去呢？我走路疲倦得很，你替我拿拿这把大伞，跟我来听差吧。”乙因为是那位乡下佬的世仆，所以便不敢推辞，只得替他的主人去拿伞，同他的主人一路走。乙因为要替他的主人去拿伞，便不能同他的朋友甲去吃饭，因此甲要请他的朋友乙去吃饭的目的便不能够达到。我们中国和世界各国，立了许多利益均沾的条约，日本自己还不觉得是中国的主人，日日反要来提倡中日亲善。这好比是甲要请他的朋友乙去吃饭一样，在路上忽然遇到了乙的主人，那位主人要乙去拿伞，甲当然是不能同乙去吃饭。中国现在就是一个世仆，不是一个自由人，有十几个主人。日本要来和我们亲善，要请我们吃饭，中国和日本同在一路走，不遇到中国的第一个主人，便要遇到中国的第二个主人；不遇第三个主人，便要遇到第四个主人；以至于第十几个主人。那些主人和中国人，是决计没有错过之机会的。中国人一遇到了那些主人，便要和他们拿伞，就是日本人很有请中国人吃饭的诚心诚意也是请不成，也是不能达到目的。中国因此便不能和日本亲善。若是日本真有诚意来和中国亲善，便先要帮助中国废除不平等的条约，争回主人的地位，让中国人是自由身分，中国才可以同日本来亲善。照我们的口头禅，中国同日本是同种同文的国家，是兄弟之邦。就几千年的历史和地位讲起来，中国是兄，日本是弟。现在讲到要兄弟聚会，在一家和睦，便要你们日本做弟的人，知道你们的兄已经做了十几国的奴隶，向来是很痛苦，现在还是很痛苦，这种痛苦的原动力便是不平等的条约，还要你们做弟的人替兄担忧，助兄奋斗，改良不平等的条约，脱离奴隶的地位，然后中国同日本才可以再来做兄弟。

据《孙中山先生由上海过日本之言论》《日本应助中国废除不平等条约》

与大阪《英字新闻》记者的谈话*

（一九二四年十一月二十八日）

星期五下午，在单独接见《英字新闻》记者时，孙逸仙博士对在远东的英国人的所作所为表示了强烈的憎恨。在他看来，美国人和其他外国人并非完全无可指责，可是英国人是再坏没有的家伙。孙说：英国外交部是背后操纵由在中国的英国人绑紧的绳子。

孙愤慨地说：就是在华的英国人老是在中国制造麻烦。当他最近途经上海时，那里的外国报纸厚颜无耻地提出不应让他来上海。孙博士愤怒地质问道：他为什么该被赶出自己的国家的一个城市？如果英国人继续保持其傲慢态度，总有那么一天，他们会不得不尝到他们自己种下的恶果。

中国的全面抵制英国

孙博士向记者郑重宣告：被压迫的中国人在仔细考虑对英国的全面抵制，不仅是在象香港和上海这些有限地区，而是整个中国。无可否认，中国是反抗他们的，英国在华的大商业、银行、航运行业会遭到严重的影响。用这种办法，中国人才能最有效地对付在孙心目中的英国这个穷凶极恶的东西。

孙博士说，他不是恨每一个英国人，但是在上海和神户，他拒

---

* 《英字新闻》（*The Osaka Mainichi*）为大阪《每日新闻》的英文版。该报记者在神户访问孙中山，其谈话报道对孙中山采用第三人称，现收录于此。供参考。

绝会见英国或美国的新闻记者,因为从过去的经验中,这些新闻记者如何蓄意歪曲事实,他是知道得太清楚了。但就个人而论,孙说他有很多亲密的英国朋友和美国朋友。

英国老师救了他的命

他说,三十年前,他在伦敦被一位英国老师所救。中国政府企图以政治理由在那里逮捕他,可是随后为现在已是爵士的詹姆斯·康德黎先生所救。孙博士说,对康德黎先生和其他的私人朋友,他长久保持尊敬和亲善之情,但英国人是中国的祸害。当他考虑到经常受他们压迫的可怜的四亿中国人的福利时,他在英国人中有许多可敬的朋友这一事实,也不会使他看不到英国对他的同胞的不义行为。

美国和其他国家,日本也不例外,都效法英国人立下的恶例。如果日本特别要和她的邻国达成真正的友善关系的话,她就应当象俄国和德国已经做到的那样,归还所有从中国拿去的东西。

他说他是英国侨民的眼中钉

孙博士说,他是在华的英国人的眼中钉。他们恨他,而他更恨他们。这些英国人在进行反对他的活动中用了一切可能的卑鄙手段,其借口是说他是个捣乱分子,完全忘记了他们自己是在中国的捣乱分子。孙博士强调说,英国人干这些肮脏勾当的真正原因,仅仅是因为他不肯承认他们的狡猾行为是正确的和合乎道理的。

提到最近香港海员的罢工,他说,英国人将鼓动罢工的罪责全归之于他，而他其时远在内地，与此毫无关系。中国现在遭受治外法权之害。日本在多年前已摆脱了这个耻辱，有日本的真诚帮助，中国也能很快地摆脱它。孙博士告诫日本不要盲目追随英国政府的政策。不幸的是，从报章报道的日本驻伦敦大使最近的公开讲话来看，他似乎认为日本没有支持英国的宠物袁世凯和吴（佩孚）将军是犯了一个大错误。

要是日本，如那位日本大使本想让它做的那样，帮助了他们，那么现在日本对中国的立场会怎么样呢？孙博士说，她肯定不会对中国人友好的。

据大阪《英字新闻》一九二四年十一月三十日《孙博士在与新闻记者的谈话中有礼貌地疏远了在远东的英国人》(Dr.Sun Puts Far East Britishers As Polite Distance in Talk With Mainichi Reportlr)英文抄件译出（吴开斌译，金应熙校）

给陈融林云陔的指令

（一九二四年十一月二十八日）

大元帅指令第二一六七号

令广东高等审判厅厅长陈融、广东高等检察厅检察长林云陔

呈送修正《法官学校规程》请察核备案由。

呈及规程均悉。准予备案。规程存。此令。

（中华民国陆海军大元帅之印）

中华民国十三年十一月二十八日

据《大本营公报》第三十三号《指令》

给革命纪念会的指令

（一九二四年十一月二十八日）

大元帅指令第二一六九号

令革命纪念会

呈请准予投变旧模范监狱上盖充七十二烈士坟园建筑费由。

呈悉。照准。此令。

（中华民国陆海军大元帅之印）

中华民国十三年十一月二十八日

据《大本营公报》第三十三号《指令》

给胡汉民的指令

（一九二四年十一月二十八日）

大元帅指令第二一七二号

令广东省长胡汉民

呈复遵令饬财政厅拨款建立倪烈士映典纪念碑由。

呈悉。此令。

（中华民国陆海军大元帅之印）

中华民国十三年十一月二十八日

据《大本营公报》第三十三号《指令》

给杨希闵的指令

（一九二四年十一月二十八日）

大元帅指令第二一七三号

令建国滇军总司令杨希闵

呈报收到大小印章及启用日期由。

呈悉。此令。

（中华民国陆海军大元帅之印）

中华民国十三年十一月二十八日

据《大本营公报》第三十三号《指令》

追赠沈寅宾令

（一九二四年十一月二十八日）

大元帅令

大本营军政部长程潜呈："故中央直辖赣军司令部上校副官长沈寅宾，此次奉命东征，在新丰御匪阵亡，殊堪悯悼。拟请追加陆军少将衔，仍照上校阵亡例给予恤金"等语。沈寅宾着追加陆军少将衔，仍照上校阵亡例给恤，以彰忠烈。此令。

（中华民国陆海军大元帅之印）

中华民国十三年十一月二十八日

据《大本营公报》第三十三号《命令》

给程潜的指令

（一九二四年十一月二十八日）

大元帅指令第二一七四号

令大本营军政部长程潜

呈请追加故中央直辖赣军上校副官长沈寅宾以陆军少将衔，仍照上校阵亡例给恤由。

呈悉。已有明令追赠给恤矣。仰即知照。此令。

（中华民国陆海军大元帅之印）

中华民国十三年十一月二十八日

据《大本营公报》第三十三号《指令》

给古应芬的指令

（一九二四年十一月二十八日）

大元帅指令第二一七五号

令大本营财政部长古应芬

呈请令行粤军总司令制止截留新增专款由。

呈悉。已令行粤军总司令转饬制止矣。此令。

（中华民国陆海军大元帅之印）

中华民国十三年十一月二十八日

据《大本营公报》第三十三号《指令》

给任应歧的指令

（一九二四年十一月二十九日）

大元帅指令韶字第三十三号

令建国豫军总指挥兼第二混成旅旅长任应歧

呈报该部书记官王之屏盗用关防，捏造改隶豫鲁招抚使节制呈文，请予注销由。

呈悉。准予注销。此令。

（中华民国陆海军大元帅之印）

中华民国十三年十一月二十九日

据《大本营公报》第三十三号《指令》

与《日本纪事报》记者代表的谈话*

（一九二四年十一月三十日）

代表先问：日人方面近传中山现愿对于日本占领东三省土地之问题暂不置论，确否？

中山答：良确。但此并非含有许日本处于与其他列强不同的地位之意味。关于彼恢复中国独立之运动，现时以两点为限，一为废除治外法权，一为收回海关。至于日本在东三省之地位，彼认为与香港、澳门相同，目下并不要求归还。

---

* 《日本纪事报》(*The Japan Chronicle*)为英文报纸。孙中山离日本回国之前，该报派记者代表访问了孙中山。原文未署日期，今据孙中山离日时间标出。

代表:以东三省之日本地位,颇似上海、汉口、天津等处之租界。

【中山谓彼目下不问租界问题,彼只先求得两事,即废除治外法权及收回海关是也。因此两事不做到,中国不成其为国家,真为殖民地之不如。彼并非谓日本地位应与他国不同。彼所欲者,乃列强应与苏联相同,归还中国之主权而已。】

中山谓:中国之最大税源(海关)而握于他国之手实一大笑柄,在华外人不受中国法律管束亦非当然之事。十三年以来,外人在华推波助澜,挑起衅端,即倚仗此不受中国法律管束之特权也。

代表问:外人曾如何挑起衅端?

中山答:第一为援助袁世凯。列强徇捣乱者之请,以二万五千万之大借款给与袁政府,助其扑灭革命党势力,向使列强不予此种赞助,则民国不至大乱。至于帝制运动,若无外力援助,亦不能存在。最近彼等又选出一吴佩孚,认为“强固人物”而拥护之。英、美且曾正式向日本提议赞助吴氏。【中山此说未见日本或他国报纸记载,或系指海关当局对北京之提议而言,惟吾人未闻日本反对或抗议此等提议。】

假使中国人对英人声称“海格为君等之强固人物,宜为君等之主治者”,试问英人将作何想?又使外国人欲迫美国人接受潘兴为总统,美人又将如何?外人尽有权在华经商、传教,但对于中国政治无干预之余地。假使外侨被置诸中国法律之下,则此种干涉可免。倘能将捣乱之外人枪毙一二,当极有益。目下则在华每一英人皆不啻王侯,即以粤中一事为例,曾有英人某从香港至省城谒某督军者,其地位即不等于印度总督,亦等于孟加拉省长,而此督军则率诸幕僚出迎,如见大宾,并以“香宾酒”迎客。一二日后,此客乃对人言,彼此来系探闻督军须添制衣服否,如欲添制者,彼可量尺寸耳。中国官员曾以不敬西宾而遭严谴,故习成媚外,此其一例。而外人之势力亦可见一斑已。

中国今日之地位且不逮殖民地,列强十三四国皆以中国之主人自居,然并无一负责任者。如英之对印度然,英对一九〇二年《马凯条约》中允许,如他国归还中国以主权,英亦照办,此足见英国具有良心。最近华府会议又有增加关税及废除治外法权之允许。然迄今确实归还主权者,只有苏联一国。自苏联此举之后,吾人乃怀疑于英国矣。

代表问:君能提议诱致列强实行之实际的方法否?假使彼等而果无道德者,君能使彼等觉放弃治外法权于彼等有便利否?即如德人、俄人已放弃彼等之特权,试问彼等曾否因由此得在内地贸易投资而增加便利乎?

中山答:我意彼等将能增得便利,但外人所欲者并非便利,彼等皆欲在中国为王耳!

代表又问:日本之从列强收回自由,中国有可取为教训者否?

中山答:日本此举之成功纯因彼之武力。西方各国所畏,尤其战胜中国一事。假使彼未有武力之成功,则决不能收回治外法权。今外人以日本为中国之先例,不知中国如变为武力化,则其意味与日本大异。中国人于二千年前即反对战争,今若复趋于武化,则列强直自遭殃祸。武化之德国,以全世界之力始征服之。若中国变成武化,则无异出现八个德国。今世人竟言和平,然中国事若不解决,世界决无和平。倘列强愿学俄国解放中国,则世界和平可致。否则不能。若目下之压迫继续不止,恐中国将联合苏俄及印度而与他方各国为敌。如是,则将有九万万之人力。中国目下正在歧途中,或将成一大武力国,或为一大和平国，均不可知耳。

代表问：料日本于恢复中国主权一事，是否愿为列强之领袖？

【中山答称，彼信日本人民皆与彼同一见解，彼虽未得日政府赞助之保证，但彼信日本人民将迫其政府赞助此事。】

【代表提及中山于数年前颇反对日本，曾痛诋其对华侵略政策。中山谓目下彼不愿谈此事。】

代表又言：从前“安福派”当国时，曾大借日款一万五千万元，中山当时亦甚反对段祺瑞，今日本显然赞助段氏，每望收回债款。

中山答：日本倘能被诱致而赞助中国，则中国丧失日金一万五千万亦属值得，中国为恢复其国命起见，固愿为小小之牺牲耳。

代表提及一九一一年张作霖曾竭力反对革命党，目下尚有人信张不忘复辟。

中山答：十余年来情形大变，彼目下愿与张合作，深信张氏如不受引诱并列强之赞助，则决不为复辟运动。

代表谓：目下外国外交家对于中国何党何派可以认为政府，非常疑惑，以吴佩孚、张作霖及彼（中山）各有势力，目下虽有数派业已携手，而吴佩孚尚有在长江各省联合之势。

中山答：吴若果组联盟者，吾人必打倒之。

代表谓彼在广州反对北京时，曾要求列强将粤关余交粤政府，今吴佩孚亦可有同一之要求乎？此关余果须交付者，试问列强将交与何人乎？

中山答：列强如果怀疑，不妨暂将该款保管。【当辛亥革命时，彼即提议将关税存于外国银行。但彼以为目下之大局业已明了，列强无须疑惑，彼行将入京召集国民会议，藉组正式政府云。】

代表问：广州商团冲突及西关大火事。

中山答：商团之活动，背后有英人指使。

代表问：西关之焚烧是否彼下令。

中山答称：断然。【彼将此事与伦敦雪特尼街事件互比，盖此事件中有盗匪数人以武力反抗警察，陆军大臣邱吉尔遂下令召出军队。据彼之记忆，当时曾因此焚烧房屋若干。广州商团在西关负隅而守，政府屡次劝其服从终不肯听，政府为破裂彼等之抵抗起见，非焚烧若干房屋不可。在伦敦事件中，政府之敌不过数人，而在广州则有七千人也。】

据上海《民国日报》一九二四年十二月十日《孙中山先生与英记者之谈话》

附：同题异文

据其秘书所说，孙逸仙博士决定不对英国或美国的报界发表任何声明，而当他为一项私人请求所打动时，他的决定还是可以通融的。在他动身回中国的前夕，他和新闻记者作了一次谈话，很直率地说了他的意见，尤其是提到他要求恢复中国的独立。在这方面，他首先向列强的良心呼吁，其次吁请注意可能会出现的危险，如果中国武装起来了，如果中国与印度和俄国联合的话。这次晤谈的一个特点是孙博士愿意回答一些稍微难于置答的问题，譬如他对日本的态度的突然变化，他与张作霖和段祺瑞的关系，他的部队最近在广州烧了几百间房屋等等。

和日本的关系

孙博士首先被问及，近期的一篇日本报道，说他愿意让日本在满洲的领地问题暂且搁置是否正确。他答谓：很正确。但他并不曾表示日本该有别于其他列强而置之于另一范畴。在他为恢复中国的独立而进行的活动中，眼前要办的限于两件事：废除外国人的治外法权和恢复中国的关税自主。

关于日本在满洲的租借地，他将之置于和香港、澳门的同样地位，他不要求目前就收回。当有人指出，日本在满洲的租借地很类似于上海、汉口和天津的各种租界时，他说，此刻他也不为这些租界操虑。当前他首先要办成的就只是上述两件事。在未获允控制其海关业务和废除外国人的治外法权之前，中国就谈不上是个国家，会降到比任何殖民地更糟糕的境地。应将日本区别于其他列强来对待，不是他的想法。他想要的是所有强国都应步俄国的后尘，归还中国的主权。

列强的“强人”政策

中国国家收入的主要来源——海关，应被掌握在列强手中，孙博士说，这是荒谬无理的。外国人在中国不受中国法律的管辖，是非常不公正的。依靠这种置身法外，在过去的十三年里，即推翻满洲统治的革命以来，外国冒险家在中国一直挑起麻烦。

采访者问，外国人怎样挑起麻烦？

孙博士说，首先，是他们支持袁世凯。冒险家们成功地说服了外国政府给袁二亿五千万美元[①]的借款以帮助他打倒中国的革命力量。如果列强不曾给予这样的支持，本不会有麻烦的。要是没有列强的支持，也不会在中国出现帝制活动。最近他们已选中吴佩孚为他们的“强人”并给他以支持。英国和美国已正式建议日本

① 应为二千五百万镑。

支持吴。孙博士在这一点上所掌握的任何消息，没有在日本也没有为其他有关方面所公布，除非是指海关最近向北京当局预付的款项。我们未听说过日本对这些付款加以反对或持异议。

孙逸仙博士说，如果中国人对英国人说，“黑格(Haig)是你们的强人，黑格该做你们的统治者”，英国人该会怎么想。如果外人试图强使美国人接受潘兴(Pershing)为其统治者，美国人又该会怎么想。外国人可以正当地要求与中国人通商和传布基督教的权利，可是他们无权插手中国的政治。

裁缝的故事

这位共和派领袖继续说道，如果外国人被置于中国的法律管辖之下，这种干预是可以防止的。如果他们中的一两个人因在中国挑起麻烦而被枪决的话，可能是有益的。可是现在，每一个英国人在中国都是王。他举了广州的一件事为例。一个英国人曾从香港去那里见都督——其地位如果说不等于印度副王，也相当于孟加拉总督。这位官员斥退了他的随从，以对客人表示敬意，并吩咐备香槟酒来款待。得到半天左右这样的隆遇后，十分感到窘困的来宾提到他是来了解一下都督阁下是不是要制些衣服。要是的话，就量尺码。中国官员们已经懂得要非常当心，因为其中有些人曾由于没有予官方来宾以应有的尊重而受到严惩。于是乎就精心刻意款待了这个香港裁缝。

孙博士说，如果英国及其他列强不许可中国自由，中国人会觉得，要求成为英国的一块殖民地倒还有利。他再次说到中国现在的处境比任何殖民地还要糟糕。中国现在不得不侍奉十三或十四个主人，个个主人都坚持要特权，但没有一个肯承担如英国在印度所不得不承担的责任。孙还补充说，英国在一九〇二年的《马凯条约》中允诺将恢复中国的自主权，条件是其他列强也这样做，这显示了英国在此事上的良心（该条约确实规定任何一方在每期十年的任一期终了时都可废除该条约，还规定了愿受条约约束的列强的权利和义务将是平等的）。此外，孙博士说，还有列强在华盛顿会议上所作的承诺（答应使关税率大幅度提高和研究废除治外法权问题）。孙说，就俄国而言，她实际上已归还了中国的主权。这位中国领袖最后说道，从俄国采取这一行动以后，我们就摸不透英国了。

有实际可行的办法吗？

"孙博士，你能否提出任何实际可行办法的建议以使得列强采取行动？假定他们全不讲道义——有没有什么可以向他们表明的！他们以放弃其治外法权而可获得的利益？譬如，德国人和俄国人放弃了他们的特权。他们有没有从他们因此而取得的在中国内地贸易和投资的额外自由中获得利益呢？"

对这个问题，孙博士回答说："我认为他们会这样做的。可是外国人要的不是利益。他们都想在中国为王。"

中国等于六个德国

采访者随后问及，中国于日本从其屈从列强下取得自由的办法中，是否学到了一些东西？

回答是，日本在这方面的成功，仅仅是她表明了其有成为西方承认的军事强国的能力——尤其是在九十年代打败了中国。孙迅速地驳回了所谓日本即使没有军事上的胜利本也可以获得废除治外法权的提法。外国人向中国展示日本的榜样。他们没有认识到使中国这个国家军国主义化将意味着什么。两千年前,中国人就放弃作为职业而去打仗了。如果他们被诱导去恢复军国主义,那将成为“你们的危险”。世界是以联合的努力而且还由于幸运才征服了军国主义的德国,要是中国军国主义化了,那么世界就得和六个德国进行较量。人们对世界和平谈论很多,但除非中国的事情得到解决,就绝不可能有世界和平。列强只有在解放中国方面效法俄国,才会有世界和平,舍此别无他法。孙博士在这方面继续谈了一些,并宣称中国可能与俄国和印度联合以对抗西方列强,如果当前的压迫持续下去的话。这样他们就有数达九亿的人力——他坚持认为是人力而不是机械——赢得了世界大战的胜利。中国现在是处在十字路口上。她可能成为一个军事强国。

有些人认为你们太有见识了,是不会这样做的。采访者说道。

我们可以激奋起我们的蛮劲,如果我们想这样办的话。孙博士答道,并再次提起他的让中国从外国统治下解放出来的要求。

日本会帮助吗?

当问到孙有没有什么理由可相信,在这方面日本会为其他列强带头采取行动时,这位伟大的革命家回答说他确信日本人民是一致赞同他的。而对日本政府的支持,他没有把握。但是,如果东京的官员不愿采取行动,他仍相信人民会迫使他们这样做的。

当提醒他说几年前他曾对日本深抱敌意,曾激烈批评日本对中国的侵略政策时,孙博士说此刻他不愿谈这些事。

西原借款

还向孙博士指出，现在他与之结盟的段祺瑞及其安福系，过去他却绝不与之友好。这种立场似乎使局外人有点难于理解，尤其是由于安福系曾负责筹借为数约一亿五千万美元[①]的声名狼藉的西原借款，这项借款可说是未用来使中国受益。看来很清楚，日本目前是在支持段，主要在于期望段会使中国实现这笔西原交易。

孙逸仙回答说，如果日本能被说动来支持中国的要求独立，这一亿五千万日元是很值得的。中国愿意作一点牺牲以恢复国家的生气。

张作霖是君主主义者吗？

还提醒孙博士，张作霖在一九一一年曾采取反对中国革命党人的各种行动，以及现在据信他仍然是个君主主义者。孙回答说，从革命年代以来，情况已变化了。他现在很愿意和张共事。也相信，除非有外国挑动和支持，张是不会再从事什么帝制活动了。

感到为难的列强

向孙博士提出了这一点，即外国外交官在弄清该把那一派视作中国的政府上感到很为难。以前有在北京的吴佩孚，在广州的孙本人，在满洲的张作霖，还有其他的人。甚至现在已有几派实行联合了，而吴佩孚还可能在华中各省成立一个联邦。

---

① 应为日元。

"如果他这样做,我们就打垮他,就如我们现在正在做的那样。"回答是很自信的。采访者仍然指出,当孙逸仙本人在广州反对北京当局时,他曾要求把广州那部分海关关余交给他。吴佩孚不也有权利提出同样要求吗?如果海关业务该移交的话,列强又怎么知道向谁移交?

孙回答说,如果他们有什么疑问,可以把钱保管起来。当革命期间,对中国的那一方有权以政府自居存在疑问时,他本人曾建议他们把钱存入外国银行。可是他认为目前的形势是如此地明白,列强没有理由犹豫不决。他即将去北京再度召开国民会议。

他宣布他将直接去北京。如果他这样做,他将显示很大的勇气。

广州那场火

对孙博士作了解释,《日本新闻》曾试图对最近在广州发生的骚动——商团向革命纪念日[①]的无武装的游行队伍开枪以及随后火烧该市商团所在地的西关——的两方面的情况都加以描述。孙博士首先谈到商团的活动是英国煽动起来的——这无疑是指汇丰银行在广州的买办陈廉伯扮演了主要角色。(该行的辩解当然是说,陈先生以私人资格,可以自由按其愿望行事。)

当问到孙博士是否曾实际上命令火烧西关时,他回答说的确是那样。他把这件事和伦敦西德尼(Sidney)街事件相比,曾有些强盗在那条街上以武力抵抗警察。根据温斯顿·丘吉尔(Winston Churchill)先生的指示,动员了军队。据他回忆,在对付那些强盗的军事行动中,有些房屋被烧掉了。广州的商团曾在西关为他们

① 革命纪念日:指十月十日武昌起义纪念日。

自己设防;他们拒绝了多次向他们作出的要他们服从孙博士的政府的权威的呼吁。这就有必要烧一下以摧毁他们的抵抗。在伦敦,要对付的只是几个敌人;在广州,要对付的是差不多七千人。在这次军事行动中,三四百间房屋被烧掉了。

据神户《日本纪事报》一九二四年十二月二日《孙逸仙谈中国的屈从地位》(Sun Yat-sen on China's Subjection)英文抄件译出(吴开斌译,金应熙校)

给陈青云的指令

(一九二四年十一月三十日)

大元帅指令韶字第三七号

令建国豫军第二师师长陈青云

呈报就职日期由。

呈悉。此令。

(中华民国陆海军大元帅之印)

中华民国十三年十一月三十日

据《大本营公报》第三十三号《指令》

关于民主政治与人民知识程度关系的谈话*

(一九二四年十二月一日)

许多人以为中国不适用民主政治,因为人民知识程度太低。

* 此为上海《民国日报》总编辑叶楚伧回忆孙中山谈话的笔记。谈话时间不详,所标时间系上海《民国日报》发表日期。

我不信有这话，我认说这话的人还没有明白"权能"两字的意义。

要解释"权能"两字的意义，有一个譬喻在此：譬如坐汽车的与开汽车的，坐汽车的是主人，他有的是权，不必有能，他只要说得出要到的地方，就可以到要到的地方，不必知道汽车如何开法；开汽车的是雇员，他有的是能，他能摇动机关左右进退迟速行止，但是他并没有开到哪里的权。行使坐车人的权，取用开车人的能，汽车便很顺利地会到目的地了。

人民是民国的主人，他只要能指定出一个目标来，象坐汽车的一般。至于如何做去，自有有技能的各种专门人才在。所以，人民知识程度虽低，只要说得出"要到那里"一句话来，就无害于民主政治。

据上海《民国日报》一九二四年十二月一日楚《逐件来解释民众间对国民会议的怀疑》(二)《开国民会议与人民知识程度无干》

在门司与来访者的谈话*

（一九二四年十二月一日）

予赴北京，将于大体方针决定之日，即往欧美漫游，决不久滞。予第一目的在欲废除十三国对华之不平等条约，使中华民国成真正大统一之国家，则治外法权及关税各节问题均可一一解决。而所谓二十一条问题，此际日人宜反省之。其次为贯彻废督裁兵，及财政整理。倘此志不达，即选予为总统或任何制度下之领袖，予决不就。且以为果国运至于斯极，可任国民之意志，或分中国为若干

* 十二月一日，孙中山途经门司，这是他与门司来访者的谈话。

国而各别统治。

予观中国衰亡原因，第一乃为英国所侵害。予有机缘当首访英国，次及列国，以求尽吾力。至于目下之北京政府，段祺瑞既出任政府，其资格良宜。予舍推崇之外，别无他见存也。

据北京《晨报》一九二四年十二月五日《孙文昨午到津》

与门司新闻记者的谈话*

（一九二四年十二月一日）

门司新闻记者问：我们多年没有见过先生，适逢先生路过门司的机会，所以特来问候，并请问先生这次经过日本的感想。

中山先生答：我这次绕道贵国，蒙贵国朝野人士极热诚的欢迎，我是十分满足、十分感谢的。我到日本的目的，已经在日本各新闻纸上发表过了。我所发表的主张，最重要之一点，就是在求日本援助中国，废除中国同外国所立的一些不平等条约。我们中国此刻所受不平等条约的痛苦，在日本三十年以前也是曾经受过了的；后来日本同欧美各国奋斗，才除去那种痛苦。我现在希望你们日本，己立立人，己达达人，扩充痛定思痛的同情心，援助我们中国来奋斗。

问：近来我们得到北京许多电报，听到说现在有许多人要选举先生做大总统。如果能够成事实，先生是什么态度呢？

答：我的态度，是决计推辞。中国一日没有完全独立，我便一日不情愿做总统；要中国完全独立之后，我才可以承认国民的希望。照中国现在大多数的国民希望，要我做大总统，大概他们都不

---

* 十二月一日，孙中山在“北岭丸”轮船上接见来访记者，发表此谈话。

知道自己在国际上的地位。中国现在是做十几国的殖民地,有十几国的主人,我们是十几国的奴隶。如果我是做大总统,在政府之中身当其冲,天天和十几个主人来往,便随时随地要和主人冲突。中国现在的地位,不能够和主人有冲突,所以我现在不能够做大总统。我先要处于国民的地位,同各国再交涉,废除从前不平等的条约,脱离奴隶的地位,到那个时候,才再可以同国民说做他们大总统的话。

问:先生这次到北京去,推什么人做总统呢?

答:我现在日本,看不清楚,不能够说出何人。

问:中国南北不调和,是过去的事实,以后还有没有这种事实呢?

答:这个关键也是在不平等的条约。如果北方有胆量,能够赞成南方的主张,废除那些不平等的条约,于中国前途有大利益,南北才可以调和。若是北方没有这个胆量来赞成南方的主张,中国不能够脱离奴隶的地位,就是南北一时调和,于中国前途只有害而无利,南北又何必要调和?何必要统一?这个理由,要另外有一个证据才可以说明,诸君才可以懂得清楚。

诸君知道我们中国在满清的时代,南北是统一的,只有一个政府。从瓜分中国的论调发生了之后,各国都想在中国沿海口岸先占一个根据地,然后才由此发展,进占中国内地。所以德国占青岛,俄国占旅顺、大连,法国占广州湾,英国占香港、威海卫。此时香港的海军当局,计划香港的防守事宜,看见香港对面的九龙地方有许多高地,对于香港都是居高临下,香港若是得不到那些高地的防卫,在军事上便极不安全。英国人的这种思想,并不是怕中国人利用那些高地来打香港,是怕外国人占领了中国之后,则用那些高地来打香港,所以便想预先向中国取得那些高地。照英国人的原来计划,是以那些高地的分水岭为界,只要水向香港流的地方,划归香港政府防卫,至于水向中国流的地方,都可划归中国政府防卫,香港便极安全。这个计划定了之后,英国人便告诉驻北京的英国公使,和中国政府交涉。

英国公使接到了那个计划之后,打开香港的地图一看,以为香港的原来计划只要求中国割十几方里,那个要求太小;他看到北京的政府很软弱,很容易欺负,可以多要求,所以向中国政府提出来的,不要求只十几方里,要中国割两百多方里。当时北京的统一政府非常的怕外国人,当然是听外国人的话,准英国的要求。英国公使一接到了中国政府照准的公文之后,便通知香港的英国政府。于是香港政府便派兵进九龙内地,接收那些领土。

在本地的土人,一遇到了英国兵,便和英国兵开战,便打败他们。于是英国兵就退回香港,又再打电报到北京的英国公使,向中国政府交涉,说我们原来要你和中国政府交涉,取得那些领土,就是不愿意用武力,是想和平解决;现在我们去接那些领土,本地人民已经是和我们开战,请你再向中国政府交涉罢。英国公使又再把香港的情形,向中国政府提出交涉。中国政府一得到了那个交涉,便打一个电报到两广总督,要两广总督执行,一定要把那些领土交到香港政府。两广总督一接到了北京统一政府的命令,当然是严厉执行,便马上派五千兵去打退本地的人民,香港政府才是安全的得到了那两百多方里的领土。

象这样讲起来,当时中国的北京政府,虽然是一个中国的统一政府,但是另外还有主人,要听外国主人的话,对于本国的人民就是杀人放火也是要做。象这样的政府,虽然在名义上是统一,但是在事实上对于南方人民只有害而无利,又何贵乎有这种统一政府?假若在满清的时候,中国政府不是统一,北京政府的压力不能达到南方，以南方的强悍，专就香港而言，便不致失去那些领土。

所以我这次到北京去，是不是执全国的政权，南北是不是统一，就在北方政府能不能够赞成我们南方的主张，废除不平等的条约，争回主人的地位，从此以后，再不听外国人的话，来残害南方的人民。如果这一层做不到，南方人民还是因为北京政府怕外国人的关系，间接还是受外国人的害，南北又何必要调和？何必要统一？我又怎么情愿去执政权？若是这一层能够办得到，中国可以完全自由，南方人民再不间接受外国人的害，南北便可以调和，便可以统一，我也情愿去执政权。

问：陈炯明何以反叛先生呢？

答：因为图个人的私利，勾通了吴佩孚。陈炯明也不全是反叛我，是反叛我们国民党。

问：先生要废除中国同外国所立的不平等条约，对于日本所希望的是废除那几种条约呢？

答：如海关、租界和治外法权的那些条约，只要是于中国有害的，便要废除，要来收回我们固有的权利。

问：先生对于日本同中国所立的二十一条要求，是不是也要改良呢？

答：所有中国同外国所立的一切不平等条约，都是要改良，不只是日本所立的二十一条的要求；二十一条要求也当然是在要改良之列。中国的古话说："己所不欲，勿施于人。"假若美国对于日本也有二十一条的要求，你们日本是不是情愿承受呢？当然是不情愿的。既是自己不情愿，拿出恕道心和公平的主张出来，当然不可以己所不情愿的要求，来加之于中国。你们日本便应该首先提倡改良！

问：先生对于国外的问题主张要废除条约，对于国内的问题，是不是要主张废督裁兵，中国才可以统一呢？

答：对于国内的问题，也是要先废除条约。因为中国近来的兵与督，都是外国条约造成的。（余从略）

据《孙中山先生由上海过日本之言论》《对门司新闻记者之谈话》

致梅屋庄吉电*

（一九二四年十二月一日）

逗留贵国期间，感谢诸君盛情关照。今后亚洲民族复兴，切望阁下协力。躬祝贵体健康为祷。孙文。

据中国社会科学院近代史研究所藏《梅屋庄吉文件》（显微胶卷）译出（丁贤俊译）

致涩泽荣一电**

（一九二四年十二月一日）

此次拜访贵国，蒙朝野各界之盛意，谨致谢忱。贵体违和，未及奉候，憾甚。惟愿早日康复，更望今后为两国国民经济之联系多方操持。

据纪念涩泽青渊财团龙门社编纂《涩泽荣一传记》资料第三十八卷（一九六一年日文版）译出（金世龙译）

---

* 此件所标时间为收到电报日期。

** 据《涩泽荣一传记》资料载，十二月一日为收到电报日期。

任命周雍能职务令

（一九二四年十二月一日）

大元帅令

任命周雍能为赣军警备司令。此令。

（中华民国陆海军大元帅之印）

中华民国十三年十二月一日

据《大本营公报》第三十四号《命令》

准林直勉辞职令

（一九二四年十二月一日）

大元帅令

兼大本营会计司司长林直勉呈请辞职。林直勉准免兼职。此令。

（中华民国陆海军大元帅之印）

中华民国十三年十二月一日

据《大本营公报》第三十四号《命令》

任命余和鸿职务令

（一九二四年十二月一日）

大元帅令

任命余和鸿为大本营会计司司长。此令。

（中华民国陆海军大元帅之印）

中华民国十三年十二月一日

据《大本营公报》第三十四号《命令》

特任常德盛职务状*

（一九二四年十二月一日）

特任常德盛为建国奉军总司令。此状。

据《广东七十二行商报》一九二四年十二月十五日《常德盛就职输诚两通电》

任命董福开职务令

（一九二四年十二月一日）

大元帅令

任命董福开为大本营参议。此令。

（中华民国陆海军大元帅之印）

中华民国十三年十二月一日

据《大本营公报》第三十四号《命令》

给程潜等的训令

（一九二四年十二月一日）

大元帅训令第六〇二号

---

* 原状日期不详。按十二月十五日《广东七十二行商报》载，常顷奉到孙特任状，"遵于十二月一日就职"。今据常德盛就职日期标出。

令大本营军政部长程潜、代理大本营内政部长谢适群、广东省长胡汉民、建国湘军总司令谭延闿、建国滇军总司令杨希闵、建国粤军总司令许崇智、建国桂军总司令刘震寰、建国豫军总司令樊钟秀、建国第一军军长朱培德、建国第二军军长柏文蔚、建国第三军军长卢师谛、建国第七军军长刘玉山、建国第四军军长黄明堂、建国山陕军司令路孝忱、建国赣军司令李明扬

为令行事：十二年五月二十三日通缉李耀汉命令应即取消。仰各军政长官饬属一体知照办理。除分令外，合令仰知照。此令。

(中华民国陆海军大元帅之印)

中华民国十三年十二月一日

据《大本营公报》第三十四号《训令》

给胡汉民的指令

(一九二四年十二月一日)

大元帅指令第二一七七号[①]

令广东省长胡汉民

呈请解释《广州市市长选举条例》现役军人一款由。

呈悉。《广州市市长选举条例》第十条第一款所称：现役军人，系指曾经本大元帅授予陆海军实官及现时统率军队、舰队之官佐，或现在陆海军服务之士兵而言。不在上列者，均非该条例之所谓现役军人。仰即转令知照可也。此令。

(中华民国陆海军大元帅之印)

① 原令无此号，今据《陆海军大元帅大本营公报》一九二四年第三十四号目录补入。

中华民国十三年十二月一日

据《大本营公报》第三十四号《指令》

给许崇智的指令

（一九二四年十二月一日）

大元帅指令第二一七八号

令粤军总司令许崇智

呈报遵令整理西江财政，造送十三年九月份收支报告表，请鉴核由。

呈悉。表存。此令。

（中华民国陆海军大元帅之印）

中华民国十三年十二月一日

据《大本营公报》第三十四号《指令》

准伍大光辞职令

（一九二四年十二月一日）

大元帅令

大本营建设部长林森呈称秘书伍大光恳请辞职。应予照准。此令。

（中华民国陆海军大元帅之印）

中华民国十三年十二月一日

据《大本营公报》第三十四号（广州一九二四年十二月十日版）《命令》

给林森的指令

（一九二四年十二月一日）

大元帅指令第二一七九号

令大本营建设部长林森

呈称该部秘书伍大光呈请辞职请予照准由。

呈悉。伍大光辞职已有明令照准矣。仰即知照。此令。

（中华民国陆海军大元帅之印）

中华民国十三年十二月一日

据《大本营公报》第三十四号《指令》

准董福开辞职令

（一九二四年十二月一日）

大元帅令

中央直辖赣军总指挥董福开呈请辞职。董福开准免本职。此令。

（中华民国陆海军大元帅之印）

中华民国十三年十二月一日

据《大本营公报》第三十四号《命令》

裁撤赣军总指挥令

（一九二四年十二月一日）

大元帅令

中央直辖赣军总指挥着即裁撤。此令。

（中华民国陆海军大元帅之印）

中华民国十三年十二月一日

据《大本营公报》第三十四号《命令》

给董福开的指令

（一九二四年十二月一日）

大元帅指令第二一八〇号

令中央直辖赣军总指挥董福开

呈请辞职并将总指挥名义取消由。

呈悉。已有明令准免本职，并将总指挥一职裁撤矣。仰即知照。此令。

（中华民国陆海军大元帅之印）

中华民国十三年十二月一日

据《大本营公报》第三十四号《指令》

给柏文蔚的指令

（一九二四年十二月一日）

大元帅指令第二一八一号

令建国第二军军长柏文蔚

呈遵令饬属停止拆变民业并分别查究由。

呈悉。此令。

（中华民国陆海军大元帅之印）

中华民国十三年十二月一日

据《大本营公报》第三十四号《指令》

给胡汉民的训令

（一九二四年十二月一日）

大元帅训令第六〇三号

令广东省长胡汉民

为令知事：据建国第二军军长柏文蔚呈："为呈复事：现奉大元帅第五九号训令内开：'除原文有案邀免复叙外，下开：合行令仰该军长即转饬所属立刻停止拆变，并分别查究，以杜滋扰而维民业'等因。奉此，窃查此事其中既有纠葛，自应遵令即行停止拆变，并分别查究。奉令前因，理合备文呈复"等情。据此，除指令外，合行令仰该省长转饬知照。此令。

（中华民国陆海军大元帅之印）

中华民国十三年十二月一日

据《大本营公报》第三十四号《训令》

给宋子文的指令

（一九二四年十二月一日）

大元帅指令第二一八二号

令广东印花税分处处长宋子文

呈送收支各款数目清册请察核备案由。

呈及清册均悉。准予备案。清册存。此令。

（中华民国陆海军大元帅之印）

中华民国十三年十二月一日

据《大本营公报》第三十四号《指令》

致天津国民党机关电*

（一九二四年十二月一至三日间）

三十日已过门司，四日晨定可抵津。

据北京《晨报》一九二四年十二月四日《津门短讯》

准伍廷芳国葬令

（一九二四年十二月三日）

大元帅令

前外交总长兼财政总长、广东省长伍廷芳，功在国家，应准予举行国葬典礼，以昭隆异。所有关于该项典礼应行事宜，着内政部查取成例，分别咨行办理。此令。

（中华民国陆海军大元帅之印）

中华民国十三年十二月三日

据《大本营公报》第三十四号《命令》

任命赵端职务令

（一九二四年十二月三日）

大元帅令

任命赵端为大本营谘议。此令。

---

* 此电时间不详。按孙中山于十一月三十日离神户，十二月一日到门司，三日渡黑水洋，四日抵天津。该电似在途中发出。今据此酌定为十二月一至三日间。

（中华民国陆海军大元帅之印）

中华民国十三年十二月三日

据《大本营公报》第三十四号《命令》

准卫鼐辞职令

（一九二四年十二月三日）

大元帅令

大本营建设部长林森呈科长卫鼐呈恳辞职。应照准。此令。

（中华民国陆海军大元帅之印）

中华民国十三年十二月三日

据《大本营公报》第三十四号《命令》

给韦冠英的指令

（一九二四年十二月三日）

大元帅指令第二一八五号

令建国桂军第一师师长韦冠英

呈报启用新印及销毁旧印请察核备案由。

呈悉。准予备案。此令。

（中华民国陆海军大元帅之印）

中华民国十三年十二月三日

据《大本营公报》第三十四号《指令》

给严兆丰的指令

（一九二四年十二月三日）

大元帅指令第二一八六号

令建国桂军第二师师长严兆丰

呈报启用印信日期由。

呈悉。此令。

（中华民国陆海军大元帅之印）

中华民国十三年十二月三日

据《大本营公报》第三十四号《指令》

给程潜的指令

（一九二四年十二月三日）

大元帅指令第二一八七号

令大本营军政部长程潜

呈请追赠故湘军第一军第一师军需处长成汉以陆军上校并给予上校恤金由。

呈悉。准如所拟追赠给恤。仰即遵照办理。此令。

（中华民国陆海军大元帅之印）

中华民国十三年十二月三日

据《大本营公报》第三十四号《指令》

给罗翼群的指令

（一九二四年十二月三日）

大元帅指令第二一八八号

令大本营军需总局局长罗翼群

呈送修正该局暂行条例请察核备案由。

呈及条例均悉。准予备案。条例存。此令。

（中华民国陆海军大元帅之印）

中华民国十三年十二月三日

据《大本营公报》第三十四号《指令》

追赠柳大训令

（一九二四年十二月三日）

大元帅令

大本营军政部长程潜呈："议复故建国湘军第三军第三十二团团长柳大训转战湘粤，迭著勋劳，随军东征，积劳病故，核与事实相符。拟请追赠陆军少将，仍给予上校恤金"等语。柳大训着追赠陆军少将，并给予上校恤金，以彰忠荩而励来兹。此令。

（中华民国陆海军大元帅之印）

中华民国十三年十二月三日

据《大本营公报》第三十四号《命令》

给程潜的指令

（一九二四年十二月三日）

大元帅指令第二一八九号

令大本营军政部长程潜

呈请追赠故湘军团长柳大训以陆军少将，仍给予上校恤金由。

呈悉。已有明令追赠给恤矣。仰即知照。此令。

（中华民国陆海军大元帅之印）

中华民国十三年十二月三日

据《大本营公报》第三十四号《指令》

给林翔的指令

（一九二四年十二月三日）

大元帅指令第二一九一号

令大本营审核处处长林翔

呈复审核大本营秘书处十三年十月份收支表册单据均属相符，请准予核销由。

呈悉。准予核销。候令大本营秘书处知照。此令。

（中华民国陆海军大元帅之印）

中华民国十三年十二月三日

据《大本营公报》第三十四号《指令》

给谭延闿的训令

（一九二四年十二月三日）

大元帅训令第六〇五号

令大本营秘书长谭延闿

为令遵事：据大本营审计处处长林翔呈称："案奉帅座交下大本营秘书处呈报民国十三年十月份收支表册单据，令饬审核等因，计发支出决算册一本，收支对照表一扣，单据粘存簿一本、原呈一件。奉此，遵查该处十月份收入部分：计领到大本营会计司长毫洋七千一百元，又上月流存镍币二十元零五毫六仙。其支出部分：计支薪俸毫银五千零五十元，支杂役工饷毫银三百一十七元一毫九仙四文，支文具印铸、邮电、购置、杂支等项共毫银一千七百三十一元四毫四仙，合计毫银七千零九十八元六毫三仙四文。收支对抵，盈余毫银一元三毫六仙六文、镍币二十元零五毫六仙。列数明晰，与原呈数目均无错误，复证以付款单据，亦属相符。拟请准予核准支销，除表册单据留存敝处备案外，所有奉发审核缘由是否有当，理合连同原呈备文呈请钧座鉴核，伏乞指令祇遵"等情。据此，除指令准予核销外，合行令仰该秘书长知照。此令。

（中华民国陆海军大元帅之印）

中华民国十三年十二月三日

据《大本营公报》第三十四号《训令》

与日本记者西村等的谈话*

（一九二四年十二月四日）

西村：先生此次经由日本来津，对于敝国之感想如何？

孙：此次余身受贵国各地上下官民热诚欢迎，实深感谢。

西村：先生此次北上，对于中国时局之前途关系重大，愿闻所抱方针之一端。

孙：余个人之方针，渡日之际已在长崎、神户、门司等处发表，日内更当发表具体之宣言书，以供国内外人士之研究。

西村：先生留津约有几日？并于何时晋京？

孙：余尚欲拜访张作霖，明日赴各团体代表之欢迎会，七日早车入京。

据上海《民国日报》一九二四年十二月十三日《孙先生到津后之表示》

与张作霖的谈话**

（一九二四年十二月四日）

张：先生对现在时局之收拾，合肥①能当此任否？

孙：现在除合肥外，实无第二者可当此任。今后可全委诸合肥

---

* 十二月四日，孙中山在寓所张园接见驻津日本记者西村、江崎、藤泽山内、岛田等，发表此谈话。

** 十二月四日，孙中山往曹家花园拜访张作霖，与张作此简短的谈话。

① 合肥：即段祺瑞。

办理。

张：先生预定滞留北京为期几日？

孙：约二星期。

张：此后当赴北洋游历否？

孙：一俟时局稍定，即作欧美之游。

据《广东七十二行商报》一九二四年十二月二十二日《大元帅抵津后之言行录》

公布《赣中善后条例》及三种细则令

（一九二四年十二月四日）

大元帅令

兹制定《赣中善后条例》、《赣中善后会议暂行细则》、《赣中善后委员会各职员之职责及公费暂行细则》、《赣中征发事宜细则》公布之。此令。

（中华民国陆海军大元帅之印）

中华民国十三年十二月四日

赣中善后条例

第一条　赣中区域，由军政时期至训政时期，设赣中善后委员会，直隶于大元帅，办理赣中全区一切善后事宜。

第二条　赣中善后委员会委员长，由大元帅任命之。

第三条　赣中善后委员会，得于所辖区域，即吉安、泰和、吉水、永丰、安福、遂川、万安、永新、宁岗、莲花、清江、新淦、新喻、峡江、宜春、分宜、萍乡、万载、高安、上高、宜丰二十一县内，每县遴选委员一人，由委员长呈请大元帅任命之。

第四条　关于赣中善后委员会议决各行政事项，由委员长督率各委员分别处理。

第五条　关于善后重大事件，得随时呈请大元帅核示遵行。

第六条　善后会议议决各事项，以到会委员过半数之决定，由委员长分别执行。遇有紧急事件，委员长得径以命令行之。

第七条　任用知事及关税厘卡各员，遵照《江西地方暂行官吏任用条例》办理。

第八条　关于征发各事项，由委员长督率各委员分别负责办理。

第九条　关于应办一切善后事宜，须经委员会议议决，再行斟酌缓急，次第施行。

第十条　委员会会议规则及施行细则另定之。

第十一条　本条例自公布之日施行。

赣中善后会议暂行细则

第一条　本会以委员长所在地为善后会议地点，先由秘书通知，左列人员均得列席：

一、善后委员；

一、县知事；

一、各县各乡法定团体之代表；

一、本地声望素著之正绅。

督催员、宣传员、调查员及关系人，均得到会声明事实。

第二条　凡有左列资格之一者，得呈请为善后委员会委员：

一、地方声望素著或在高等专门大学毕业者；

一、曾任省议会议员者；

一、曾任县知事以上无劣迹者。

第三条　善后会议由秘书处先列议题，会议时由书记官作议事大略。

赣中善后委员会各职员之职责及公费暂行细则

第一条　大军未到赣中区域以前，由委员长先行选定各人员，开单咨呈建国军北伐总司令部分送各部，以便与地方接洽。其普通勤务：

甲、宣传大元帅之建国主义；

乙、宣传借垫之必要及偿还之担保；

丙、调查经过该地军队若干，与地方商定何处设征发所、何处设转运所、夫役若干、米食若干、至何处等事；

丁、调查该段地丁、杂税总额，及被征发之总额；

戊、地方与军队设有言语隔阂，致生误会，速行调解；

己、该段地点如给养不足，速向无敌兵处之附近各乡赶办征发所、运转所，以资补助；

庚、每日作详细笔记，随时报告大略。

第二条　无论何县知事，如有藉端规避、办事不力、延误军机情节，善后委员得随时呈报委员长，听候查办。

第三条　无论何职员，如有藉端搔扰、舞弊中饱各不法情节，被害人得随时控告于知事或委员长，督催员、调查员、宣传员如有以上情弊，县知事得先行拘留，呈请查办。征发所所长、运转所所长及其他职员、如有上二项情节，各职员随时声请县知事查办。

第四条　各职员如有贪赃枉法及关于军事之犯罪，县知事先行拘押，呈请委员长，咨呈大本营总执。

职员公费表

委员长		公　费	据实开报
善后委员		公　费	据实开报
县知事		公　费	据实开报
督催员、调查员、宣传员	各县法定团体会长、各保卫团团长	公　费	每员每日不得过一元
各征发所所长、运转所所长		公　费	每员每日不得过八角
征发员、督察员及该所之干事各员		公　费	每员每日晃得过五角
		暂定公费到吉安城后再议月薪	

第五条　出发之伕马费，以道里之远近为标准。善后委员、县知事每百里不得过十元，督催员、调查员、宣传员每百里不得过四元，均先自垫，各县法团以及其他职员无伕马费。

赣中征发事宜细则

第一条　此次大军北伐，大元帅既有军令令各军保卫地方秩序，不准直接拉伕、筹款，搔扰人民。所有行军必需之伕役、米食等件，凡军队经过之地方，绅商先行办妥，方不贻误军机，并可维持地方秩序。军队不经之地，预筹款项以裕军饷，所有一切征发事宜，悉照左则办理。

第二条　此次征发之物品均系有奖性质，其种类如左：

甲、现洋；

乙、伕役；

丙、米食；

丁、草鞋、柴木、厨具、房舍，因地方之力量，妥为预备。

第三条　上列各种之征发物品，除现洋外，由军队长官与地方知事或法定团体代表，正大绅耆、征发所所长、运转所所长及赣中善后委员长派出之督催员、调查员等，当时估定价格，填三联单以昭明信用。必须现洋给付之处，由法定团体代表、正大绅耆、征发所所长、运转所所长，先向公款公堂，或借商民私款垫付。务使劳力小民，跃踊从公，地方秩序，实深利赖。

第四条　此次征发之现洋及垫款，指定民国十四年度、十五年度赣中二十一属之地丁、钱粮、关厘、税卡、各项收入以为担保，分四期匀数清偿。不足之数，由赣中善后委员会设法筹足。

第五条　征发票由大元帅印刷交付各军长官及赣中善后委员长，遵照下开手续办理。但由军队自办者，只征发夫役、米食及其他物品，不征现金。

大元帅发官印刷所用此式：

收据　由征发、运转所所长交债权人收执。

存查　由征发、运转所所长登记于簿，两所长另立登记簿之后，原票交县署保存。

存根

甲、由各军办理者，由该军队呈交该军总部，转交赣中善后委员会保存；

乙、由赣中善后委员长交各知事办理者，仍由该知事呈送赣中善后委员会保存。

格上左侧填(某军总司令部)字样者,大元帅将征发票交各军总部,先盖某军字样,再发交该军前方长官。

由该知事办理者不填。

骑缝中:

甲、交各军自办者,各军总部于收到此票,先盖(某军)字样,再行发下;

乙、由知事办理者,填各县县名(如遂川县,则填遂川二字),县知事名章,可于收到后补盖。

某地征发、运转所所长名章,临时签盖。

未收之物品栏内,当时圈破(如仅收现洋一种,其余三种未收,当时圈破):一栏中未收之数格,当时圈破(如仅收二元,则元上之千百字,元下之豪字上一格,当时圈破)。凡赔偿损害之物品价格,皆在其他栏内。债权人收到收据,有要求征发所所长、运转所所长,将其收据号码登记之权利,该所长有必须登记之责任。如该票遗失,债权人(本人或其直系亲属,别人无效)到所长处声明,其票即作无效,债权人之债额仍属有效。征发、运转所所长,保存登记簿至全数偿清为止。

存查存根,万一有一联遗失,只存一联,其号码债额与登记簿相符者,仍有效力。

存查、收据两联,连同交付征发、运转所所长。

第六条　各军前线长官、赣中善后委员会委员、各县知事、各督催员、调查员(统称"甲方")等初到一地,先将大元帅布告及各军布告、赣中善后委员长布告,同时张贴;一方速觅商会、教育会、农会、保卫团(自治局等地方团体,名义均同)、正绅殷富(统称"乙方"),商定经过军队前后共约若干、该县该区设征发所几处、运转所几处，预备长夫若干名、短雇若干名、谷米若干斤、运交何处、行李送至何处、其征发所、运转所即时成立，不得迟延。

上述各军前线长官、善后委员、知事、督催员、调查员等，不必同时皆到，但有一军队长官（不限阶级）或一委员、一知事、一督催员、一调查员到时，即可遵章行使全部职权。

上述商会、教育会、农会、保卫团（自治局等同）、正绅殷富等，不必同地皆有，但有一商会或一教育会、一农会、一保卫团、一正绅、一殷富，甚至一村、一族、一家以上，皆有遵章组织征发所、运转所之义务，无商量延宕之余地。

军队过多地方居民太少之地，各军队自当特别原谅，不使求过于供，但（甲方）须急派人向军队附近之五十里内，促其急设征发所、运转所，（乙方）有将四围五十里内之（乙方）姓名住址开示于（甲方），及派人同去寻觅之义务。

（甲方）如已两次派人至各（乙方）催促成立征发所、运转所，（乙方）尚怀疑延宕，不即照章成立，（甲方）可要求派军队同往催促。

第七条　督催员、调查员初到一地照上办理之后，即归其地之征发、运转所所长负责照约办理，该员速分向五十里内之地方催促成立，五十里内既成立，速向百里以内之地催促成立，至该县境全体成立为止。

第八条　所征之现洋，悉数缴解于善后委员长所在地（或代提解），夫役悉数送于军队经过之要地（何处居民较多，由甲乙两方临时指定）。如派定之米谷，军队过尽，尚有余存，责成征发、运转所所长运交赣中善后委员会查收。

凡派垫之数，悉合现洋价格：

甲、现洋自一元以上者，皆填征发票，均以大洋为本位；

乙、夫役一名,每日不得过五角;

丙、五十里内来往以一日计算;五十里以上百里以内,来往以二日计算。

运输之长夫名额及时期,由征发所所长酌定,军队过尽即须裁撤。夫站设置地点,由前方军队长官酌定,通知于督催员及征发所、运转所所长照办(夫站即夫住宿处)。

夫站距离由四十里至六十里为度,按照指定地点递送,不与军队同行,由输送队长督责,如有遗失,惟输送队长是问。各军用品行李等件为数过多,可分次运送至运完为止。军队自雇之长夫,不得拉夫役代运,士兵之一枪一炮,不得勉强拉运或搭载。

凡甲站运至乙站,须即时放回,不得扣留阻碍。如军队违章,所长可不负责任。

因军事变化,须将征发所、运转所夫站徙至他处时,军队长官须先一日通知。

丁、米谷:

子、米每百斤之价,不得过八元;

丑、谷每百斤之价,不得过四元。

米谷之价,由督催员、调查员斟酌地方米谷时价定之。

送米挑力,照上五十里外百里内之夫价办理。运米船费及押费人员之公薪,据实开报。如须军队保护同行,所长得请求驻扎该地之军队长官,或请求县知事转请派相当兵数保护。

第九条 地方设备招待长官之一切器具,及兵士暂用之镬甑、水桶、铺板等零星物件,不得任意搬去,致损军队名誉。

第十条 住屋之门窗、户壁,兵士不得拆作焚具。

第十一条 草鞋一双不得过二角,能力可及,则代办。

第十二条 柴木定价,由所长酌量本地情形定之。

第十三条　本细则未定之损失，非经县知事查验属实，不得擅请赔偿。

第十四条　各军领取夫役、米食等，由现经过军队长官开具人数，官佐、士兵夫、每员每日领米一斤，夫役若干，地方力量不及借办之物，不得强索。

第十五条　善后委员、知事、督催员等，可先与军队长官商定大军必由之地，何处设征发所，何处设运转所，何处设夫站，以便上站下站一气联络。

第十六条　因战争变化，军队至未立征发所等之地，又无善后委员、知事、督催员在场，该军队长官得照章邀同乙方办理。

第十七条　非大军通过之县，照章同一办理，地方如有藉端延宕情节，知事得请驻扎该县之军队，派兵协同催促如期成立，如额征发。

第十八条　宣传员所到之地，即时聚众（不拘人数）演说，务使群众知革命有益于己，富者出钱，贫者出力，以助革命事业之成功，每日致少演说二次，地点自行酌定。

第十九条　征发所所长一人，干事如庶务、会计、征发员（现金），催夫员（派定夫役，必使到所）、催粮员（派定米数、速使运所）、运粮队长（押送米谷）、输送员（如有多数米谷、必间数人不使夫役走逃，米谷遗失）需若干员，由所长酌定，并可指派某人为某员。所长之产出，公推（二人以上公推有效）、自任均可。其姓名、年岁、乡里、有无出身经验之履历，以一份自交县知事注册，以一份交督催员，转交赣中善后委员会注册。一切人员之公费，每日不得超过五毫（其公费或由自垫，或向人借垫，由所长填征发票为凭）。

一切簿记，由所长负责保存。

征发所所在地点，由所长布置一切。

运转所所长如不暇自筹公费开办，征发所所长代筹借之义务。

第二十条 运转所所长一人，公推(二人以上有效)、自任，或由征发所长指定均可。干事如输送队长(押运行李负收交之责)、督夫员(每队行李必间数人，以防行李遗失，夫役走逃)若干，由所长酌定，并可指定某人为某员。

一切人员之公费，一切簿记，照上条办理。

运转所及夫站所在地，或由军队长官指定，或由运转所长酌量地势报告于军队长官均可。运转所长之履历，照上条办理。

运转所长办理运转各事，可邀请征发所长协助。

第廿一条 应如何添夫役或裁减夫役，两所长可先向军队长官、或县知事、或督催员请示办理，不得擅自添减。

第廿二条 两所至何时裁撤，应俟最后经过军队长官之命令，及赣中善后委员会最后派出之督催员到时，方准裁撤。

第廿三条 善后委员会收到各军各县所交之票，已填额者，照额核计数目，榜示各县，未填额者，裁角备案。

第廿四条 甲所夫役愿再至乙所应役，乙所所长愿承受，甲乙两处所长可随时协商。

第廿五条 征发员(专管征发现洋、夫役、米食等事)、督察员(专催各所现洋、夫役、米食)随时酌定名额。

第廿六条 善后委员无论在何县境，知事同处办事，遇特别情形，不妨分任一方，县知事一切布置，事先禀承善后委员之意处理，事后布告情节。

第廿七条 善后委员无论经过何县，有纠察一切并防范流弊权限。

第廿八条 善后委员关于征发事宜，交办之事，县知事随时执行。

第廿九条　凡各人员公费夫马，概先筹垫，填征发票时，填明某县、某区、某所职员姓名，办公日期，计合洋若干，不得与现洋、夫役、米食等混填，致难稽核。

第三十条　预计必先作战之地，由军队长官先通知该地之知事或督催员，征发、运转所所长，将两所及夫站预移于离作战若干里之地。

第卅一条　征解得力之各人员，酌分升奖：

甲、呈请传令嘉奖；

乙、呈请奖给徽章；

丙、最得力者（上述督催员及商会会长等皆在内），以尽先派署知事税差存记；次得力者，以后补知事税差存记；再次得力者，记大功一次。大功三次者，保后补知事税差存记。小功三次者，为一大功。

第卅二条　征解不力或办理不善人员，分别惩戒：

甲、撤差；

乙、记过。

履历式方八寸

姓名	籍贯	住所	年岁	出身	经验	附记	年 月 日
						现任何事 印鉴	

如有卷逃、侵吞、中饱各情弊，照《江西地方官吏任用暂行条例》办理外，仍照数追缴。有保证人者，并向保证人追缴。

第卅三条　本细则未尽事宜，善后委员及县知事得随时因地制宜，酌定细则，但不得与本细则相抵触，并随时呈报。

据《大本营公报》第三十五号(广州一九二四年十二月廿日版)《命令》

给黄骚的指令

（一九二四年十二月四日）

大元帅指令第二一九三号

令代理广东兵工厂厂长黄骚

呈报接收情形由。

呈悉。此令。

（中华民国陆海军大元帅之印）

中华民国十三年十二月四日

据《大本营公报》第三十四号《指令》

给林森的指令

（一九二四年十二月四日）

大元帅指令第二一九五号

令大本营建设部长林森

呈称科长卫鼐辞职请照准由。

呈悉。已有明令照准矣。此令。

（中华民国陆海军大元帅之印）

中华民国十三年十二月四日

据《大本营公报》第三十四号《指令》

给李福林的指令

（一九二四年十二月四日）

大元帅指令第二一九七号

令粤军第三军军长李福林

呈请开去本、兼各职由。

呈悉。该军长勤劳国事，捍卫乡邦，懋乃勋绩，正资倚畀，脑病只宜加意调摄。所请开去本、兼各职之处，应毋庸议。此令。

（中华民国陆海军大元帅之印）

中华民国十三年十二月四日

据《大本营公报》第三十四号《指令》

给林翔的指令

（一九二四年十二月四日）

大元帅指令第二二〇〇号

令大本营审计处处长林翔

呈请准予核销会计司十三年四月份收支计算书等件由。

呈悉：准予核销。候令行会计司知照。此令。

（中华民国陆海军大元帅之印）

中华民国十三年十二月四日

据《大本营公报》第三十四号《指令》

给林直勉的训令

（一九二四年十二月四日）

大元帅训令第六〇七号

令大本营会计司司长林直勉

为令行事：据大本营审计处处长林翔呈称："案奉钧府发交大本营会计司司长黄昌谷呈送该司及庶务科十三年四月份收支计算书暨附属表及证据粘存簿到处，饬令审计等因。奉此，遵查该司长所送会计司及庶务科收支册列各数，尚无浮滥。计十三年四月份该司收入各财政机关拨解毫银五万三千六百元，连同三月份结存该司及庶务科卫生队存款，共计收入毫银六万九千七百七十六元四角二分九厘。支出各机关职员薪俸及购置等费，共计毫银六万零九百四十七元九角三分四厘。核对收支各数，应结存毫银八千八百二十八元四角九分五厘。列数明晰，证以表簿，均属相符，拟请准予如数核销。除将计算书表簿留处备查外，理合具文连同原呈一件呈复钧帅察核示遵，实为公便"等情。据此，除指令准予核销外，合行令仰该司长即便知照。此令。

（中华民国陆海军大元帅之印）

中华民国十三年十二月四日

据《大本营公报》第三十四号《训令》

与日本某访员的谈话*

（一九二四年十二月五日）

某访员问：现在局面无论何人出而收拾，不能不有赖于财力。高见以为何如？

孙中山答：据予所见，政府如经全国国民承认，则所需政费可由国内筹出。向外国借债，恐贻将来祸根，不可不慎重从事。但在未征集国民全体之意思以前，使用少数外资亦未可知。

问：阁下力主亚细亚民族之结合与不平等条约之排除，其详可得闻乎？

答：亚细亚民族不可不排除不道理之欧美人势力，盖是项势力一经排除，则中国问题自然解决。日本表面上似不受欧美势力之压迫，其实亦与中国同样。明治维新后，由锁国解放，吸收欧美之文化，结果反陷于欧美祸。日本自日俄战争及欧洲大战以来，思想上，即外交上、经济上，亦莫不追随欧美，对于本乡本土之亚细亚反度外视之，且由轻蔑之结果，至与中国发生疏隔。过去无论矣，以后尚望日本速归于亚细亚主义，而尤以承认俄国为其第一步。

据北京《晨报》一九二四年十二月六日《孙文之谈话》

附：同题异文

（一九二四年十二月五日）

某氏：现在整理时局之人物，以何人为最适宜？

---

* 十二月五日，孙中山在寓所张园接见了日本某访员。

孙：勿论现在及将来，此等时局难关之大事业，除段祺瑞氏而外，无适当之人物。

某氏：先生对财政之意见如何？

孙：如能实行全国民之真政治，则财力虽难自国内筹出，但在国民全体之意志未能一致，及正式政府未能成立以前，或能赔少额之外债。

某氏：先生主张亚细亚民族之结合，排除欧美之势力之意见如何？

孙：亚细亚全民族之结合，排除欧美之压迫，中国问题自然解决。日本自谓已脱欧美势方〔力〕之压迫，然自明治维新后极力慕仿日〔欧〕本〔美〕。今之日本，虽转于三大强国或五大强国目之中，然其思想方面尽步欧美人之后尘，而于亚细亚之真精神反弃之如遗。为日本计，现在应急图还东亚民族之真光，而最要者，首应承认苏俄联邦共和国。

据《广东七十二行商报》一九二四年十二月二十二日《大元帅抵津后之言行录》

复天津各欢迎团体电

（一九二四年十二月五日）

中央公园各团体欢迎联合大会并转各团体公鉴：接函电。承盛意欢迎，极感。刻以胃病，医劝休养数日，行期届时电闻。特此致谢。孙文。微。

据北京《顺天时报》一九二四年十二月七日《孙中山来京期未确定》

致段祺瑞电

（一九二四年十二月五日）

北京段执政大鉴：昨午抵津，承派许俊人[①]先生代表欢迎，无任感谢。本拟于七日晨入京，藉图快晤。惟因途中受寒，肝胃疼痛，医嘱静养三两日。一俟病愈，即当首途。先此陈谢，诸惟鉴察。孙文。微。

据北京《晨报》一九二四年十二月七日《孙文卧病天津》

特派胡汉民祭伍廷芳令

（一九二四年十二月五日）

大元帅令

故前外交总长兼财政总长、广东省长伍廷芳举行国葬，特派大本营总参议胡汉民前往致祭。此令。

（中华民国陆海军大元帅之印）

中华民国十三年十二月五日

据《大本营公报》第三十四号《命令》

着合并筹饷总局禁烟督办署为广东全省筹饷总局令

（一九二四年十二月五日）

大元帅令

广东筹饷总局、禁烟督办署着即合并为广东全省筹饷总局。

---

① 许俊人：即许世英。

此令。

（中华民国陆海军大元帅之印）

中华民国十三年十二月五日

据《大本营公报》第三十四号《命令》

裁撤广东筹饷总局督办会办令

（一九二四年十二月五日）

大元帅令

广东筹饷总局督办、会办均着即裁撤。此令。

（中华民国陆海军大元帅之印）

中华民国十三年十二月五日

据《大本营公报》第三十四号《命令》

裁撤禁烟督办令

（一九二四年十二月五日）

大元帅令

禁烟督办着即裁撤。此令。

（中华民国陆海军大元帅之印）

中华民国十三年十二月五日

据《大本营公报》第三十四号《命令》

特派范石生职务令

（一九二四年十二月五日）

大元帅令

特派范石生为广东全省筹饷总局监督。此令。

（中华民国陆海军大元帅之印）

中华民国十三年十二月五日

据《大本营公报》第三十四号《命令》

委派谢国光韦冠英职务令

（一九二四年十二月五日）

大元帅令

派谢国光、韦冠英为广东全省筹饷总局副监督。此令。

（中华民国陆海军大元帅之印）

中华民国十三年十二月五日

据《大本营公报》第三十四号《命令》

委派罗翼群梅光培职务令

（一九二四年十二月五日）

大元帅令

派罗翼群为广东全省筹饷总局总办、梅光培为会办。此令。

（中华民国陆海军大元帅之印）

中华民国十三年十二月五日

据《大本营公报》第三十四号《命令》

给伍毓瑞的指令

（一九二四年十二月五日）

大元帅指令第二二〇一号

令建国桂军第四师师长伍毓瑞

呈报领到新颁印信及启用日期请予备案由。

呈悉。准予备案。此令。

（中华民国陆海军大元帅之印）

中华民国十三年十二月五日

据《大本营公报》第三十四号《指令》

给谢适群的指令

（一九二四年十二月五日）

大元帅指令第二二〇二号

令大本营内政部次长代理部务谢适群

呈报故伍总长举行国葬期，请特派大员前往致祭由。

呈悉。已令派大本营总参议胡汉民前往致祭矣。仰即知照。此令。

（中华民国陆海军大元帅之印）

中华民国十三年十二月五日

据《大本营公报》第三十四号《指令》

给罗翼群的指令

（一九二四年十二月五日）

大元帅指令第二二〇四号

令大本营军需总局局长罗翼群

呈送该局官员出差暂行规则乞核准由。

呈及规则均悉。准如所拟施行。规则存。此令。

（中华民国陆海军大元帅之印）

中华民国十三年十二月五日

据《大本营公报》第三十四号《指令》

给程潜的指令

（一九二四年十二月五日）

大元帅指令第二二〇五号

令大本营军政部长程潜

呈复拟请各照原级给予湘军中校营长孙谋等[①]恤金由。

呈悉。准如所拟给恤。仰即知照。此令。

（中华民国陆海军大元帅之印）

中华民国十三年十二月五日

据《大本营公报》第三十四号《指令》

给林直勉的指令

（一九二四年十二月五日）

大元帅指令第二二〇六号

令兼大本营会计司司长林直勉

呈请辞职由。

呈悉。已有明令准免兼职矣。仰即知照。此令。

（中华民国陆海军大元帅之印）

---

① 孙谋等：指湘军第一军第九师第二十五团第一营中校营长孙谋、第九师师部中校副官长张明鉴、第九师第一旅旅部少校副官黄超白。此三员均在是年七月先后在东江军次积劳病故。

中华民国十三年十二月五日

据《大本营公报》第三十四号《指令》

给古应芬的指令

（一九二四年十二月五日）

大元帅指令第二二〇七号

令大本营财政部长古应芬

呈复核议台山县长刘栽甫呈请将台山收入国家税酌留半数充自治经费情形由。

呈悉。仰候令行台山县长知照可也。此令。

（中华民国陆海军大元帅之印）

中华民国十三年十二月五日

据《大本营公报》第三十四号《指令》

给刘栽甫的训令

（一九二四年十二月五日）

大元帅训令第六一一号

令台山县长刘栽甫

为令行事：据大本营财政部长古应芬呈称："现奉帅座第五九八号训令开：'据台山县长刘栽甫呈请，自本年十二月起，将台山收入国家税，准予酌留半数，拨充自治经费一案，除原文有案邀免冗叙外，后开：查案关动支国库，应由财政部议覆再行核夺，仰该部长即便遵照核议具复可也。此令'等因。奉此，伏查地方自治，国库拨款补助，各国具有先例。台属自治，既奉帅座特许试办，该县长所请酌留国家税拨充自治经费之处，如能于现在所解各款不至短绌，似可照准，俾资整顿。奉令前因，理合备文呈复察核施行”等情。据此，除指令外，合行令仰该县长即便知照。此令。

（中华民国陆海军大元帅之印）

中华民国十三年十二月五日

据《大本营公报》第三十四号《训令》

准任杨允恭职务令

（一九二四年十二月五日）

大元帅令

赣南善后委员会委员长孔绍尧呈请任命杨允恭为龙南县知事。应照准。此令。

（中华民国陆海军大元帅之印）

中华民国十三年十二月五日

据《大本营公报》第三十四号《命令》

给孔绍尧的指令

（一九二四年十二月五日）

大元帅指令韶字第三八号

令赣南善后委员会委员长孔绍尧

呈请任命杨允恭为龙南县知事由。

呈及履历均悉。杨允恭已另有明令照准矣。履历存。此令。

（中华民国陆海军大元帅之印）

中华民国十三年十二月五日

据《大本营公报》第三十四号《指令》

准任王紫剑等职务令

（一九二四年十二月五日）

大元帅令

赣南善后委员会委员长孔绍尧呈请任命王紫剑为会昌县知事，平宝善为兴国县知事，张卓立为瑞金县知事，张一熙为会昌筠门岭统税局局长，李之煊为会昌烟酒税局局长，蒋镛为兴国烟酒税局局长，赖天瓒为大庾统税局局长，萧钰为江口统税局局长，刘清湘为大庾乌砂局局长。均照准。此令。

（中华民国陆海军大元帅之印）

中华民国十三年十二月五日

据《大本营公报》第三十四号《命令》

给孔绍尧的指令

（一九二四年十二月五日）

大元帅指令韶字第三九号

令赣南善后委员会委员长孔绍尧

呈请任命王紫剑等为知事、局长等职由。

呈及履历均悉。王紫剑等已另有明令分别任命矣。履历存。此令。

（中华民国陆海军大元帅之印）

中华民国十三年十二月五日

据《大本营公报》第三十四号《指令》

抵津启事*

（一九二四年十二月六日）

文此次抵津，承各界各团体盛意欢迎，深为感谢。惟匆猝未及一一接谈，殊引为歉，谨道谢悃，统祈谅鉴。此启。

据天津《大公报》一九二四年十二月六日《孙文启事》

追赠盛延祺令

（一九二四年十二月六日）

大元帅令

大本营军政部长程潜呈："议复前海军驻汕舰队指挥兼'肇和'军舰舰长盛延祺，为国效忠，不幸遇害。核与事实相符，拟请追加海军中将衔，仍照海军少将例给予恤金"等语。盛延祺着追加海军中将衔，仍照海军少将例给恤，以彰忠烈。此令。

（中华民国陆海军大元帅之印）

中华民国十三年十二月六日

据《大本营公报》第三十四号《命令》

---

* 此件所标时间系一九二四年十二月六日天津《大公报》发表日期。

给程潜的指令

（一九二四年十二月六日）

大元帅指令第二二〇八号

令大本营军政部长程潜

呈复拟请追加盛延祺以海军中将衔，仍照海军少将例给恤由。

呈悉。已有明令追赠给恤矣。仰即知照。此令。

（中华民国陆海军大元帅之印）

中华民国十三年十二月六日

据《大本营公报》第三十四号《指令》

任命蒋群职务令

（一九二四年十二月六日）

大元帅令

任命蒋群为建国军宪兵司令。此令。

（中华民国陆海军大元帅之印）

中华民国十三年十二月六日

据《大本营公报》第三十四号《命令》

给李福林的指令

（一九二四年十二月六日）

大元帅指令第二二〇九号

令广州市市长李福林

呈送民产保证局收支数目表乞鉴核由。

呈、表均悉。表存。此令。

（中华民国陆海军大元帅之印）

中华民国十三年十二月六日

据《大本营公报》第三十四号《指令》

伍廷芳葬礼祭文*

（一九二四年十二月六日）

中华民国十三年十二月六日，故外交总长兼财政部总长、广东省长伍公秩庸举行国葬礼，陆海军大元帅孙文谨以酒醴告虔。其词曰：

维我贤辅，明德通玄。周流瀛寰，海纳百川。哲理湛深，法学精研。所学既邃，道力弥坚。时遭祲沴，转坤旋乾。始终弗渝，大节凛然。如何苍昊，夺我元老。飘风发发，逝水浩浩。怆怀忠义，中心如捣。灵爽在天，陟降斯邱。前有先烈，济济与俦。亿万斯年，遗芬永留。

据《广东七十二行商报》一九二四年十二月八日《孙大元帅祭伍故总长文》

任命陈翰誉职务令

（一九二四年十二月八日）

大元帅令

任命陈翰誉为大本营咨议。此令。

---

* 十二月六日，广州举行伍廷芳国葬典礼，胡汉民代表孙中山致祭。

（中华民国陆海军大元帅之印）

中华民国十三年十二月八日

据《大本营公报》第三十四号《命令》

给陆志云的指令

（一九二四年十二月八日）

大元帅指令第二二一二号

令广东电话总局局长陆志云

呈请通令各军嗣后装设电话必须照章缴纳装费及按月照交月费以维局务由。

呈悉。照准。候令饬军政部转行各军一体遵办可也。此令。

（中华民国陆海军大元帅之印）

中华民国十三年十二月八日

据《大本营公报》第三十四号《指令》

给程潜的训令

（一九二四年十二月八日）

大元帅训令第六一二号

令大本营军政部长程潜

为令遵事：据广东电话总局局长陆志云呈称："查职局自开办以来，所有常年经费，向未列入行政支出预算案内，不能领取库款，历年所恃以挹注者，惟用户之月费及装机等费是赖。顾自商团叛乱，焚毁杆线甚多，因此报请销号者二百余户，月中收入顿形短绌，局中经费已有不可维持。况修理杆线需款逾万，筹划规复几费经营。无如各军事机关每多不明实情，以为职局有供给机料之义务，纷纷函请装设电话，不缴线费。或不相谅，责备之多；或先允缴纳，后又食言。甚至供职军事机关人员，于其住宅装设，亦尤而效之，实觉穷于应付。惟有吁恳帅座迅赐通令各总司令、各军长转饬所属知照，嗣后装设电话必须照章缴纳装费，及按月照交月费，以维局务。是否有当，理合备文呈请察核，伏乞指令祇遵”等情。据此，除指令“呈悉。照准。候令饬军政部转行各军一体遵办可也。此令”印发外，合行令仰该部长即便遵照办理。此令。

（中华民国陆海军大元帅之印）

中华民国十三年十二月八日

据《大本营公报》第三十四号《训令》

委派余和鸿职务令

（一九二四年十二月九日）

大元帅

派余和鸿为财政委员会委员。此令。

（中华民国陆海军大元帅之印）

中华民国十三年十二月九日

据《大本营公报》第三十四号《命令》

给程潜的指令

（一九二四年十二月八至十日间）

大元帅指令第二二二二号

令大本营军政部长程潜

呈请追赠西路讨贼军故警卫团代团长刘策以陆军上校，仍给予中校恤金由。

呈悉。准如所拟追赠给恤。仰即知照。此令。

（中华民国陆海军大元帅之印）

中华民国十三年十二月三日①

据《大本营公报》第三十四号《指令》

给陈青云的指令

（一九二四年十二月十日）

大元帅指令第二二二三号

令建国豫军第二师师长陈青云

呈报就职及启用印信日期由。

呈悉。此令。

（中华民国陆海军大元帅之印）

中华民国十三年十二月十日

据《大本营公报》第三十四号《指令》

给余和鸿的指令

（一九二四年十二月十日）

大元帅指令第二二二四号

令大本营会计司司长余和鸿

① 此处所署"三日"，误。按该件呈文时间为十二月六日，指令应在六日以后。查大元帅指令第二二一二号及第二二二三号，发令日期分别为十二月八日、十日，今据此酌定此令时间为十二月八至十日间。

呈报就职日期由。

呈悉。此令。

（中华民国陆海军大元帅之印）

中华民国十三年十二月十日

据《大本营公报》第三十四号《指令》

给邓泽如的指令

（一九二四年十二月十日）

大元帅指令第二二二五号

令两广盐运使邓泽如

呈送《广东北江盐务督运处护运军队暂行章程》请备案由。

呈及章程均悉。准予备案。章程存。此令。

（中华民国陆海军大元帅之印）

中华民国十三年十二月十日

据《大本营公报》第三十四号《指令》

给李福林的指令

（一九二四年十二月十日）

大元帅指令第二二二九号

令粤军第三军军长李福林

呈为再请辞去本、兼各职由。

呈悉。国步方艰，粤局粗定，本大元帅正倚该军长为干城，腹心之寄。脑病加意调摄，自能逐渐就痊。所请开去本、兼各职之处，仍无庸议。此令。

（中华民国陆海军大元帅之印）

中华民国十三年十二月十日

据《大本营公报》第三十四号《指令》

任命祁耿寰职务令

（一九二四年十二月十一日）

大元帅令

任命祁耿寰为建国豫军总指挥部参谋长。此令。

（中华民国陆海军大元帅之印）

中华民国十三年十二月十一日

据《大本营公报》第三十五号《命令》

准任张贞等职务令

（一九二四年十二月十一日）

大元帅令

代理大本营参谋长方声涛呈请任命张贞为大本营参谋处主任，参谋贺斌、林昌武、粟显扬、包顺健、卢汉、陈维远、谢石醒、万世勋为上校参谋，吴奂、林振夏、贺国华、严钝摩为中校参谋，赍襄、周勃雄为少校参谋。均照准。此令。

（中华民国陆海军大元帅之印）

中华民国十三年十二月十一日

据《大本营公报》第三十五号《命令》

给方声涛的指令

（一九二四年十二月十一日）

大元帅指令韶字第四一号

令大本营参谋长方声涛

呈请任命张贞为大本营主任参谋、贺斌等为各级参谋由。

呈悉。张贞等已另有明令照准矣。此令。

（中华民国陆海军大元帅之印）

中华民国十三年十二月十一日

据《大本营公报》第三十五号《指令》

给胡汉民许崇智的训令

（一九二四年十二月十一日）

大元帅训令第六一八号

令广东省长胡汉民、粤军总司令许崇智

为令行事：据台山县长刘栽甫呈称："为呈请事：案于民国十三年三月九日奉广东省长公署第二号训令开：'现奉大元帅发交该县长刘栽甫折陈整顿台山县自治办法五条，奉批特许试办台山自治事宜，着省长照此折所拟各条，咨照各军司令长官、各财政机关查照，协助施行为要等因。奉此，自应遵照办理。除呈复暨分别咨行查照外，合行令仰该县长即便遵照，并转饬该管所属一体协助具报，毋违。此令'等因。并印发原呈暨自治办法五条下县。奉此，伏查职县自治事宜，遵经按序渐进。第自治根苗甫当萌芽，一切设施端赖维护。窃念职县驻防各军长官，义切同舟，自当仰体钧意，予以协助，俾自治事业克底于成。理合将栽甫呈蒙特许自治办法五条，连同原呈再行备缮清折一扣，呈缴帅座鉴核，俯赐令行粤军许总司令转行驻防各军一体协助，实为德便”等情。据此，应予照准。除令行粤军总司令查照办理、广东省长转令知照外，合行令仰该省长查照令行、总司令查照办理可也。此令。

（中华民国陆海军大元帅之印）

中华民国十三年十二月十一日

据《大本营公报》第三十五号《训令》

给程潜的指令

（一九二四年十二月十一日）

大元帅指令第二二三一号

令大本营军政部长程潜

呈复湘军总指挥部秘书兼译电主任郭兆龙应照中校例给恤，书记官黄家唐、黄家右、余炳昌等应照少校例给恤由。

呈悉。均准如所拟给恤。仰即知照。此令。

（中华民国陆海军大元帅之印）

中华民国十三年十二月十一日

据《大本营公报》第三十五号《指令》

特派谢国光职务令

（一九二四年十二月十二日）

大元帅令

特派谢国光为粤赣边防善后督办。此令。

（中华民国陆海军大元帅之印）

中华民国十三年十二月十二日

据《大本营公报》第三十五号《命令》

任命林支宇职务令

（一九二四年十二月十二日）

大元帅令

任命林支宇为建国军湘西援鄂第一路总司令。此令。

（中华民国陆海军大元帅之印）

中华民国十三年十二月十二日

据《大本营公报》第三十五号《命令》

着陈青云代职令

（一九二四年十二月十二日）

大元帅令

建国豫军总指挥任应歧因公赴豫，所有豫军总指挥职务，着建国豫军第二师师长陈青云代理。此令。

（中华民国陆海军大元帅之印）

中华民国十三年十二月十二日

据《大本营公报》第三十五号《命令》

给陈青云的指令

（一九二四年十二月十二日）

大元帅指令韶字第四四号

令建国豫军第二师师长陈青云

呈报启用印信日期由。

呈悉。此令。

（中华民国陆海军大元帅之印）

中华民国十三年十二月十二日

据《大本营公报》第三十五号《指令》

给林直勉的指令

（一九二四年十二月十二日）

大元帅指令第二二三六号

令卸兼大本营会计司司长林直勉

呈报交卸日期暨交代情形乞鉴核备案由。

呈悉。准予备案。此令。

（中华民国陆海军大元帅之印）

中华民国十三年十二月十二日

据《大本营公报》第三十五号《指令》

给邹鲁的指令

（一九二四年十二月十二日）

大元帅指令第二二三七号

令国立广东大学[校]校长邹鲁

呈请派队保护全省进口洋布匹头厘局并通令各军政机关不得索借提用此项厘费，以重校款由。

呈悉。候令行各军政机关遵照办理，并着建国桂军总司令部酌派军队妥为保护可也。此令。

（中华民国陆海军大元帅之印）

中华民国十三年十二月十二日

据《大本营公报》第三十五号《指令》

给程潜等的训令

（一九二四年十二月十二日）

大元帅训令第六二一号

令大本营军政部长程潜、大本营财政部长古应芬、大本营内政部长谢适群、大本营建设部长林森、广东省长胡汉民、广州卫戍总司令杨希闵、大本营军需总局局长罗翼群、广东全省筹饷总局局长罗翼群、建国粤军总司令许崇智、建国湘军总司令谭延闿、建国滇军总司令杨希闵、建国豫军总司令樊钟秀、建国桂军总司令刘震寰、建国第一军军长朱培德、建国第二军军长柏文蔚、建国第三军军长卢师谛、建国第七军军长刘玉山、建国赣军司令李明扬、建国山陕军总司令路孝忱、建国北伐第三军军长胡谦、财政委员会

为令遵事：据国立广东大学[校]校长邹鲁呈称："为呈请事：窃查全省进口洋布匹头厘费，前奉钧座核准每月所收饷费由承商径解职校，全数拨充大学经费，并奉令行广东省长转饬协隆公司遵照在案。现据该承商陈称：'敝商承办进口匹头厘金，已租赁本市西堤兴隆大街五十四号三楼地方为稽征处所，惟现在冬防吃紧，掳劫频闻，敝局收款机关，非有兵士驻局保护，诚恐歹人假冒军队，横加骚扰，于征收前途必至大生窒碍，迫得陈请转呈大元帅察核，迅赐指派军队开赴敝局，常川驻守，用保无虑'等情前来。查核所陈系属实情，理合转陈察核，伏恳指定得力部队派赴该厘局，切实保护。

如有强徒横加索占情事，即由驻局队兵电报其总部，加派大兵弹压，以策万全，并请通令各军政机关，对于此项厘费收入不得索借提用，以重学款。是否有当，并候指令祇遵”等情前来。除指令“呈悉。候令行各军政机关遵照办理，并着建国桂军总司令部酌派军队妥为保护可也。此令”印发外，合行令仰该部长、省长、总司令、局长、军长、司令、委员会即分别遵照，并转饬所属一体遵照办理。切切。此令。

（中华民国陆海军大元帅之印）

中华民国十三年十二月十二日

据《大本营公报》第三十五号《训令》

给胡谦的指令

（一九二四年十二月十二日）

大元帅指令第二二三八号

令建国军北伐第三军军长胡谦

呈报启用新印日期由。

呈悉。此令。

（中华民国陆海军大元帅之印）

中华民国十三年十二月十二日

据《大本营公报》第三十五号《指令》

给谢适群的指令

（一九二四年十二月十三日）

大元帅指令第二二三九号

令大本营内政部次长代理部务谢适群

呈称拟就节妇张俞淑华褒词请核定加给，以示褒扬由。

呈悉。准予所拟，锡以褒词。仰即转给承领。褒词并发。此令。

（中华民国陆海军大元帅之印）

中华民国十三年十二月十三日

据《大本营公报》第三十五号《指令》

给古应芬的指令

（一九二四年十二月十三日）

大元帅指令第二二四〇号

令大本营财政部长古应芬

呈为广东印花分处长宋子文拟请改定凭折账簿税额，应自十四年一月二十五日起实行由。

呈悉。准如所拟施行。仰即转饬知照。此令。

（中华民国陆海军大元帅之印）

中华民国十三年十二月十三日

据《大本营公报》第三十五号《指令》

在天津答拒毒会某教士问*

（一九二四年十二月十四日）

予之意见，认中国之禁烟问题与良好政府之问题，有连带之关

* 此件所标时间系据陆达节编《孙中山先生外集》。

系。鸦片营业，绝对不能与人民所赋予权力之国民政府两立。但在政府当局，对于庶政之设施，未能实现民治之威权以前，于达到有效之禁绝，殊非可能。现在一般不法之军阀各在辖境之内，不但奖励，而且强迫种植鸦片。明订完密之禁烟计划，为用殊微。良以种植鸦片，较种植米、谷、蔬菜、果实等物事简而利厚，故农民大都不愿，亦不敢反对军阀强迫种烟之命令也。国际联盟之禁烟大会正将开会，出席该会之各国代表应本公道之精神，毅然订立严密计划，禁止各国鸦片及其复制品（如吗啡、海洛因等毒物）之出产。盖中国政府破裂之结果，不但使烟苗复盛，亦使对外贸易日趋停滞，中外商人及合法商品之制造家均受巨大损失。目下由私运私卖鸦片销耗之巨量款项，若用于正当贸易，不但可使本国商业复兴，并可使中外间之合法通商大形起色。迩来有以谓今日我国鸦片复兴，遍地皆毒，不如法律正式允许烟土之营业，海关放任外洋鸦片入口，以充裕饷源。此等主张，绝对不当。中国之民意，尤其守法安分纯洁之民众，其意见未有不反对鸦片。苟有主张法律准许鸦片，或对营业鸦片之恶势力表示降服者，即使为一时权宜之计，均为民意之公敌。今日国内情形，至为恶劣。拒毒运动之进行备受难阻，以致成绩甚鲜。然对鸦片之宣战，绝对不可妥协，更不可放弃。苟负责之政府机关，为自身之私便，及眼前之利益，倘对鸦片下旗息战，不问久暂，均属卖国之行为。总之，对于鸦片之祸害，不论何种形式之降伏，均可谓为蔑视国民之良心主张。即以恃非法之鸦片为利源之土匪式军阀言之，亦不敢公然承认鸦片乃正当之营业。对彼等自身之非法行为，亦难逃羞耻与盗窃之良心上责备。我国内地，素缺乏道路与各项利便交通之建设，加以不时有军阀之斗争，结果使农民之经济负担日益加重。农民虽欲安分耕种普通农产，殊不可能。例如广东省政府极端反对烟毒，但邻省私运之外，尚有国外鸦片由海道输入。在此等现状之下，虽有良好政府如广东省者，甘冒万难以取缔非法之鸦片营业，厘定完密计划，以图毒害之根本廓清，但以水陆私运之繁多，无从收相当之实效。于此吾人可见局部之举动殊难收效，欲达禁烟之目的，必须由国民政府采定全国一致遵守之计划。是故吾人应先打倒为祸较深、为害较烈之军阀，促进国民政府之成立，使之实现民治之威权，禁烟始能收效。今日阻碍民众生活与自由之祸害一经废除，则舆论势力必可贯彻禁绝鸦片之目的。目下军阀未经打倒，民治政府尚未统一全国，对于达到上述目的之最佳方法，乃在拒毒团体之奋斗不懈，继续努力于调查与宣传之运动，使非法营业无所敛迹。虽或一时未能收效，但千万不可放弃坚忍与不妥协之奋斗决心，当永远抱定彻底不降服之政策。

据陆达节编《孙中山先生外集》(一九三二年十月中华书局版)

复北京各团体联合会电

(一九二四年十二月十四日)

北京各团体联合会诸君鉴：辱承电迓，感慰实深。贱恙少痊，即当就道。特复。孙文。寒。印。

据北京《顺天时报》一九二四年十二月十五日

给黄桓的指令

(一九二四年十二月十五日)

大元帅指令第二二四三号

令广东电政监督兼理无线电局事务黄桓

呈请开去无线电局兼差俾获专心供职由。

呈悉。准予开去无线电局兼差。仰即知照。此令。

(中华民国陆海军大元帅之印)

中华民国十三年十二月十五日

据《大本营公报》第三十五号《指令》

给胡汉民的指令

(一九二四年十二月十五日)

大元帅指令第二二四四号

令广东省长胡汉民

呈称准粤军总司令咨请将广东无线电报局拨归粤军总司令部管辖请核示由。

呈悉。准将广东无线电局拨归粤军总司令管辖,仰仍转行知照。此令。

(中华民国陆海军大元帅之印)

中华民国十三年十二月十五日

据《大本营公报》第三十五号《指令》

给吴铁城的指令

(一九二四年十二月十五日)

大元帅指令第二二四六号

令广州市公安局局长吴铁城

呈为拟具残废官兵纪念章样式请鉴核示遵由。

呈悉。准如所拟办理。此令。

（中华民国陆海军大元帅之印）

中华民国十三年十二月十五日

据《大本营公报》第三十五号《指令》

给胡汉民的指令

（一九二四年十二月十五日）

大元帅指令第二二四七号

令广东省长胡汉民

呈为转据公安局局长呈送办理资遣残废官兵表册乞鉴核令遵由。

呈及表册均悉。准如所请办理。仰即转饬知照。表册存。此令。

（中华民国陆海军大元帅之印）

中华民国十三年十二月十五日

据《大本营公报》第三十五号《指令》

给林翔的指令

（一九二四年十二月十五日）

大元帅指令第二二四九号

令大本营审计处处长林翔

呈复大本营会计司及庶务科十三年五月份收支册列各数相符拟请准予核销由。

呈悉。准予核销。候令行会计司知照。此令。

（中华民国陆海军大元帅之印）

中华民国十三年十二月十五日

据《大本营公报》第三十五号《指令》

给余和鸿的训令

（一九二四年十二月十五日）

大元帅训令第六二四号

令大本营会计司司长余和鸿

为令行事：据大本营审计处处长林翔呈称："案奉钧府发交大本营会计司司长黄昌谷呈送该司及庶务科十三年五月分收支计算书暨附属表及证据粘存簿到处，饬令审计等因。奉此，查该司长所送会计司及庶务科收支册列各数，尚无浮滥。计十三年五月份该司收入各财政机关拨解毫银七万六千六百元，连同四月份结存该司及庶务科卫士队存款，共计收入毫银八万五千四百二十八元四毫九分五厘。支出各机关经费暨各职员薪俸及购置等费，共计毫银七万七千一百六十一元九毫八分二厘。核对收支各数，应结存毫银八千二百六十六元五毫一分三厘。证以表簿，核以单据，亦属相符，拟请准予如数核销。除计算书表簿留处存查外，理合具文连同原呈一件，呈复钧帅鉴核示遵，实为公便"等情。据此，除指令准予核销外，合行令仰该司长即便知照。此令。

（中华民国陆海军大元帅之印）

中华民国十三年十二月十五日

据《大本营公报》第三十五号《训令》

任命韦冠英职务令

（一九二四年十二月十六日）

大元帅令

任命韦冠英为建国桂军第一军军长。此令。

（中华民国陆海军大元帅之印）

中华民国十三年十二月十六日

据《大本营公报》第三十五号《命令》

任命伍毓瑞职务令

（一九二四年十二月十六日）

大元帅令

任命伍毓瑞为建国桂军第二军军长。此令。

（中华民国陆海军大元帅之印）

中华民国十三年十二月十六日

据《大本营公报》第三十五号《命令》

任命刘震寰职务令

（一九二四年十二月十六日）

大元帅令

任命刘震寰兼建国桂军第三军军长。此令。

（中华民国陆海军大元帅之印）

中华民国十三年十二月十六日

据《大本营公报》第三十五号《命令》

给余和鸿的指令

（一九二四年十二月十六日）

大元帅指令第二二五三号

令大本营会计司司长余和鸿

呈报接收会计司卷宗、款项情形请备案由。

呈悉。此令。

（中华民国陆海军大元帅之印）

中华民国十三年十二月十六日

据《大本营公报》第三十五号《指令》

给古应芬的指令

（一九二四年十二月十六日）

大元帅指令第二二五六号

令大本营财政部长古应芬

呈为《修正烟酒印花税条例》暨施行细则请鉴核由。

呈及条例、细则均悉。准如所拟拖行。仰即转饬知照。此令。

（中华民国陆海军大元帅之印）

中华民国十三年十二月十六日

据《大本营公报》第三十五号《指令》

委派范石生等职务令

（一九二四年十二月十七日）

大元帅令

派范石生、谢国光、韦冠英、梅光培为财政委员会委员。此令。

（中华民国陆海军大元帅之印）

中华民国十三年十二月十七日

据《大本营公报》第三十五号《命令》

任命潘文治职务令

（一九二四年十二月十七日）

大元帅令

任命潘文治为大本营谘议。此令。

（中华民国陆海军大元帅之印）

中华民国十三年十二月十七日

据《大本营公报》第三十五号《命令》

给刘震寰的指令

（一九二四年十二月十七日）

大元帅指令第二二五七号

令建国军桂军总司令刘震寰

呈请将所部拟编三军，请任韦冠英为第一军军长，伍毓瑞为第二军军长，第三军军长由该总司令自兼，请施行由。

呈悉。照准。已明令任命矣。此令。

（中华民国陆海军大元帅之印）

中华民国十三年十二月十七日

据《大本营公报》第三十五号《指令》

给李福林的指令

（一九二四年十二月十七日）

大元帅指令第二二五九号

令建国军粤军第三军军长李福林

呈报起获被掳之岭南大学学生并饬属踩缉逃匪情形由。

呈悉。该军长缉匪起掳，破案迅速，足见办事认真，殊堪嘉奖。仰即知照。此令。

（中华民国陆海军大元帅之印）

中华民国十三年十二月十七日

据《大本营公报》第三十五号《指令》

给谢国光的指令

（一九二四年十二月十七日）

大元帅指令第二二六〇号

令卸禁烟督办谢国光

呈为遵令裁并[①]，定期移交，请察核备案由。

---

① 指筹饷总局和禁烟督办署合并为广东全省筹饷总局一事。

呈悉。准予备案。此令。

(中华民国陆海军大元帅之印)

中华民国十三年十二月十七日

据《大本营公报》第三十五号《指令》

与叶恭绰许世英的谈话*

(一九二四年十二月十八日)

我在外面要废除那些不平等条约,你们在北京偏偏的要尊重那些不平等条约,这是什么道理呢?你们要升官发财,怕那些外国人,要尊重他们,为什么还来欢迎我呢?

据《广州民国日报》一九二五年五月十三日《大元帅北上患病逝世以来之详情(三)》

复段祺瑞电

(一九二四年十二月十八日)

段执政赐鉴:□密。篠电[①]敬悉。查方本仁自去岁迄今,寇粤四次:第一次春间,奉吴佩孚令,约陈炯明向东、北江同时进兵,由赣南突至广州郊外江村;第二次夏间,当我军乘克惠州之际,复侵入韶州、英德,以牵制我军,使惠州解围;第三次冬间,乘陈军侵入广州近郊,复进兵取南雄、始兴;第四次今年夏秋间,复与陈炯明约期夹攻,进窥南雄。自吴佩孚失败后,始复变计,引北伐军以逐蔡成勋。当

* 十二月十八日,段祺瑞派叶恭绰、许世英到天津欢迎孙中山。孙中山针对段祺瑞要尊重不平等条约的做法,发表此谈话。

① 篠电:十二月十七日段祺瑞致电孙中山,请令北伐粤湘赣各军停止进赣,赣由暂行督办江西军务事宜之方本仁主持。

蔡成勋未走，对于北伐军，招之惟恐不来；及其既走，则麾之惟恐不去。北伐军将士积愤于前，复被卖于后，愤慨自在意中。且观方本仁所为，何尝体念国事，拥戴我公？不过因利乘便，以遂其据地自雄，沉机观变之欲而已。但既承谆嘱，自当仰体盛意。只以此次离粤，系只身北上与公商榷国事，对于粤中军事久已放弃。兹为解决纠纷起见，拟派李协和回赣一行。协和与赣中诸将甚稔。又新到京、津，熟知近状，到赣之后必能从容斡旋，以副期望也。孙文。巧。

据北京《晨报》一九二四年十二月二十一日《李烈钧即日入赣》及上海《民国日报》一九二四年十二月二十五日《孙段电商赣局》互校

准潘文治辞职令

（一九二四年十二月十八日）

大元帅令

海军练习舰队司令兼管海军三舰整理事宜潘文治因病恳请辞去本、兼各职。潘文治准免本、兼各职。此令。

（中华民国陆海军大元帅之印）

中华民国十三年十二月十八日

据《大本营公报》第三十五号《命令》

裁撤海军练习舰队司令及海军三舰整理事宜令

（一九二四年十二月十八日）

大元帅令

海军练习舰队司令及海军三舰整理事宜着一并裁撤，所有海军事务着建国粤军总司令派员管理。此令。

（中华民国陆海军大元帅之印）

中华民国十三年十二月十八日

据《大本营公报》第三十五号《命令》

给北京执行部及市党部的训令*

（一九二四年十二月十八日）

近闻本党党员暨各团体对余入京筹备欢迎，至所感纫。惟闻所发传单有措词失检，如打倒某某云云，殊为不当。余此次入京，奉持主义与各方周旋，对于现执政及奉天军、国民军各方面均有向来友谊上之关系，前已最高党部训令党员，严定同志军、友军、敌军之分别。今若对于友军人物不能以诚恳之词互相勉励，良非本党应取之态度。着北京执行部及市党部通令党员，对于此种传单一律禁止；其各团体有用此种种传单者，亦应随时劝止，以期永维友谊，共济时艰。

据上海《民国日报》一九二四年十二月十八日《孙先生训练党员》

给伍朝枢的指令

（一九二四年十二月十八日）

大元帅指令第二二六二号

令大本营外交部长伍朝枢

---

* 此件所标时间系上海《民国日报》发表日期。

呈谢国葬故外交部总长伍廷芳典礼由。

呈悉。此令。

（中华民国陆海军大元帅之印）

中华民国十三年十二月十八日

据《大本营公报》第三十五号《指令》

给程潜的训令

（一九二四年十二月十八日）

大元帅训令第六二八号

令大本营军政部长程潜

为令遵事：查凡有伤废官兵，本应由各该军长官自行办理。前迭据残废官兵湛海清、杨桂秋等呈"恳乞予恩准资遣"前来，为格外体恤起见，经令饬广州市公安局长分别点验，列级资遣，已办理结束在案。以后即不得援以为例，如有伤废官兵，应由各该军长官自行体察情形办理，不得再由各该残废官兵更行呈请资遣，以昭慎重而杜流弊。合亟令仰该部长即便遵照转行各军一体遵照为要。此令。

（中华民国陆海军大元帅之印）

中华民国十三年十二月十八日

据《大本营公报》第三十五号《训令》

给吴铁城的指令

（一九二四年十二月十八日）

大元帅指令第二二六七号

令广州市公安局长吴铁城

呈据残废官兵杨桂秋等呈请补验可否援案资遣列入第二期办理由。

呈及清册均悉。查办理资遣残废官兵应一次即行结束。据呈前情，为礼恤起见，姑准补验资遣。但以后即不得援以为例。如有伤废官兵，应由各该军长官自行体察情形办理，并已令军政部分行各军长官一体遵照矣。仰即知照。清册存。此令。

（中华民国陆海军大元帅之印）

中华民国十三年十二月十八日

据《大本营公报》第三十五号《指令》

给程潜的指令

（一九二四年十二月十八日）

大元帅指令第二二七二号

令大本营军政部长程潜

呈复拟请准予滇军兵站部广九运输站上校站长赵国泰积劳病故，照《陆军战时恤赏章程》例给予上校恤金由。

呈悉。准如所拟办理。此令。

（中华民国陆海军大元帅之印）

中华民国十三年十二月十八日

据《大本营公报》第三十五号《指令》

准任冯兆霖等职务令

（一九二四年十二月十九日）

大元帅令

大本营军需总局局长罗翼群呈请任命冯兆霖为秘书，徐伟为会计科科长，罗旭岳为出纳科科长。均照准。此令。

（中华民国陆海军大元帅之印）

中华民国十三年十二月十九日

据《大本营公报》第三十五号《命令》

给林翔的指令

（一九二四年十二月十九日）

大元帅指令第二二七三号

令大本营审计处处长林翔

呈复审核卸禁烟督办鲁涤平十三年六、七、八等月收支清册及计算书表、单据簿暨各检查所计算书簿据，数目相符，请准予核销由。

呈悉。准予核销。候令行该卸督办知照可也。此令。

（中华民国陆海军大元帅之印）

中华民国十三年十二月十九日

据《大本营公报》第三十五号《指令》

给鲁涤平的训令

（一九二四年十二月十九日）

大元帅训令第六三一号

令卸禁烟督办鲁涤平

为令知事：据大本营审计处处长林翔呈称："呈为呈复事：案奉钧帅发下禁烟督办鲁涤平呈送十三年六、七、八等月份收支清册及计算书表、单据簿暨各检查所计算书簿据等件，饬令审查等因。奉此，窃查该卸督办所送六、七、八三个月收支清册内，各属承商按饷、借饷、牌照及检查所检查证费等项收入，共计四十三万四千六百零二元五角八分四厘，及五月分结存一千零七十七元三角七分五厘，合共毫洋四十三万五千六百七十九元九角五分九厘。除支出该署及各检查所六、七、八等月分经常费八万九千二百七十五元九角六分，暨拨交各军给养费、退还各处按饷借饷等项，合共支出毫洋三十四万六千零六十五元九角。出入两抵，尚存毫洋三百三十八元零九分九厘。列数明晰，证以各月分表册单据，尚属相符，拟请准予核销。除将计算表、单据簿留处备案外，理合具文连同原呈一件，呈请钧帅鉴核示遵，实为公便"等情前来。除指令"呈悉。准予核销。候令行该卸督办知照可也。此令"印发外，合行令仰该卸督办即便知照。此令。

（中华民国陆海军大元帅之印）

中华民国十三年十二月十九日

据《大本营公报》第三十五号《训令》

给王棠的训令

（一九二四年十二月十九日）

大元帅训令第六三二号

令暂行代理粤汉铁路事务王棠

为令遵事：案查前以该路积弊甚深，冗员太多，经令饬将每月支出经费情形暨职员名额、薪水分别列具详表，统限于文到三日内呈送到府，以凭核办在案。兹已逾限，竟未据呈送到府，殊属藐玩。为此，严令该代管理即便遵照，限于文到二日内，即将上项表册呈送，不得故违。切切。此令。

（中华民国陆海军大元帅之印）

中华民国十三年十二月十九日

据《大本营公报》第三十五号《训令》

给程潜的指令

（一九二四年十二月十九日）

大元帅指令第二二七五号

令大本营军政部长程潜

呈请照积劳病故例给予湘军第五军军部三等军需正陈洪蔚少校恤金由。

呈悉。准予所拟办理。此令。

（中华民国陆海军大元帅之印）

中华民国十三年十二月十九日

《据大本营公报》第三十五号《指令》

给古应芬的指令

（一九二四年十二月十九日）

大元帅指令第二二七六号

令大本营财政部长古应芬

呈为奉令办理谷米出口接济华侨，被税务司强牵条约，擅行制止，请饬交涉员向税务司解释由。

呈悉。候令行外交部转饬特派广东交涉员妥为办理可也。此令。

（中华民国陆海军大元帅之印）

中华民国十三年十二月十九日

据《大本营公报》第三十五号《指令》

给伍朝枢的训令*

（一九二四年十二月十九日）

大元帅训令第六三三号

令大本营外交部长伍朝枢

为令遵事：据大本营财政部长古应芬呈称："呈为呈报事：现据职部检查出口谷米总局局长周少棠呈称：'窃职局奉令办理检查谷米出口事宜，业经呈报，组织成立，并咨行军政机关暨水陆要塞税关厘厂各在案。昨据本市安记店商人到局领照，运载丝苗米八千斤出口，经核准照发，讵税务司不予验放。经职局再将奉令办理缘由函达税务司，并饬检查员李眷商前赴该关妥为交涉。兹据检查员复称：本日往见税务司，据说：禁止谷米出口，系根据前清光绪二十八年《中英续订禁米出口条例》第十四款办理，现在尚未奉到总税务司命令，碍难放行等语。理合将交涉情形，呈报察核等情。据此，查职局此次奉令办理检查上等丝苗谷米出口，系为接济华侨起见，与普通贩运谷米出口有别，该税务司竟强牵条约，擅行制止，于我国政府威信实有妨碍。理合据情呈报钧座察核，伏乞转呈帅座，并令饬广东交涉专员提出交涉，维持我政府威信，以恤侨胞而裕税

* 原令未署日期。按与此令同一内容的大元帅指令第二二七六号发令日期为十二月十九日，据大元帅发令的惯例，一般先发训令，后发指令。又查大元帅训令第六三二号发令日期为二月十九日。故此令酌定为十九日。

饷，实为公便’等情。据此，查运谷米出口接济华侨粮食一案，系奉钧座交办，自应遵照办理。昨经行令粤海关监督转行税务司，如遇米商持职部运照者，即验明照数相符，立予放行在案。据呈前情，理合呈请钧座察核，俯赐转饬交涉员向税务司明白解释，实为公便”等情前来。除指令“呈悉。候令行外交部转饬特派广东交涉员妥为办理可也。此令”印发外，合行令仰该部长即便遵照办理并将交涉情形具报。此令。

（中华民国陆海军大元帅之印）

中华民国十三年十二月　日

据《大本营公报》第三十五号《训令》

给王棠的指令

（一九二四年十二月十九日）

大元帅指令第二二七七号

令暂行代理粤汉铁路事务王棠

呈请加收客、货车费二成，清理员司欠薪由。

呈悉。仰仍迅遵前令，将该路每月支出情形暨职员名额、薪水分列详表呈送，以凭核办。所请加车费、清欠薪之处，着暂毋庸议。此令。

（中华民国陆海军大元帅之印）

中华民国十三年十二月十九日

据《大本营公报》第三十五号《指令》

与马伯援的谈话*

（一九二四年十二月二十日）

知之矣[①]。你一定要去日本，可注意日本外交。彼国政治家眼光太近，且能说不能行，不似俄国之先行后说。日本的朝野，近对吾党非常轻视，以为吾人未获得政权。你去努力吧，倘有特别事故发生，吾必电你回国。焕章[②]倘赴日本，你于暇时须对彼多讲吾党志士爱国历史。目下事，季龙[③]担任也好。

据马伯援著《我所知道的国民军与国民党合作史》

任命刘一道职务令

（一九二四年十二月二十日）

大元帅令

任命刘一道为江西筹饷总局总办。此令。

（中华民国陆海军大元帅之印）

中华民国十三年十二月二十日

据《大本营公报》第三十五号《命令》

---

* 此件所标时间系据《国父年谱》增订本。

① 指马伯援对孙中山谈及冯玉祥性格之事。

② 焕章：冯玉祥字焕章。

③ 季龙：即徐谦。

任命魏会英巢寒青职务令

（一九二四年十二月二十日）

大元帅令

任命魏会英、巢寒青为江西筹饷总局会办。此令。

（中华民国陆海军大元帅之印）

中华民国十三年十二月二十日

据《大本营公报》第三十五号《命令》

给许崇智的指令

（一九二四年十二月二十日）

大元帅指令第二二七九号

令建国粤军总司令许崇智

呈据恩平县长呈该县田赋加三，已拨充团费有案，不能拨解大学经费，乞令遵由。

呈悉。该县附加田赋加三，既经拨充团费有案，应准免予拨解大学经费，以符原令。候令行广东省长转行知照。此令。

（中华民国陆海军大元帅之印）

中华民国十三年十二月二十日

据《大本营公报》第三十五号《指令》

给胡汉民的训令

（一九二四年十二月二十日）

大元帅训令第六三五号

令广东省长胡汉民

为令行事：据建国粤军总司令许崇智呈："据恩平县县长黄其藩呈称：案奉钧部第七四七号训令开：本年十月七日奉大元帅训令第五〇二号内开：为令遵事：据国立广东大学校长邹鲁呈称：查粤省各县田赋附加地方警学等费，照章不得超过正额百分之三十，其或有附加未达百分之三十之额，均一律加至百分之三十为率，除原文有案邀免全录外，后开：除分令外，合行令仰该县长遵照等因。奉此，当查县属田赋，地方附加适达正额百分之三十。惟此项三成附加，向系保卫总团经费，其中能拨若干解为大学经费，无凭悬揣。当经县长令饬县团总局查明呈复去后，兹据该局局长梁锡庆等呈复称：查县属田赋之三成附加地方税，系因民国初年解散民军，盗贼猖獗，爰集绅商学界，公同议决倡办自治联团。案奉前县长甄批准，指定该三成粮捐专属募团经费，不得移挪别用。迨民国六年奉省宪明令，筹设保卫团局，以助警力之不足。邑人随将自治联团局改组保卫团局，并由县转呈备案，蒙准附加三成粮捐，照旧拨归团局，历安无异。民国十一年正式县议会成立，保卫团局附设议会。现议会停顿，团局犹存。去年马县长莅新，适际时局纠纷，迅令绅等改组县团总局，并将该款照拨募团经费。忖思恩平贫瘠，附加三成粮捐外别无团费可筹。奉令前团，理合备文呈复县长，伏乞据情转呈列宪察核，以维团务而符原案等情。据此，理合具文呈请察核转呈，实为公便等情。据此，理合据情转呈钧帅察核，伏候训示祗遵”等情。据此，除指令“呈悉。该县附加田赋加三，既经拨充团费有案，应准免予拨解大学经费，以符原令。候令行广东省长转行知照。此令”印发外，合行令仰该省长查照，分别转知。此令。

（中华民国陆海军大元帅之印）

中华民国十三年十二月二十日

据《大本营公报》第三十五号《训令》

致直隶等省区军民长官电

（一九二四年十二月二十一日）

直隶、山东、河南、山西、陕西、甘肃、奉天、吉林、黑龙江、西安、张家口、归化、热河各军民长官均鉴：文对于时局，主张以国民会议为解决方法，日前发表宣言，谅已鉴察。兹特选派同志分赴各省、区，向民众宣传。每一省、区约二三人，务使国民咸了然于会议之性质及关系，其宣传范围以此为限，不涉及地方政事、军事。所选派之同志皆有文署名、盖印证书为凭，诸希鉴察是荷。孙文。马。

据北京《顺天时报》一九二四年十二月二十四日《孙文热中于国民会议》

关于国民党最小纲领之宣言*

（一九二四年十二月二十二日）

在九月十八日所发表解释北伐之目的与用意之宣言书中，尝

* 所标时间系长沙《大公报》发表日期。

谓国民革命运动之志望乃在为人民之利益，而谋中国之自由与独立。帝国主义者陷我国为半殖民地，吾人起而反抗之，则抱负此种志愿，实属必要也。

一九一一年之革命，将满洲专制政治推翻，其志望殆完全实现。然至今日已为列强帝国主义立于背后之中国军阀所破坏，而使革命之志望归于无效。十三年共和政体，军阀派自袁世凯以至曹琨〔锟〕，曾未变更其特质及行动，彼等之继续存在，实为反革命运动之器械。是故，倘使革命事业为中国国民发展之原动力而告完成，则毒恶相等之军阀与帝国主义必被毁灭而无疑。吾党之主义，此北伐中为军事之表示，实欲以之创造一种局面，而使彼辈毒恶悉归灭绝也。

三民主义，乃吾党主义之惟一基础，在此种基础之上，吾国各项问题可期恒久解决。三民主义乃作于最大纲领之中者，业经国民党第一次会议加以采纳矣，然吾人现已预备拟成一最小纲领以适应目前时局之需要。在此项最小纲领中，当提出对外政治之主要条件，即帝国主义列强加诸中国之不平等条约与协定，以及陷中国于经济奴仆地位之各种契约应即废除。至对内政治，应分清中央政府与省政府之权限，并建设地方自治政府之基础。吾等实行对外对内之政策，以可产生下列之结果：

(一)中国与其他各国间之国际时局必谋变为平等，而使我国财政与生产量得以发展；

(二)实业与财政得以发展，则农业经济亦必获得一新的动力，而吾国之农民与工人之经济状况当亦有所进展；

(三)劳动的实业团体之进展，可使劳动之质量扩大增强，而劳工界之生活状况亦必大有进步；

(四)实业农业与劳动阶级之经济状况既有进展，则商业必能兴盛；

（五）国家财政既发展，教育与文化等问题必能为实际的解决，而需用知识阶级亦必见诸事实；

（六）在华之领事裁判权废除，我国法律行使于全国，则复古运动与反革命运动，必不久转为民国谋幸福利益。

十三年来，军阀与帝国主义者之联结，实为现上述目的与志望之主要障碍，此项障碍现当打破之。军阀派之得助于帝国主义者，仅能攫得一时的权力，袁世凯即如是。袁之颠覆，非帝国主义的扶助者所得使之避免也。共和成立之第二年，袁氏得为相当的胜利，然至人民洞悉彼军阀之罪恶时，袁之颠覆已无法防免。七年后，吴佩孚似亦胜利，吴氏以实力压迫全国使归于统一，置人民利益于不顾，且欺骗人民谓“出于爱护之诚”，甚至以其武力惨杀工人、学生，以压抑国民革命运动。但吾党曩曾一再始指示人民：军阀以帝国主义者之援助而实行武力统一政策，其结果必归于失败。吴佩孚之倾覆，已足证明吾党之言为不谬矣。

吴佩孚失败后，已起生一新的时局，吾人为应付此项新的时局，仅欲谋吾人最小纲领之实现。此最小纲领乃以人民之需要为其根基，拒斥特别权利与特别势力之可能。盖特别权利与特别势力，俱起为颠覆国家之致命伤也。故为防阻帝国主义者与反国民势力之活动，应准许人民就自身之所需而公决一切。

国民党提议召集一国国民会议。国民会议之主要任务，惟在谋国家之统一与重新建设。但在此国民会议之召集以前，必须预召集一预备会，以裁决各种主义与方法，而此项主义与方法，及用以约束国民会议之选举及其行动者也。

我等提议之预备会议，应由下列之团体代表组织之：各省实业、商业、教育机关、大学校及学生联合会之预备会议之代表，必须由各该团体一一选派，人数无须过多，以利会议进行。

关于国民会议之自身会员，应由上列各团体之代表组织之。惟各代表必须由各团体人员直接选出，军队亦得同样选出其代表列席国民会议。如果仅拘于国民革命运动之新形势之军阀派，必联结人民而为扰乱国家之真实工具。故为保障国民会议之成功起见，应宣布大赦政治罪犯，并须宣布全国人民与各团体，应有宣传与选举之完全自由，俾各得应其所需，任意向国民会议建议一切。

十三年来，吾党继续为国民革命之运动，乃以国民党之三民主义为其基础，最大纲领乃使三民主义合而为一，而实行之者，自党提出于国民会议，以期国家采纳承认并实施焉。为准备提出最大纲领于国民会议而使之实现，特略述最小纲领于此宣言书。

据长沙《大公报》一九二四年十二月二十二日《孙中山在津之宣言》

慰勉樊钟秀电*

（一九二四年十二月二十三日）

光州探送樊总司令鉴：号电欣悉。我兄孤军转战，所向无前，三月之内，由粤而豫，同时出发诸军，望尘莫及。奇功伟迹，嘉慰何似！惟师行五千里，劳苦万状，廑念实深。文四日抵津，原拟七日入京与执政[①]商榷收拾时局。忽患肝肿，卧病兼旬，尚须调治数日，始能入京。兹已致电胡励生兄，与兄接洽一切。励生兄义烈过人，必能量力接济。吴逆败逃之余尚据鸡公山，我兄若率所部歼此

* 原电未署年月，据电文“四日抵津”判断，时间在一九二四年十二月。

① 执政：指中华民国临时执政段祺瑞。

渠魁，以伸公愤，尤所欣盼。特复，问讯起居，并慰问诸将士劳苦。孙文。漾。

据北京《晨报》一九二四年十二月二十七日《樊钟秀部已入豫耶》

准田炳章辞职令

（一九二四年十二月二十三日）

大元帅令

“飞鹰”军舰舰长田炳章呈请辞职。田炳章准免本职。此令。

（中华民国陆海军大元帅之印）

中华民国十三年十二月廿三日

据《大本营公报》第三十六号（广州一九二四年十二月卅日版）《命令》

着许崇智派员接理“飞鹰”舰务令

（一九二四年十二月二十三日）

大元帅令

“飞鹰”军舰舰务着建国军粤军总司令许崇智派员接理。此令。

（中华民国陆海军大元帅之印）

中华民国十三年十二月廿三日

据《大本营公报》第三十六号《命令》

给程潜的指令

（一九二四年十二月二十三日）

大元帅指令第二二八三号

令大本营军政部长程潜

呈请照积劳病故例给予湘军军务处少校处员邹光烈少校恤金由。

呈悉。准如所拟给恤。仰即知照。此令。

（中华民国陆海军大元帅之印）

中华民国十三年十二月廿三日

据《大本营公报》第三十六号《指令》

给范石生的指令

（一九二四年十二月二十三日）

大元帅指令第二二八四号

令建国军滇军第二军军长范石生

呈报启用印信日期由。

呈悉。此令。

（中华民国陆海军大元帅之印）

中华民国十三年十二月廿三日

据《大本营公报》第三十六号《指令》

给程潜的指令

（一九二四年十二月二十三日）

大元帅指令第二二八六号

令大本营军政部长程潜

呈请给予滇军干部学校同中校编修官陈见龙中校恤金由。

呈悉。准如所拟给恤。仰即知照。此令。

（中华民国陆海军大元帅之印）

中华民国十三年十二月廿三日

据《大本营公报》第三十六号《指令》

给沈健飞的指令

（一九二四年十二月二十三日）

大元帅指令第二二八七号

令建国军第一师师长沈健飞

呈报就职及启用印信日期由。

呈悉。此令。

（中华民国陆海军大元帅之印）

中华民国十三年十二月廿三日

据《大本营公报》第三十六号《指令》

给王棠的指令

（一九二四年十二月二十三日）

大元帅指令第二二八九号

令暂行代理粤汉铁路事务王棠

呈为遵令造送该路每月支出经费情形暨职员名额薪水折表乞鉴核由。

呈及清折表册均悉。查核支出军费及职员名额薪水，诸多冗滥，亟应先事清厘，藉资整顿。该路董事局长应改为月薪四百元，总理月薪应改为五百元，协理四百元。公务处、商务调查课、编辑股、收发股、掌卷股、缮校股均着裁撤。所有事务，分别归并总务处检查课、文牍课办理，惟车上稽查四名准仍留用。该路既有文牍课员，办稿员应即裁撤。会计文牍股股长、机务处文牍股长、车务处文牍股长均着裁撤。除总务处外，各处课股均不得有文牍股长名目，只能酌用文牍书记。处长、课长、股长之外，不得再设副处长、副课长、副股长、副主任等名目。养路处处长及正工程司月薪，均应改为三百六十元。毕业生名目，应即裁撤。如需用上项专门人才，须另定职务名称，呈候核准委派。路警处侦察，着全裁撤，归并该处稽查办理。所有此次被裁职员，均发给薪水一月。所有十一月以前存薪，及留职各员十一月以前存薪，均应俟该路财政稍裕，再行呈请核发。此外如印刷所、电报课亦冗员甚多，其他类此者，尚不一而足。仰该代管理除遵照上项命令裁员减薪外，并须迅速彻查，支出经费如有浮滥，现存员司、军警、杂役名额薪水如有冗滥，即须大加裁减，切实整理，随时具报查核。务期事归实际，款不虚糜，以维路政，毋得稍有含混、延匿情事。切切。此令。清折、表册存。

（中华民国陆海军大元帅之印）

中华民国十三年十二月廿三日

据《大本营公报》第三十六号《指令》

给王棠的训令

（一九二四年十二月二十三日）

大元帅训令第六三七号

令暂行代理粤汉铁路事务王棠

为令遵事：前据该代管理呈："以准董事局议决，拟自十二月廿五日起至十四年二月廿五日止，所有收入客、货车费加收二成，以两个月为期"等情。当经指令"仰仍遵前令，将该路每月支出，暨职员额薪分别列表呈核，所请着暂毋庸议"在案。兹据该代管理呈送每月支出职员额薪折表前来，业经令饬分别裁减，切实整理在案。查车费加收二成，既经董事局议决，事属可行，仰该代管理仍依前案，于十二月廿五日起至十四年二月廿五日止，所有收入客、货车费即加收二成，以两个月为期。此项收入，除以发给被裁职员薪水一月外，其余应列为附加车费二成收入项下，逐日解存中央银行，听候指定用途，并将该项收入逐日列表呈报备查。切切。此令。

（中华民国陆海军大元帅之印）

中华民国十三年十二月廿三日

据《大本营公报》第三十六号《训令》

复广东同乡会函*

（一九二四年十二月二十四日）

汝成、兆彬暨同乡先生公鉴：

顷诵公函，并晤陈润生君，知诸公此次对文北来逾格欢迎，无任惭感。惟近日肝病初愈，尚须静养数日再行入京。届时当面聆教益，以伸乡谊。专此奉复，顺颂

公祉

孙　文启

据北京《顺天时报》一九二四年十二月二十五日《孙中山有终止入都之势》

给潘文治的指令

（一九二四年十二月二十四日）

大元帅指令第二二九四号

令卸海军练习舰队司令兼管海军三舰整理事宜潘文治

呈缴关防牙章由。

呈悉。此令。

（中华民国陆海军大元帅之印）

---

* 此件所标时间系据十二月二十五日北京《顺天时报》云孙"昨日亲笔致函旅京广东同乡会"酌定。

中华民国十三年十二月廿四日

据《大本营公报》第三十六号《指令》

给古应芬的指令

（一九二四年十二月二十五日）

大元帅指令第二二九五号

令大本营财政部长古应芬

呈请注销政府与电力公司一切权利案由。

呈悉。照准。此令。

（中华民国陆海军大元帅之印）

中华民国十三年十二月廿五日

据《大本营公报》第三十六号《指令》

给程潜等的训令

（一九二四年十二月二十七日）

大元帅训令第六四一号

令大本营军政部长程潜、广东省长胡汉民、梧州善后处处长李济深、粤海关监督范其务、梧州海关监督李子峰

为令遵事：据禁烟督办谢国光邮电称："现据大本营禁烟督办署专运局局长廖应义元日快邮代电称：窃查职局奉准章程有第十二条'本局输运膏料所经地方或货仓所在，由督办署咨请军警关卡及其他各机关保护协助。如有借端留难，或征收任何名目资款，或加以其他妨碍，由督办署实力制止。倘或因而致令损失，并负责追还'等语之订定。兹查西江流域肇庆、都城等河面，均有驻军设置

之检查所，对于原料之运经该处者，征收检查费若干。职局现经开办，行将开始运输，而运输所经不任若何负担，既经章程明白规定，自应依照办理。惟是时当开办之初，凡对各机关与有关系之事件，亟须知会普遍，庶免发生误会，应请钧署邮电呈报大元帅，通令知照，并通致广东省长及梧州各埠军政警关各机关查照，转饬所属一体知照，俾资保障而利遄行。临电不胜迫切待命之至等情。据此，自应据情转电，伏恳大元帅察核，并请军政警关各机关查照，令饬所属协助保护”等情。据此，除指令“呈悉。照准。候令行军政部、广东省长、梧州善后处、粤海关监督、梧州海关监督分别饬属一体协助保护可也。此令”印发并分令外，合行令仰该部长即便转行各军，该省长、该处长、该监督即便转饬所属一体协助保护，以重烟禁。此令。

（中华民国陆海军大元帅之印）

中华民国十三年十二月廿七日

据《大本营公报》第三十六号《训令》

给伍朝枢的指令

（一九二四年十二月二十七日）

大元帅指令第二二九七号

令大本营外交部长伍朝枢

呈报广东特派交涉员傅秉常病愈销假由。

呈悉。此令。

（中华民国陆海军大元帅之印）

中华民国十三年十二月廿七日

据《大本营公报》第三十六号《指令》

给谢国光的指令

（一九二四年十二月二十七日）

大元帅指令第二三〇三号

令禁烟督办谢国光

呈称仍暂行办理禁烟情形，请备案，及裁减人员，并请委锺忠为该署第三科科长由。

呈悉。准予备案，并准委任锺忠为该署第三科科长。此令。

（中华民国陆海军大元帅之印）

中华民国十三年十二月廿七日

据《大本营公报》第三十六号《指令》

给谭延闿的训令

（一九二四年十二月二十七日）

大元帅训令第六四〇号

令大本营秘书处秘书长谭延闿

为令知事：案据大本营审计处长林翔呈称："为呈复事：案奉帅座交下大本营秘书处呈送民国十三年十一月份关于印铸支出表册单据，令饬审查等因，除镍币四十三元六角，已奉帅谕仍存秘书处外，计发支出决算册一本、收支对照表一扣、单据粘存簿一本、原呈一件。奉此，遵查该处十一月分收入部分：计领到会计司毫银八百五十元，又上月流存毫银一元三角六仙六文、镍币二十元零五毫六仙，合计共收入八百七十一元九毫二仙六文。其支出部〈分〉：计支印铸费毫银八百二十元零一毫八仙，杂支费毫银八元六角，合计支出毫银八百二十八元七毫八仙。收支对抵，应盈余四十三元一毫四仙六文，除上月流存并九月份汇报数内之镍币四十三元零六仙外，仍余毫银八仙六文。列数尚无错误，核与原呈，数目亦属相符，即支出各款证以单据，均无讹误，拟请准予核销。除表册单据留存职处备查外，所有奉发审核缘由是否有当，理合备文连同原呈一件，呈请钧帅鉴核，伏乞指令祇遵”等情。据此，除指令“呈悉。应准核销。已令行秘书处知照。此令”印发外，合行令仰该秘书长即便知照饬遵。此令。

（中华民国陆海军大元帅之印）

中华民国十三年十二月二十七日

据《大本营公报》第三十六号《训令》

给林翔的指令

（一九二四年十二月二十七日）

大元帅指令第二三〇四号

令大本营审计处处长林翔

呈复审核大本营秘书处十三年十一月分支出单据表册数目相符，请准予核销指令祇遵由。

呈悉。应准核销。已令行秘书处知照。此令。

（中华民国陆海军大元帅之印）

中华民国十三年十二月廿七日

据《大本营公报》第三十六号《指令》

给罗翼群的指令

（一九二四年十二月二十七日）

大元帅指令第二三〇六号

令大本营军需总局局长罗翼群

呈为拟就运输处暂行简章十八条请衡核指遵由。

呈及简章均悉。除第十八条应改为“本简章如有未尽事宜，应由军需总局随时呈请大元帅，以命令增改”之外，余均准如所拟施行。仰即知照。简章存。此令。

（中华民国陆海军大元帅之印）

中华民国十三年十二月廿七日

据《大本营公报》第三十六号《指令》

复段祺瑞电

（一九二四年十二月二十八日）

北京段执政勋鉴：感电[①]敬悉。远承慰问，至感厚意。文四日抵津，本拟七日入京，早图良晤，肝病偶发，濡滞兼旬，良用惆怅。数日前曾有入京养病之意，嗣因医生劝告：所患已有转机，务须静养。车行摇动于病体未宜，且连日热度升降无定，尤虞冒寒，是以不果。国事未定，固惓惓于心，而病状如此，只能暂屏万虑，从事疗

① 感电：十二月二十七日，段祺瑞电孙中山“望速驾来都”。

养。容俟告痊，再图承教。专复并谢。孙文。勘。

据北京《顺天时报》一九二四年十二月三十日《孙中山入京消息之两歧》

与许世英的谈话*

（一九二四年十二月二十九日）

使中华民国已不存，即临时执政当然有须各国承认之必要。今中华民国仍在，而执政又为中华民国之临时执政，则尚何须乎外交团之承认，又何必以交换而求其承认？

据北京《晨报》一九二四年十二月二十九日《孙文仍要来京耶》

致段祺瑞电

（一九二四年十二月二十九日）

北京段执政勋鉴：前电谅达。两日以来，所患略减，与医生商酌，决定于三十一日入京。惟养病期内，仍当暂屏一切，以期速愈。知关远注，谨以奉闻。孙文。艳。印。

据北京《顺天时报》一九二四年十二月三十一日《中山电告来京》

---

* 一九二四年十二月二十三日，段祺瑞执政政府对美国、比利时、英国、法国、意大利、日本、荷兰、葡萄牙八国以尊重条约为前提而承认执政府的照会发出复照，表示“对于中国与各国所缔结之各种之条约、公约，以及其他正式之协定，咸欲照从前之态度继续遵守”。这是孙中山对此复照所发表的意见。该谈话时间不详，现标时间为北京《晨报》发表日期。

免王棠代职令

（一九二四年十二月二十九日）

大元帅令

暂行代理粤汉铁路事务王棠应免代职。此令。

（中华民国陆海军大元帅之印）

中华民国十三年十二月廿九日

据《大本营公报》第三十六号《命令》

免陈兴汉职务令

（一九二四年十二月二十九日）

大元帅令

管理粤汉铁路事务陈兴汉着即免职。此令。

（中华民国陆海军大元帅之印）

中华民国十三年十二月廿九日

据《大本营公报》第三十六号《命令》

委派林直勉职务令

（一九二四年十二月二十九日）

大元帅令

派林直勉管理粤汉铁路事务。此令。

（中华民国陆海军大元帅之印）

中华民国十三年十二月廿九日

据《大本营公报》第三十六号《命令》

准任锺忠职务令

（一九二四年十二月三十日）

大元帅令

禁烟督办谢国光呈请任命锺忠为禁烟督办署第三科科长。应照准。此令。

（中华民国陆海军大元帅之印）

中华民国十三年十二月三十日

据《大本营公报》第三十六号《命令》

任命潘震亚职务令

（一九二四年十二月三十日）

大元帅令

任命潘震亚为赣东善后委员会委员长。此令。

（中华民国陆海军大元帅之印）

中华民国十三年十二月三十日

据《大本营公报》第三十六号《命令》

给陈融林云陔的指令

（一九二四年十二月三十日）

大元帅指令第二三一五号

令广东高等审判厅厅长陈融、广东高等检察厅厅长林云陔

呈为拟暂采用北京司法部司法官官制等条例进叙推检书记官等级请示遵，并称各员进叙后薪俸仍照现额支给由。

呈悉。准如所拟办理。此令。

（中华民国陆海军大元帅之印）

中华民国十三年十二月三十日

据《大本营公报》第三十六号《指令》

给林翔的指令

（一九二四年十二月三十日）

大元帅指令第二三一六号

令大本营审计处处长林翔

呈复审查兵工厂十二年十月份至十二月份书表册簿据稍有不符，请令饬将核减之数列入新收项下，余准核销由。

呈悉。准如所拟办理。候令兵工厂遵照可也。此令。

（中华民国陆海军大元帅之印）

中华民国十三年十二月三十日

据《大本营公报》第三十六号《指令》

离津启事*

（一九二四年十二月三十日）

文此次到津，备荷各界、各团体盛意欢迎，深兹惭感。乃以卧

* 此件所标时间系据一九二四年十二月三十一日天津《大公报》载，三十日“夜间十时，张园秘书处发出中山启事”等语确定。

病兼旬，不能分别接见，稍罄鄙意，岂胜歉怅。兹医者谓京中休养为宜，故于三十一日晋京疗养。俟贱体稍愈，再当返津与诸君把晤，商榷国事。临行匆匆，未及遍辞，伏冀鉴谅。

据天津《大公报》一九二四年十二月三十一日《孙文启事》

致各报馆通电

（一九二四年十二月三十一日）

各报馆均鉴：文此次北行目的，曾有宣言，谅蒙鉴察。抵津以来，执政招待殷渥，期望綦切。京、津各团体盛意欢迎，所以勖勉之者良厚，至深感荷。原拟早日入都，共图救国，不意肝疾偶发，濡滞兼旬。兹承医生劝告，即日与疾入都，选择医疗。在医疗期内，惟有暂屏万虑，从事休养，以期宿恙早痊，健康早复，俾得发抒志愿，仰副厚望。专此电达，敬祈鉴察为荷。孙文。世。

据上海《民国日报》一九二五年一月三日《孙先生移京养病》

入京宣言*

（一九二四年十二月三十一日）

中华民国主人诸君：

兄弟此来，承诸君欢迎，实在感谢！

兄弟此来，不是为争地位，不是为争权利，是为特来与诸君救国的。十三年前，兄弟与诸君推翻满洲政府，为的是求中国人的自由

* 孙中山于一九二四年十二月三十一日上午抵京。这是用传单形式散发的宣言。

平等。然而,中国人的自由平等已被满洲政府从不平等条约里卖与各国了,以致我们仍然处于次殖民地之地位。所以我们必要救国。

关于救国的道理很长,方法亦很多,成功也很容易,兄弟本想和诸君详细的说,如今因为抱病,只好留待病好再说。如今先谢诸君的盛意。

中华民国士〔十〕三年十二月三十一日

孙　文

据上海《民国日报》一九二五年一月六日《孙先生入京之盛况》

附:同题异文

(一九二四年十二月三十一日)

文此次来京,曾有宣言,非争地位权利,乃为救国。

十三年前,余负推倒满洲政府,使国民得享自由平等之责任。惟满清虽倒,而国民之自由平等早被其售与各国,故吾人今日仍处帝国主义各国殖民地之地位。因而救国之责,尤不容缓。

至于救国之道多端,当向诸君缕述。惟今以抱恙,不得不稍俟异日。

中华民国十三年十二月三十一日

孙　文

据黄季陆编《总理全集》(成都近芬书屋一九四四年版)

讨伐曹锟贿选总统檄文

(一九二四年)

文往年一月揭橥和平统一于上海。及二月返粤,曾于二十四日宣言首裁粤兵，以为国倡。此于国人苦兵厌乱之衷，未尝不反复致意。而复曲冀直系诸将悔祸有日，相与共匡国难，此天下所知闻也。殊未及浃月，曹锟、吴佩孚遽嗾沈鸿英叛变，而来寇之直军复麇集至数师以上。幸我将士用命，追奔逐北，曾不数旬而西、北两江以定。乃贼心未厌，又复勾结陈逆残部扰我东江，而北道复时时乘隙入寇。旁攻川、湘，伏尸千里。公冒不韪，黩武罔忌，致令暴师弥年，余枿〔孽〕未殄。此尤重苦我人民，频劳我师旅。每一思之，难安寝馈。今敌氛屡挫，已数道奔溃，不遑来侵矣。而国人奋义，乃复函电纷驰，共期重组政府，以昭海内外视听，而维护中华民国于不坠。盖自贿选告成，曹逆篡国，民国正统，不绝如线。国会受人民付托，溺职获罪。构此奇变，弗申诛讨，不亦羞国民而轻当世之士耶？吾民今日实舍革命而无他道足拯危亡者。法律既穷，则诉之政治以解决之，近世国家不逾斯轨。文以不德，谬附于创造民国之林，爱护之私，尤为挚烈，巨艰重责，敬当自策以为匪异人任也。

民国成立迄于今十有三年矣。辛亥草创，让荐非人，以有癸丑讨袁之役。国人不察，坐视义师之仆，复从而非难之。其极乃致有丙辰洪宪之祸，国本几为所倾。及护国功成，而当局迷谬，非法解散国会，复酿复辟之乱。自是以还，南中护法，遂历年载。中间虽有冯、徐、黎①诸氏僭据北庭一隅，阻抗义师；然不过为军阀傀儡，牵挽由人，未有明目张胆以贿窃国，举国骚然而犹悍然不稍顾藉，如曹逆今日之甚者。盖法律纪纲、道义廉耻，至于今伪廷为全绝矣。而仍欲恃其家奴义儿吴佩孚等所率残暴之孤军，鞭笞天下，以妄冀武力统一。此诚国民之奇耻大辱，文亦与

① 冯、徐、黎：即冯国璋、徐世昌、黎元洪。

有责焉者也。

故今日之中国，非革命根本改造不为功，补苴罅漏，不足当国贼之屡蹴也。挽近国人了解斯义者，已不乏其俦，莘莘学子，尤为彻悟。嗟夫！以号称“共和”垂十三年之国家，曾无一度共和政治之试验。凡有血气，宁能忍之？中国之危而不忘，实赖少数贤哲维持正谊，锄奸伐暴，俾知正朔有在，不容等量齐观，则吾党之任也。文则本此使命，不敢有爱，遂于今月□日誓率同义诸军，创立建国政府，务期平昔方略，一一征诸实现，三民主义、五权宪法亦得以次第发舒。今谨以此政府任务昭告国人：一曰统一全国；二曰发扬民治；三曰修明内政；四曰辑睦邦交。此四纲者，其节目乃未易更仆数。顾其要义，有可得櫽栝扬榷者，兹略试陈之。

国人蕲向统一，匪伊朝夕矣。天下汹汹，徒以直军之故。若津段、奉张、浙卢诸公及西南诸将，皆知立国有本，非恃武力，举无不可从容商榷者。然直军亦非曹、吴一人一家之有。燕赵素多奇士，北方健儿，安知不更有明达如樊钟秀、高凤桂诸贤仗义来归者，一举足而国人皆将拜其赐矣。此统一之可期者一也。民治万端，而切要当急者，莫如地方自治；自治不立，则民权无自而生，浅之如户籍无法，虽选举亦伪，他何论也。往时议员所以不能代表人民，亦以选民无精密调查，其被选皆混冒以攫得之，非人民本意也。此其尤大彰明较著者也。然自治之未及实行，则恶政府有以摧残之。今当于所辖境内首施此制，扶植力行，共和之机，端在于此。此自治之可成者二也。政治良否，视人与法。人治之系于长吏赏罚，与人民监督固也；法治之精，则首在权能分职，俾得各展其长，不复重为民病。盖自官吏舍能用权，擅作威福，而吾民始有憔悴呻吟于虐政之下者。今知主权在民，官吏不过为公仆之效能者，然后乃有行政清肃之望，而教育、实业诸端，亦得以次第施行。此内政之欲促进人民幸福者三也。当世恒言弱国无外交，此瞀论也。夫唯国弱，而外交乃綦要重。国际间之不平，基于强权尚矣；然亦常缘己国人民不振，官吏失态，有以致之。欧战以后，彼邦人士亦多悟强压之非，至华盛顿会议，彼且有为我鸣条约之不平者；我安可不力起直追，期于修改，以恢复已失之权利乎？是在吾人之好自为之耳！此邦交之欲增高国际地位者四也。此荦荦数端大者，我建国政府期与吾民共勉以求达之。文以藐薄承乏，亦当竭吾驽钝，冀无辜海内之望，抑更有进者。文辈今兹所为，皆民治未立，民权无寄，革命短时期内，不恤牺牲一切，责此微躯。思与吾民植不拔之基，成可久之业，似若不免尸祝越俎之嫌，而谬代大匠断者。若至自治完成，民权确固，谨当奉还大政，退作平民。凡百皆以人民主权定之，既不主狄克推多之恒制，亦不尚开明专制之伪说。文爱自由若命者，耿耿此心，当与国人共见之也。

据《国父全集》第一册（转录史委会藏原稿，原稿为杨庶堪代笔）

大本营各部加设次长令

（一九二四年）

各部政务日繁，宜加设次长，以佐理一切。此令。

孙　文　民国十三年

据谭延闿编《总理遗墨》第一辑（出版时间不详，广东省社会科学院藏）影印原稿

饬裁减机关撙节政费令*

（一九二四年）

大元帅训令

现值出师北伐，军饷浩繁，亟应裁减机关，撙节政费，以应急需。所有着即暂行裁撤，应如何结束保管之处，着该主管长官妥速议办，早日实行。此令。

据《国父全集》第四册（转录史委会藏抄件）

入京启事

（一九二五年一月一日）

文此次扶病入京，遵医者之戒，暂行疗怅。抵站之时，荷各团体诸君及代表盛意欢迎，深为惭感。俟疾少瘳，再当约谈。先此道谢，伏维公鉴。

一月一日

据北京《晨报》一九二五年一月五日《孙文启事》

给古应芬的指令

（一九二五年一月五日）

大元帅指令第二号

---

* 原件未署日期。据令文“现值出师北伐……亟应裁减机关”等内容判断，此件时间应在一九二四年。

令卸大本营经界局督办古应芬

呈缴经界局印信小章请核销由。

呈悉。印章截销。此令。

（中华民国陆海军大元帅之印）

中华民国十四年一月五日

据《大本营公报》第一号《指令》

给古应芬的指令

（一九二五年一月五日）

大元帅指令第三号

令卸兼办广东沙田清理事宜古应芬

呈缴广东沙田清理事宜关防官章请核销由。

呈悉。关防官章截销。此令。

（中华民国陆海军大元帅之印）

中华民国十四年一月五日

据《大本营公报》第一号《指令》

准任刘国祥等职务令

（一九二五年一月五日）

大元帅令

广州市联军军警督察处督办杨希闵呈请任命刘国祥为该处督察长，闵天培、曾鲁、李寅、吕祖真、梁禹平为该处督察官。均照准。此令。

（中华民陆海军大元帅之印）

中华民国十四年一月五日

据《大本营公报》第一号(广州一九二五年一月十日版)《命令》

给杨希闵的指令

(一九二五年一月五日)

大元帅指令第七号

令广州市联军军警督察处督办杨希闵

呈请任命刘国祥为该处督察长,闵天培、曾鲁、李寅、吕祖真、梁禹平为该处督察官由。

呈悉。所请任命各员已有明令委任矣。仰即知照。此令。

(中华民国陆海军大元帅之印)

中华民国十四年一月五日

据《大本营公报》第一号《指令》

给杨希闵的指令

(一九二五年一月五日)

大元帅指令第十号

令广州市联军军警督察处督办杨希闵

呈报启用关防及开办日期请予备案由。

呈悉。准予备案。此令。

(中华民国陆海军大元帅之印)

中华民国十四年一月五日

据《大本营公报》第一号《指令》

给林直勉的指令

（一九二五年一月五日）

大元帅指令第十一号

令管理粤汉铁路事务林直勉

呈报就职日期由。

呈悉。此令。

（中华民国陆海军大元帅之印）

中华民国十四年一月五日

据《大本营公报》第一号《指令》

给杨希闵的指令

（一九二五年一月五日）

大元帅指令第十二号

令广州市联军军警督察处督办杨希闵

呈报就职日期请备案由。

呈悉。准予备案。此令。

（中华民国陆海军大元帅之印）

中华民国十四年一月五日

据《大本营公报》第一号《指令》

给谢国光的指令

（一九二五年一月七日）

大元帅指令第一四号

令卸禁烟督办谢国光

呈报移交清楚，缴销关防小章，请备案由。

呈悉。此令。

（中华民国陆海军大元帅之印）

中华民国十四年一月七日

据《大本营公报》第一号《指令》

准廖燮辞职令

（一九二五年一月七日）

大元帅令

大本营财政部长古应芬呈称北江盐务督处专员廖燮呈请辞职。廖燮准免本职。此令。

（中华民国陆海军大元帅之印）

中华民国十四年一月七日

据《大本营公报》第一号《命令》

准派祝膏如职务令

（一九二五年一月七日）

大元帅令

大本营财政部长古应芬呈请派祝膏如为北江盐务督运处专员。应照准。此令。

（中华民国陆海军大元帅之印）

中华民国十四年一月七日

据《大本营公报》第一号《命令》

给古应芬的指令

（一九二五年一月七日）

大元帅指令第十八号

令大本营财政部长古应芬

呈请北江盐务督运处专员廖燮辞职，荐任祝膏如接充由。

呈悉。所请任命祝膏如接充北江盐务督运处专员，已有明令照准矣。此令。

（中华民国陆海军大元帅之印）

中华民国十四年一月七日

据《大本营公报》第一号《指令》

复清室内务府函[*]

（一九二五年一月九日）

对于此事之意见，以为由法律常理而论，凡条件契约义在公守，若一方既已破弃，则难责他方之遵守。民国元年之所以有优待条件者，盖以当时清室既允放弃政权，赞成民治，消除兵争，厚恤民生，故有优待条件之崇报。然犹以国体既易民主，则一切君主制度仪式必须力求芟除，一以易民群之视听，一以杜帝制之再见。故于优待条件第三款载明“大清皇帝辞位以后，暂在宫禁，日后移居颐和园”。又于民国三年清皇室优待条件善后办法中第二款载称“清皇室对于政府文书及其他履行公权私权之文书契约，通用民国纪元，不通用旧历及旧时年号”。第三款载称“清帝谕告及一切赏赐，但行于宗族家廷以其属下人等，其对于官民赠给以物品为限，所有赐谥及其他荣典概行废止”。凡此诸端所以杜渐防微者至为周至，非但以谋民国之安全，亦欲使清皇室之心迹有以大白于国人也。乃自建国以来，清室既始终未践移宫之约，而与公书契券仍沿用“宣统”年号，对于官吏之颁给荣典赐谥等亦复相仍不改，是于民国元年优待条件及民国三年优待条件善后办法中清室应履行之各款，已悉行破弃。逮民国六年复辟之举乃实犯破坏国体之大眚，优待条件之效用至是乃完全毁弃无余。清室已无再责民国政府践履

---

* 《清室优待条件》于一九二四年十一月间改订后，宝熙、绍英曾以清室内务府名义致函孙中山，请为维持，希望恢复旧观。孙中山阅悉后，即命秘书处复函。今据复函称：“中山先生对于此事之意，以为……”确定为孙中山的函件收录。所标时间系北京《顺天时报》发表日期。

优待条件之理，虽清室于复辟失败以后，自承斯举为张勋迫胁而成。斯言若信，则张勋乃为清室之罪人。然张勋既死，清室又予以忠武之谥，是实为奖乱崇叛，明示国人以张勋之大有造于清室，而复辟之举实为清室所乐从。事实具在，俱可覆按。

综斯诸端，则民国政府对于优待条件势难再继续履行。吾所以认十一月间摄政内阁之修改优待条件，及促清室移宫之举，按之情理、法律皆无可议，所愿清室诸公省察往事，本时代之趋势，为共和之公民。享受公权，翼赞郅治，以消除享者之界限，现五族一家之实，使国人泯猜嫌之踪，遏疑乱之萌，较之徒拥一无谓之虚名者。利害相去，何啻万万？且溥仪先生年富识瞻，若于此时肆力学问，以闳其造就，则他日之事业，又讵可限量！以视跼蹐于深宫之中，瞢然无所见闻者为益实多。此尤望诸公之高瞻远瞩，以力务其大也。

据北京《顺天时报》一九二五年一月九日《中山认优待条件应为取消》

给胡汉民杨希闵的训令

（一九二五年一月九日）

大元帅训令第六号、第七号

令广东省长胡汉民、建国滇军总司令杨希闵

为令行事：据兼广东财政厅长古应芬呈称："为呈请事：现准建国滇军总司令咨开：查前奉大元帅令开：军兴以后，广东各种厘税，多由各军招商承办，比较以前短收甚巨。良由各军长官不悉情况，致为奸商所欺朦〔蒙〕，使公家受其损害。现定各种厘税，悉归广东财政厅克日厘定底价开投，以期收入增多。至原日指定由各该厘税项拨给各军之给养费，仍照原数支给，其开投增加之款，应由财政厅存储汇解，以供军用。除令广东省长转饬财厅遵办并分令各军外，合行令仰该总司令即便转饬所属一体遵照等因。当经通令各部队一体遵照在案。兹据第二师师长廖行超呈称：案奉钧部第二八五号训令开：除原文有案邀免冗叙外，后开：合行令仰该师长即便转饬所属一体遵照。此令等因。奉此，窃查职部自奉命东下援粤，迄今已届两载，其间转战东、北两江，军需繁浩，欠饷不少；厥后省河补抽厘厂及西税黄沙数处税款，虽划由职部直接截收，以维军食，但收入甚鲜，支配恒虞不敷。而先后补充部队，添购军实，亦属费用颇繁。而清欠饷一层，实无力兼顾。迩值罢市潮生之后，收入更形锐减。全师给养，竭蹶时虞。虽支绌万分，只好勉力筹维，以尽军人守土卫民之职，借报钧座特达之知。此中困难情形，想亦早蒙洞察。兹奉前令，自应遵循，惟念时局多艰之秋，军糈难筹之会，全师命脉关系实深。且职部直辖各征收机关，承办期间或先或后，一时移转，手续颇烦。全部一切开支，均按日仰给各厂，稍或迟间时日，即不免庚癸之呼。拟恳垂念万不获已之苦衷，将财政厅所拟另行招商承办一节，转咨该厅，将职部所收各机关由职部直接办理，以维现状而济军食。至于所得款项，无论多寡，均率由旧章，由职部出给印收转缴到厅，以资稽核。是否有当，理合备文呈复，伏乞察核办理，深为德便等情到部。查该师所呈各节，尚属实情，相应咨请查照等由。准此，查帅令开投各种厘税，原饬本厅主办，本应遵照执行。惟前以军饷紧急，周转为难，间与各厂承商于饷外另行订借款项，为数甚巨，清理需时，现在尚无开投之意。准咨滇军第二师廖师长拟将原截收各厘税厂局自行开投，似与钧令悉数归厅招承原意相违，抑办理纷歧，转碍正饷。准咨前由，除咨复外，理合呈请钧座察核俯赐令行该军总司令转饬所属，将厘税处理权限悉数交回职厅，以便随时整顿，因应度支，实为公便，是否有当，伏祈指令祇遵”等情前来。查各种厘税，业经明令悉归广东财政厅厘定底价开投在案。据呈各节，除令行杨总司令仍饬所属一体遵照前令办理，以裕公帑外，合行令仰该省长即转饬该厅长知照。切切。仰该总[总]司令仍饬所属一体遵照前令办理，以裕公帑为要。此令。

（中华民国陆海军大元帅之印）

中华民国十四年一月九日

据《大本营公报》第一号《训令》

给卢振柳的指令

（一九二五年一月九日）

大元帅指令第二二号

令甲车队队长卢振柳

呈请准予该队少尉排长张宏远附葬陆军忠烈祠坟地以慰英灵由。

呈悉。准如所请办理。仰即转行知照。此令。

（中华民国陆海军大元帅之印）

中华民国十四年一月九日

据《大本营公报》第一号《指令》

给林直勉的指令

（一九二五年一月九日）

大元帅指令第二三号

令管理粤汉铁路事务林直勉

呈请将此次加收二成车利悉数支发裁留员司欠薪以恤下情由。

呈悉。准如所请办理。此令。

（中华民国陆海军大元帅之印）

中华民国十四年一月九日

据《大本营公报》第一号《指令》

给林直勉的指令

（一九二五年一月九日）

大元帅指令第二四号

令管理粤汉铁路事务林直勉

呈请将车务处副总管一职照旧设置，免予裁撤由。

呈悉。准如所请办理。此令。

（中华民国陆海军大元帅之印）

中华民国十四年一月九日

据《大本营公报》第一号《指令》

给胡汉民的命令*

（一九二五年一月十日）

查佛山商团罚款一案，迭经令行广东省长派员会同驻佛山军队催收在案。事经多日，解报款项，核与应收数目相差甚巨。若非

* 原令未署日期。按一月十二日《广东七十二行商报》载：省署“昨十日特令南海县县长……云：现奉大元帅令开”等语。今据此酌订时间。

该驻防军队协助不力，即系省委办理不善，似此延玩，殊属有碍要需。除分令外，合亟令仰该省长即行严饬所委专员会同驻佛军队切实办理，迅将应收罚款克即收齐，扫数报解，限日结束，毋得再事瞻徇，是为至要。

据《广东七十二行商报》一九二五年一月十二日《严限催收佛商团罚款》

给程潜的指令

（一九二五年一月十日）

大元帅指令第三十号

令大本营军政部长程潜

呈复湘军第三军军部故书记谢其新应照积劳病故例给予少校恤金由。

呈悉。准如所拟给恤。仰即知照。此令。

（中华民国陆海军大元帅之印）

中华民国十四年一月十日

据《大本营公报》第一号《指令》

给程潜的指令

（一九二五年一月十日）

大元帅指令第三一号

令大本营军政部长程潜

呈复已故湖南衡州金库出纳课主任廖逢岳拟请照少校阶级给予恤金由。

呈悉。准如所拟给恤。仰即知照。此令。

（中华民国陆海军大元帅之印）

中华民国十四年一月十日

据《大本营公报》第一号《指令》

给古应芬的指令

（一九二五年一月十日）

大元帅指令第三三号

令大本营财政部长古应芬

呈拟将不动产典卖契据一律贴用印花，请察核备案由。

呈悉。准予备案。此令。

（中华民国陆海军大元帅之印）

中华民国十四年一月十日

据《大本营公报》第一号《指令》

委派林直勉职务令

（一九二五年一月十三日）

大元帅令

派林直勉为财政委员会委员。此令。

（中华民国陆海军大元帅之印）

中华民国十四年一月十三日

据《大本营公报》第二号（广州一九二五年一月廿日版）《命令》

给胡汉民的训令

（一九二五年一月十三日）

大元帅训令第一一号

令广东省长胡汉民

为令行事：据建国军湘军总司令谭延闿呈称："为据情转呈事：案据曲江马坝团总丘润生呈称：'呈为呈请事：窃此次湘军第二、第三两军在马坝向各绅商共筹借银八千九百七十二元正，兹特详细列表呈明，恳请转呈大元帅核准，令饬曲江县改换印收，准抵完十四、十五两年田赋，以恤民困，实为公便'等情。据此，理合呈请帅座令曲江知事，将职军借款八千九百七十二元换给印收，准抵完十四、十五两年田赋，以清手续而恤民艰"等情。据此，应予照准。除指令外，合行令仰该省长转令遵照。此令。

（中华民国陆海军大元帅之印）

中华民国十四年一月十三日

据《大本营公报》第二号《训令》

给胡汉民的指令

（一九二五年一月十三日）

大元帅指令第三七号

令广东省长胡汉民

呈复拨小北郊外公地建设烈士孤儿院一案已令财政局会同沈委员复勘明确，妥为办理具报，请鉴核由。

呈悉。此令。

（中华民国陆海军大元帅之印）

中华民国十四年一月十三日

据《大本营公报》第二号《指令》

给谢国光的指令

（一九二五年一月十三日）

大元帅指令第三八号

令卸禁烟督办谢国光

呈赍十三年九月一日接办起至十二月卅一日止收支四柱总册，请鉴核备案由。

呈、册均悉。准予备案。册存。此令。

（中华民国陆海军大元帅之印）

中华民国十四年一月十三日

据《大本营公报》第二号《指令》

给范石生的指令

（一九二五年一月十三日）

大元帅指令第三九号

令广东全省筹饷总局监督范石生

呈报该局监督、副监督、总办、会办各员就职日期请鉴核由。

呈悉。此令。

（中华民国陆海军大元帅之印）

中华民国十四年一月十三日

据《大本营公报》第二号《指令》

给谭延闿的指令

（一九二五年一月十三日）

大元帅指令第四〇号

令建国军湘军总司令谭延闿

呈请令曲江县将该军借款换给印收，准抵完十四、十五年田赋，以清手续由。

呈悉。照准。候令行广东省长转行遵照。此令。

（中华民国陆海军大元帅之印）

中华民国十四年一月十三日

据《大本营公报》第二号《指令》

给黄桓的指令

（一九二五年一月十三日）

大元帅指令第四一号

令广东电政监督兼广州电报局局长黄桓

呈报一月七日将无线电局事务及公件移交杨少河接收清楚，请察核备案由。

呈悉。准予备案。此令。

（中华民国陆海军大元帅之印）

中华民国十四年一月十三日

据《大本营公报》第二号《指令》

给范石生罗翼群的指令

（一九二五年一月十三日）

大元帅指令第四三号

令广东全省筹饷总局监督范石生、总办罗翼群

呈为议订条例暨办事规程凡十一条并附经费统计表、俸给表，请鉴核公布备案由。

呈及条例、规程、清表均悉。经费统计表内，月俸一项应改为总办五百元，会办四百元，秘书二百元。俸给表应改为特派一千元，简派一级六百元，二级五百元，三级四百元；荐派一级三百元，二级二百四十元，三级二百元。余均准如所拟办理。除公布外，仰即遵照。条例、规程、清表均存。此令。

（中华民国陆海军大元帅之印）

中华民国十四年一月十三日

据《大本营公报》第二号《指令》

给邹鲁的指令

（一九二五年一月十三日）

大元帅指令第四五号

令国立广东大学校长邹鲁

呈送该校前高师第十一届各科学生毕业成绩表、报告表，请察核准予毕业，并准由校印发毕业证书，乞令遵由。

呈、表均悉。准予毕业。仰即由该校印发毕业证书可也。表

存。此令。

（中华民国陆海军大元帅之印）

中华民国十四年一月十三日

据《大本营公报》第二号《指令》

准任陈鼎芬等职务令

（一九二五年一月十六日）

大元帅令

广东全省筹饷总局总办罗翼群呈请任命陈鼎芬为该局主任秘书，沈桐轩、徐韵泉、黎仲琪、谭炳鉴为秘书，张伟丞为会计科科长，张毂为稽核科科长，王秉瑞为饷捐科科长，罗哲明为禁烟科科长。均照准。此令。

（中华民国陆海军大元帅之印）

中华民国十四年一月十六日

据《大本营公报》第二号《命令》

给吴铁城的指令

（一九二五年一月十六日）

大元帅指令第四七号

令广州市公安局局长吴铁城

呈称准中央陆军第一医院院长李济汶函请资遣残废兵高东旸等回籍请令遵由。

呈悉。案查前据军政部胡次长面称：残废官兵孙成阁等十三名业经资遣，并由陆军第一医院抄出孙成阁等名单一纸，交由查明该案委员转呈前来。经令饬该局：孙成阁等十三名已经资遣，如查有仍在医院逗留者，亦不得重复发给在案。据呈前来，除指令饬军政部撤销原批外，高东旸等既经给资遣散，所请碍难照准。仰即遵照并转行知照。此令。

（中华民国陆海军大元帅之印）

中华民国十四年一月十六日

据《大本营公报》第二号《指令》

给程潜的训令

（一九二五年一月十六日）

大元帅训令第一四号

令大本营军政部长程潜

为令遵事：据广州市公安局局长吴铁城呈称："现准中央陆军第一医院院长李济汶函开：案奉军政部第三三二号指令开：据前代理该院院长倪世璜呈一件，呈转留院残废兵高东旸等呈称：前发给孙成阁等之款，系慰劳调养费，并非资遣费，请准给川资回籍，以免流离失所，乞批示祗遵由。呈悉。据称该残废兵高东旸等呈请准给川资回籍，以免流离失所。查核尚属实情，仰该院长即将该兵等姓名及残废事实列册，径送广州市公安局办理可也。此令等因。奉此，相应造册呈送贵局长，烦为查照办理，希将残废兵高东旸等沿照前例，资遣回籍，以免流离失所等由。查此案前奉钧帅训令：孙成阁等十三名已经资遣，如查有仍在医院逗留者，亦不得重复发给等因。现经遵照办理，惟现准该医院来函所称与钧令互有抵触，究竟当时军政部所发之款是否遣费，抑系慰劳调养费，未奉将原卷移交职局，无从悬揣。现既准函前由，可否准予照案资遣之处，理合具文呈请察核，伏祈指令祇遵，俾便办理，实为公便”等情。查办理资遣残废官兵一案，前据该部胡次长①面称孙成阁等十三名业经资遣，并由陆军第一医院抄出孙成阁等名单一纸，交由查明该案委员转呈前来。经令饬公安局：孙成阁等十三名已经资遣，如查有仍在医院逗留情事，亦不得重复发给在案。除指令“所请碍难照准，并候令行军政部撤销原批”外，合行令仰该部长即便遵照，将该项原批撤销，并转饬中央陆军第一医院知照。此令。

（中华民国陆海军大元帅之印）

中华民国十四年一月十六日

据《大本营公报》第二号《训令》

给杨希闵的指令

（一九二五年一月十六日）

大元帅指令第五十号

令广州市联军军警督察处督办杨希闵

呈请通令各军限期一律实行军用手折，分给士兵，俾便稽查由。

呈悉。所称各节对于军纪、治安均有稗〔裨〕益，候令行驻省各军限期由本月二十六日起一律实行军用手折，分给各士兵，以便稽查而维军誉可也。此令。

（中华民国陆海军大元帅之印）

中华民国十四年一月十六日

据《大本营公报》第二号《指令》

① 胡次长：即军政部次长胡谦。

给程潜等的训令

（一九二五年一月十六日）

大元帅训令第一三号

令军政部长程潜、建国滇军总司令杨希闵、建国湘军总司令谭延闿、建国粤军总司令许崇智、建国桂军总司令刘震寰、建国第一军军长朱培德、建国第二军军长柏文蔚、建国第三军军长卢师谛、建国第四军军长顾忠琛、建国第七军军长刘玉山、建国北伐第三军军长胡谦、建国赣军司令李明扬、广东警卫军司令吴铁城

为令遵事：据广州市联军军警督察处督办杨希闵呈称："呈为呈请事：窃职处自奉令开办以来，已经分区派队日夜严密巡查。惟查广州市面友军林立，军民杂处，良莠不分。每一次抢案发生，不谓假冒军人，即谓某军串劫。此风若不整顿，何以维持久远。但开办伊始，防范宜周。立法倘能从严，稽查较易识别。兹拟驻省各军实行军用手折。如果拿获盗匪，如身怀手折者，知其确系何项军人，分别办理；身无手折者，自系冒军匪徒，当极刑严办而昭炯戒，既可以保全军人名誉，又可以分别匪徒。是实行军用手折一事，殊关重要，为此呈请帅座察核，准予通令各军，限期一体实行军用手折，分给士兵，俾便稽查，实为公便"等情前来。除指令"呈悉。所称各节对于军纪、治安均有裨益，候令行驻省各军，限期由本月二十六日起一律实行军用手折，分给各士兵，以便稽查而维军誉可也。此令"印发外，合行令仰该部长、总司令、军长、司令即便转饬所属一体遵照毋违。切切。此令。

（中华民国陆海军大元帅之印）

中华民国十四年一月十六日

据《大本营公报》第二号《训令》

给罗翼群的指令

（一九二五年一月十六日）

大元帅指令第五一号

令广东全省筹饷总局总办罗翼群

呈请任命该局主任秘书、科长各员并具履历一册，请察核加委由。

呈及履历册均悉。已明令照准矣。履历册存。此令。

（中华民国陆海军大元帅之印）

中华民国十四年一月十六日

据《大本营公报》第二号《指令》

复段祺瑞电*

（一九二五年一月十七日）

段执政赐鉴：

东电敬悉。溯自去岁十一月十三日文发广州，曾对于时局发表宣言，主张以国民会议为和平统一之方法，而以预备会议谋国民会议之产生。迨十七日抵上海，二十一日向神户，三十日向天津，途中在各报电闻栏内，获知执事于十一月二十一日发表召集善后

---

* 此电由孙中山口授、汪精卫等执笔，脱稿后由孙亲自审阅、删改而成。

会议及国民代表会议之主张，而未得其详。及十二月四日抵天津，为肝病所困，许君世英造访病榻，出示马电全文及《善后会议条例》，并云："此条例已于国务会议通过。"当时曾就鄙见所及，竭诚相告，想承转达。自是屡思于入京晤对之际，继续抒其衷曲，无如病久未愈，迁延至今。屈指自接东电至今已逾半月，距善后会议开会之期已近，失今不言，虽欲张皇补苴，亦将无及，故强支病体，罄其所欲言，惟垂察焉。

善后会议于诞生国民代表会议之外，尚兼及于财政、军事之整理，其权限自较预备会议为宽，而构成分子则预备会议所列人民团体无一得与。夫十四年来会议之开屡矣，其最大者有六年之督军会议、八年之南北会议，而皆无良果。揆其原因，实由于会议构成分子皆为政府所指派，而国民对于会议无过问之权，既不能选举代表参列议席，甚至求会议公开而不可得。坐是会议与人民漠无关系，人民不得不仍守其漠视国事之故习，而人民利害绝不能于会议中求其表现。且政府所指派之人物，类皆为所谓实力派之代表，其各自之利害情感，杂然互殊，往往苦于无调剂之术，故会议之不能得良果，亦固其所。说者谓会议若不为实力派所左右，恐会议之结果不能实行；文则以为会议之能收效与否，全视实力派能听命于会议与否为断。设以巴黎会议言之：法国福煦将军战时统法国之兵不下四百余万，协约国陆军亦归指挥，英国海克将军统兵三百余万，美国巴星将军统兵二百余万，其实力在国内洵无伦比；然一旦战事平息，释兵归伍，对于和平会议绝无干与。其权限分明如此，故能大有造于国家。由是言之，此次共同反对曹、吴各军，诚为劳苦功高，苟于会议之际，退处无权，将益增其荣誉。谓必欲左右会议，夫岂其然？惟当国是纷扰期间，不能以欧美先进为例，且当国民革命之初步，有赖于武力与民意相结合，故预备会议，以共同反对曹、吴各军及政党与人民团体平等同列，此即求吻合于武力与民意相结合之言也。

使预备会议而能实现，则国内知识阶级如教育会、大学校学生联合会等，生产阶级如实业团体、农、工、商会等，皆得与有军事、政治之实力者相聚于一堂，以共谋国家建设之大计，既可使此会议能表示全民之利害情感，复可导国民于通力合作之途，民治前途必有良果。善后会议所列构成分子，则似偏于实力一方面，而于民意方面未免忽略，恐不能矫往辙、成新治，此鳃鳃之虑所为不安者也。固知于善后会议之后，尚有国民代表会议在；然国民代表会议由善后会议所诞生，则善后会议安可不慎之于始，况其所论议者尚广及军制、财政乎？

文筹思再三，敢竭愚诚，为执事告：文不必坚持预备会议名义，但求善后会议能兼纳人民团体代表，如所云现代实业团体、商会、教育会、大学、各省学生联合会、工、商、农会等，其代表由各团体之机关派出，人数宜少，以期得迅速召集。如是则文对于善后会议及《善后会议条例》当表赞同。至于会议事项，虽可涉及军制、财政，而最后决定之权，不能不让之国民会议。良以民国以民为主人，政府官吏及军人不过人民之公仆。曹、吴祸国，挟持势力压制人民，诚所谓冠履倒置。今欲改弦更张，则第一着当令人民回复主人之地位，而使一切公仆各尽所能，以为人民服役，然后民国乃得名副其实也。

凡此所陈，固以为国家前途计，亦以执事与文久同患难，敢附于知无不言、言无不尽之义，尚祈俯察为幸。

孙文　篠

据上海《民国日报》一九二五年一月二十八日《孙先生对善后会议之主张》

给李卓峰伍大光的指令

（一九二五年一月十七日）

大元帅指令第五七号

令铜鼓开埠筹备委员会主席李卓峰、伍大光

呈复奉令核议赤溪县绅商等对于铜鼓开埠之争执情形乞察核由。

呈悉。核议各节尚属妥协。候令行广东省长知照并转饬知照可也。此令。

（中华民国陆海军大元帅之印）

中华民国十四年一月十七日

据《大本营公报》第二号《指令》

给胡汉民的训令

（一九二五年一月十七日）

大元帅训令第十六号

令广东省长胡汉民

为令行事：据铜鼓开埠筹备委员会主席李卓峰、伍大光呈称："案奉钧座训令第六〇八号内开：据广东省长胡汉民呈称：现据赤溪县长吴明皆呈称：现据职县第一二三区保卫团局董杨蘋溪、李长春、吴焕廷等暨全体局董联同绅商学各界代表陈用敏等呈称：为瞒准开埠擅夺主权，恳请转呈撤销原案以维主权等情。除原文有案邀免重录外，后开：合将地图令发该委员会遵照，妥议具复，以凭核办。此令。计发地图二份等因。奉此，主席等当经召集全体委员悉心核议，查原呈大意略分三点：(一)铜鼓应否开埠？(二)开埠章程应如何审订？(三)铜鼓开埠，赤溪人民应否过问？关于第一点，原呈有'陈宜禧等拟择铜鼓区开辟商埠，由斗山驳车直达铜鼓，此为绝大经营，宏兴商业，谁不乐观厥成'之语，是该绅商对于开埠一举并非反对，可以概见。关于第二点，原呈云：查阅原呈招商简章第一条称，禀准中国政府备案，划出新宁与赤溪毗连之铜鼓角地方作为自治特别区域，招各国投资开作通商口岸，定名为铜鼓埠云云，于领土主权大有妨碍，诚如原呈所云。然主席等查陈宜禧条陈开辟铜鼓商埠，原呈奉帅令交建设、外交、内政三部审查。经三部呈复，谓其章程不甚适用。嗣奉钧批'着由建设、外交、内政三部会同广东省长组织委员会筹备开埠大纲及埠中行政条例，余可付托公司承办。此批'等因。奉此，是开埠章程当然以筹备委员会呈奉钧座核准之大纲为准，陈宜禧原拟章程绝无适用之余地。该绅商等原呈所谓主权尽失一节，殆指陈宜禧原呈而言，未免鳃鳃过虑。关于第三点，主席会同各委员细阅该绅商等所呈赤溪县图及广东陆军测量局所绘赤溪县图，铜鼓确为赤溪县辖境，不在台山区域范围之内，揆诸地主之谊，铜鼓开埠，赤溪人民应有过问之权。陈宜禧原呈只云台山与赤溪毗连之铜鼓角地方，而不及赤溪一字，殊属含混。该绅商等谓为不独攘夺铜鼓，且并将赤溪全属而消灭之，虽属过激之论，然陈宜禧忽视地方人民公意，致贻人以口实，究不无专擅之嫌。此主席等核议该绅商等原呈之情形也。主席等奉命筹备开埠，督促进行，战战兢兢。惟思勉竭驽骀，积极办理，只以兹事体大，章制纷繁，博采旁搜，大费时日。容将参酌中外法制，体察地方情形，容纳人民意见，草拟大纲，呈候核定，以期仰副钧座通商惠工之至意。所有奉令议复缘由、主席等暨全体委员公同核议意见相同，理合具文呈复察核”等情。据此，除指令“呈悉。核议各节尚属妥协。候令行广东省长知照并转饬知照可也。此令”印发外，合行令仰该省长即便知照并转饬知照。此令。

（中华民国陆海军大元帅之印）

中华民国十四年一月十七日

据《大本营公报》第二号《训令》

给程潜的训令

（一九二五年一月十七日）

大元帅训令第十八号

令大本营军政部长程潜

为令遵事：据报广九路军车管理处现在应进公款，系大本营规定由财政厅每月拨支煤炭银四百元，广九铁路规定每日拨交车利半数，约银八九十元。应支公款，每日约需煤炭十吨，合银二百元；每日约需薪公等费三十八元。以上进支比对，每日约盈余银二百五十元，每月合共约盈余银七千四五百元等情。查该军车管理处向无报销，非切实整理，无以节公帑而重计政。为此，令仰该部长即便遵照转饬该处，限于文到五日内，将进支公款分别详列清册，呈由该部转呈核办，勿稍延玩。切切。此令。

（中华民国陆海军大元帅之印）

中华民国十四年一月十七日

据《大本营公报》第二号《训令》

给余和鸿的指令

（一九二五年一月二十日）

大元帅指令第六一号

令大本营会计司司长余和鸿

呈复查核粤汉铁路收支表情形请鉴核令遵由。

呈悉。候令行粤汉铁路林管理转知前任补送欠缴表册，并嗣后呈送表册须按照清单签出各节更正造具，以昭核实可也。此令。

（中华民国陆海军大元帅之印）

中华民国十四年一月二十日

据《大本营公报》第二号《指令》

给林直勉的训令

（一九二五年一月二十日）

大元帅训令第十九号

令管理粤汉铁路事务林直勉

为令行事：据大本营会计司司长余和鸿呈称："案查前奉钧座发下粤汉铁路收支表，十一月一日至十五日表一张，又十二月一日至二十七日表二十一张，共二十二张，当即遵照查核。惟查欠缴十一月十六至三十日表一十五张，又查现缴各表内有不合表式之处，兹逐条签出，另列清单连同原表共二十二张呈请察核。应如何办理之处，仍候令遵并请饬知该铁路嗣后照办"等情。据此，除指令"呈悉。候令行粤汉铁路林管理转知前任补送欠缴表册，并嗣后呈送表册须按照清单签出各节更正造具，以昭核实可也。此令”印发外，合将原签清单抄发，仰该管理即便遵照办理。切切。此令。

（中华民国陆海军大元帅之印）

中华民国十四年一月二十日

据《大本营公报》第二号《训令》

给罗翼群等的训令

（一九二五年一月二十日）

大元帅训令第二十号

令大本营军需总局局长罗翼群、广东全省筹饷总局监督范石生、两广盐运使邓泽如、广东财政厅长古应芬、朱军长培德转连阳乐昌四县、管理粤汉铁路事务林直勉

为令遵事：查北伐军军费，前经令行各负担机关，将应解军费缴由大本营军需总局转解在案。现关于此项军费亟待支配，合再令仰各负担北伐军军费机关务遵前令，将应行负担之解款，统解大本营军需总局，以便通筹支配，毋得任由各军自行截留，以重饷需。除分令外，仰即遵照办理。切切。此令。

（中华民国陆海军大元帅之印）

中华民国十四年一月二十日

据《大本营公报》第二号《训令》

给谢适群的指令

（一九二五年一月二十日）

大元帅指令第六二号

令大本营内政部次长代理部务谢适群

呈请褒扬寿民李能昭请核示由。

呈悉。准予题颁“共和人瑞”四字，并给予银质褒章一枚，仰即转给承领。此令。

（中华民国陆海军大元帅之印）

中华民国十四年一月二十日

据《大本营公报》第二号《指令》

给程潜等的训令

（一九二五年一月二十二日）

大元帅训令第二三号

令大本营军政部部长程潜、建国北伐军总司令谭延闿、建国湘军总司令谭延闿、建国滇军总司令杨希闵、建国粤军总司令许崇智、建国桂军总司令刘震寰、建国第一军军长朱培德、建国第二军军长柏文蔚、建国第三军军长卢师谛、建国第七军军长刘玉山、建国北伐第三军军长胡谦、建国赣军司令李明扬、豫军后方留省办事处、广东省长胡汉民、广东警卫军司令吴铁城

为令遵事：据广州市联军军警督察处督办杨希闵呈称：“本年一月十三日，据公安局长吴铁城代电称：‘现在冬防吃紧，虽军警联络防范，严密巡察，而匪徒冒军掳劫，以及搜查骚扰、私擅逮捕等案，仍日有所闻，实于地方治安大有妨碍。兹职局为防微杜渐起见，拟请钧处严定章制。此后，凡军队在市内逮捕人犯、搜查店户，无论何项军队均须一律先报由钧处核准，发给会警逮捕搜查命令，随即知会该管警区验明命令，立派员警协同办理，以昭慎重。不得以口头会同岗警便可执行，而各岗警亦不得凭一面之词会同办理。如无命

令，即系私擅逮捕搜查，各区分署不得会同办理。际此场合，应即飞报钧处及职局派拨军警驰往制止，庶足以杜伪冒而防流弊。管蠡之见，如蒙采择，仰恳咨行各军通饬所部一体查照办理，并请指令职局转饬各警区遵照施行，实为公便’等情。据此，查近日冒军掳劫之案，时有所闻，若非设法严防，殊不足以保治安而全军誉。该局长所陈各节，防范颇称周密，尚可采择施行，而于防务前途得收分别真伪之效。嗣后无论何军逮捕人犯，须有该军高级长官及职处给有此项命令方得执行。除指令公安局转令各区署查照施行外，用特备呈钧座俯予核准，通饬各军查照办理，切实施行。是否有当，尚乞批示祇遵”等情。据此，除指令照准外，合行令仰该总司令、军长、司令、省长、办事处即便遵照办理并转饬所属一体遵照办理。切切。此令。

（中华民国陆海军大元帅之印）

中华民国十四年一月二十二日

据《大本营公报》第三号（广州一九二五年月卅日版）《训令》

给杨希闵的指令

（一九二五年一月二十二日）

大元帅指令第六八号

令广州市联军军警督察处督办杨希闵

呈为拟定组织大纲及暂行简章请予备案由。

如呈备案。大纲暨简章均存。此令。

（中华民国陆海军大元帅之印）

中华民国十四年一月二十二日

据《大本营公报》第三号《指令》

给范其务的训令

（一九二五年一月二十三日）

大元帅训令第二五号

令粤海关监督范其务

为令遵事：据宏远堂商人陈其明呈称："呈为委无漏税，乞免处罚，恳将原案撤销，以恤商艰而安商业事：窃前奉粤海关监督署分函各店，指为瞒漏出入口税，应照章以二十倍处罚等因。敝行佥以各家之货来自上海等埠，俱经前途上海各关查验核收全税，复有红照通知粤海关税务司照收半税。迨船货到省，由关验明货色重量均属相符，即发饷单交与各店照此完纳，当将并无漏税情形，据实呈明在案。伏思各店运来之货既经上下关一再查验明碻，又有红照为凭，今各店悉照前途报关之数及由关核定之税报缴，安有瞒税之理？迫得再叩台阶，伏乞俯念商业艰难，准将全行补税处罚原案，迅令粤省长转粤海关监督撤销，并将各号本单簿据各项悉数发还，以安商业，实为德便"等情前来。查年来大局不宁，兵灾迭见。本大元帅每念商业凋零，至为悯恻。该商所称各节尚属实情，仰该监督即将原案撤销，从宽免究，并将该堂各号本单簿据悉数发还，以恤商艰。切切。此令。

（中华民国陆海军大元帅之印）

中华民国十四年一月二十三日

据《大本营公报》第三号《训令》

与葛廉夫的谈话*

（一九二五年一月二十四日）

孙：久仰清名，今幸相见。余平生有癖，不服中药，常喜聆中医妙论。昔年有乡亲返粤者，常以先生医案示余，明理卓识，不愧名医。余请君以中理测我病机。

孙：夜不成寐，每晚则面热耳鸣，心悸头眩，嘈杂躁急或胸中作痛，干呕，甚则上气面浮，有时而消。此何故？

葛：此水不涵木，气火上升。诸逆冲上，皆属于火。诸风掉眩，皆属于肝。厥阴之为病，气上撞心，心中疼热，饥而不欲食，食则呕吐。若下之，则利不止。所见诸证，全是肝郁日久，气火化风，上干肺胃。以先生之遭际，惊险忧疑，心肝俱瘁，又不能孤眠，气血焉不得伤？真水焉得不耗？

孙：此时补救，尚有法乎？

葛：何尝无法，要戒之在怒，不再耗精，不过作劳，破除烦恼。

孙：此皆有所不能，将奈何？

葛：节之可也。再用药食，以为滋助，已耗者虽未必能复，未耗者尚可保存。

孙：以君之高论，如饮上池。可能为我拟一中药方乎？

葛：可。【乃为拟复脉汤，去姜，桂枝改用真安边肉桂，麻仁改

---

* 原件未署日期。据葛廉夫称，他与孙中山会见“逾三日”，即有人告知：孙于“昨午剖”。查孙中山入协和医院手术治疗为一月二十六日，按此推算，此谈话时间暂作一月二十四日。

用炒酸枣仁，加生龟板、生石决明、龙齿、犀角片、羚羊片、鲜知母、黄柏。】

孙：君所拟方，以何者为主要？

葛：张仲景谓厥阳独行，犹夫无妻则荡也。今用三甲复腹〔脉〕汤，加知柏、枣仁，以滋水养肝，安其家室，潜其阳用，引荡子以归家。所以去姜之辛，用肉桂而引火归元，犀角、羚羊、石斛清肃心肺，俾君火以宁，而精灵之气得令，则烦悸不眠者皆蠲矣。

孙：我平生未服过中药，恐不能受。欲以君之药方，转示西医，使师君之法，改用西药，以为何如？

葛：鄙人不知西医，西药能代与否，不敢妄答。

据《医药精华集》葛廉夫《孙中山先生病状及治法记》

对汪精卫陈友仁的口谕*

（一九二五年一月二十六日）

令将广州中央执行委员会内之政治委员会移至北京。

据北京《顺天时报》一九二五年二月三日《中山病状较有进步》

任命林俊廷职务令

（一九二五年一月二十七日）

大元帅令

任命林俊廷为粤桂边防督办。此令。

（中华民国陆海军大元帅之印）

---

* 一月二十六日上午，孙中山未住入协和医院前，对汪精卫、陈友仁作此谕。

中华民国十四年一月廿七日

据《大本营公报》第三号《命令》

给罗翼群梅光培的指令

（一九二五年一月二十七日）

大元帅指令第七三号

令广东全省筹饷总局总办罗翼群、会办梅光培

呈为议定《侦查队组织条例》，呈请鉴核备案由。

如呈备案。条例存。此令。

（中华民国陆海军大元帅之印）

中华民国十四年一月二十七日

据《大本营公报》第三号《指令》

给胡汉民的指令

（一九二五年一月二十七日）

大元帅指令第七五号

令广东省长胡汉民

呈报南海九江镇各界呈保请予撤销通缉吴三镜案情形，请察核由。

呈悉。准如所请。仰即知照。此令。

（中华民国陆海军大元帅之印）

中华民国十四年一月廿七日

据《大本营公报》第三号《指令》

与宋庆龄的谈话*

（一九二五年一月三十日）

余诚病医者，亦诚无如余此病何，但余所恃以支持此身者，夙昔即不完全恃医，而恃余自身之勇气。余今信余之勇气必终战胜此病，决无危险。

据上海《民国日报》一九二五年二月七日《中山病情消息》

给欧阳琳的指令

（一九二五年一月三十一日）

大元帅指令第八二号

令建国赣军警卫军司令欧阳琳

呈报启用印信日期请备案由。

呈悉。此令。

（中华民国陆海军大元帅之印）

中华民国十四年一月卅一日

据《大本营公报》第三号《指令》

给范石生韦冠英的指令

（一九二五年一月三十一日）

大元帅指令第八三号

令广东筹饷总局督办范石生、会办韦冠英

---

* 此件所标时间系据二月七日上海《民国日报》云"确闻中山先生三十日曾告其夫人云"订定。

呈报移交接管各情请备案由。

呈悉。准予备案。此令。

（中华民国陆海军大元帅之印）

中华民国十四年一月卅一日

据《大本营公报》第三号《指令》

伍廷芳墓表

（一九二五年一月）

公姓伍氏，讳廷芳，字文爵，号秩庸。广东新会县人。考讳荣彰，贾于南洋星加坡，以前清道光二十二年六月二十三日生公。年四岁归国，自胜衣就傅，已不屑为帖括之学。年十四，肄业香港圣保罗书院。凡六年卒业，供职于香港法曹，然非其志也。节衣缩食，积俸余，为他日留学之资。复以暇晷，与友人创《中外新报》。吾国之有日报自此始。

年三十三，遂赴英伦，入林肯法律学院治法学，越三载，应试得大律师，以奔父丧归国。旋至香港操大律师业。越四年，被任巡理府，复受聘为立法局议员。论者谓国人得为外国律师者，公为第一人。香港侨民得为议员，以公为嚆矢，任法官者，公一人而已。

然公自幼时，已怀经世之志。睹中国积弱，发愤以匡救自任。会合肥李鸿章闻公名，屡招致之。公遂舍所业，就鸿章幕府。鸿章方督直隶，治新政，津沽铁路、北洋大学、北洋武备学堂、电报局，皆次第经始。公多所赞襄，于外交缔约尤尽力。

既而出使美、日、秘三国，保护华侨，力争国体。庚子义和团事起，周旋坛坫间，多所补救，尤翕然为世所称。任满归国，为商约大臣。驻上海，与各国缔约，树整顿圜法，裁厘加税，收回领事裁判权，画一度量衡之基础。寻迁商部左侍郎，再迁外务部右侍郎，复与沈家本同任修律大臣，成民刑律草案。旋颁行刑律，凡前清凌迟、连坐、刑讯等条皆汰去，为中国刑法开新纪元，公名由是益重。然公居京师久，洞知前清不足与有为，根本窳败，非摧陷廓清，末由致治。意郁郁，遂谢病去。年六十五矣。

其明年，再被任出使美、墨、秘、古诸国。耆年长德，所至想望风采；既受代，经历欧洲诸国归。憩于上海寓庐。而辛亥革命起，公遂蹶然兴。倡议请清帝退位，一时所谓缙绅士大夫，皆惊异之。而不知公匡时救国之志蓄之已久，故有触即发也。

其时，南方光复已十余省，公被推为外交总代表，驻上海，代表光复诸省与各国交涉，各国由是认光复诸省为交战团体。旋兼议和总代表，公揭橥主张，以为今日之事，当合南北，共建民国。及南京政府成立，文被举大总统，以公为司法总长，议和总代表如故。卒订定《清室优待条件》，清帝退位，国民遂以统一焉。

南京政府既移于北京，公退休凡五年。及黎元洪继任为大总统，征公入京，任外交总长。未数月，兼代理国务总理。时武人毁法，以兵胁迫大总统，下解散国会命令，公坚拒不副署，恫吓万端不为动。元洪竟解公代理国务总理职，以江朝宗继之，副署解散国会命令。

公愤大法之凌夷，念丧乱之无日，毅然出京谋所以戡乱讨贼。其时，文已与故海军总长程璧光定议，率舰队至广州，开“非常国会”，建军政府，以“护法”号召天下。公继至，同心匡辅。而两广武人阴怀异端，务龄龁之，使不得行其志。文以七年间辞大元帅职去，公仍留广州，改组军政府，任总裁兼长外交、财政，终以跋扈武人不可与共事，弃而归上海，国会议员相率从之。

九年冬，粤军自漳州回师定广州。文乃偕公回广州，复军政府。十年五月，国会举文任大总统，以公为外交总长兼财政总长。其年冬，文赴桂林督诸军北伐，以公代行大总统事。其明年四月，因陈炯明阻挠北伐，回师广州，免其职，以公兼任广东省长。而自赴韶州督师，入江西，克赣州，走陈光远，江西全省将定。而陈炯明嗾所部谋叛，文自韶州率轻骑回广州镇摄之。六月十六日，叛兵遂围攻大总统府，且分兵袭韶州大本营，北伐事业因以蹉跌。而六年以来，护法事业亦功败垂成。公感愤得疾，遂以二十三日薨于广州公医院，春秋八十有一。弥留时，犹谆谆授公子朝枢以护法本末，昭示国人，无一语及家事。盖其以身许国，数十年如一日，故易箦之际，精明专一，有如此也。

公生平好学。政事之暇，手不释卷。其始研究卫生之学，蔬食，绝烟酒，自谓寿可至二百余岁。继治灵魂学，视形骸如逆旅，以为留此将以有为耳，故能于危疑震撼之际，泰然不易其所守。自以与于缔造民国之役，不忍见为武人政客所败坏，故以耄耋之年当国事，犯危难无所恤，卒以身殉。悲夫！其对于社会如提倡国货，倡剪发不易服之议，以塞漏卮，皆有远识，能造福于国人。夫人何氏，贤而有寿。子朝枢能继述志事。孙竞仁、庆培、继先，以民国十三年十二月十日葬公于广州东郊一望冈。

文自元年与公共事，六年以后频同患难。知公弥深，敬公弥笃。谨揭其生平志事关系家国之大者，以告天下后世，俾知所楷模焉。

中华民国十四年一月吉日

孙文撰文

据《伍廷芳奉安实录》（未署编者、出版者及时间，据书中照片及卷首文字判断为广州一九二五年版）插页《伍秩庸博士墓表》碑文拓片

给黄子聪的指令

（一九二五年二月二日）

大元帅指令第八九号

令大本营秘书黄子聪

呈报会审周少棠、赖铭光互控舞弊案情形请鉴核并令粤军总司令部遵照执行由。

呈悉。准如所拟判决。并候令行粤军总司令即将该犯周少棠、赖铭光解送广东高等检察厅执行刑期可也。此令。

（中华民国陆海军大元帅之印）

中华民国十四年二月二日

据《大本营公报》第四号《指令》

给许崇智的训令

（一九二五年二月二日）

大元帅训令第三三号

令建国粤军总司令许崇智

为令遵事：据大本营秘书黄子聪呈称："前奉钧命派往粤军总司令部会同审讯前大本营制弹厂职官周少棠、赖铭光互控舞弊一案，经遵令往粤军总司令部军法处传集两造到案，迭次磨讯明白，赖铭光吞没军需券五千元，犯侵占公务上管有物行为。按照新刑律，实犯第三百九十二条之规定，故判定执行刑期三年；所吞之款，仍着追缴给领。周少棠犯有私造军械，盗卖子弹、军米行为，按照新刑律，实犯第二百五条及第三百九十二条之罪，应依照同律第二十三条之规定，执行刑期三年零四个月，并责成将售去军米所得款项五百零七元七毫如数追缴归公。谨将审讯周少棠、赖铭光情形恭缮判决书一份呈缴察核。所拟是否有当，伏乞指令祇遵，并令行粤军总司令部遵照，实为公便”等情。并抄呈粤军总司令部军事判决书一扣前来。据此，除指令“呈悉。准如所拟判决。并候令行粤军总司令，即将该犯周少棠、赖铭光解送广东高等检察厅执行刑期可也。此令”印发外，合行令仰该总司令遵照，即将该犯周少棠、赖铭光解送广东高等检察厅执行刑期，并将遵办情形报查。此令。

（中华民国陆海军大元帅之印）

中华民国十四年二月二日

据《大本营公报》第四号（广州一九二五年二月十日版）《训令》

给罗翼群的指令

（一九二五年二月四日）

大元帅指令第九四号

令大本营军需总局局长罗翼群

呈请辞职由。

呈悉。该局长应仍勉为其难，所请辞职之处着毋庸议。此令。

（中华民国陆海军大元帅之印）

中华民国十四年二月四日

据《大本营公报》第四号《指令》

给邹鲁的指令

（一九二五年二月四日）

大元帅指令第九五号

令国立广东大学校长邹鲁

呈报因公北上，校务委托褚教授民谊代拆代行，请予备案由。

如呈备案。此令。

（中华民国陆海军大元帅之印）

中华民国十四年二月四日

据《大本营公报》第四号《指令》

给谢适群的指令

（一九二五年二月四日）

大元帅指令第九八号

令代理部务大本营内政部次长谢适群

呈报《管理药品营业规则》暂缓强制执行由。

呈悉。准如所请办理。此令。

（中华民国陆海军大元帅之印）

中华民国十四年二月四日

据《大本营公报》第四号《指令》

复胡汉民等电

（一九二五年二月五日）

展堂、组安、汝为、显丞、小泉、慕羹、仲恺、湘芹、介石、铁城诸兄鉴：大病少苏，闻东江将战，复添系念。望诸兄努力破敌，以安内而立威信于外。引领南望，不尽欲言。文。歌。印。

据上海《民国日报》一九二五年二月十四日凤蔚《联军攻东江迭克名城》

褒扬张俞淑华文*

（一九二五年二月五日）

尝以贞松秉节，翘柯能拒夫严霜；良玉含精，粹质无伤于猛火。巴台特筑，史家传利物之贤；漆室沉吟，女子且仁民之抱。惟番禺县节妇张俞淑华，夙娴德象，爰适清门，克孝无愆，相庄匪懈。玉麟方兆，琴鹄旋嗟。搴帷传韦逞之经，画荻授卢陵之字。柏舟矢志，篝灯勤恤纬之功；板屋同仇，藻绘助扶创之药。贞心卅载，善行百端，匪惟恒孟之徽音，具有陶欧之懿范。载稽国典，宜予褒扬。於戏！绰楔风清，咸识女宗之式；芳型日焕，弥敦礼教之原。特锡嘉言，用彰淑行。

据《中国新闻报》一九二五年二月五日

给邹鲁的指令

（一九二五年二月六日）

大元帅指令第一〇四号

令国立广东大学校长邹鲁

呈请明令将里昂中法大学海外部依照原案定为国立广东大学海外部之一，及确定管理权责，并永远不能将现有经费变更，祈令

* 此件所标时间系《中国新闻报》发表日期。

遵由。

呈悉。应予照准。候令行广东省长遵照，并转行财政厅、教育厅暨里昂中法大学协会查照可也。此令。

（中华民国陆海军大元帅之印）

中华民国十四年二月六日

据《大本营公报》第四号《指令》

给胡汉民的训令

（一九二五年二月六日）

大元帅训令第三八号

令广东省长胡汉民

为令遵事：据国立广东大学校长邹鲁呈称："案查去年六月间，准广东财政厅第三九一号公函开：现准财政委员会公函内开：本月十日准咨以粤省留学外洋各生及烈士家属学费，苦无的款可付。查九、拱两关收入有带收加二费一项，月计可得六七千元，又诚兴公司屠羊捐每月五百元，拟将此项改充特定教育经费，并由盐运使署每月提拨四千元，拟具简章送请公议见复。并准广东大学筹备处邹处长来函，以邓运使处昨与商订留学经费，运署每月可拨二千元各等由先后到会。经于本月廿四日第四十五次常会提出合并讨论，议决：盐运使署照拨二千元；九、拱两关加二费约共六七千元，自八月份起交邹校长转汇，其支配办法，另由财厅订定，函邹校长查照等因在案。除函盐运使自八月份起，照案拨二千元交邹校长转汇外，相应函达查照。所有诚兴公司屠羊捐每月五百元，及九、拱两关加二费约共六七千元，应请照案支配，订定办法函邹校长查照，并复会备案为荷等由。准此，查九、拱两关带收加二税费，及诚兴公司屠羊捐暨由运署照案每月拨银二千元，既经议决指定为留学经费专款，自应查照议案由厅订定，每月给留日学生学费五千元，里昂大学学生学费四千元，林君复留学费五百元暨上海烈士家属特别费及学费六百二十八元三毫三仙三文，均由贵校长于前项收入款内按月拨汇，以资接济。除函粤海关税务司转饬九、拱两关，将每月带收加二税费尽数如期径解查收，取具印收缴厅，以凭饬库补入收支，并函复财政委员会备案外，相应函请贵校长烦为查照办理，并希派员前赴九、拱两关妥为接洽是荷等由。并同年六月间准财政委员会函同前由过校。准此，查九、拱两关带收加二税费、及诚兴公司屠羊捐、暨运署指拨等款内拨一部每月四千元为里昂中法大学之广东大学海外部学生学费，业由职校将九、拱两关按月所解带收加二税费照案摊派，分别汇寄在案。窃查里昂中法大学广东大学海外部设立之初，原定为广东大学海外部之一。前因广东大学一时未能成立，海外部学生无从附丽，以致经费异常缺欠。自去年职校成立后，里昂中法大学学生即请依照原案作为职校海外部之一，将经费列入职校预算，嗣后由校接济等情。当时因财政委员会以此款为职校海外部经费，既归职校经理，故未呈请定案，但以前经理手续系属代办性质，名实尚未相符。兹为确定名义及权责起见，用再呈请钧座定案，并请明令将里昂中法大学之广东大学海外部为国立广东大学海外部之一，现有经费数目，永远定为职校海外部经费之一，列入职校出入预算。其现有经费的款，不得拨作别用，并永远以指定各项的款。每月所收多寡，按照财政厅十三年第三九一号公函所定职校海外部经费及其他特定教育经费数目比例摊分。如将来其他特定教育经费须增加时，均宜另行筹拨，不得将职校海外部经费应得之额变更。至以后管理职校海外部经费及派遣监督学生等事，悉由职校全权办理。在职校已可因于需要派遣何科学生及何国留学，使学术日见发达，在学生亦不至因经费而辍学，庶乎正名定义，事权统一。不特校务日渐增进，而于海外部学生亦不至有被迫离校情事之发生。所有拟请明令将里昂中法大学海外部依照原案定为国立广东大学海外部之一，及确定管理权责，并永远不能将现有经费的款内应得之额变更各缘由，理合备文呈请钧座察核，准予照办，并令行广东省长遵照分行财政厅、教育厅遵照，及里昂中法大学协会查照，仍祈指令祗遵"等情。据此，除指令照准外，合行令仰该省长即便遵照，并转行财政厅、教育厅遵照，及里昂中法大学协会查照。切切。此令。

（中华民国陆海军大元帅之印）

中华民国十四年二月六日

据《大本营公报》第四号《训令》

与叶楚伧的谈话*

（一九二四年二月八日）

医院规矩不可由我而破[①]，若密不令院中人知之，则我平生从未作此暗昧不可告人之事，断乎不可。

据上海《民国日报》一九二五年二月十三日《孙先生脉搏降至九十六》

---

* 谈话时间不详，据二月二十三日上海《民国日报》载：该报总编辑叶楚伧七日赴京，八日寄书上海报告孙病情，提及此谈话事。今据此酌定为二月八日。

① 指孙中山不服中药事。

致涩泽荣一电*

（一九二五年二月十二日）

得接诚恳之慰问[①]，谨致厚谊。定奋勇气与信心，期胜病魔，幸望释怀。孙文于奉天。

据纪念涩泽青渊财团龙门社编纂《涩泽荣一传记》资料第三十八卷（一九六一年日文版）译出（金世龙译）

致李福林电

（一九二五年二月十二日）

河南[②]李军长鉴：刻据中国国民党农民部长廖仲恺函称"顺法〔德〕理教乡昨日被福军围政〔攻〕"，经已电达在案。今晨据该乡人来报"昨晚业被攻进入乡，焚劫甚惨，乡民流离，请予拯救"等情。并据该乡农会代表霍秀石等面称"军队攻入该乡时伤毙会员数人"，"从严惩办"各等情。究竟该军何故围攻理教乡，又何故仇视农会人员？仰该军长即电令顺德驻防军队先停止军事行动，再呈明核办，勿稍姑纵为要。大元帅。侵。

据上海《民国日报》一九二五年二月十九日《李福林部下偕匪劫乡》

---

* 据《涩泽荣一传记》资料载，二月十二日为收到电报日期。

① 涩泽荣一于一九二五年一月二十八日得悉孙中山病重，当即致电委托在北京的中日实业株式会社副总裁高木陆郎代表前往慰问孙中山。

② 河南：指广州市珠江南岸之李福林军部所在地。

给许崇智等的训令

（一九二五年二月十二日）

大元帅训令第四五号

令建国粤军总司令许崇智、建国滇军总司令杨希闵、建国桂军总司令刘震寰

为令行事：东江自陈逆盘踞以来，民生凋敝，商旅萧条，蹂躏情形，惨不忍述。现在大军分道进讨，幸赖将士用命，所向克捷，肃清余孽，奠定闾阎，计日可待。惟师行所至，军律宜严。本大元帅轸念民艰，尤廑怀抱。应由该总司令严饬所部申明纪律，对于作战区域，不得稍有滋扰，所有被灾人民应随时督同地方官妥为抚恤，务期军民安堵，迅奏肤功，以副本大元帅伐罪吊民之至意。有厚望焉。此令。

（中华民国陆海军大元帅之印）

中华民国十四年二月十二日

据《大本营公报》第五号《训令》

给熊克武的指令

（一九二五年二月十二日）

大元帅指令第一一五号

令建国川军总司令熊克武

呈报遵令改编为建国川军并暂刊印信及就职日期请备案由。

呈悉。准予备案。

（中华民国陆海军大元帅之印）

中华民国十四年二月十二日

据《大本营公报》第五号《指令》

任命余际唐职务令

（一九二五年二月十二日）

大元帅令

任命余际唐为建国川军第一军军长。此令。

（中华民国陆海军大元帅之印）

中华民国十四年二月十二日

据《大本营公报》第五号《命令》

任命汤子模职务令

（一九二五年二月十二日）

大元帅令

任命汤子模为建国川军第二军军长。此令。

（中华民国陆海军大元帅之印）

中华民国十四年二月十二日

据《大本营公报》第五号《命令》

给熊克武的指令

（一九二五年二月十二日）

大元帅指令第一一六号

令建国川军总司令熊克武

呈请任命余际唐为建国川军第一军军长，汤子模为建国川军第二军军长由。

呈悉。已有明令任命矣。仰即知照。此令。

（中华民国陆海军大元帅之印）

中华民国十四年二月十二日

据《大本营公报》第五号《指令》

任命林支宇职务令

（一九二五年二月十二日）

大元帅令

任命林支宇为建国联军湘军第一军总司令。此令。

（中华民国陆海军大元帅之印）

中华民国十四年二月十二日

据《大本营公报》第五号（广州一九二五年二月二十日版）《命令》

给熊克武的指令

（一九二五年二月十二日）

大元帅指令第一一七号

令川滇黔建国联军前敌总指挥熊克武

呈请任命林支宇为建国联军湘军第一军总司令由。

呈悉。已有明令任命矣。仰即知照。此令。

（中华民国陆海军大元帅之印）

中华民国十四年二月十二日

据《大本营公报》第五号《指令》

给朱培德的指令

（一九二五年二月十三日）

大元帅指令第一二〇号

令建国第一军军长朱培德

呈复遵令转饬连阳乐昌四县将应行负担之解款统解大本营军需总局由。

呈悉。候令行军需总局知照。此令。

（中华民国陆海军大元帅之印）

中华民国十四年二月十三日

据《大本营公报》第五号《指令》

给罗翼群的训令

（一九二五年二月十三日）

大元帅训令第四七号

令大本营军需总局局长罗翼群

为令行事：据建国第一军军长朱培德呈称："案奉钧座训令开：'查北伐各军军费，前经令行各负担机关，将应解军费缴由大本营军需总局转解在案。现关于此项军费亟待支配，合再令仰各负担北伐军费机关务遵前令，将应行负担之解款统解大本营军需总局，以便通筹支配，勿得任各军自行截留，以重饷需。除分令外，仰即遵照办理。切切。此令'等因。奉此，除已遵照转饬连阳乐昌四县遵办外，理合备文呈复，伏乞睿核”等情。据此，除指令外，合行令仰该局长知照。此令。

（中华民国陆海军大元帅之印）

中华民国十四年二月十三日

据《大本营公报》第五号《训令》

给许崇智的指令

（一九二五年二月十六日）

大元帅指令第一二一号

令建国粤军总司令许崇智

呈送十三年十二月份收支报告表由。

呈、表均悉。表存。此令。

（中华民国陆海军大元帅之印）

中华民国十四年二月十六日

据《大本营公报》第五号《指令》

给林云陔的指令

（一九二五年二月十六日）

大元帅指令第一二四号

令广东高等检察厅检察长林云陔

呈称奉省长令将五等以下有期徒刑及轻罪犯人编册送公安局，拨充伕役，惟事关释放人犯，理合呈请鉴核令遵由。

呈悉。查释放人犯充当伕役，有碍司法独立。所请各节着毋庸议。此令。

（中华民国陆海军大元帅之印）

中华民国十四年二月十六日

据《大本营公报》第五号《指令》

给林森的指令

（一九二五年二月十六日）

大元帅指令第一二五号

令兼督办广东治河事宜林森

呈报因公北上，该处事务派坐办江屏藩代拆代行由。

呈悉。照准备案。此令。

（中华民国陆海军大元帅之印）

中华民国十四年二月十六日

据《大本营公报》第五号《指令》

给朱培德的指令

（一九二五年二月十六日）

大元帅指令第一二六号

令建国第一军军长朱培德

呈报启用奉颁新印日期并缴销截角旧印由。

呈悉。旧印存销。此令。

（中华民国陆海军大元帅之印）

中华民国十四年二月十六日

据《大本营公报》第五号《指令》

给林森的指令

（一九二五年二月十六日）

大元帅指令第一二七号

令大本营建设部长林森

呈报因出席北京中央执行委员会大会，部务派代理次长李卓峰代拆代行，请备案由。

呈悉。准予备案。此令。

（中华民国陆海军大元帅之印）

中华民国十四年二月十六日

据《大本营公报》第五号《指令》

给程潜的指令

（一九二五年二月十六日）

大元帅指令第一三〇号

令大本营军政部长程潜

呈报将陆军第二医院归并第一医院，办理及核减经费情形，请核示由。

呈悉。所陈事属可行，应准照办。此令。

（中华民国陆海军大元帅之印）

中华民国十四年二月十六日

据《大本营公报》第五号《指令》

给李卓峰的训令

（一九二五年二月十七日）

大元帅训令第五一号

令代理大本营建设部次长李卓峰

为令遵事：案查前令该代次长查明粤汉铁路被控舞弊案呈复核办，久未据呈报到府，曾经谕催克日呈复在案，何以仍延不呈复？仰该代次长遵于文到三日内将查明情形汇案呈报，以凭核办，勿再延宕。切切。此令。

（中华民国陆海军大元帅之印）

中华民国十四年二月十七日

据《大本营公报》第五号《训令》

给李福林的指令

（一九二五年二月十七日）

大元帅指令第一三二号

令建国粤军第三军军长李福林

呈复围缴理教乡劫匪始末情形，请饬该乡农会将劫匪霍九等解案，并令滇军保旅长[1]查明罗布等匪曾否准予投效，并将该匪所部缴械遣散由。

---

① 保旅长：即保荣光。

呈悉。候令行国民党农民部长及滇军总司令分别饬遵可也。此令。

（中华民国陆海军大元帅之印）

中华民国十四年二月十七日

据《大本营公报》第五号《指令》

给廖仲恺杨希闵的训令

（一九二五年二月十八日）

大元帅训令第五三号

令中国国民党农民部长廖仲恺、建国滇军总司令杨希闵

为令遵事：据建国粤军第三军军长李福林呈称："呈为呈复事：现奉帅座侵日快邮电开：'刻据中国国民党农民部长廖仲恺函称：顺德理教乡昨日被福军围攻，经已电达在案。今晨据该乡人来报，昨晚业被攻进入乡，焚劫甚惨，乡民流离，请予拯救等情。并据该乡农会代表霍秀石等面称：军队攻入该乡时，伤毙会员数人，请从严惩办各等情。究竟该军何故围攻理教乡？又何故仇视农会人员？仰该军长即电令顺德县驻防军队，先停止军事行动，再呈明核办，勿稍姑纵为要'等因。奉此，窃查理教乡匪徒霍九、霍容等伙党，持械到贺豊乡焚劫财产屋宇，伤毙多命一案。迭据贺豊乡事主廖远在、廖接暨乡民廖耆芳、廖卓芳等到部呈请追赃缉匪等情。当即分令李旅长群、黄旅长相查明分别办理在案。正在查办之际，旋奉粤军总司令训令第一零零号开：'据南海县民廖耆芳等以冒军焚劫，伤毙多命，请分饬营县缉凶究办等情，具呈到部。当批：呈悉。据称理教乡著匪霍九等伙党，焚劫伤毙多人，实属凶悍已极。仰候

分令南、番、东、顺、香[1]剿匪司令暨南海、顺德两县，迅即严缉本案贼匪，务获究给具报。此批在词。除批揭示暨分令外，合将原呈抄发。仰该司令即便遵照批开事理，从速妥办具报毋违。切切。此令'等因。遵即饬令李、黄两旅长遵照办理。去后，本月二日，据第十七旅旅长李群呈称：案奉钧部令开，奉粤军总司令部训令开：理教匪徒焚劫、伤毙贺豊廖姓屋宇、财物、人命一案。后开：仰即遵照切实办理，毋稍玩延为要等因。至一月二十七八等日，迭据贺豊耆民廖远在等来部报称：连日霍九等纠集外匪百数十人，意图作第二次洗劫。民乡乞派大队围剿，以安良懦等情。职当即先行知会黄旅长相、邓县长雄，饬令李营长建宏率领张连长文俊所部兵士共百余人，驰往理教乡查办去后，现据李营长呈称：职部于本月一日拂晓，甫抵理教村前，即有匪党多人放枪先击我军，势甚凶悍。我军奋勇前进，奈为河水阻隔，不能飞渡。该乡形势险要，均为匪徒预先握守，且枪械亦非常犀利。旋查确著匪张歪嘴裕、罗布等党羽约数百人潜聚乡内，致有如此剧烈抵拒。此次围捕相持竟日，伤毙匪党多人。我军伤兵士七名，毙四名，伤排长一员，失去七九枪四杆，请拨大队及加派大炮前来援助等情。据此，窃查霍九等召集著匪张歪嘴裕、罗布等党羽数百人抗拒围捕，声势浩大。伤毙我官兵多人，非严行剿办何以寒匪胆而靖地方！惟该乡环海，形势险要，施以炮击又恐玉石俱焚；若持放任主义，势必至养痈，贻患亦殊，非保护地方之计。究应如何办理之处，理合据情呈报钧座察核，指令祗遵，实为公便等情前来。职军长以劫匪霍九等，召集著匪张歪嘴裕、罗布等党羽数百人，潜聚乡内，抗拒围捕，伤毙官兵多人，声势浩大，竟至军队不能进村搜捕，可谓凶悍已极。当将一切详情呈报

① 南、番、东、顺、香：即广东境属南海、番禺、东莞、顺德、香山。

许总司令察核在案。仍在候令办理之际，复据廖耆芳等呈称：理教乡匪徒近日愈聚愈众，四出掳劫，横行无忌，并挟民等呈控之嫌，声言寻仇报复，再来焚劫。乞即加派大队将匪党缴械击散，以安良善等情。及据探报称：张裕、罗布等匪仍聚理教乡内，愈聚愈众等语。职军长以该匪等伙党抗拒围捕，伤毙官兵，仍复愍不畏法，胆敢号召党羽凭险自固。当此东江军事紧急之际，诚恐养痈贻患，设想何堪！迫得饬令李旅长群就近派拨驻防官山部队，并知会黄旅长相前往相机剿办。去后，兹据李旅长呈称：理教乡匪徒抗拒围捕，伤毙我军官兵一案，职遵奉钧令即饬赵团长承烈、罗团长家驭各率所部共四百人，另派员前往知会黄旅长协同会剿。去后，兹据赵、罗两团长报告称，我军于十一日午前八时行抵牛墟附近，匪等分踞碉楼丝偈及散布乡外各要隘，先行射击我军。我军屡次冲锋，为深涌阻隔，不能前进，相持三四小时，匪等极力抵抗，势转剧烈，请示办法等情前来。职旅长据报后，当即加派大炮一门前往协助。旋据赵、罗两团长报称：我军与匪战至正午十二时，匪仍据险顽抗，当堂轰毙我兵士数人。迫不获已，乃下令发炮扑灭碉楼丝偈。匪等见险要已失，无可凭藉，始相率向乐从方面逃窜，仅在丝偈内拿获嫌疑匪犯黄国华等四名。是役阵亡兵士八名，伤十二名。匪党亦有伤亡。理合将是日围捕情形及获犯黄国华等呈解钧部核办等情。据此，除派员讯明黄国华等，分别办理，另文呈解外，理合据情转呈察核，并派赵团长回省面陈一切，伏候训示各等情。此职军长办理此案之始末情形也。伏查李旅于本月一日前往该乡围捕，因匪党踞险抵抗，枪械犀利，乡之四围均有深涌环绕，匪党弹密如雨，以致未能冲锋进乡。剧战数时，附近乡邻共闻共见。讵该乡农民协会歌日、虞日等邮电竟捏称李旅打入乡中，逐家搜劫，失去财物、衣服、首饰不下十余万，颠倒事实，无非欲借此以卸其聚匪拒捕之罪。

至张歪嘴裕、罗布等系南顺一带掳劫积匪，犯案累累，不可胜数。该处绅耆曾悬赏数千金购缉。去年冬截劫来往官山省城'维瑞'电轮，轰毙西人二名，尤为猖獗之极。该匪以职部踩缉严密，无地容身，乃啸聚党羽，瞒请滇军保旅长荣光准予投诚，充当民军首领，仍复四出骚扰。该匪党羽顷被职部击散，附近乡邻罔不额手相庆。窃思此次霍九、霍容等因总司令部查缉有案，乃召集张、罗两匪以图自卫。而张、罗两匪又因职部踩缉严密，乃利用军籍，借势对击我军以为快意。该乡农民自知召匪拒捕，伤毙官兵，恐贻重祸，于是捏造事实，随处呼冤，实欲藉词以为卸责地步。要之，理教霍九等焚劫查缉有案之匪，张裕、罗布等系著名掳劫迭缉未获之匪。该乡农民乡中有匪不能解办，内匪纠集外匪抗拒围捕，事前既不报缉，临事亦不制止，及至酿成拒捕伤毙官兵重案。仍复伪造事实，希图卸罪。其愚可悯，而其罪实无可原。职军长典兵十年，对于桑梓乡邻，素持爱护主义，何况农民协会多属本党同志，何致故为仇视而偏与之为难！奉电前因，理合将办理本案始末情形呈复帅座，恳请饬令该乡农民协会将劫匪霍九等解案究办，并请令饬滇军保旅长查明罗布等匪曾否准予投效，迅将该匪所部缴械遣散，地方幸甚"等情前来。除指令"呈悉。候令行国民党农民部长及滇军总司令分别饬遵可也。此令"印发外，合行令仰该部长、总司令即便遵照办理。切切。此令。

（中华民国陆海军大元帅之印）

中华民国十四年二月十八日

据《大本营公报》第五号《训令》

给罗翼群的指令

（一九二五年二月十九日）

大元帅指令第一三七号

令大本营军需总局局长罗翼群

呈请由本月十一日起将前方参军、参谋两处薪津及该局经费饬会计司分别发给，并拟恳将该局裁撤，归并北伐军总部或会计司办理由。

呈悉。所有暂留前方参军、参谋两处人员应领薪津及该局经费，已令饬会计司分别照案发给。现在军事未终，军需重要，自应赓续办理。所请将该局裁并各节着勿庸议。此令。

（中华民国陆海军大元帅之印）

中华民国十四年二月十九日

据《大本营公报》第五号《指令》

给余和鸿的训令

（一九二五年二月十九日）

大元帅训令第五八号

令大本营会计司司长余和鸿

为令遵事：案据大本营军需总局局长罗翼群呈："以现韶州大本营虽告结束，惟前方参军、参谋两处每月薪津及职局经费，每日由盐运使署拨付之一百六十元，现经奉令改解大本营会计司核收。应请由本月十一日起将前方参军、参谋两处每月薪津及职局之经费，令饬该司分别给领，照案办理”等情。除指令外，合行令仰该司长遵照，从本月十一日起，所有暂留前方参谋、参军两处人员每月薪津暨大本营军需总局经费统由该司分别照案发给。切切。此令。

（中华民国陆海军大元帅之印）

中华民国十四年二月十九日

据《大本营公报》第五号《训令》

给林直勉的指令

（一九二五年二月十九日）

大元帅指令第一四〇号

令管理粤汉铁路事务林直勉

呈为拟具《军人乘车办法》呈请通令各军一体遵照由。

呈悉。所拟办法尚属可行。仰候通令各军一体遵照。附件存。此令。

（中华民国陆海军大元帅之印）

中华民国十四年二月十九日

据《大本营公报》第五号《指令》

给谭延闿等的训令

（一九二五年二月十九日）

大元帅训令第五七号

令建国北伐军总司令谭延闿、建国滇军总司令杨希闵、建国湘军总司令谭延闿、建国粤军总司令许崇智、建国桂军总司令刘震寰、建国第一军军长朱培德、建国北伐第三军军长胡谦、建国第七军军长刘玉山、建国赣军司令李明扬、广东警卫军司令吴铁城、建国豫军留省后方办事处

为令遵事：据管理粤汉铁路事务林直勉呈称："案据职路车务总管呈称：顷接滇军第一师司令部参谋处函开：'查军人乘车，现奉总部颁发免票，所有公差事故自应通行无阻。乃近查尚有无知士兵乘搭火车不用车票，竟将军人证章希图搪塞，致车利损失甚多，间接影响政府亦属不少。经敝师长通令：本师全体官兵无论公差事故，不得再用证章搭车，函请查照等语。查近日军人持证章搭车不少，实属真伪难分，且其中尚有借此包客或偷运货物，弊端不一而足，影响收入甚巨。似非由各军部严令制止，不足以挽颓风。但本路为交通要冲，平时军士往来非仅滇军一部，可否请分咨各军部仿此令行，理合呈请察核'等情前来。伏查开用专车及军人乘车，原有规定，前经呈请分令遵照在案。乃日久玩生，迩来竟有军人仅凭寻常信函或咭片任意乘车来往。登车之后，不特包揽搭客，即女眷乘车亦复包庇，甚至强取柴物，驱逐搭客，索卡运货，希图渔利，种种弊端，不胜枚举。现值军事时期，饷糈孔急。职路每日收入车利提拨四成军费，负担已重，所获仅余六成，为数无多。即使将来军费或可核减，而公司逐日必需之煤油杂项，万不能不予清给。惟清给又时形不足，东挪西凑，应付术穷。似此竭泽而渔，必有停车之日。若再任令包揽强横而不设法制止，则直接损失车利收入，即间接影响各军军需，而于公司现状尤难维持。兹据呈滇军总部颁发军人乘车免票，系为防范流弊而设，本属妥善。但未审其他各军能否一律照办，且仅持免费票，仍似未尽完备。兹特妥定《军人乘车办法》三条，并拟由湘、滇、桂各军总司令部每部各按月轮派得力专员二人常驻公司，逐日登车，协同车队验票，认真稽查，庶收入日

见增加，积弊可期禁革。至每员月致伕马费五十元，以资办公，务使军行、路政两无妨碍。除函各军总司令部查照办理外，理合连同办法具文呈请帅座察核，俯赐通令各军总司令转饬所部一体遵照”等情。据此，查所拟办法尚属可行，除指令照准并通令外，合行钞录原件令仰该总司令、军长、司令即便转饬所属一体遵照。此令。

计抄发《军人乘车办法》一纸。

（中华民国陆海军大元帅之印）

中华民国十四年二月十九日

据《大本营公报》第五号《训令》

给黄子聪林翔的训令

（一九二五年二月十九日）

大元帅训令第五六号

令大本营秘书黄子聪、大本营审计处处长林翔

为令遵事：据财政委员会主席委员胡汉民、古应芬呈称：“窃于本月十日第七十六次常会时承准大本营财政部长提议：派员清查各机关收支数目，以便公布一案。当议决由会呈请大元帅派员协同审计处先行清查财政部收支数目后，再由财政部委员会同清查大本营、广东省长公署及广州市政厅所辖征收机关，并大本营及广东省长公署所辖各司法机关收支数目，列表公布，以示财政公开之意等因在案。除汇录议案呈报察核备案外，理合专案呈请钧座鉴核施行，并乞指令祗遵，实为公便”等情。据此，除指令准如所议施行并分令外，合并令派该秘书即便协同大本营审计处先行清查财政部收支数目，大本营秘书黄子聪协同该处先行清查财政部收支数目，仰该处长即便遵照，协同清查，随将办理情形分别具报查核，

是为至要。此令。

（中华民国陆海军大元帅之印）

中华民国十四年二月十九日

据《大本营公报》第五号《训令》

给胡汉民古应芬的指令

（一九二五年二月十九日）

大元帅指令第一四一号

令财政委员会主席委员胡汉民、古应芬

呈报议决派员清查各机关收支数目请鉴核施行由。

呈悉。准如所议施行。已令派大本营秘书黄子聪协同审计处先行清查财政部收支数目矣。仰即知照。此令。

（中华民国陆海军大元帅之印）

中华民国十四年二月十九日

据《大本营公报》第五号《指令》

给杨希闵的训令

（一九二五年二月二十日）

大元帅训令第五九号

令建国滇军总司令杨希闵

为令饬事：据广州商号黄祥华、店东黄伯臣呈称："窃民父黄奕楠被滇军独立旅部杨旅长拘留，旋奉滇军总部令行提释。该旅长奉令后，知计不得逞，复缮备字据，洋洋千言，迫令民父签名据内。民父惊惶过度，年老心忙，急图脱身，所签字据内幕若何至今懵然。

该旅部架祸有心，仍恃得有迫签字据，犹复派兵驻店，未允罢休。幸蒙杨总司令洞察隐衷，立饬撤退驻兵，复回营业。仰见爱护人民、保全商务，五中感激，莫可言宣。无如是非已白，疑案未消，究竟当日旅部勒签字据用意奚若，至今思之不寒而栗。若不迅予吊消，后患堪虞。况民店黄祥华在市开业数十余年，商场贸易早著信用，疑案所关，影响极大。用特具呈，呈请帅座令行滇军总司令准予销案，并出示发贴民店，以安商业而定人心，无任感激待命之至”等情。据此，查此案该总司令办理本甚得宜。惟该商以字据未销，虑成后患，亦有不得已之苦。据呈前情，合行令仰该总司令即便遵照，将当日旅部勒令黄奕楠所签字据完全取消，并出示发贴该黄祥华店内，以安商业。仍具报查核。切切。此令。

（中华民国陆海军大元帅之印）

中华民国十四年二月二十日

据《大本营公报》第五号《训令》

给古应芬的训令

（一九二五年二月二十一日）

大元帅训令第六〇号

令大本营财政部长古应芬

为令饬事：据建国桂军总司令刘震寰呈称：“窃前据职军警卫团长刘震华呈请赠恤已故代团长刘策一案，业经据情转呈睿鉴核示在案。除原文有案邀免冗录外，旋准大本营军政部衡字第一五五号咨开：案查贵总司令呈请赠恤所部警卫团已故代团长刘策一案，前奉大元帅发交本部核议。拟请追赠陆军上校，仍照《陆军战时恤赏章程》第六章积劳病故例，按第四表给予中校恤金，具文呈复大元帅核示在案。兹奉指令内开：呈悉。准如所拟追赠给恤。仰即知照。此令等因。奉此，相应咨达，请烦查照为荷等由到部。当经咨请该部查照，迅将该项恤金发给下部，以便转给去后，至今数月未准咨给。查该故代团长家属今尚羁留在粤，状殊窘寒。迭据该故员家属陈情恳切，实堪悯悼不已。冒渎钧听，仰祈俯赐令由广东财政厅，查照军政部议照《陆军战时恤赏章程》第六章积劳病故例，按第四表给予中校一次恤金四百元，俾便转给该故员亲属具领，运柩回籍安葬，以慰忠魂。是否有当，伏候指令祇遵"等情。据此，除指令外，合行令仰该部即便遵照，将该故代团长刘策应得恤金四百元，如数拨交建国桂军总司令部转给该故员亲属具领。切切。此令。

（中华民国陆海军大元帅之印）

中华民国十四年二月廿一日

据《大本营公报》第六号（广州一九二五年二月廿八日版）《训令》

给刘震寰的指令

（一九二五年二月二十一日）

大元帅指令第一四二号

令建国桂军总司令刘震寰

呈请发给已故代团长刘策恤金由。

呈悉。已令饬财政部发给矣。仰即知照。此令。

（中华民国陆海军大元帅之印）

中华民国十四年二月廿一日

据《大本营公报》第六号（广州一九二五年二月廿八日版）《指令》

给伍朝枢的训令

（一九二五年二月二十一日）

大元帅训令第六一号

令大本营外交部长伍朝枢

为令饬事：据建国滇军总司令杨希闵呈称："案据职军兵站部长张鉴藻呈称：'本月十五日午后八时呈准令派警卫第一大队第三中队长杨烈，率武装士兵解运军需物品运赴前方。讵料船到河边，有维瑞商船见本部兵士携带武器，误认为来封彼船，突开枪轰击，击毙我军士张汉贤、陈太平、余汉卿等三名。除张汉贤外，余二名尸身均沉入水中。又伤兵士魏正家、李雄、黄云、由中和等四名势极沉重，恐亦不起。并抢去快枪四支，排长李家宝危迫跳入水中，赖电船救护未死。据跑回兵士来报，当即派队援救，并请公安局队伍协缉。讵队伍未到，而该商船自知理屈，畏罪远飏。拟请通令严缉，并赏恤伤亡兵士，以惩凶暴而雪冤抑'等情前来。复据警卫大队长李柱呈同前情。当即一面派队绕道截缉，一面派职部副官长龚义方到肇事地点切实调查。据复无异，并称该船暗藏武器甚多，居心叵测。怙有洋人护符，以为人莫予毒，藐国法如弁髦，视人命如草芥。实属凶顽乐祸，胆大妄为，亟应严行惩究，以伸国法等情。据此，除通令暨咨行协缉外，理合呈请钧座俯赐令行各军，将该维瑞船主通缉究办，以张国法而伸冤抑。并饬外交部向沙面领事团交涉，禁止洋商不得庇护我国此等逞凶奸商，以免军民互斗，滋生事端，深为公便"等情。据此，除指令候令外交部妥为办理外，合行令仰该部即便遵照办理。此令。

（中华民国陆海军大元帅之印）

中华民国十四年二月廿一日

据《大本营公报》第六号《训令》

给古应芬的指令

（一九二五年二月二十一日）

大元帅指令第一四三号

令大本营财政部长古应芬

呈复奉令查核大理院长吕志伊呈请划拨大市街旗产抵充院费一案情形由。

呈悉。候令行大理院知照可也。此令。

（中华民国陆海军大元帅之印）

中华民国十四年二月廿一日

据《大本营公报》第六号《指令》

给杨希闵的指令

（一九二五年二月二十一日）

大元帅指令第一四五号

令广州市联军军警督察处督办杨希闵

呈报枪决掳犯高秩可、白云鹏请备案由。

呈悉。准予备案。此令。

（中华民国陆海军大元帅之印）

中华民国十四年二月廿一日

据《大本营公报》第六号《指令》

给李福林的指令

（一九二五年二月二十一日）

大元帅指令第一四六号

令建国军粤军第三军军长李福林

呈报启用新颁印章日期请察核由。

呈悉。此令。

（中华民国陆海军大元帅之印）

中华民国十四年二月二十一日

据《大本营公报》第六号《指令》

给杨希闵的指令

（一九二五年二月二十一日）

大元帅指令第一四九号

令建国滇军总司令杨希闵

呈请通缉“维瑞”船主并饬外交部向领事团交涉由。

呈悉。候令外交部妥为办理可也。此令。

（中华民国陆海军大元帅之印）

中华民国十四年二月廿一日

据《大本营公报》第六号《指令》

与汪精卫等的谈话*

（一九二五年二月二十四日）

孙：汝等前来，将有何言耶？不妨直陈。

汪：当一月二十六日先生进入病院，诸同志皆责备我等，要请先生留下些许教诲之言，俾资遵循。如先生之病迅即痊愈，固无论矣；设或不痊愈，吾等仍可永远听到先生之教训也。吾等固知先生有力量以抗病魔，吾等亦愿助先生以抗病魔。惟亦思趁先生精神较佳时，留下些许教诲，则十年二十年后，仍可受用也。

孙：我何言哉！我病如克痊愈，则所言者甚多，惟先至温泉休养，费数日之思索，然后分别言之。设使不幸而死，由汝等任意去做可矣，复何言哉！

汪：先生之病不久当可痊愈，只恐调养须时太久，难以处理公务。而本党又际重要时会，其进行不能一刻停滞，还请先生早赐训诲，以便吾等遵守，以利党务进行为是。

孙：吾若留下说话给汝等，诚有许多危险。当今无数敌人正在围困汝等，我死之后，彼辈更将向汝等进攻。甚至必有方法令汝等软化。如果汝等不被敌软化，强硬对抗，则又必将被加害，危险甚大。故吾仍以不言为佳，则汝等应付环境，似较为容易也。如吾必定说出，汝等将更难对付险恶之环境矣！如此，我尚何说？

---

* 一九二五年二月二十四日，宋子文、孙科、孔祥熙、汪精卫等受国民党诸同志所托，至孙中山病榻前请求留下遗嘱，这是当时的谈话。该遗嘱三月十一日签字，故收录于后。

汪：我等追随先生奋斗数十年，从未巧避危险，此后危险何畏？从未被人软化过，此后何人能以软化我等？吾等亦深知大部分同志皆能遵从先生之言，不计危险与生死也！先生教训我等甚久，当能信及。

孙：吾已著书甚多矣！

汪：诚然，先生著有《建国大纲》、《建国方略》、《三民主义》及《第一次全国代表大会宣言》，诸同志皆当竭诚奉行，犹望先生为一总括之言。

孙：汝等欲我云何？

汪：我等今已预备一稿，读与先生一一清听。先生如肯赞成，即请签字，当作先生之言；如不赞成，亦请别赐数语，我可代为笔记。

孙：可。汝试读之。

据《中国国民党第二次全国代表大会会议纪录》汪兆铭《总理逝世情形》

给程潜的指令

（一九二五年二月二十四日）

大元帅指令第一五〇号

令大本营军政部长程潜

呈复拟请追赠黄文高以陆军中校并给予中校恤金，以昭义烈由。

呈悉。准如所拟追赠黄文高以陆军中校并给予中校恤金。仰即知照。此令。

（中华民国陆海军大元帅之印）

中华民国十四年二月廿四日

据《大本营公报》第六号《指令》

给程潜的指令

（一九二五年二月二十四日）

大元帅指令第一五一号

令大本营军政部长程潜

呈报该部审计局归并军衡局由局长邹建廷兼充由。

呈悉。此令。

（中华民国陆海军大元帅之印）

中华民国十四年二月廿四日

据《大本营公报》第六号《指令》

给杨希闵的指令

（一九二五年二月二十四日）

大元帅指令第一五二号

令建国滇军总司令杨希闵

呈请准照《民国烈士殉国例》褒扬黄文高并请转知湖南政府备案，并崇奉湖南烈士祠由。

呈悉。查此案曾由湘军总司令呈请褒扬，经军政部议复，已照准追赠黄文高以陆军中校，并给予中校恤金矣。所请转知湖南政府备案并崇奉湖南烈士祠一节，候再令饬军政部转行知照可也。此令。

（中华民国陆海军大元帅之印）

中华民国十四年二月廿四日

据《大本营公报》第六号《指令》

给程潜的训令

（一九二五年二月二十四日）

大元帅训令第六五号

令大本营军政部长程潜

为令遵事：据建国军滇军总司令杨希闵呈称："案准焦达人、徐绍桢等函开：窃以报国捐躯，固志士救亡之本旨；而昭忠追祀，实国家扬善之良模。所以效死者得妥英灵，生者愈知其感奋也。兹有黄公文高，号星耀，籍属湖湘之浏阳县。生而颖异，长负奇节。里有纠纷者，得公至一语则立解，其见重于乡望也如此。好观史鉴，每览祖士雅击揖之壮、文信国殉难之烈，慨然曰：如是不愧华胄之人民也。当时丁红羊之后，清慈禧后垂政，凡防汉族之再起者日益密，而欲蹶兴之志士，其沦胥者日益甚。公研思振兴汉族之道，日夕焦谋，不得其策。每当其义忿不可遏止之时，其驱满革命之辞，多流露于言表。闻者多骇然掩耳而避，盖惧涉法网以罗系之也。公于是叹秦政之专酷，悲华胄之沦伏，乃感忆博浪椎击之不成，留侯不遇圯上老人，慎行忍性，韩仇安可复乎。遂乃刻意励行，翩然改辙，思所以成其志。清光绪中叶，投身江南营伍，以精敏沉毅之材，擢至江浙提标副营营官。公至是手绾兵符，革命之念，日益奋发。丁未岁清光绪三十三年，公乡人焦君达峰至海上谋义举，知公夙为同志，乃介绍入同盟会。戊申岁三十四年正月，公担任运动江浙盐帮，民军首领夏重民、余孟亭等于江浙交界等处发难，意在与焦君等联合，倾陷金陵，取为根据，以为号召，推倒清廷。讵事机不密，为满督端方侦悉，警戒江宁，并檄调江浙等处之兵兜围松江、嘉兴、太湖等发难义军。以众寡悬殊，夏、余迭遭挫败，退至松属枫泾，部属悉行击散。二月，夏、余被逮，抄获公给之革命证书及接济子弹之证据，于是满督转饬提署之缇骑至矣。三月八日，公得密音，知事败露，乃笑曰：我为种族忘身，实余平生素志。惟所愿未伸，系余遗恨，岂能囚首待系，俾满奴辈以升官之大欲乎。九日晨，咽服生金，凄然长逝于任所，亡年四十九岁。弥留时遗书嘱其长子炳荣曰：我为种族革命殒身，惜志未偿，汝当继之以成。惟覆巢之下，安容完卵，宜速遁沪上，待机以成予未竟之志，斯为孝以！是时其长君炳荣已充江南提标营教练官，随军枫泾。得父书，遵即潜遁。其家属幸得刘提督刚才、余游击质斌设法以保全之，公之坟墓现尚厝松江松堤之侧。公于殉难之事，松江提署府县均有案可稽。呜呼，公于革命之志未竟，室家经已倾覆，其次、三两子迩时尚幼，孤孀薄衬，远滞异乡，曩目击其凄怆之状者，莫不心酸隐痛，慨其义烈之行。而公因悲种族之沦胥，起谋革命，颠覆清廷，以至身丧家倾之事实也。其长君炳荣遁沪，后思继父志，遂奔走宁、鲁、湘、闽、粤各省军界，历充光复军敢死队队长、山东中华革命军东北军第五部队部长、湘东义军第一支队副司令、十年北伐讨贼军第六路第四梯团长、闽省讨贼军第七路指挥官，现任滇军、湘军总部谘议官。公次子炳南，毕业粤军第二军教导团，充滇军兵站中队长。三子英杰毕业滇军干部学校，充滇军第二军排长等职务，均著劳绩。累思上书一呈乃父为国捐躯义烈之事，因以职既非崇，而昔知执友又各远隔一方，以致公之义烈久湮而未彰。今达梯、达人等多系当年昔于闻见之人，重以公长君炳荣之请，窃以国家有褒扬之典，而公殁未蒙奖祀之荣。今政局既趋和平，达梯、达人等谊同袍泽，不忍湮汩公昔蹶谋汉族殒身之志节，谨将公当日之殉难缘由，用特函请贵总司令查照，准予备案，敬请转呈大元帅核准，按照《民国烈士殉国例》议恤褒扬，并请转咨湖南省政府备案，将黄公文高名讳送湖南省烈士祠崇祀，以慰忠魂而昭激劝，并附黄公文高遗像一纸等由。准此，理合备文呈请帅座核鉴，俯准案照《民国烈士殉国例》褒扬，并请转知湖南省政府备案，将黄公文高送入湖南烈士祠崇祀，以慰忠烈而资鼓励"等情。据此，除指令"呈悉。查此案曾由湘军总司令呈请褒扬，经军政部议复，已照准追赠黄文高以陆军中校，并给予中校恤金矣。所请转知湖南政府备案并崇奉湖南烈士祠一节，候再令饬军政部转行知照可也。此令"印发外，合行令仰该部长即便遵照，将黄文高殉难事绩追赠给恤案由分别转行湖南政府备案，并崇祀湖南烈士祠，以彰义烈而示来兹。此令。

（中华民国陆海军大元帅之印）

中华民国十四年二月二十四日

据《大本营公报》第六号《训令》

给杨希闵的指令

（一九二五年二月二十四日）

大元帅指令第一五四号

令广州市联军军警督察处督办杨希闵

呈报该处督察官李寅准谭总司令咨开调回本部，改派中校参谋傅翼接充，请察核备案由。

呈悉。准予备案。此令。

（中华民国陆海军大元帅之印）

中华民国十四年二月廿四日

据《大本营公报》第六号《指令》

给邹鲁的指令

（一九二五年二月二十五日）

大元帅指令第一六二号

令国立广东大学校长邹鲁

呈请迅令湘军总司令转饬湘军讲武堂遵照先将番禺学宫西边乡贤祠等处让还该校修整，以维教育由。

呈悉。候令行湘军总司令转饬克日迁让，以备该校修整宿舍可也。此令。

（中华民国陆海军大元帅之印）

中华民国十四年二月廿五日

据《大本营公报》第六号《指令》

给谭延闿的训令

（一九二五年二月二十五日）

大元帅训令第六七号

令建国湘军总司令谭延闿

为令遵事：据国立广东大学校长邹鲁呈称："案查番禺学宫拨定为职校学生寄宿舍，业于去年六月间呈请钧座第六一六号指令内开：'呈请指拨番禺学宫堂屋为大学学生寄宿，并令行驻在军队迁出等语由。呈悉。照准。候令行广东省长转饬广州市政厅、番禺县分别遵照备案，并令行谭总司令、卢军长即将各该部所驻堂屋让移，以备各生寄宿可也。此令'等因在案。查番禺学宫西边乡贤祠、日新斋、节孝祠等房屋，前经中央直辖第三军所部驻扎，由职校向卢军长磋商，遵令让移归为职校学生寄宿舍。本拟即行动工修整，因湘军所驻学宫中座一时尚未让出，故暂延搁。现查湘军病院经已迁出，而湘军讲武堂又设在学宫中座，并连同前卢军长所部驻扎学宫西边之乡贤祠、日新斋、节孝祠等处已让移为职校宿舍一并占驻，致职校不能修葺，殊非我大元帅兴学育才之至意。谨将湘军讲武堂占驻前卢军长所部驻扎学宫西边之乡贤祠、日新斋、节孝祠等处已让移为职校宿舍情形，理合备文呈请钧座察核，迅予令行湘军总司令转饬湘军讲武堂遵照，先将学宫西边乡贤祠等处让还职校修整，以维教育。仍候指令祗遵”等情。据此，除指令“呈悉。候令行湘军总司令转饬克日迁让，以备该校修整宿舍可也。此令”印发外，合行令仰该总司令即便转饬遵照克日迁让，以维教育。切切。此令。

（中华民国陆海军大元帅之印）

中华民国十四年二月廿五日

据《大本营公报》第六号《训令》

给林直勉的指令

（一九二五年二月二十五日）

大元帅指令第一六三号

令管理粤汉铁路事务林直勉

呈请切实规定开用专车办法并恳以后开用专车所需费用准在政府所提四成车利内扣回一半，以资弥补由。

呈悉。以后凡开用专车，均应遵照《军人乘车办法》第一条规定办理。如无大本营或各军总司令正式印文或印电，无论何人均不得强迫开用专车，违者准该管理指名呈请究办。仰候通令各军转饬所属一体遵照。至以后如何部开用专车，所需一切费用，即在该部应领所提四成车利内扣回一半，以资弥补。至徐副官开用专车事，在《军人乘车办法》未实施以前，姑准免赔损失，合并饬知。此令。

（中华民国陆海军大元帅之印）

中华民国十四年二月廿五日

据《大本营公报》第五号《指令》

给程潜等的训令

（一九二五年二月二十五日）

大元帅训令第六八号

令大本营军政部长程潜、北伐军总司令谭延闿、建国滇军总司令杨希闵、建国湘军总司令谭延闿、建国粤军总司令许崇智、建国桂军总司令刘震寰、建国第一军军长朱培德、建国第二军军长柏文蔚、建国第七军军长刘玉山、建国北伐第三军军长胡谦、建国豫军第二师师长陈青云、建国赣军司令李明扬、广东警卫军司令吴铁城

为令饬事：据管理粤汉铁路事务林直勉呈称："呈为呈请事：案查职路前以各部军队动辄借口军事，强迫开用专车，以致耗费既多，窒碍尤甚。曾请嗣后如无该部最上级长官正式命令，不准专开，呈请分令遵照一案。业奉帅座第七四〇号指令，准予令行军政部，通知各军队长官饬属一体遵照等因。乃日久玩生，仍有强迫专开或无票乘车情事。昨经拟具《军人乘车办法》，其第一条声明，凡开专车，须由大本营或各军总司令以正式印文或电报详叙开往地

点、开车时刻及官兵、伕役数目、有无行李及行李若干，方能照开等语。呈奉帅座第一四〇号指令'照准。仰候通令各军一体遵照'等因各在案。现据车务处转据韶州郭段长电称：'今晚大本营徐副官由韶州开用专车返省，约历二十一点钟，站长布告将本月十七号应行第十一次车取消，因无多余机车，故将行十一次之机车移用'等语。查开用专车，原为迅赴戎机起见，自不能无故滥开，计开用一次，约耗费煤炭三百六十元，机油杂项六十元。夜间开行专车，则更须补发廿五处之车站全部薪工三百余元。设若漫无限制强迫滥开，则职路现状益形难支。倘于日间开用专车计，其损失更大。如此次徐副官开用专车一次，是日十一次客货列车因而停止。综其所受损失，已达三四千元，内以四成拨支军饷，是政府方面亦损失不少。伏查职路收支已难适合，若长此以往，不予限制，不独职路因而破产停车，而于奉令提拨之款势必无着，复影响于正当军事运输尤大，职心所谓危，难安缄默。理合具文呈请帅座鉴核，伏恳切实另行妥定开用专车办法，通令各机关转饬所属一体遵照。至此次徐副官强迫开行专车，职路并未奉有帅座命令，前项损失应否着令赔偿，并以后开用专车所需一切费用，务恳明白规定，准在每日所提四成车利款内提回一半，以资弥补，庶路政、军车均可维持，是否有当，仍候示遵"等情。据此，当经指令"呈悉。以后凡开用专车，均应遵照《军人乘车办法》第一条规定办理。如无大本营或各军总司令正式印文或印电，无论何人均不得强迫开用专车，违者准由该管理指名呈请究办。仰候通令各军转饬所属一体遵照。至以后如何部开用专车，所需一切费用，准即在该部应领所提四成车利内扣回一半，以资弥补。至徐副官开用专车事，在《军人乘车办法》未实施以前，姑准免赔损失，合并饬知。此令"等语。除指令印发并通令外，合行令仰该部长、总司令、军长、师长、司令即便转饬所属一体遵照。切切。此令。

（中华民国陆海军大元帅之印）

中华民国十四年二月二十五日

据《大本营公报》第六号《训令》

给林直勉的指令

（一九二五年二月二十六日）

大元帅指令第一六四号

令管理粤汉铁路事务林直勉

呈报修理该路枕木等项需款甚巨，请继续办理前准董事局议决加收二成车利之期，以此款拨作购料修路之用，请察核示遵由。

呈悉。准予继续加收二成车利，即以该款储为购料修路之用可也。此令。

（中华民国陆海军大元帅之印）

中华民国十四年二月廿六日

据《大本营公报》第六号《指令》

准免岑念慈职务令

（一九二五年二月二十六日）

大元帅令

大本营财政部长古应芬呈秘书岑念慈另有任用，请予免职。应照准。此令。

（中华民国陆海军大元帅之印）

中华民国十四年二月二十六日

据《大本营公报》第六号《命令》

准任陆幼刚职务令

（一九二五年二月二十六日）

大元帅令

大本营财政部长古应芬呈请任命陆幼刚为秘书。应照准。此令。

（中华民国陆海军大元帅之印）

中华民国十四年二月二十六日

据《大本营公报》第六号《命令》

给古应芬的指令

（一九二五年二月二十六日）

大元帅指令第一六五号

令大本营财政部长古应芬

呈该部秘书岑念慈另有任用，请予免职并荐任陆幼刚补充由。

呈悉。已明令照准矣。此令。

（中华民国陆海军大元帅之印）

中华民国十四年二月二十六日

据《大本营公报》第六号《指令》

给李福林的指令

（一九二五年二月二十六日）

大元帅指令第一六六号

令建国军粤军第三军军长李福林

呈缴粤军第三军军长印章请核销由。

呈悉。印章存销。此令。

（中华民国陆海军大元帅之印）

中华民国十四年二月廿六日

据《大本营公报》第六号《指令》

给杨希闵等的训令

（一九二五年二月二十七日）

大元帅训令第七四号

令建国滇军总司令杨希闵、建国桂军总司令刘震寰、建国粤军总司令许崇智、陆军军官学校校长蒋中正

为令饬事：据广东电政监督兼广州电报局长黄桓呈称："窃自我军进攻东江，肃清广九铁路后，职署即派员工将沿广九铁路各电线修理，业经陆续修妥恢复交通。现据石龙电报局马电称：查广州至石龙一线系本局用，二线系桂军用，三五两线系大本营用，四线系粤军用，至石龙到香港之一线系粤军用，二线系桂军电报用，三线系桂军电话用，除各军借用，已无广港直达线，乞通知各军取回，

俾得将线放直等情。据此，查敌军败退时，将电线、电杆破坏几尽。职署几经艰难，竭力筹措，耗巨额之材料，需多日之工程，始行修复。诚以省港电报不通，则地方商务影响甚大，公私交受其困。今幸修复，得便中外之交通，而帅座北京行辕与广州大本营及省署来往电报，亦不至如前迟滞。各军队只图一方之便利，将职署电线自行占用，以至各方交通皆为窒碍。若不定一统筹兼顾之办法，则电局与各军双方均属无益。现惟有仍照前时办法，指定广州至石龙之第三、五线拨归大本营应用，第一、二、四线留为电局所用，又石龙至深圳之第三线拨与军队应用，第一、二线留为电局所用。如是则各军与前方相通电话可由大本营电信队总机转驳，自于双方无碍。拟请帅座通饬各军查照办理”等情。据此，查所拟办法，于各方交通均能兼顾。除指令并通令外，合行令仰该总司令、校长即便转饬所部一体遵照，将自行占用电线交还电局。以后通电，务遵该监督指定线路办理，以免妨碍交通。切切。此令。

（中华民国陆海军大元帅之印）

中华民国十四年二月廿七日

据《大本营公报》第六号《训令》

给杨希闵的训令

（一九二五年二月二十七日）

大元帅训令第七五号

令广州卫戍总司令杨希闵

为令饬事：据广州总商会会长邹殿邦、副会长胡颂棠呈称：“呈为藉名保护，重抽害商，据情转恳令行撤销，仰祈睿鉴事：窃据承办广、肇、惠[①]三属红砖瓦窑台炮经费协成公司商人李彬具词投称：现准广州省河砖瓦炉泥运输保护处函开：查保护处之成立，系据窑商前以河道梗塞，盗匪蔓延，有碍窑业前途，呈奉广州卫戍总司令核准，并令行教导团遴委梦尘为处长在案。自维才菲能鲜，膺兹艰巨，陨越堪虞。第关为国卫商，虽历劳怨亦在不计。故于奉委后，业将设处任事、启用钤记及拟订保护收费简章各由，次第呈奉核准公布商民一体知照。惟此项保护费系抽自制造砖瓦炉坭之生料，并非抽诸熟砖者。查贵公司所办之台厘，乃于砖瓦烧熟之后，售出时然后有抽出门之台厘，其中各公司之有名义略同而性质显异。但是收费之手续，照本处规定，乃系托交窑店代为收取者。所采办法，不知内容者，最易疑为与贵公司之经费有互相抵触及损碍重收之处。际此国家多事之秋，难保无奸宄潜伏，希图破坏治安及扰惑人心之辈。稍一不慎，必至枝节横生，两方皆蒙不利，不得不郑重声明贵公司知悉。本处系奉宪令，受商民之请而设，无非使盗匪销声，民安衽席，以仰副层宪除暴安良之至意。敝处除派队及兵轮分巡各河道，对于制造生砖瓦炉工场并运载船只认真保护外，兹特函达贵公司查照，希勿误会，实纫公谊等由前来。查敝行砖瓦原料，系以泥质制成，原有台炮经费每两抽银五分。去年四月间又奉加五征收，抽收之数，比别行为最重。又查该保护处收费简章第二条，无论系何种商人制成之物，届查验时标准，系以各窑内窑炉大小之容量，及出品推算为征收标准。又第三条声明，凡物之多少大小，悉照重量伸算，但重量指未经烧熟者为标准各等语。是该处定章，显系收抽生货，谓非重抽，何以自解。年来敝行窑户迭受兵燹、

① 广、肇、惠：即广州、肇州、惠州。

（中华民国陆海军大元帅之印）

中华民国十四年二月廿七日

据《大本营公报》第六号《训令》

给程潜杨希闵的训令

（一九二五年二月二十七日）

大元帅训令第七七号

令大本营军政部长程潜、滇粤桂联军前敌总指挥杨希闵

为令遵事：据兼广东财政厅长古应芬呈称：“呈为呈请事：窃照军事病院原为疗治伤病之所，惟病兵实数每难稽核。其属于各军者，尚有该军长官监督，流弊尚少；其属于公共者，每多有名无实之弊。似应分别裁撤，以纾财力而节虚糜。查联军各病院经已陆续裁撤收束，现尚存在者如联军医院及野战病院，统计病兵不过百余人，每人每日伙食、医药等照二毫半算，不过百元便足支配。乃现在每日须支发二百元。又军政部陆军病院除死者已殓埋、愈者陆续出院及资遣回籍外，现时留医者不满二百人。计每日约支百元，已属有盈无绌。乃现在每日仍要求请发二百二十元，以日计之，为数虽微，累月计之，其数颇巨。当此库款奇绌，罗掘几穷，苟有可裁节之方，似宜设法裁节，以免政府为难。厅长查各军多设有后方病院，用敢据实陈明，拟请大元帅令行联军总指挥部及军政部饬令将所辖医院于三月十日前一律裁撤，并由大本营指派副官前往各医院，将所有伤兵分送各军后方病院。如各军后方病院不能容纳时，则分送市立医院或公医院收养疗治。所需医药等费由市立公医等院逐日按名到厅请领，庶病兵既得所医调，而公家亦可稍节糜费，不无裨益。是否有当，仍候察核令遵”等情前来。查该厅长所呈各

节尚属实情，应予照准。除分令外，仰该部长、总指挥即便遵照办理。切切。此令。

（中华民国陆海军大元帅之印）

中华民国十四年二月廿七日

据《大本营公报》第六号《训令》

给林直勉的指令

（一九二五年二月二十八日）

大元帅指令第一七六号

令管理粤汉铁路事务林直勉

呈请通令各行政机关人员嗣后乘车务须购票由。

呈悉。各行政机关人员因公乘车不购车票，既为铁路章程所不许，自未便再任积习相沿，损及军政要需。候即通令禁止可也。此令。

（中华民国陆海军大元帅之印）

中华民国十四年二月二十八日

据《大本营公报》第六号《指令》

给林森等的训令

（一九二五年二月二十八日）

大元帅训令第七八号

令大本营建设部长林森、大本营财政部长古应芬、大本营内政部次长代理部务谢适群、大本营外交部长伍朝枢、广东省长胡汉民、大本营军需总局局长罗翼群、广东全省筹饷总局总办罗翼群、大理院长兼司法行政事务吕志伊、总检察厅厅长卢兴原、大本营审计处长林翔、广东全省印花税分处长宋子文、两广盐运使邓泽如、两广盐务稽〈核〉所所长宋子文、大本营会计司长余和鸿

为令饬事：据管理粤汉铁路事务林直勉呈称："窃查铁路乘车票费向有规定，无论官军、商民、员司、工役均应照章购票，方准乘车，迭经通告在案。迩来仍有仅凭襟章、咭片或寻常函件任意乘车，军界固属居多，而各行政机关员司、工役亦复不少。更有包揽搭客，私运货物，视职路为其供给之机关，人人可得自由来往，不须购票，货物上下，亦得任意为之，借以从中渔利。直勉视事后，查有前项情弊，即经严饬各主管员司认真稽查，逐渐整理。讵其多有不服干涉者。若欲强令购票，往往以属重要职员可以不购。伏查全国铁路通行定章，仅有军人乘车半费记账，并无其他机关重要职员亦可半费记账之条。今竟违章搭车，习以为常。职路固有负担军政各费为数甚巨，而每日必须之煤油、杂项、工资、薪水专恃所得六成车利，尚不敷支。其全路枕木烂已大半，购换则力有未能，自应开源节流，切实整顿。所有行政各机关在职人员因公往来，若再任令不购车票，是为全国铁跌所不许，且复损失车利，现状固难维持，即军政要需，亦复受其影响。除《军人乘车办法》业已呈奉帅座核准，通令各军总司令饬属一体遵照，现在行政各机关员司工役乘车不购车票，应请一并禁止，以祛恶习。用特具文呈请帅座察核，俯予照准，令行各机关转饬所属一体遵照，嗣后如有因公乘车往来，务须一律先购车票，方准上车，以维路政"等情。据此，除指令"呈悉。各行政机关人员因公乘车不购车票，既为铁路章程所不许，自未便再任积习相沿，损及军政要需。候即通令禁止可也。此令"印发并通令外，合行令仰该部长、省长、局长、院长、厅长、处长、运使、

所长、司长即便转饬所属一体遵照。此令。

（中华民国陆海军大元帅之印）

中华民国十四年二月廿八日

据《大本营公报》第六号《训令》

嘉奖东江前敌将士令

（一九二五年三月二日）

大元帅令

前以曹、吴祸国，出师北伐，尽撤东江之防，原示网开三面，冀其悔悟来归。乃陈逆炯明、叶举、洪兆麟等依附曹、吴，怙恶作乱。始唆商团叛变，继率残余图逞，扰及宝安、东莞、石龙一带，人民不堪荼毒。本大元帅为国戡乱，爰命将兴师，深赖将帅勠力，士卒用命，不旬月间迭克名城要隘，潮汕指日可下。着前敌各军长官传谕嘉奖，激励有众，务于最短期间肃清残寇，奠定粤疆。本大元帅有厚望焉。此令。

（中华民国陆海军大元帅之印）

中华民国十四年三月二日

据《大本营公报》第七号（广州一九二五年三月十日版）《命令》

给林森的指令

（一九二五年三月二日）

大元帅指令第一八二号

令兼督办广东治河事宜林森

呈复派员测勘东江河道情形由。

呈悉。仰仍派员测勘明确，赶紧设法开浚，以利军行。此令。

（中华民国陆海军大元帅之印）

中华民国十四年三月二日

据《大本营公报》第七号《指令》

给杨希闵的指令

（一九二五年三月二日）

大元帅指令第一八三号

令建国滇军总司令杨希闵

呈复经委派少将参谋刘骅、少校衔上尉副官廖鼎铭充任粤路验票委员，随车验票，请备案由。

呈悉。准予备案。此令。

（中华民国陆海军大元帅之印）

中华民国十四年三月二日

据《大本营公报》第七号《指令》

给杨希闵的指令

（一九二五年三月三日）

大元帅指令第一八四号

令广州市联军军警督察处督办杨希闵

呈报枪决杀人犯罗灿云日期请予备案由。

呈悉。此令。

（中华民国陆海军大元帅之印）

中华民国十四年三月三日

据《大本营公报》第七号《指令》

致杨希闵电

（一九二五年三月三日）

转绍基总指挥鉴：卧病兼旬，得捷音[①]胜于良药。右翼深入，击破洪、叶[②]；须使中、左并进，乘胜击林[③]。潮、梅可定，鄙怀固慰，亦兄等两年来之志也，望兄图之。慕羹、品爵、济民诸兄均致意。孙文。江。印。

据上海《民国日报》一九二五年三月十日夙蔚《联军直趋潮汕大捷报》

特派廖仲恺往东江慰劳前敌将士令

（一九二五年三月五日）

大元帅令

陈逆扰乱，于兹六年。前因曹、吴祸国，出师北伐，尽撤东江之防，原冀网开三面，促其悔悟。乃该逆怙恶不悛，狡焉思逞，率其残部来犯宝安、东莞、石龙一带，人民不堪荼毒。本大元帅万不获已，乃命将兴师，拯民水火，深赖将帅勠力，士卒用命，旬月之间，迭克名城，潮汕底定。本大元帅嘉慰之余，弥念劳苦。兹特派大本营参议廖仲恺驰往东江，慰劳前敌各军。现在敌军屡败，精锐尽失，乘胜穷追，易就殄灭。务各努力前进，扫清余孽，用竟全功。有厚望

① 捷音：指东江联军右翼部队直扑潮汕的捷报。

② 洪、叶：即洪兆麟、叶举。

③ 林：即林虎。

焉。此令。

（中华民国陆海军大元帅之印）

中华民国十四年三月五日

据《大本营公报》第七号《命令》

委派苏世杰职务令

（一九二五年三月五日）

大元帅令

派苏世杰为财政委员会委员。此令。

（中华民国陆海军大元帅之印）

中华民国十四年三月五日

据《大本营公报》第七号《命令》

给胡汉民古应芬的指令

（一九二五年三月五日）

大元帅指令第一八八号

令财政委员会主席委员胡汉民、古应芬

呈请简派苏世杰为财政委员会委员由。

呈悉。已有明令派任矣。此令。

（中华民国陆海军大元帅之印）

中华民国十四年三月五日

据《大本营公报》第七号《指令》

给郑润琦的指令

（一九二五年三月五日）

大元帅指令第一八九号

令建国粤军第三师师长郑润琦

呈报启用新印日期由。

呈悉。此令。

（中华民国陆海军大元帅之印）

中华民国十四年三月五日

据《大本营公报》第七号《指令》

给范其务的指令

（一九二五年三月五日）

大元帅指令第一九二号

令粤海关监督范其务

呈请将该署流交玉器移送慰劳会竞卖，以为慰劳军人之用，乞令遵由。

呈悉。准如所请办理。此令。

（中华民国陆海军大元帅之印）

中华民国十四年三月五日

据《大本营公报》第七号《指令》

给吕志伊胡汉民的训令

（一九二五年三月七日）

大元帅训令第八七号

令大理院长兼司法行政事务吕志伊、广东省长胡汉民

为令行事：查陈逆盘踞潮汕，历有年所，曾在澄海擅设高等审检分厅，实属违法病民。现义师既克潮汕，自不容非法机关存在。澄海高等审检分厅着即取消，所有案件应仍归广东高等审、检两厅分别办理。除分令外，合行令仰该院长、省长即便遵照，并转饬广东高等审、检两厅遵照办理。切切。此令。

（中华民国陆海军大元帅之印）

中华民国十四年三月七日

据《大本营公报》第七号《训令》

准梁桂山辞职令

（一九二五年三月九日）

大元帅令

大本营内政部呈科长梁桂山呈请辞职。应照准。此令。

（中华民国陆海军大元帅之印）

中华民国十四年三月九日

据《大本营公报》第七号《命令》

给谢适群的指令

（一九二五年三月九日）

大元帅指令第一九六号

令代理部务内政部次长谢适群

呈为该部科长梁桂山呈请辞职由。

呈悉。已有明令照准矣。此令。

（中华民国陆海军大元帅之印）

中华民国十四年三月九日

据《大本营公报》第七号《指令》

给程潜的指令

（一九二五年三月九日）

大元帅指令第一九七号

令大本营军政部长程潜

呈议复建国军攻鄂总司令程潜呈请恤赠副官谷超群等一案，请察核令遵由。

呈悉。准如所拟办理。仰即由部转行知照可也。此令。

（中华民国陆海军大元帅之印）

中华民国十四年三月九日

据《大本营公报》第七号《指令》

给谭延闿等的训令

（一九二五年三月十日）

大元帅训令第九一号

令建国北伐军总司令谭延闿、建国滇军总司令杨希闵、建国粤军总司令许崇智、建国湘军总司令谭延闿、建国桂军总司令刘震寰

为令饬事：据国立广东大学校长邹鲁呈称："窃查学校设备体操一科，不谨〔仅〕训练学子之体魄与精神，要亦军国民教育所由寄。职校对于体操一门，原分普通及兵式两种。第兵式操法当采用正式枪械，而后教授上庶不至徒托空言。顾正式枪械为职校所无，因之授课时不免稍形缺点。查各军连年作战，所存废枪为数必多。此项枪枝苟用之以作战则不足，若用之为操具则颇合宜。理合呈请钧座俯赐准予令行各军总司令，饬将所有旧存废枪，择其较为完好者，各检集一百或数十枝，径缴大本营转发职校应用"等情。据此，除指令"呈悉。所请将各军废枪拨作该校教授体操之用，事属可行。仰候通令各军径行拨交该校备用可也。此令"印发并通令外，合行令该总司令即便遵照。此令。

（中华民国陆海军大元帅之印）

中华民国十四年三月十日

据《大本营公报》第七号《训令》

给杨希闵的训令

（一九二五年三月十日）

大元帅训令第九三号

令广州市军警督察处督办杨希闵

为令饬事：据广州市驳载总工会会长黄党、轮船商会代表何文玉、货船协会代表黄耀、盘运货船公会代表苏谓、沙泥艇工人联合会代表李运全、东西堤全体沙艇代表梁耀全、东西堤紫洞艇代表邓养等联名呈称：“呈为违令横征，民不堪命，联请令行撤销，以培元气而重民生事。现阅广州市联军军警督察处水上区巡查所监督曾鲁、所长李启元通布内开：‘奉广州市联军军警督察处督办杨委令开：广州市区沿河船艇往来复杂，致易逗遛匪类，若非查缉维严，殊不足以资保卫而策治安。当此防务吃紧，仰速组织，认真办理。遵即成立总所于长堤适中地点，并于东西堤、鸭墩关、南石头、芳村、花池、泮塘口各设分所，日夜派队沿河严密梭巡，缉捕盗匪，制止冒军封船，务达保卫安宁，奸宄无从匿迹。惟经资既巨，手续复繁，当经拟具规则呈奉督办指令暂行征收费款。一俟经费有着，应即取消’等因。本所及各分所定于三月四日开办，派队乘船沿河巡查，如有奸匪滋扰、冒军封船及存贮违禁物品等事，立即报知本所或巡查队严行拿究。此后尔等船户，尽可安居乐业。诚恐未及周知，特字通布等因。查其抽收办法，区分入口、湾泊两种。如入口者甲等十元、乙等五元、丙等三元、丁等二元。船之类别曰盐船、柴船、木船、省港货船、轮渡、戏船、生果船、煤船、乡渡、渔船。其湾泊者甲等十元、乙等五元、丙等三元、丁等二元、戊等一元。船之类别曰合昌大船、紫洞艇、驳载、货艇、煤艇、趸铺艇、沙艇，此外孖冷艇、大厅艇、横水渡三项，暂从缓办。阅悉之余，惊骇万状。窃以航业一途，年来遭时多故，地方俶扰不宁，生意已极冷淡。益以生活程度日高，救死惟恐不赡，安有此余力顾及捐款。即如日前办理之船舶税契，莫不疾首蹙额，咸相告语，无力遵办，恳请转求豁免。今此事尚未解决，又增此重大捐款，不啻驱之而就死地。按其抽法，不以年月计，而以入口计，实无止境。不知各渡船艇由省近各埠而来者日常数次，虽尽将所得货、客水脚缴纳，亦不足供此巡查经费。是其所抽多于上年拟抽之航运费及附加二成军费十倍，且细小如沙艇，亦须勒抽，不能幸免，何异掠乞儿篮而攫饭食，实于政体有妨。查上年曾奉大元帅明令禁止各军队于各江渡船巧立名目，抽收各捐，违则以军法从事，通行遵照有案。乃阅时未久，该水上区巡查所又举办各渡船艇巡查费，实则巧立名目，暴敛横征，有违帅令。迭据各渡商船户人民以前情环求，请与船舶税契一并邀恩豁免，以苏民困前来。会长等查核所称，尚属实在情形，事关商民疾苦，何敢安于缄默，用敢联同具词呈请帅座察核，伏乞俯念船民生计艰难，不堪再事抽剥，迅赐令行联军军警督察处杨督办，将水上区巡查经费及船舶税契一律撤销，俾留一线生机，无任屏营待命之至"等情。据此，查军队巧立名目，抽收杂捐，迭经严令禁止在案。据呈前情，合行令仰该督办遵照，立将暂收水上区巡查经费取消，免滋扰累，勿稍违延。仍将遵办情形报查。切切。此令。

（中华民国陆海军大元帅之印）

中华民国十四年三月十日

据《大本营公报》第七号《训令》

与汪精卫的谈话*

（一九二五年三月十一日）

余此次来京，以放弃地盘谋和平统一，以国民会议建设新国家，务使三民主义、五权宪法实现。乃为痼疾所累，行将不起。死生常事，本无足虑，但数十年为国奔走，所抱主义终未完全实现，希望诸同志努力奋斗，使国民会议早日成立，达到三民、五权之主张，则本人死亦瞑目。

【当时，乃令汪精卫将二月二十四日所预备之遗嘱进呈，孙中山用钢笔手自签字】

吾死之后，可葬于南京紫金山麓，因南京为临时政府成立之地，所以不可忘辛亥革命也。遗体可用科学方法永久保存。

据上海《民国日报》一九二五年三月十六日《千古一瞥时之孙先生》

与何香凝的谈话**

（一九二五年三月十一日）

仲恺不可离广东，请勿来京。

据《广州民国日报》一九二五年三月三十一日《何香凝致廖仲恺电》

---

* 据上海《民国日报》载：三月十一日，孙中山神志清明，询汪精卫广东战况如何。汪告以惠州、潮汕各处敌已扫清，陈炯明孑身离粤。这是孙中山听完汇报后的谈话。

** 据三月二十六日何香凝致廖仲恺电称，孙中山此番谈话在临终前，今据此酌定为三月十一日。

致苏俄遗书*

（一九二五年三月十一日）

苏维埃社会主义共和国大联合中央执行委员会亲爱的同志：

我在此身患不治之症，我的心念此时转向于你们，转向于我党及我国的将来。

你们是自由的共和国大联合之首领。此自由的共和国大联合，是不朽的列宁遗与被压迫民族的世界之真遗产。帝国主义下的难民，将藉此以保卫其自由，从以古代奴役战争偏私为基础之国际制度中谋解放。

我遗下的是国民党。我希望国民党在完成其由帝国主义制度解放中国及其他被侵略国之历史的工作中，与你们合力共作。命运使我必须放下我未竟之业，移交与彼谨守国民党主义与教训而组织我真正同志之人。故我已嘱咐国民党进行民族革命运动之工作，俾中国可免帝国主义加诸中国的半殖民地状况之羁缚。为达到此项目的起见，我已命国民党长此继续与你们提携。我深信，你们政府亦必继续前此予我国之援助。

亲爱的同志，当此与你们诀别之际，我愿表示我热烈的希望，希望不久即将破晓，斯时苏联以良友及盟国而欣迎强盛独立之中国，两国在争世界被压迫民族自由之大战中，携手并进，以取得胜利。

谨以兄弟之谊，祝你们平安！

---

* 原稿为英文，孙中山于三月十一日签字。

孙逸仙(签字)

据《向导周报》第一〇八期(杭州一九二五年三月二十八日版)《孙中山致苏俄遗书》

致谭延闿电*

(一九二五年)

文以平民资格来京,对于军事行动未便干预。方本仁之人格如何,自有公论。请执事顺从民意而行之。协和功高望重,现将回赣收拾,宜与合作。

据《国父全集》第二册《谈话》

致许崇智函**

汝为兄鉴:

对于海务,以少设机关为宜。故舰务处不可再设,当以海防司令统一之,直接归兄统驭便可。若多一机关,必多一弊端,而防范愈难。刻正拟取消江防,并收束海军,可废舰务,要使海上机关愈少愈好。因海务人员皆无才而多坏,陈策已然,其他尤甚。故非从新再设学校,如陆军官校,以练过新人才不可。故对于此方面,望兄须格外谨慎。我所排去之人,不再得我许可,不得再用。而海上机关则于未大改革以前,只准减,不准加。此必当注意。否则,现在稍有可用之人员、船长,亦必因方针错乱,而变为无用之物也。故对海军方针,当要与我一致乃可。又"江固"向为我坐船,竟被此

* 原谈话无日期。今据内文"文以平民资格来京"确定为一九二五年。

** 原函未署日期。现编在全集最末。以下同此。

辈骑去西江,竟不交还我用,以致出入皆无船可用。此辈可恶,一至于此,其他作弊可想而知,故望兄事事须慎也。至好对于海上一方面,兄要设机关并用人,须先告我知,方免彼辈之弊端再为复活也。此致。

孙　文

据《国父全集》第三册(转录史委会藏原稿)

祝童洁泉七十寿诗

阶前双凤戾天飞,览揆年华届古稀。治国安民儿辈事,博施济众我公徽。王槐花照瑶觥谯,窦桂香凝彩舞衣。所欲从心皆絜矩,兰孙绕膝庆祥晖。

据《国父全册》第四册《杂文》

三宝雁学校成立祝词

吾党主义,是曰三民。揭橥理则,地义天经。敷为教育,本正源清。勖哉诸子,竭蹶陶成。孙文。

据《国父全册》第四册(转录史委会藏原稿)

孟米分部开幕训词

十月十日,民国始基。贵部开幕,亦及斯期。缔选艰难,念兹在兹。三民主义,誓守毋渝。厉阶为梗,芟之夷之。与民宪始,尚勖肩仔。孙文。

据《国父全集》第四册《杂文》

祝澳洲《雪梨民报》出世词

洪维贵报，揭橥民治。风行海裔，名扬绩懿。于兹改组，日新月异。迁地为良，规模益备。奋励精神，宣传主义。五权实现，三民咸遂。文字收功，国福民利。贵报前程，发达无涘。贵报运命，垂诸万禩。谨祝《雪梨民报》出世。孙文。

据《国父全集》第四册《杂文》

澳洲国民党恳亲大会纪念词

吾党肇建，自兴中会以迄今日，廿余年矣。中间三变，始有兴中会，时党员极稀，外界压迫极大，以极少之同志，战极大之压迫，以求达最大之目的，其难可知也。自兴中会而为同盟会，则加盟者愈多，所受外界压迫较少矣。由同盟会而为国民党，人愈多，所受外部压迫更少。二次革命败后，国民党涣散，而中华革命党始生，其地位又有似于同盟会初建时，海外同志以中华革命党之精神，支持国民党之名义，以至今日。夫以人数论，则国民党初起时为最盛矣，而论其功业殆无可征。同盟会时，以人论虽少逊，而其功业概非他时代可及。中华革命党立后，庶几复其旧观。论党员结合之固，信服主义之笃，趋事之勇，兴中会之少数人已为卓绝，然而成功犹有待于同盟会甚矣，群策群力之足恃也。而其结合虽曰多多益善，其各党员相互感情之密接通洽，有如兄弟父子，实为同盟会之精神。国民党所以初见涣散，中华革命党所以能复振，亦以党员相互感情之亲疏异也。由是观之，欲以一党谋中国之幸福，先须各党员日淬励其互助之精神，而导之向于同一之目标，可无疑也。澳洲同志自同盟会时始盛，其间虽经国民党时代，亦未尝有涣散之虞。及中华革命党成立，则益猛进矣！盖将来中国之运命，系于三民主义之能否实行。二十年来，吾党志士先仆后继，百折不回，非趋一党之私，实以为中国四万万人公共利益，且以为世界平和能否实现，亦一视此。今民族主义虽略得贯彻，民权、民生之建设，尚见阙如。所以人民困苦，国势日颓，岌岌之形，不可终日，吾党责任，此后更重。牺牲之决心，互助之精神，万不容稍为松懈。澳洲党势既日隆，则党员责任心必随之日富，而以其群众之力，将有以战胜凡百困难，以入于成功之途。其坚抱三民主义而不渝，又吾所深信者。今兹恳亲大会之开，更使党员固结之精神以此益加固结，而有以复同盟会时代之旧，且加亲密焉。则以今日多数同志之力所能成就，必远胜于昔者同志较少之日，而以其互助与牺牲之旨，益多致同志以趋于救国之途，此则真吾所跂而祝之者也。万里遥隔，无由列席，聊书所怀，以代颂祷。

据胡汉民编《总理全集》(上海民智书局一九三〇年版)

致张学良函

汉卿仁兄执事：

久想英风，钦迟无似。乃者精卫、丹甫来□，备蒙优遇。国是主张尤荷赞同，海内俊贤，时无两甚，以企难顷。致尊公长笺，于近事颇有论列，幸赐览观，并希明教。求援之举，乃以时势相迫，未忍以俗情自外。环顾国中，独一夫己氏为吾庆父，国难不解，皆彼厉阶。合力讨除，不能不勉。执事高瞻远瞩，必有成算。荡涤之期，当匪遥待。近更猖獗，利彼佥壬，入室操戈，此而可容，将何所忌？不得已而再事廓清，在势为不可避免，而有待大力之扶，乃愈必要。特派路丹甫上谒尊公，并乞教益，至望不遗，而维护之感且无量。手此，即颂侍安不一

孙文　二月一日

再者：成国屏君来藉，奉大照英姿磊落，展玩无已。日来军情转变，并嘱成君归报一切，以供参考。成君见闻较确，必语焉能详也。

文　又及

据中国人民政治协商会议全国委员会文史资料研究委员会藏原函影印件

致熊克武函

锦帆兄鉴：

曩奉手书，旋即裁答。青阳函亟称执事仍笃故谊，为之慰喜。国内近情略具致怒、蕴两兄笺，不更赘述。

执事以在野之身斡〔斡〕旋蜀局，卒能有成。幸进而为建设之谋，以复西南往时之盛，何庆如之。绍曾还川，特嘱存问，唯进教不宣。即颂

侍茀

孙文　八月廿九日

据广东省社会科学院历史研究所藏原函影印件

致熊克武函

锦帆仁兄惠鉴：

顷闻川战已告结束，治平之机庶几已启，为国计，为川计，皆不

能无此期望。川乱亟矣，不但民生憔悴，即将士也疲殆不堪。今日所急，在诸袍泽各牺牲其意气，以同趋于一鹄，庶兄弟之争可以终泯，而得以措手于民治也。战后所重，无过于民生之培养。川省地大物博，人口众多，若能善用之，以开发实业，使生计优裕，则经济日以发展，政治现象随以安定，不惟为川省善后计当如是，即为民国建设计，也舍此无先务也。

兄若有意于此，文当开示实业计划，并绍介专门人才以助进行。兹因希闵兄回川之便，托带此函，惟裁察之。此候
台绥

孙文　八月二十八日

据广东省社会科学院历史研究所藏原函影印件

本卷编后说明

《孙中山全集》第十一卷的编辑工作，由广东省社会科学院历史研究所孙中山与辛亥革命研究室承担。参与者有张磊、方式光、王杰同志，王杰同志负担了大部分的工作。

黄彦同志对编辑工作提供了许多有益的意见和资料。

在编辑过程中，多承中共中央宣传部图书资料室、中国革命博物馆、广东翠亨孙中山故居纪念馆等单位和潘汝暄、盛永华、李玉贞、孙代兴、马宣伟、余齐昭、李时岳、汤小彦等同志给以指点和帮助，香港浸会学院关一球先生和日本电气通信大学藤井昇三先生给予支持，特此致谢。

编　者

一九八五年五月